飛騨高山

地域の産業・社会・文化の歴史を読み解く

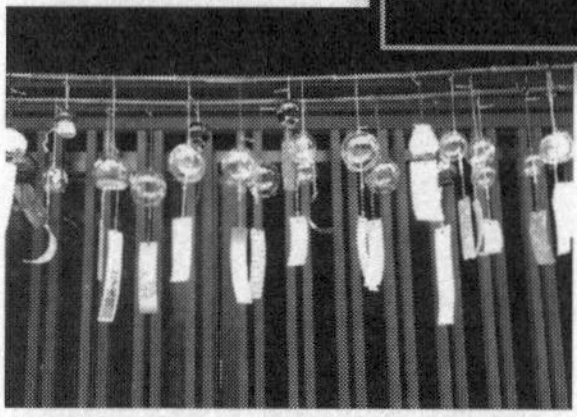

Hayashi Noboru
林　上　編著

風媒社

高山市の西の郊外にあるアルプス展望公園「スカイパーク」に立つと，眼下に三角屋根が印象的な市役所などのある中心市街地が広がっている。市街地の向こうにはかつて高山城が築かれた城山から飛騨山脈の麓へとつづく山並みが横たわり，さらにその上を連なるようにして白銀の峰々が光を放つ。右側のひときわ高い峰は標高3026mの乗鞍岳である。

高山城の北側に設けられた町人地は，城に近い方から順に一番町，二番町，三番町と呼ばれた。写真は宮川に近い三番町（三之町）で道幅は昔のまま狭いが，軒下に並べられた鉢植えの花が行く人の心を和ませる。

旧城下町の西側を南から北に向かって流れる宮川は，城下町の防御や産業・生活にとって重要な役割を果たしてきた。一時は汚れていた宮川から清流を取り戻そうという市民運動が観光化の契機となり，いまや高山観光にとって欠かせない存在である。朱が鮮やかな中橋のたもとに高山陣屋があった。

高山祭の屋台祭礼は，旧城下に近い日枝神社を御神体とする春の祭礼（山王祭）と，城下北側の桜山八幡宮をご神体とする秋の祭礼（八幡祭）からなる。写真は山王祭で曳き出される12の屋台のうちのひとつ龍神台であり，背面に飾られた見送幕は久邇宮朝彦親王（現天皇の曽祖父）の書によるもの。

高山市の市街地西側の渋草の地に，小糸焼，山田焼と並んで飛騨高山の焼き物を代表する渋草焼の窯元がある。幕末期に高山郡代を務めた豊田藤之進が産業振興を目的に先進陶業地の瀬戸・九谷から陶工を招いて開窯させたのがきっかけである。これを契機に，それまで高山ではつくれなかった色鮮やかな絵柄模様の浮き出る高質な磁器が神岡産の陶石を原料に焼かれるようになった。

透漆を上塗りして木目の特性を際立たせるのが特徴の春慶塗の美しさは，割目師，へぎ目師，曲物師，挽物師など分業化した木地師の巧みな技から生まれる（写真左）。位山に自生するイチイの木でつくった笏を朝廷に献上したのがはじまりの一位一刀彫の見事さは，江戸期に磨かれた根付製作の技や各種モチーフの彫物に表れている（写真右）。

金森氏治世下で始まった春慶塗による用具類（写真奥），天領時代に隆盛した一位一刀彫による根付の逸品（写真右），大正期に始まるブナ材の曲木技法による椅子づくりから進化・発展した現代的な木工家具（写真左）に至るまで，飛騨高山における木工の歴史は「飛騨の匠ミュージアム」の展示物からその全貌をうかがうことができる。

序文

どの都市や地域でもその場所と外界とを分ける境目のようなものがある。ここを越えたら外の世界へと続く玄関口や出入口のようなところであり、人はそこを通って都市や地域から出ていく。逆に外からその中へ入っていく場合、人は出入口を通り境界線を越えていく。内と外はあくまで相対的な関係であり、移動する人の立場により都市や地域は内になったり外になったりする。境界が海岸線や稜線など地理的条件によってはっきりしている場合、内側と外側のコントラストは明瞭である。海洋や山脈は地球の表面をいくつかの部分に分ける働きがある。人間の長い歴史は、こうして分けられた部分空間を少しずつ繋ぎ合わせ、より大きな空間にする歴史でもあった。

海洋によって外の世界と長い間隔てられてきた島国・日本の中央部は、山岳という別の地理的障壁によっていくつかの部分空間に分けられてきた。飛騨高山はそのような空間のひとつであり、ここから出る場合も入る場合も、山を越えなければならない。越えるべき山もひとつやふたつではない。たとえば南側から国道41号を通って飛騨高山へ向かう場合、太平洋側と日本海側を分ける分水嶺でもある宮峠を登りきると眼下に盆地が見えてくる。盆地上には集落が点在しており、ここが目的地の高山市街地かと一瞬思う。しかしそこは飛騨一之宮であり、盆地の行く手を塞ぐように前方に横たわる細い山地の谷間を縫ってさらに進まなければ、中心市街地には到達できない。JR高山本線で行く場合も、宮峠真下のトンネルを抜けると視界がひらけて平地が目に入ってくるため一瞬高山に着いたかと思うが、さらに細い谷間を通り抜けなければ、高山駅には着けない。

これと似た状況は、日本海側から飛騨高山へ向かう場合についてもいえる。これも国道41号を走る場合、細長い高原川沿いの谷間を通り抜けて神岡に着くが、そこはまだ高山ではない。さらに谷間や丘陵を抜けてようやく古川盆地に至り、さらにその奥の国府盆地を通り越すと、ようやく高山の市街地が目に入ってくる。南からの場合と同様、高山をめざす旅行者は、すぐには現れないまだ見ぬ高山に対するイメージを膨らませながら、先を急ぐのではないだろうか。一枚一枚ベールをはぐように、少しずつ飛騨高山らしさを車窓から感じ取る演出効果に満ちた舞台の上を進むようにして先へ行く。それはまるで、テーマパークのエントランス手前から前方に見えるゲートに目をやりながら急ぎ足で進むビジターのようである。外から飛騨高山に入っていく訪問者にとって、そこで見聞きし体験することは非日常的な経験そのものであるが、すでにその導入部分において非日常的状況が用意されている。

飛騨高山という都市、地域を外から見て読み解く、これが本書の目的である。飛騨高山という文化的、社会的、経済的に特異な歴史をもつ場所、さらに自然環境的にも興味深い特徴に満ちた空間にわれわれは強く惹かれた。特異な歴史や興味深い地域性・風土は、飛騨高山で暮らしてきた人々が長い歴史の中で培ってきたものである。この地で生活してきた人々が、与えられた自然的、人文的条件のもとで、いかに活動してきたか。そのプロセスや残された遺産の中には他の都市や地域では見出しにくい多くの興味深いものがあるのではないか。なぜ、そのように人々の心を惹きつけるものが社会的、文化的に生み出され、現代に至るまで継承されてきたのか、探求への疑問は尽きることがない。疑問を解き明かすには、現地で長く生活し実体験の中からその糸口を見出すのが最良の方法かもしれない。しかし部外者であるがゆえに、内側とは異なる視点から考えることで見えるもの、気づくことも少なからずあると考える。

飛騨高山で歴史的に生み出されてきたものが、この地方独特の自然的条件のもとで生まれたことはいうまでもない。高い標高、乏しい平地、冬季の寒冷気候は、変わることなくこの地の活動を規制してきた。しかし飛騨高山で過去に起こった出来事は、この地に固有のいわば内的な自然的条件のみに規定されて生まれたのではない。古代や中世においては畿内・都とのつながり、近世においては江戸・幕府との関係など、外の世界から多くの影響を受けてきた。しかもただ一方的に受けるのではなく、飛騨高山で育まれてきた技術やその成果は外の世界に対し影響を与えてきた。飛騨の匠による古代の都の造営、近世の有力商人による経済活動、職人による彫刻・塗り物、近代以降の木工家具製造などは、その一例にすぎない。かの有名な高山祭も、畿内や江戸方面から影響を受けて洗練度を増していく一方、他の地域で繰り広げられた祭りに対して影響を与えた。つまり、飛騨高山で育まれ継承されてきたものの多くは、内側世界で生まれたことに間違いはないが、それらは外から吹き込んでくる風を受けながらかたちづくられ、また内から外への風によって送り出されていった。

本書は、日本の屋根とも呼ばれる飛騨山脈をはじめ多くの高い山々に取り囲まれた飛騨高山がもつ地域的魅力に目を向ける。この魅力に惹かれて多くの観光客が国内はもとより、海外からも押し寄せているのは周知の通りである。しかしこの魅力の源泉ともいえる歴史的遺産や自然的環境の特異性が、この地を旅する人々にどれほど深く理解されているか疑問なところもある。本書は、地理的隔絶性がユニークな文化、社会、経済の歴史的蓄積につながったという仮説を立て、それを確かめるために飛騨高山がもつ魅力の解明に取り組んだ。飛騨高山に関する専門書や観光ガイドブックなどの出版物は数多い。そのような中にあって、本書は一般読者でも手に取りやすく、飛騨高山を理解する手がかりともなる案内書であることを願って企画された。アクセスのための交通手段は大いに発展したが、依然として外の世界からは遠い存在で不思議なベールに覆われたような飛騨高山を読み解くのに、本書がその一助となれば幸いである。

2018年3月

執筆者を代表して　林　上（中部大学教授）

目次

第10章　飛騨の鉱山師茂住宗貞と京・大津の豪商打它公軌……333

第1章

飛騨高山の歴史的重層的空間構造

第1節　地域の歴史を重層的な空間構造として考える

飛騨高山の全体像を理解しようとするなら、時間と空間を掛け合せながら重層的にアプローチするのが有効であろう。標高の高い山間の寒冷地で平坦地も少なく限られた空間の中でさまざまなことが起こり、それらが時間的に積み重ねられていったからである。日本の近代以降、広い平野部で工業化や都市化によって空間が大きく変貌したところでは、古いものが根こそぎ剥がされその上に新しいものが覆いかぶさっていった。以前は人が住んでいなかった郊外が大規模な住宅地域や工業地域へと生まれ変わることも珍しくなかった。こうしたところと比較すると、飛騨高山は相対的に見て激しい工業化や都市化とは縁の遠い地域であったといえる。比較的限定された空間において、大きく変わることのない社会的、経済的、文化的活動が営まれてきた。人々が住み続けてきた歴史的建築物が当初の姿をあまり変えずにまとまって現存することは、近代以降、幾多の変化を経て現代的な都市へと変貌してきた大都市圏の状況とは大きく異なる。

飛騨高山と類似の自然条件のもとで歴史的に発展してきた都市は、ほかの地域にも存在する。俗に小京都と呼ばれる地方の小規模都市がそれであり、城下町や在郷町を起源として成立したものが多い。城下町は行政機能と商業機能を兼ね備えた都市であり、在郷町は農山村を背後に控えて商業・物流機能を果たしてきた都市である。飛騨高山には古代や中世の歴史もあるが、都市としての基礎は戦国末期に城下町が築かれたことによって固められた（図1－1）。城下町としての歴史は1世紀ほど続

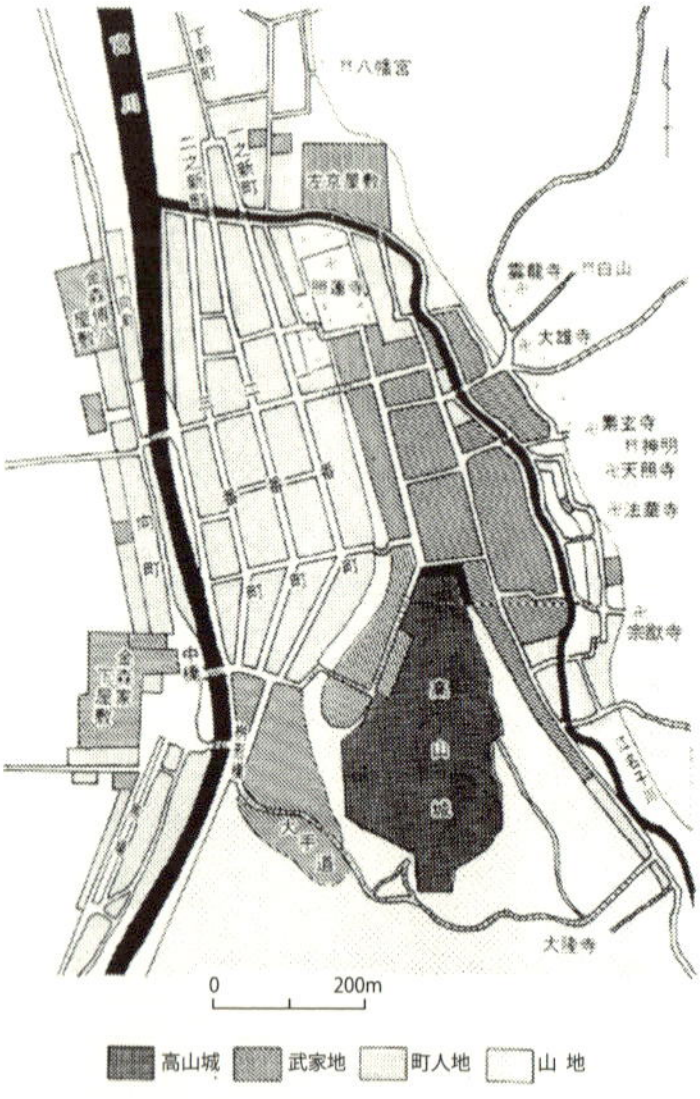

図1-1　高山城下町配置図

出典：高山市制五十周年・金森公領国四百年記念行事推進協議会編（1986）：『飛騨 金森史』金森公顕彰会をもとに作成。

いたが、その後は江戸幕府が直接支配する天領となり、藩による自主的統治は失われた。支配者は大きく変わったが、商業機能はその影響を受けることなく引き続き維持された。商業機能には大きくいって２つの種類がある。ひとつは長距離交易で卸売の役割を果す機能であり、いまひとつは地元や近隣地域に対して財やサービスを提供する小売・サービス機能である。時代とともにかたちを変えながらも、これらはともに城下町時代から続けられてきた。

日本の近世の城下町や在郷町の多くは周辺に農村を控え、収穫された米をはじめとする農産物や木綿・絹・麻などの織物、酒造品、手工業品を域外へ送り出す機能を果たした。逆に域外から日用雑貨品を仕入れて地元で捌く機能ももっていた。山地が多く気候が冷涼な飛騨地方では米の収量が少なく、不足する分は領外から購入して補った。一般に江戸時代にあっては、一人が1年間生活するためにはおよそ1石の米が必要といわれた。飛騨地方の総人口は7～9万人であったと推定されるが、米の収量は6万石に満たなかった（表1‐1）。このことからも、食料生産では恵まれた地域でなかったことがわかる。

森林資源に恵まれた飛騨地方では米よりも木材が経済的富をもたらしたため、木材取引に関わる商人が流通機能を担った。加えて地元やその近在で需要される日用雑貨を取り扱う商業者もいた。広大な領域の中心部に細長いわずかな盆地状の平地があり、ここが古代から現代に至るまで変わらず中心的な集落地であった。北から順に連続する3つの盆地の中心地である古川、国府、高山は、近年の市町村合併で行政的に再編された。しかし、人口が集住する市街地とそれを取り巻く農山村とい

西暦	1695年	1775年	1857年	1870年	1872年	1873年	1881年
和暦	元禄8年	安永4年	安政4年	明治3年	明治5年	明治6年	明治14年
人口（人・推定）	68,000	78,000	90,000	93,000	93,000	100,000	110,000
石高（石）	44,105	55,685	56,265	56,265			
米（石）				32,000	32,000	43,049	55,526
麦（石）				11,000	11,000	13,388	13,885
稗（石）				33,000	57,600	2,590	19,551
大豆・そば等（石）				8,400	6,950	9,753	4,569
移入米（石）			4,000	15,000			

表1-1　飛騨地方の人口・穀物
出典：飛騨民俗学会編（1995）：『紀要-飛騨民俗学会十周年記念』飛騨民俗学会 p.90による。一部改変。

う空間構造は昔と大きくは変わっていない。

太平洋側や日本海側から内陸に入り込んだ山岳地域であることが障害となり、近代的な交通手段である鉄道の開通が他地域に比べて遅かった。これもまた、飛騨高山の空間構造が過去の遺構を引き継ぎながら近代まで維持された理由である。変えようにも大きく変えることができなかったというのが実情に近く、工業化や都市化の足音は聞こえてこなかった。しかしそれでも、産業や建築物に洋風の影響が及ぶようになり、町中に和洋折衷の雰囲気が漂うようになった。第二次世界大戦後、日本経済が高度成長の軌道を歩み始める中、飛騨高山でも近代化への道が模索された。しかし臨海平野部に多い加工貿易型の工業化を進める条件には恵まれず、むしろ高度経済成長後の社会を見据えた歴史回帰の道こそが飛騨高山にはふさわしいという思いが沸き起こってきた。

近代以前の歴史的遺構が各所に点在する飛騨高山は、まさしく歴史時代にタイムスリップしたかのような体験を味わうことのできる空間である。それゆえこの地を全体として理解するには、時代ごとの空間構造を重層的に積み上げながら総合的にとらえる必要がある。それぞれの時代にはその時代に暮らした人々の生き方を規制し方向づけた社会的、経済的、文化的制度がある。それらは互いに関連しており、習慣、風習、ならわし、しきたりなど人々の行動を通して表に現れる。地元の衣食住を特徴づけるパターンの中に、そのような制度の継承の歴史を見ることができる。一例が三町と呼ばれる旧城下町の歴史的建造物群保存地区の町並みであり、飛騨高山において経済的中心機能を担ってきたこの地区一帯の建物景観から固有の歴史性をうかがうことができる（図１‐２）。ここで経済的富の蓄積に励み

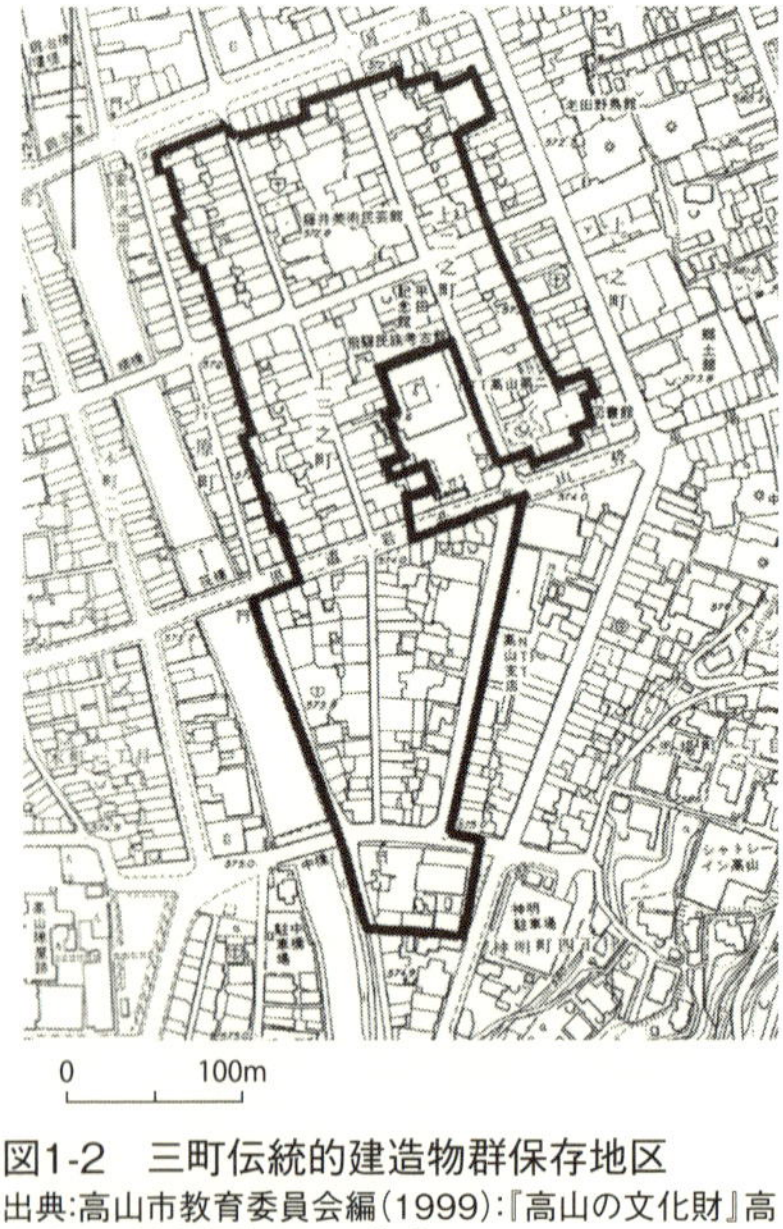

図1-2　三町伝統的建造物群保存地区
出典:高山市教育委員会編(1999):『高山の文化財』高山市国民健康保険をもとに作成。

社会的にも上位に位置づけられた旦那衆や有力商人たちは、上質な生活文化に憧れ、豪華絢爛《ごうかけんらん》な祭礼用の屋台づくりに心血を注いだ。この地区は飛騨高山の空間構造の中心部に位置しており、その周辺に広がる広大な農山村地域に対して経済はもとより、政治的、社会的、文化的にも影響を与える核心部分であった。高山本線開通にともなって市街地が西側へ広がっていくまえは、政治・経済・文化的核心を拠点として空間構造の組織化が歴史的に繰り返された。

第2節　古代飛騨地方の空間構造

1．土器・古墳などの分布から推測する古代の飛騨

縄文海進で知られるように、いまから6000年ほど前の日本は気温が平均して2~3度ほど現在より高かった。このため、飛騨地方の植生は現在とはやや異なり、野山にはクリ、ドングリ、クルミなどの植物資源やイノシシ、クマ、シカなどの動物も多く、豊かな狩猟生活が営まれていた。縄文時代の遺跡分布を示した図1‐3から明らかなように、宮川の流域をはじめ、北の高原川、西の庄川、それに南の飛騨川の各流域に遺跡は集中している。水辺とそれに連なる細長い谷底の平地が当時の人々の暮らしを支えるのにいかに重要な場所であったかがわかる。当時の生活の痕跡は押型《おしがた》文《もん》土器、浅鉢形《あさばちがた》土器の出土や居住址、環状列石群の発掘などから推し量ることができる。

やがて稲作が始められ、縄文期より進んだ生活手段によって人々が暮らすようになったことは、高山市の中心部を流れる宮川や、飛騨市古川で宮川と合流する荒城《あらき》川流域から発見された弥生期の痕跡から明らかである。松本市と福井市

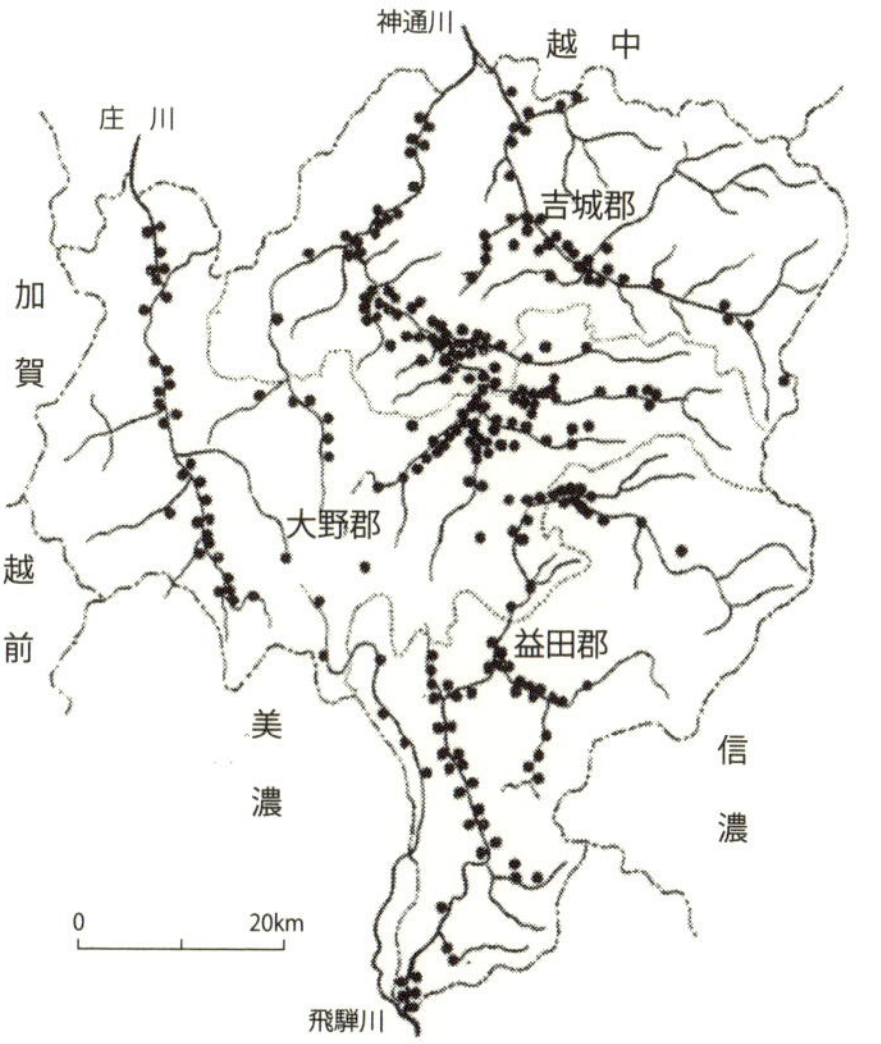

図1-3　飛騨地方の縄文時代の遺跡分布
出典:飛騨運輸株式会社編(1972):『飛騨の街道』飛騨運輸株式会社をもとに作成。

の間を結ぶために現在、建設が進められている中部縦貫自動車道の建設工事にともなって発掘された赤保木遺跡からは、弥生時代中期の竪穴住居跡ばかりでなく、それ以前の縄文中期の集落跡や古墳時代の竪穴住居跡も見つかっている（図1・4）。現在の高山市中心部から見て北西に位置する赤保木遺跡とは反対側の南東にある江名子《えなこ》ひじ山遺跡からも縄文、弥生の石器類や土器片が発見されている。赤保木遺跡は宮川に合流する川上川、江名子ひじ山遺跡は同じく宮川に合流する江名子川の川岸に近い。宮川とその支流の盆地低地部が稲作条件に恵まれていたことがわかる。

大和朝廷の全国統一が進んだ紀元後300年頃、飛騨地方もその影響を受けて古墳時代へと入っていった。現時点では、宮川と川上川の合流地点から1㎞南側で国道41号バイパスの建設時に発見された冬頭《ふいとう》大塚古墳が、この地方では古い方に属する5世紀中頃の古墳とされる。埋葬品の中に大和朝廷からの下賜品と思われる鉄剣や鏡が含まれることから、被葬者は大和政権に服属を誓い飛騨国統一に関わった有力者と考えられる。古墳後期になると三福寺《さんふくじ》町や西之一色町など、現在の市街地の北東側や南東側で横穴式石室の古墳がつくられたことが、遺跡の発掘から明らかになっている。

古墳遺跡の分布状況から見て興味深いのは、高山市国府町にその数が多いということである。飛騨地方に分布する521基の古墳のうち実に384基が国府町に存在する。国府町は2005（平成17）年に高山市と合併するまで吉城郡国府町であり、現在の飛騨市と高山市をつなぐような位置にあった。図1・5は国府町中心部付近に分布する古墳群を示したものであり、宮川に沿う平地部とそれに連なる同じく平地部の丘陵寄り、すなわち平地を見渡す山沿いに古墳

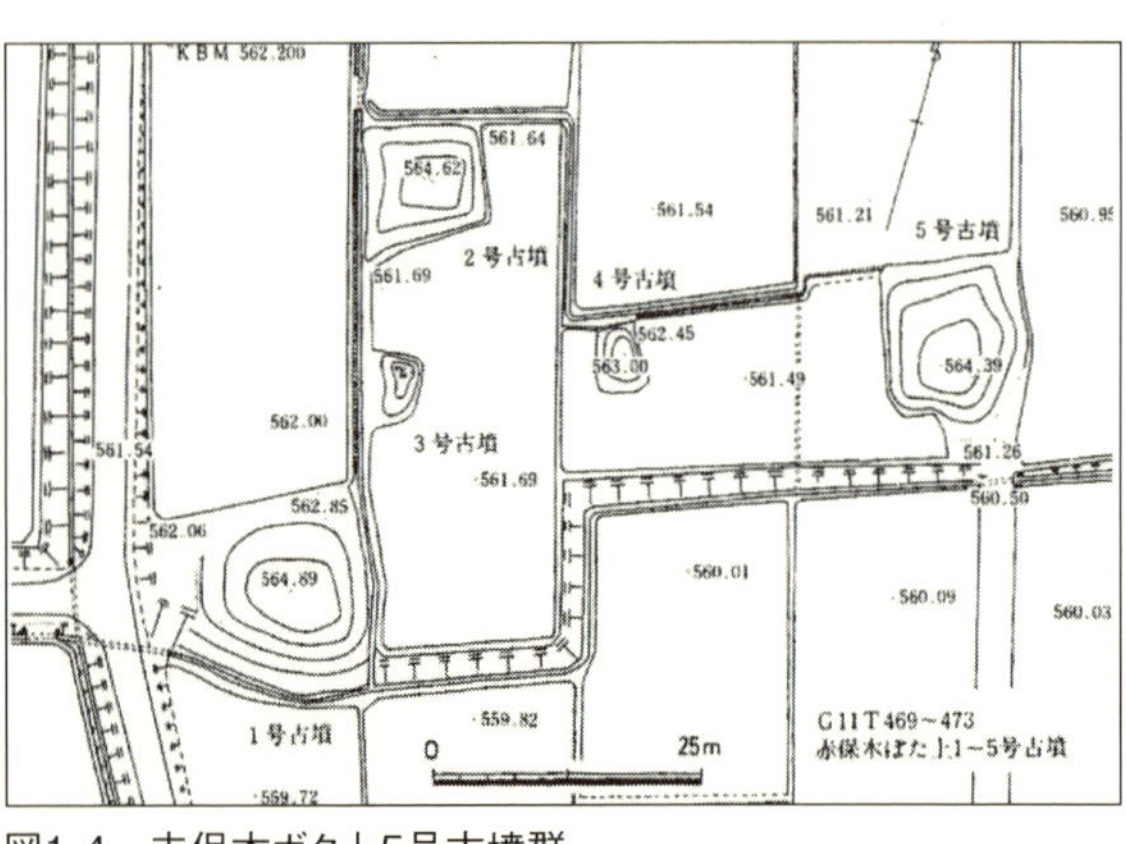

図1-4　赤保木ボタ上5号古墳群
出典:高山市教育委員会編（1999）:『高山の文化財』高山市国民健康保険をもとに作成。

が築かれたことがわかる。国府町はその名の通り飛騨地方の国府が奈良時代に設けられたところであり、それ以前から古墳を設けるほど多くの有力者が生活を営んでいた。

古墳分布は、旧国府町の北側、飛騨市古川町にも広がっている。宮川が大きく西に流れの向きを変えて荒城川と合流する古川町の手前付近の沖積低地は、平地の少ない飛騨地方にあって貴重な農業空間であった。１９９５（平成７）年に圃場整備にともなって調査が行われた三日町大塚古墳は、周溝を廻らせた全長１００ｍの前方後円墳で４世紀後半、すなわち飛騨地方でもっとも古い時代の古墳と考えられる。これら以外に、５世紀半ばのもので現在は国府小学校の校庭になっている亀塚古墳、広瀬町桜野公園近くにあり岐阜県内で最大の石室をもつこぶ峠口古墳など、多くの古墳の存在が確認されている。こうした事実を突き合わせて考えると、古代飛騨地方の中心は現在のそれより北側にあったと推測される。

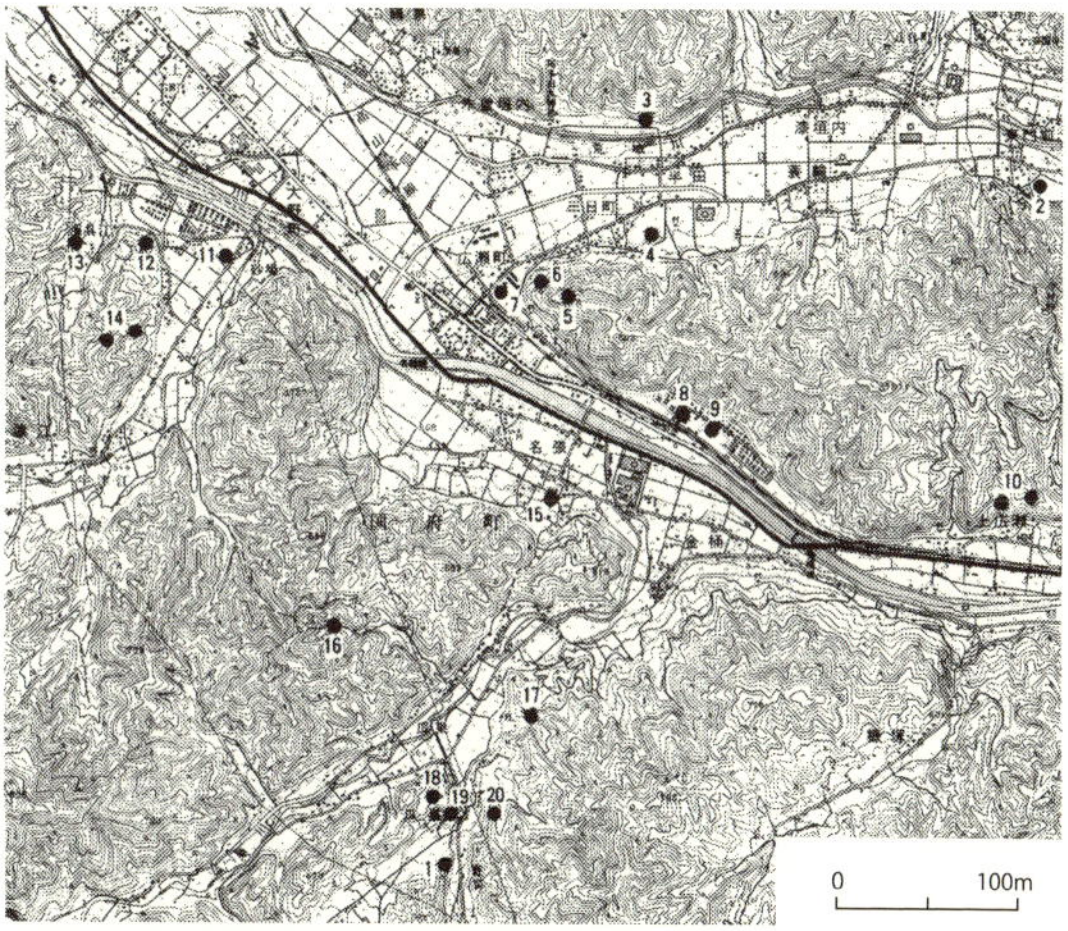

図1-5　旧国府町中心部付近の古墳分布
出典:岐阜県文化財保護センター編(2002):「保別戸古墳群」『岐阜県文化財保護センター調査報告書』第75集をもとに作成。

2. 国分寺・国分尼寺と律令制下の飛騨

７世紀中期から８世紀初頭までの白鳳時代、飛騨の中心が国府・古川あたりにあったことは、杉崎廃寺をはじめ15近くの寺院がこれらの盆地に建立されたことから明白である。杉崎廃寺は古川盆地の北西隅杉崎地区にあり、やや変則的ながら法起寺式伽藍配置の白鳳寺院であることが、１９９１（平成３）年から１９９５（平成７）年にかけて行われた調査によって明らかになった。伽藍西の溝から発見された多数の木製品と郡符木簡は貴重な資料であり、律令国家の行政末端を知るうえで価値が高いとされる。

白鳳から奈良へ時代が変わると律令制度が敷かれ、地方支配の行政拠点として国府が配置された。あわせて宗教的象徴として近くに国分寺、国分尼寺も建立された。飛騨国の場合、国府という地名はあるが役所としての国府がどこにあったかは明確になっていない。国府という地名は、明治初期に荒城郡、広瀬郡、古川郡に属する22の村が合併するさいに、滝ノ宮付近に飛騨地方の国衙が置かれていた可能性があるという理由で名付けられたものである。意外に新しい地名なのである。

国衙・国府の位置は不明であるが、飛騨国分寺は741（天平13）年の聖武天皇による国分寺建立の詔により、757（天平勝宝9）年頃、行基によって高山盆地の中央付近の現・総和町に建てられた（図1-6）。一方、国分尼寺は国分寺の西500mほどにある辻ケ森三社近くで大正期に礎石が発見されたことからその推定地と目されていたが、1988（昭和63）年に金堂跡が発見されたことから、位置が確定した。基壇の大きさは横32・8m、奥行19・7mであった（図1-7）。国分寺に比べると国分尼寺の位置や構造の詳細は不明なことが多い中で、飛騨高山の場合はその構造までが明らかになっている稀有な事例である。

国分寺には本堂、三重塔、鐘楼門、表門があり、焼失、倒壊、再建を繰り返して現在に至っている。現在の本堂は金森氏の入封以降に再建されたものであり、現在は三重建築の塔も、以前は七重塔であった。平安期に国分寺の北500mの位置に飛騨総社が設けられたことから、この南北の軸を中心

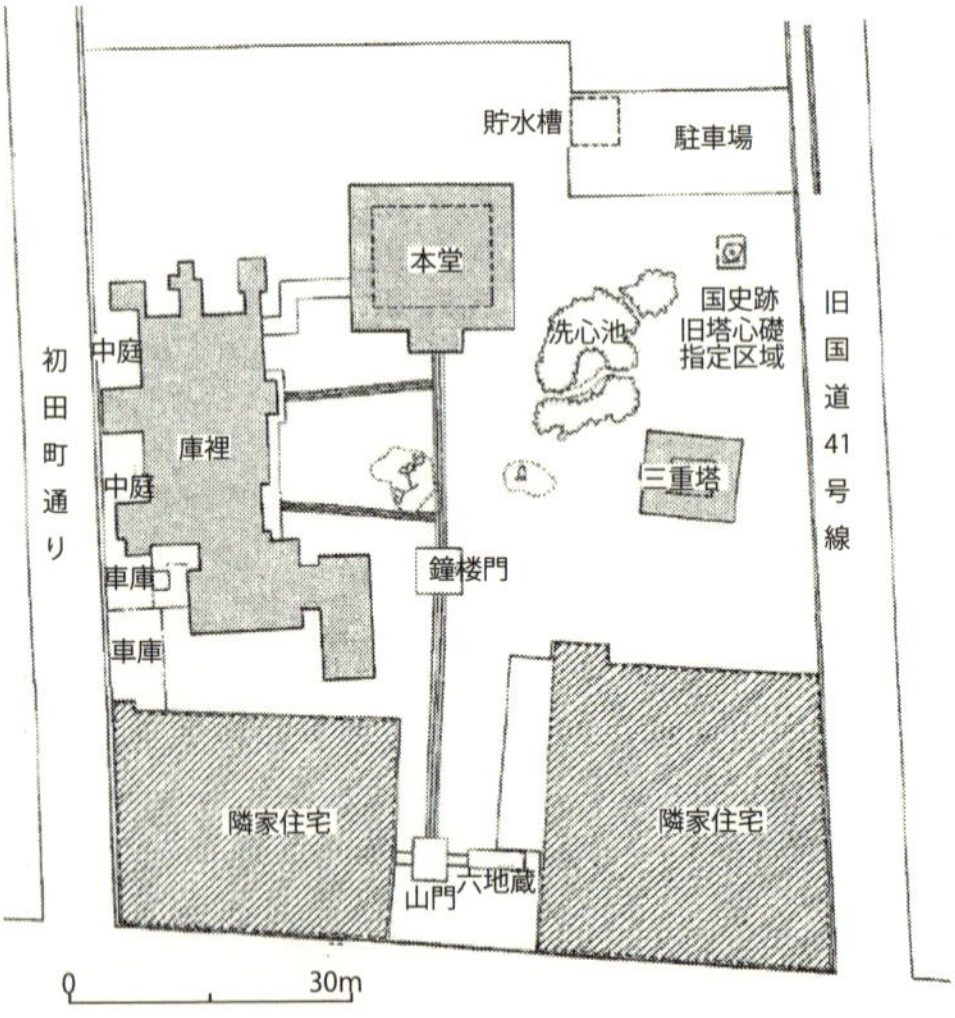

図1-6　飛騨国分寺の配置図
出典:高山市教育委員会編(1999):『高山の文化財』高山市国民健康保険をもとに作成。

に周辺の地域が集落らしく整えられていったと考えられる。927（延長5）年にまとめられた延喜式神名帳に記載されている飛騨国式内八社に入る阿多由太《あたゆた》神社、荒城神社、天満神社が国府に設けられたほか、古川、江名子などにも神社が平安期に設けられた。神社の建立は集落が生まれ人が集住するようになった証拠である。なおも国府、古川地域において活動は活発であったが、その後、宮川上流部やその支流の江名子川沿いの低地部にも集落が広がっていったと考えられる。

律令制のもと、山間部の多い飛騨地方では都に納めるべき米や織物が期待できなかった。このため、大宝令（701年）では絹・布・糸などを納めるように主に成年男子に課せられた調・庸の税が免ぜられた。代わりに50戸ごとに匠丁《しょうちょう》（木挽や大工）を8人、斬丁《ざんちょう》（炊事係）を2人、都合10人を都へ差し出すように命じられた。都での労働は1年ごとの交代制で、郷に残った者が匠丁たちが食べる食料を運ぶ役目を果たした。毎年、100人の飛騨工が徴用され、年間330日（のちに250日に軽減）厳しい労働に従事した。なかには厳しさに耐えかねて逃亡を図り、太政官命で追われる身になった者もいた。飛騨工たちは平城京、東大寺、平安宮の豊楽院や大極殿などの造営に貢献し、匠の技術を世に知らしめた。

都の造営に駆り出された飛騨の匠丁や斬丁は、高山を発って東山道飛騨支路を通って西に向かった。東山道飛騨支路とは、都の東側に置かれた国府を直線的に結ぶために設けられた東山道から分岐し、飛騨地方に向かうように延びていた支道である。東山道本体は美濃西端の不破から東に向けて、大野、方県、各務、可児、土岐、大井、坂本を経て信濃へと延びていた（図1‐8）。飛騨支路は方県で分岐し、武儀、加茂、金山、下留、上留、石浦へと続く。金山までが

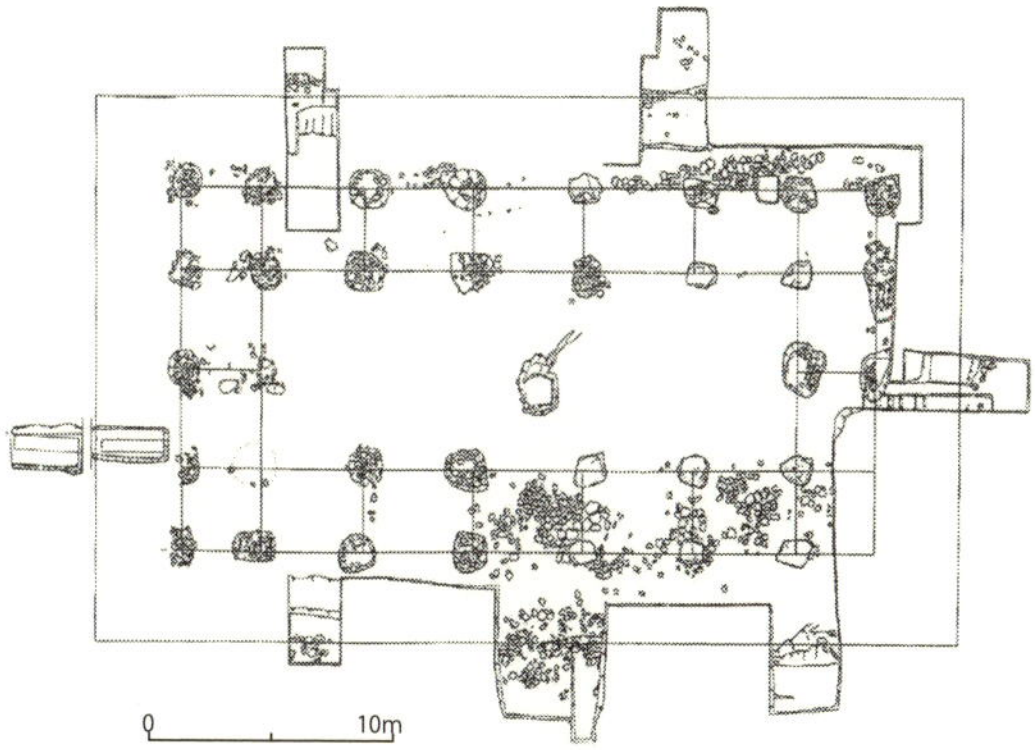

図1-7　飛騨国分尼寺の金堂平面
出典：高山市教育委員会編（1999）：『高山の文化財』高山市国民健康保険をもとに作成。

美濃で、下留からは飛騨になる。駅馬制のもとで飛駅使は都と地方の間を移動するのに、急ぎの場合は1日10駅つまり164㎞移動することが求められた。さすがに山岳地形の多い美濃や飛騨では、これほど速く移動することはできなかった。飛騨から都へ赴く場合、往路は14日、復路は半分の7日とされた。上京時は荷物をともなうため、速く移動することは難しかった。

高山から南下して位山を越えていく東山道飛騨支路は、現在の国道41号線のルートとは異なる。国道41号線は宮峠を越えるが、山道飛騨支路はその西側を通る山越えのルートで刈安峠が分水嶺である。峠を下ると上留（現在の上呂）から下留（現在の下呂）に至り、やがて飛騨川沿いの現在の国道41号線のルートと重なる。加茂（現在の美濃加茂）からは木曽川沿いの国道41号線ではなく、その北側のルートを西に向かい武儀、方県へと至る。方県は現在の岐阜市長良付近と考えられ、ここからさらに西に向かい大野、不破へとルートは続いていた。

図1-8　飛騨・美濃の古代の道路（略図）
出典：飛騨運輸株式会社編（1972）：『飛騨の街道』飛騨運輸株式会社をもとに作成。

第3節　群雄割拠の時代から飛騨統一の時代へ

1．群雄割拠が続いた中世の飛騨

平安時代、飛騨地方は平家の支配を受け、末期には現・三福寺町にあった城に平時輔が飛騨の守として在城していた。三仏寺城は現在の高山市街地の北東側の丘陵地にその跡地がある（図１-９）。鎌倉時代に入ると武士の勢力が強くなり、鎌倉幕府は各地に守護・地頭を配したが、飛騨に守護が配置されたか否かは明らかでない。国の警備に当たる守護ではなく、主に領地の管理を担当する地頭が1193（建久4）年に飛騨荒城郡に派遣されている。多好方《おおのよしかた》という人物で、鶴岡八幡宮の楽人に秘曲を伝授したと伝えられ、飛騨に鶏芸《とりげい》をもたらした人物としても知られる。鶏芸とは、シャモの雄鶏の尾羽でできたシャガマと呼ばれる冠をかぶって舞う勇壮な踊りである。この踊りは、現在も上宝町一重ケ根《ひとえがね》の村上神社において、郷土芸能として奉納されている。

室町時代の飛騨は、前半期と戦国時代に相当する後半期からなる。鎌倉幕府が滅んだ1333（元弘3）年に岩松経家《つねいえ》が北朝から補任され、彼の死後、1359（延文4）年に近江の守護であった佐々木道誉《どうきょ》が守護として飛騨に入国した。佐々木氏は1395（応永2）年に隠岐、出雲両国の守護も兼ね、本国の近江を含めて四カ国の守護職を務めたが、のちに六角《ろっかく》家と京極家に分かれた。当時、北朝と対立関係にあった南朝からは建武年中（1334〜1338年）に姉小路家綱が国司として飛騨に下向した。北朝からの守護が飛騨南部を治めたのに対し、南朝からの国司は古川を中心とする飛騨北部を勢力下においた。

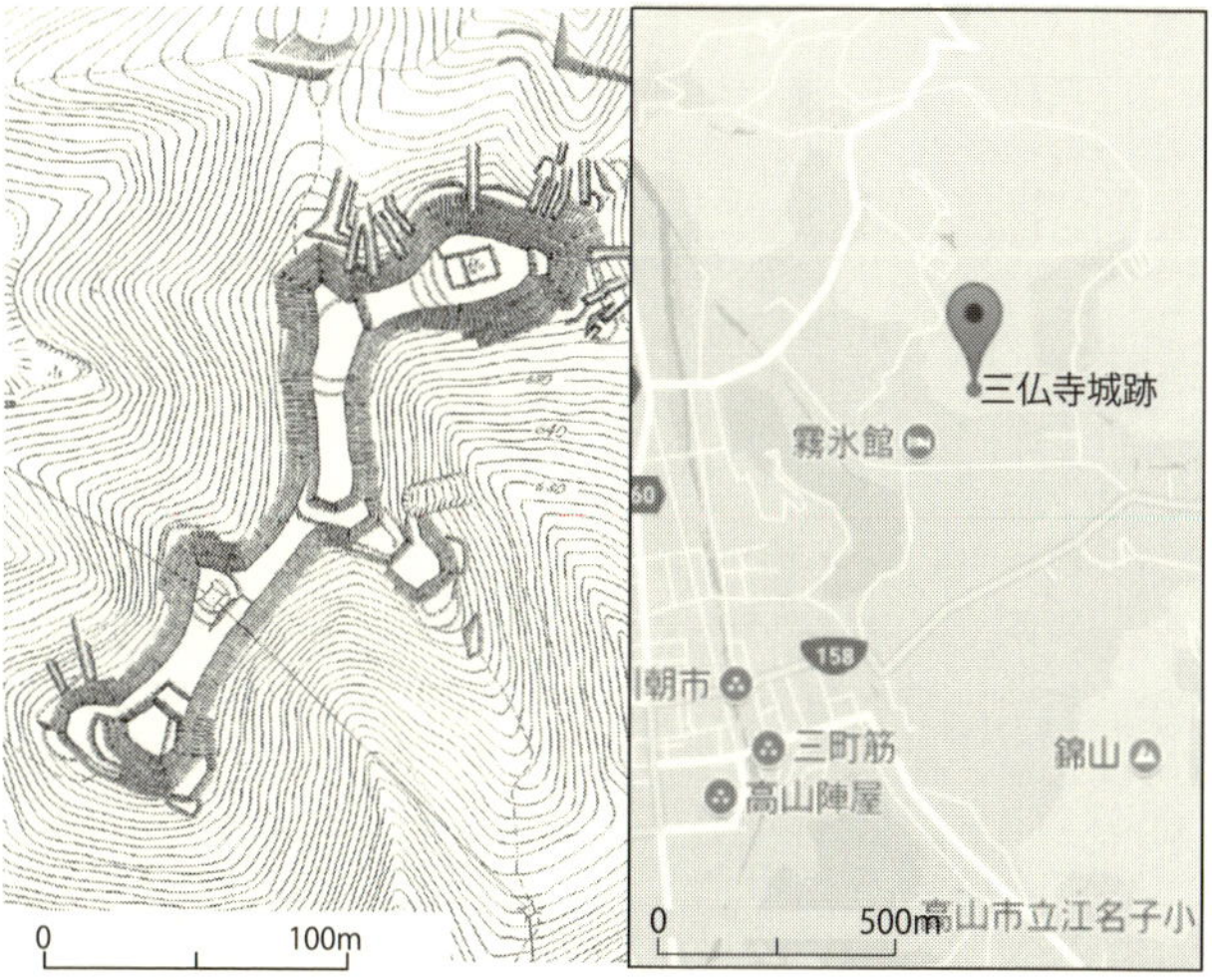

図1-9　三仏寺城跡
出典:飛騨学の会(2010):『斐太紀 平成21年度 紀要』飛騨学の会,p.112による。

1411（応永18）年、足利四代将軍義持の命を受けた京極高数らは、飛騨北部の国司姉小路氏を討った。このため姉小路は古河、小島、小鷹利《こだかり》の三家に分裂してしまった。この結果、飛騨地方は北部の神岡に江馬氏、古川盆地に姉小路の三家、そして南部には京極家がいて、互いに牽制し合う三氏鼎立の状態になった。このとき、北朝側の京極氏の被官として三木《みつき》氏が置かれたが、三木氏は先に分裂した佐々木氏の一族であった。勢いのある京極側は北の姉小路を攻めるため、高山に多賀城（のちの高山城）を築いた。しかし繁栄していた京極家も応仁の乱（１４７７年）の頃には相続争いが元で没落した。争いに巻き込まれなかった飛騨の京極家の被官はそのまま土着し、この地域一帯に対して勢力を伸ばすようになった。

室町時代後半の飛騨は、多くの勢力が国境を接する上杉、武田の影響を受けながら群雄割拠した時代である。北飛騨には平家を祖とする江馬氏、古川盆地周辺には小島、小鷹利の両家、現・国府町広瀬には広瀬氏、そして白川郷には内ケ嶋氏がいた。高山では天神山城（のちの高山城）に高山外記《げき》、中山に岡本豊前守《ぶぜんのかみ》、三枝《さえぐさ》郷に山田紀伊守、江名子に畑六郎左衛門、大八賀郡には鍋山豊後守《ぶんごのかみ》などがいた。やがて上杉、武田の勢いに陰りが見えるようになると、三木氏は国府の広瀬氏と手を組んで南飛騨と高山を手に入れ、さらに飛騨分け目の大戦《おおいくさ》といわれる八日町（国府）合戦で江馬輝盛を滅ぼし、ついに飛騨全域を手中にした。三木氏は姉小路の国司の名跡を継ぐために、のちに姉小路と名乗った。

飛騨の中世は江馬氏や三木氏などの在地土豪国人が各地に城を築き、互いに牽制しながら地域を治めていた時代である（図１-10）。南部の大野郡周辺の城館として確認できるものだけでも34を数える。このうち全長３００ｍを超えるのは松倉、尾崎、鍋山、三仏寺、山

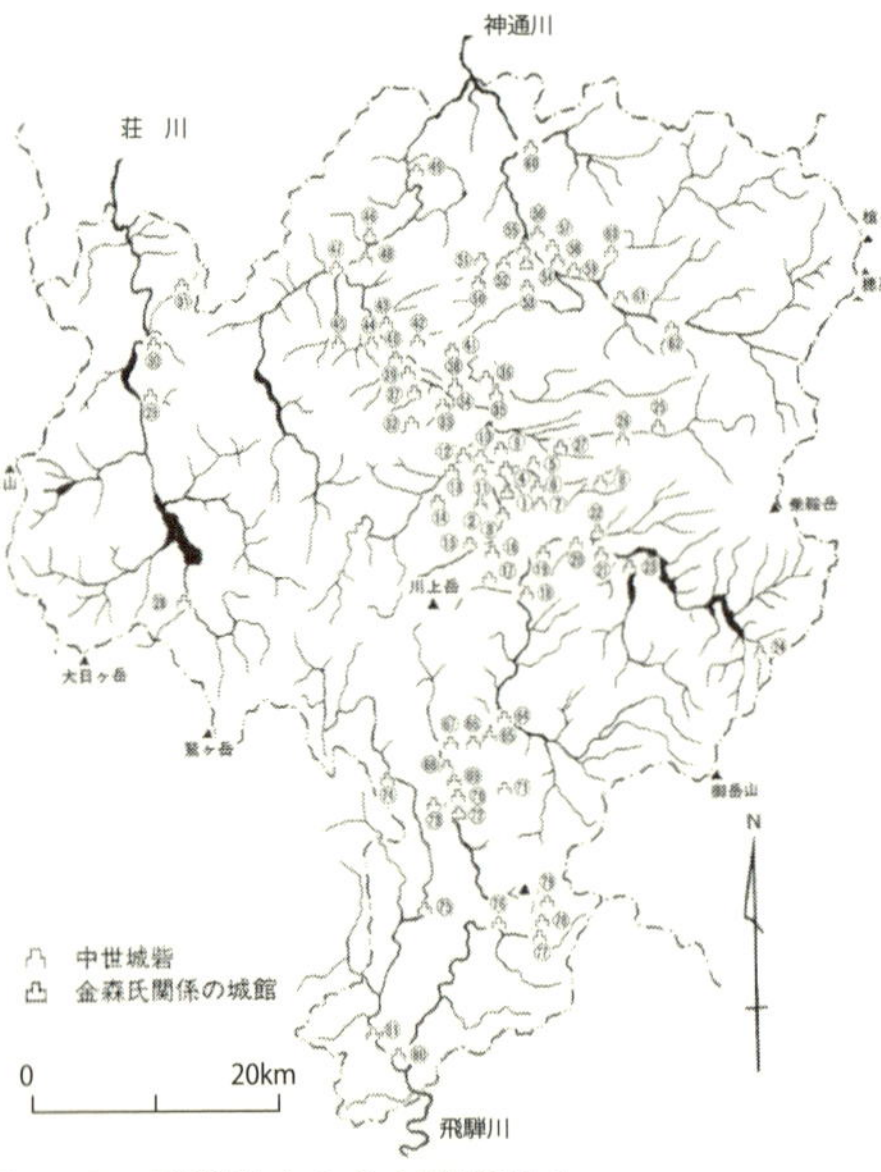

図1-10　飛騨地方の主な城砦分布
出典:高山市制五十周年・金森公領国四百年記念行事推進協議会編(1986):『飛騨 金森史』金森公顕彰会をもとに作成。

下、高山の各城館である。松倉、高山、鍋山の諸城はのちに金森氏など豊織期の武将によって手が加えられることになるが、土豪であった三木氏が居城した三仏寺城には中世の山城の特徴である畝状空堀群《うねじょうからぼり》がみとめられる。畝状空堀とは、等高線に垂直に複数の堀を掘って敵兵の横方向への移動を妨げる障害物である。三仏寺城の主郭からは乗鞍岳や御嶽山が眺望できることから、城の位置選びに山岳宗教が関わっていた可能性もある。

北部飛騨の吉城郡周辺には、南部飛騨に負けず劣らずむしろそれ以上に城館があった。遺構上、城館として確認できるものだけでも49を数え、うち全長が300mを超える規模の城が12あった。三木氏が入城した高堂城と広瀬城の間には尾根伝いにいくつもの小城があり、これらは高山盆地と国府盆地の双方に睨みを利かしていた（図1-11）。国司・姉小路氏は平時は岡前館におり、小島城を戦時の詰城とした。北部飛騨で勢力を誇った江馬氏は神岡を流れる高原川の右岸段丘上に館を築き、その南東の山地に高原諏訪城を本城として築いた。国府を流れる荒城川右岸側山地に築かれた梨打城《なしうち》は、江馬氏が三木氏との飛騨決戦のさいに最前線とした城である。

2. 戦国末期になった飛騨の地域的統一

長く混乱の続いた飛騨地方が群雄割拠の時代を抜けて安定的な時代を迎えることになったのは、天下統一を目指した織田信長、そしてその志

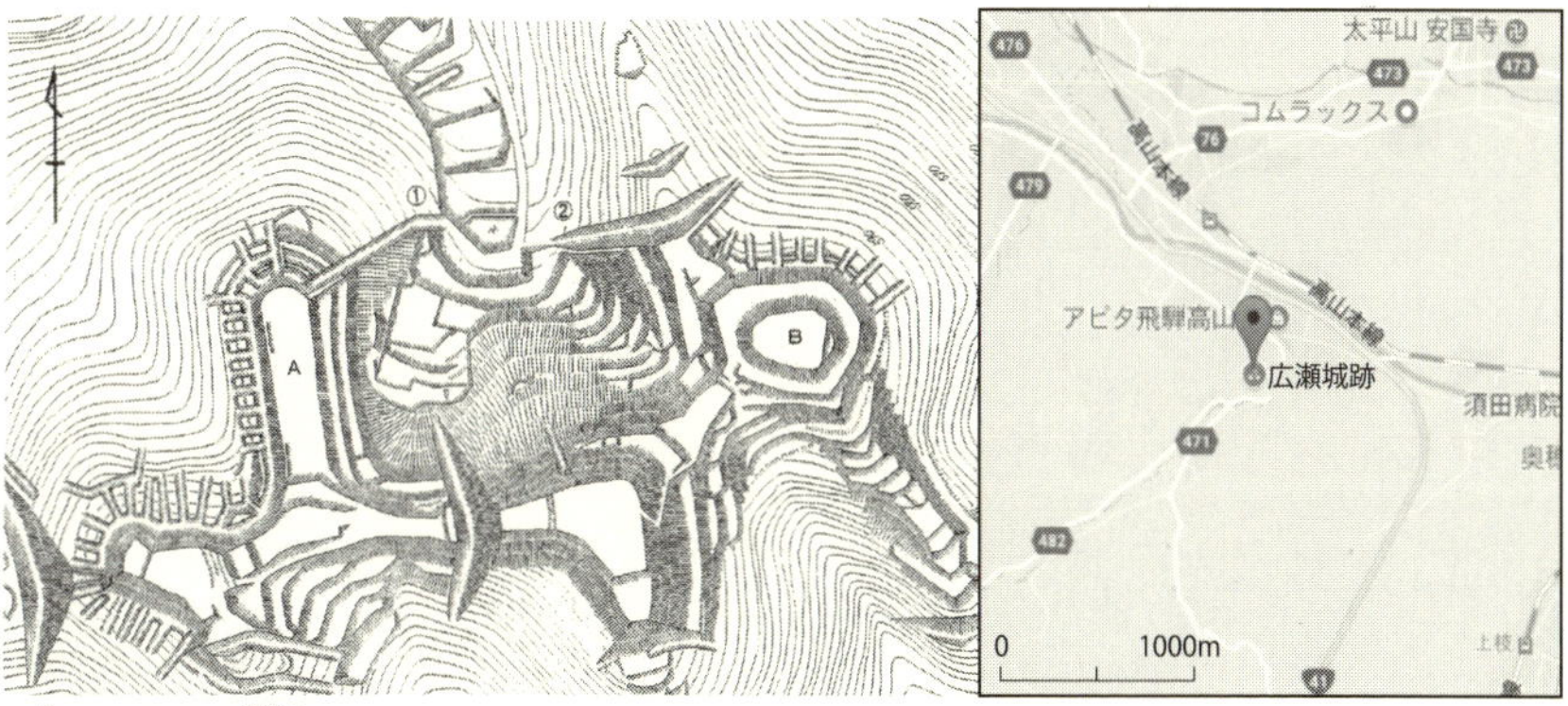

図1-11　広瀬城跡
出典:飛騨学の会編(2010):『斐太紀 平成21年度 紀要』飛騨学の会,p.107による。

を引き継いで諸国をまとめようとした豊臣秀吉の治世になってからである。秀吉の命を受けて越前大野城の城主であった金森長近《ながちか》が飛騨へ攻め入り、飛騨を勢力下においていた三木氏を滅ぼした結果、飛騨は大坂を拠点とする豊臣政権の及ぶところとなった。しかしこの政権もつぎに台頭してきた徳川氏によって打ち破られ、飛騨はまたつぎなる政権下で国づくりを進めることになる。しかし争いの続いた戦国期を含む中世に比べると、安定した時代での営みはひとり経済のみでなく、社会、文化など多方面において、これまでにない豊かな成果を結実させた。まずはその契機となった金森氏による飛騨高山の城下町づくりから見ていく必要がある。

　金森氏は戦国期、美濃国の守護を務めた土岐氏の流れをくむ血筋にあった。当主は大畑定近といい、その二男としてのちに金森長近となる可近《ありちか》が生まれた。1524（大永）4年のことで、出生地は父の任地であった現在の多治見市大畑である。その後、大畑氏は近江の金ケ森（現在の滋賀県守山市）に移り、ここで金森の姓を名乗るようになった。金森可近となった18歳の青年は織田信長に仕え、32歳になった1555（弘治元）年、名を長近に変えた。織田と武田が争った長篠の戦いでの功績が認められ、長近は越前大野一国を賜った。越前大野から見て飛騨高山は北東方向に道路距離で120㎞ほどの位置にあり、ともに山林に囲まれた盆地という点で共通する部分が多い。

　信長の死後、天下統一を急ぐ秀吉は大野城主となった金森長近に、飛騨攻めを命じた。その理由は、信長に従っていた飛騨の盟主が秀吉に対して反抗的な姿勢を示したからである。国司・姉小路を継承していた三木氏の当時の当主は姉小

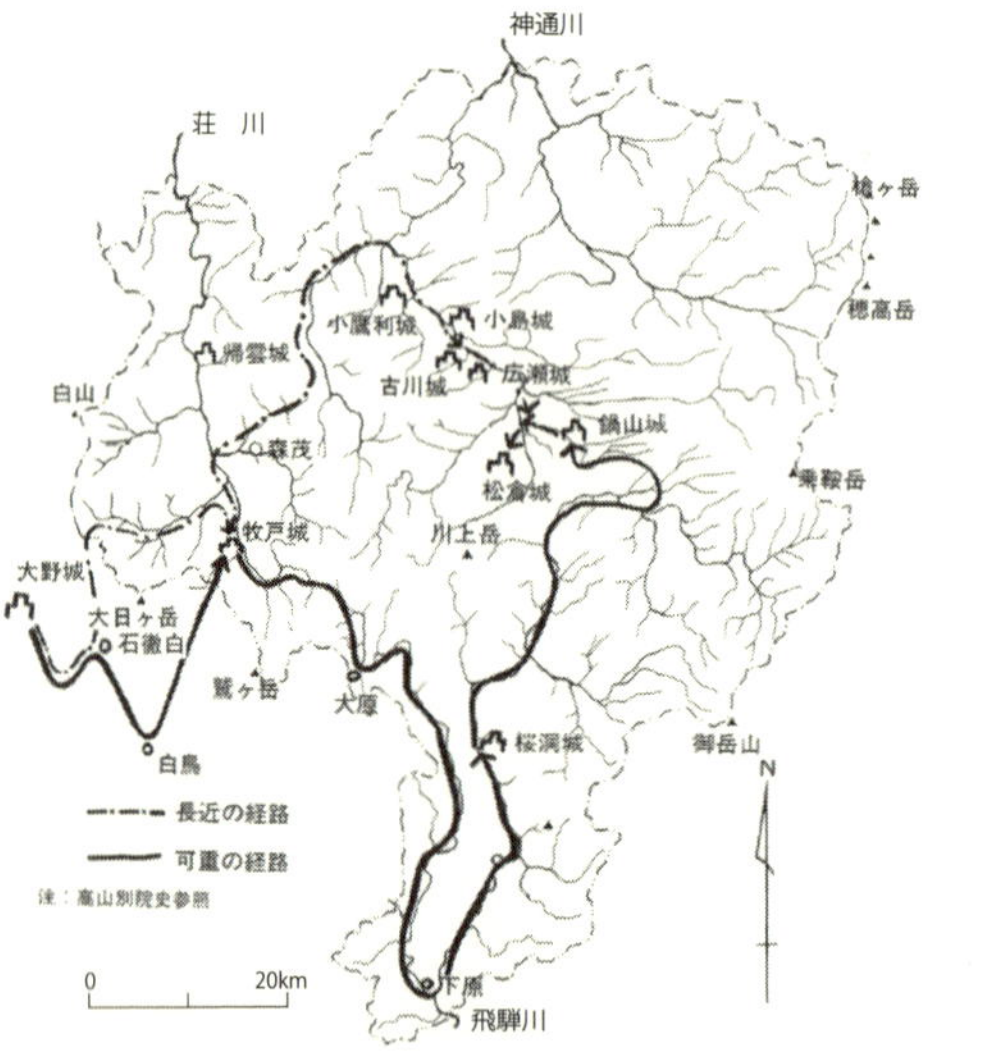

図1-12　金森長近・可重の飛騨侵攻経路
出典：高山市制五十周年・金森公領国四百年記念行事推進協議会編（1986）：『飛騨 金森史』金森公顕彰会 をもとに作成。

路頼綱であり、同じく信長の家臣であった越中の佐々成政と協力して反秀吉の陣を張っていた。長近は攻略軍を二手に分け、養子可重《ありしげ》には南側から桜洞城、鍋山城を攻め落とさせ、長近本隊は北側から牧戸城、小鷹利城、小鳥城を攻略した（図1-12）。このとき三木秀綱は松倉城にいたが討ち死にし、ここに金森氏による飛騨攻略は終了した。ただし、この攻略にさいして手助けをした在地勢力がその後の処遇を不満として一揆を起こした。しかしこれも可重によって鎮圧された。飛騨攻略を成し遂げた金森氏は飛騨3万8千石の国主として入府した。さらに金森氏は、その後、関が原の戦いで徳川方に尽くした功績により、美濃国上有知1万8千石、河内国金田千石を加増された。

室町から戦国の時代を通して、飛騨国全体を治める権力者は現れず、北部、南部あるいはその一部というように国内各所で局地的勢力を示す政治空間構造が支配的であった。標高の高い山間地が多くを占めるこの地にあっては、移動の自由もままならず、限られた川沿いの平地や谷間の川筋に集落が築かれた。土豪は防衛目的で山地に城を築いたが、平時は山麓下の平地に設けた館を暮らしの拠点とした。支配される側の農民は地域条件を生かした生業に励み、農産物や林産物の生産に関わった。共同体意識の根強い時代、農作業や山仕事では社会的紐帯にもとづく集団労働が一般的であり、地域ごとに異なる習慣や風習が生活に個性を与えた。冷涼な気候や山間地の複雑な地形条件が、生業や生活に多様性をもたらす背景として作用した。

第4節 城下町づくり、産業振興、街道整備

1. 金森氏による城下町づくり

金森氏が飛騨国に入府して以降、安定した政治情勢のもとで都市建設が始められた。古代は国府盆地あたりに政治拠点があったが、室町、戦国期は飛騨国全体を統括する拠点は存在しなかった。それが金森氏の飛騨入国で要となる位置を定める必要性が生まれ、当初、金森長近は江名子川北側の鍋山城で政務を行った。鍋山城は、金森氏による三木氏討

伐の手助けをした平野左近大夫の父が築き自ら鍋山氏を名乗った城であった。飛騨攻略のさい長近は養子の可重に南方から鍋山城を落とさせた。江名子川は水量に乏しく、城の下に広い平地もない。こうした地形条件を勘案した結果か、長近はかつて高山外記が築いた宮川東側の山地上の城を改修するかたちでここを拠点に定めた（図1-13）。これは偶然であろうが、高山城は、その北東にある鍋山城と同じく南西に位置する松倉城を結ぶ直線上の真ん中あたりに位置する。松倉城は、金森長近が飛騨攻略のさいに、国府の広瀬城にいた三木自綱がその子秀綱に守らせていたのを攻め落とした城である。松倉城の標高は８５７ｍであり、平地入口付近との高低差は２７０ｍもある。鍋山城は標高７５３ｍで平地との差は１６３ｍである。これら２つの城と比べると、高山城は標高６８６ｍでやや低い位置にあり、平地との差も１００ｍである。戦国の世も終わりに近づき、安定した国づくりを進めるためには、河川や広い平地に近い位置に拠点を構える必要があったと推察される。

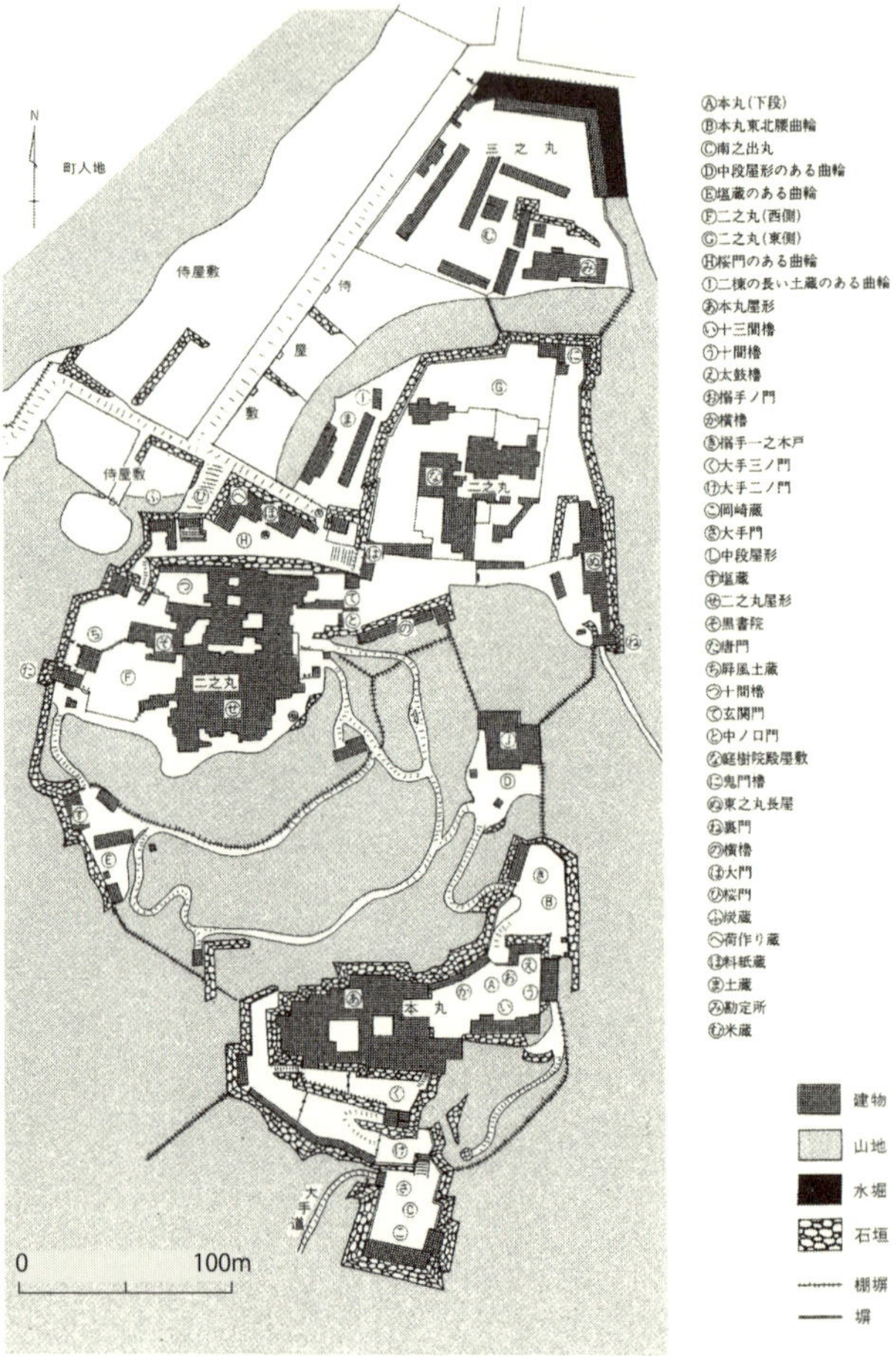

図1-13　高山城の曲輪・建物配置図
出典：高山市教育委員会編（1999）：『高山の文化財』高山市国民健康保険をもとに作成。

城下町の基本的構造は、行政、防衛、商業を基本としてそれらをいかに組み合わせるかによって決まる。ただし現在とは違い身分社会であるため、市場主義に則って土地の所有や売買がすべて決まるということもない。城下町の主ともいうべき主君と武士団が行政と防衛の役割を果すために町の要に位置し、彼らの生活を支えるために日用品やサービスを提供する商業者が町人として中心部近くに暮らす。現在のような通勤現象はなく、職住近接が原則である。大藩ならともかく、それほど大きな藩ではなかった高山では、徒歩圏で基本的なことは済ませることができた。城下町を取り巻くように、広大な農村部が広がっていた。しかしこれも山岳地の多い飛騨高山のことゆえ、平地は日本の臨海部の平野部と比べると面積的に少なかった。むしろ小河川沿いに奥深くまで細長い谷底低地が傾斜しながら伸びているのが普通であった。

こうした地勢状況において、金森氏は城下町プランとして地形条件を勘案し、宮川と江名子川を掘に見立て防衛的役割を担わせた。城郭を囲むように武士団を住まわせ、主君を守る役割と行政業務が滞りなく進むようにさせた（図1-14）。武士団に日常的な物資やサービスを提供する商業者には、城郭の北側で武家地の西側に位置する一帯で生業を営むようにさせた。東から一之町、二之町、三之町と名付けられた町人地は、武家地よりも地形的に低い位置、つまり宮川により近い位置にあった。金森氏の出身地である近江や、鍋山城下、松倉城下からも商人が集まってきた。集住した商人は、武士ばかりでなく、城下の町民や周辺農村の人々も相手に商いを行った。城下町の道路は概ね東西南北の格子状をしているが、地形の関係から城に近いところはやや放射状になっている。

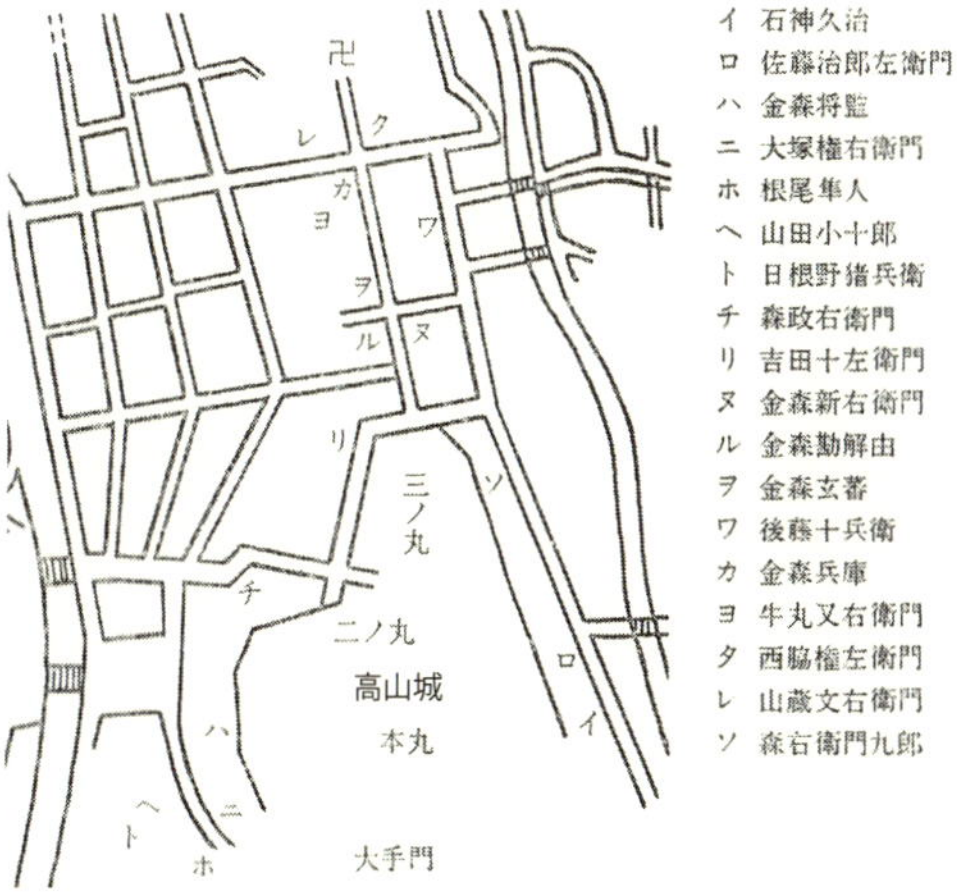

図1-14　高山城下町の主な武家屋敷配置図
出典:岡村守彦（1986）:『飛騨史考』岡村健守をもとに作成。

江戸時代の城下町は、武家地、町人地、寺社地に三区分されるのが一般的である。全国的には武家地と町人地は7対3の割合であるが、高山藩の場合は町人地が22町5反3畝14歩（約22・3ha）、城山を含む武家地が19町（約18・8ha）で、町人地の方が広かった。ちなみに寺社地は武家地に近い東側の丘陵地にあり、その広さは16町7反6畝3歩（約16・6ha）であった。町人地が武家地を面積で上回ったのは、この藩の空間構造に起因する。平地の農村部が広い藩の場合は町人が集まって暮らす集落が分散していることが多い。しかし平地が乏しい高山藩では一点集中型の町人集落が形成された。ほかには古川にやや大きめの町人集落があったにすぎない。このことは結果的に町人集落の社会的結束力と経済的蓄積力を高める効果を生み出したといえる。加えて、金森氏が山形に移封され武士団が去ったあとは、町人の存在感が一層高まった。町人地は西側には宮川があって広がっていけないため、自ずと下流側すなわち北に向けて拡大していった（図1-15）。

飛騨高山は城下町と商業地としての機能を併せもつ集落として生まれた。しかし同時に宗教が重要な意味をもつ集落でもあった。その象徴は、高山城の入口であった馬場町通の大門に直面して照蓮寺を置いたことである。この寺はもともと白川郷にあったが、1588（天正16）年に金森長近が、高山城の前に移築させた。理由は一向一揆の中心勢力であった照蓮寺を政権拡大に利用するためであり、長近は照蓮寺を尊重する意味から一種の治外法権区を照蓮寺周辺に設けた。寺院は照蓮寺に限らず、東山丘陵一帯に多くの寺を

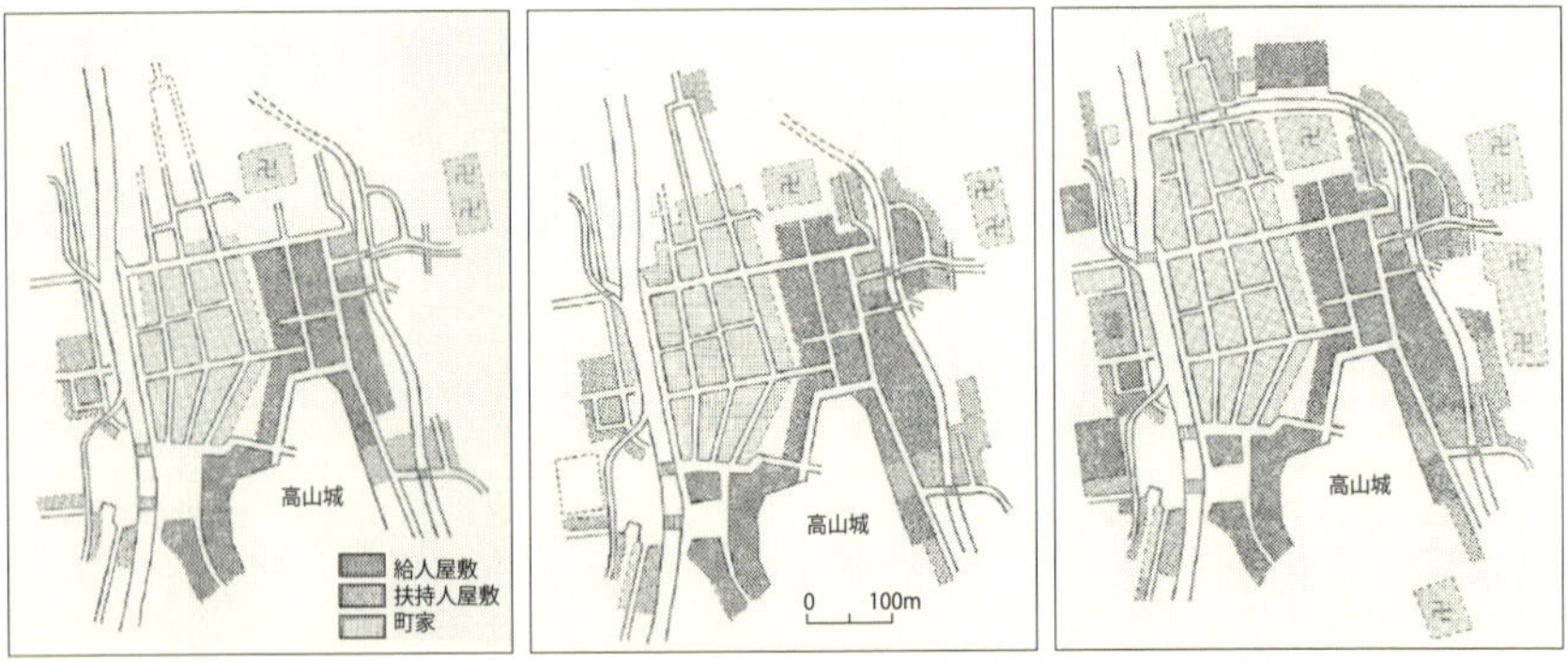

慶長5（1600）年以前　慶長期後半〜元和期（1615〜24年頃）　明暦・万治期（1655〜61年頃）

図1-15　高山城下町の拡大過程
出典：岡村守彦（1986）：『飛騨史考』岡村健守をもとに作成。

建立したため、寺内町としての性格が付け加えられた。照蓮寺は１７０３（元禄16）年に東山本願寺の支配下に入ったため、以後は高山御坊と呼ばれるようになった。

2. 新田・鉱山・工芸品などの産業振興

金森氏は6代１０７年続いたが、初代長近が晩年の１６０３（慶長８）年に江戸幕府が開かれ、時代は戦国期から江戸期へと移行していった。長近は１６０７（慶長12）に死去し、家督は養子の金森可重が引き継ぎ、実子の金森長光は美濃国武儀郡の上有知《こうずち》藩を継ぐことになった。経済の基本は以前と変わらず米の生産であり、多くの農民が精魂込めて育て上げ収穫した米が税として納められ、これをもとに経済が成り立っていた。長近が豊臣秀吉から知行地としてもらい受けたのは3万8，０００石余りで、１６０５（慶長10）年の検地によれば田が２５，４７５石、畑が１３，２８９石の３８，７６４石であった。８年後の二代目可重のときの検地では４５，７８９石になったため、18・１％増加したことになる。

もともと平地の少ない盆地形の中にあって、耕作可能性のある場所が荒れ地から田や畑に変えられていった。たとえば古川の場合、荒城川が宮川と合流する手前付近から北西方向に用水路が引き込まれ、下気多と呼ばれていた荒れ地一帯が水田へと変わっていった。用水路の敷設事業を任せられた瀬戸屋源兵衛の名をとってこの用水路は瀬戸川と呼ばれるようになり、現在でも古川の土蔵群が建ち並ぶ町中を流れ風情を醸し出している。古川ではこのほかに、現在のＪＲ高山本線杉崎駅の西側で宮川が蛇行している一帯が、笹の繁茂する遊水地から水田へと変化した。中野と呼ばれるこの地区に現存する浄徳寺は、かつては宮川村・河合にあったが、ここでの新田開発にともなって移り住むようになった人々によって移築された。

領域の産業振興に熱心な金森氏は、新田開発によって藩の財政力を高めるだけでなく、飛騨一帯の鉱物資源開発にも乗り出して財力を増やそうとした。この地方には約2億5千万年前にできた飛騨片麻岩と呼ばれる岩石が分布しており、その中に亜鉛・鉛・銀などの稀少鉱物が含まれている。これらの稀少鉱物を求めて、昔から各地で鉱山の開発が行われてきた（図1‐16）。近年でも三井金属鉱業から分かれた神岡鉱業によって2001（平成13）年まで操業が続けられてきた。この地域に残されている古い記録によれば、奈良時代の養老年間（720年頃）、ここから産出した黄金が朝廷に献上されたという。金森三代目の重頼は1631（寛永8）年に宮島平左衛門を金山奉行に任命し、飛騨の西方で鉱山開発に当たらせた。平左衛門は、現在の高山市清見町に当たる小鳥郷大谷村の片野金山（図1‐16の③）や同じく現在の荘川町に当たる白川郷六厩《むまや》（図1‐16の⑤）などで採掘に取り掛かったが、とくに六厩では開業直後に黄金が取り出された。

現在の神岡鉱山に近い和佐保（図1‐16の⑳）や森部で鉱山開発の陣頭指揮を取ったのが、宮島平左衛門と同様、金山奉行に任命された茂住宗貞《もずみそうてい》である。茂住は越前の商人出身で金森長近が越前大野城主であった頃に召し抱えられ、長近の飛騨入府にともなってこの地に来た。神岡の東茂住に居を構え、茂住・和佐保の銀山、森部の金山などの開発に辣腕を振るった。藩に大きく貢献したことから金森の姓を受けるほどであったが、1668（寛永8）年に宮島平左衛門が城中で殺害されるという事件のあと、飛騨を退散して越前に移っている。平左衛門の殺害は、鉱山開発による利益を

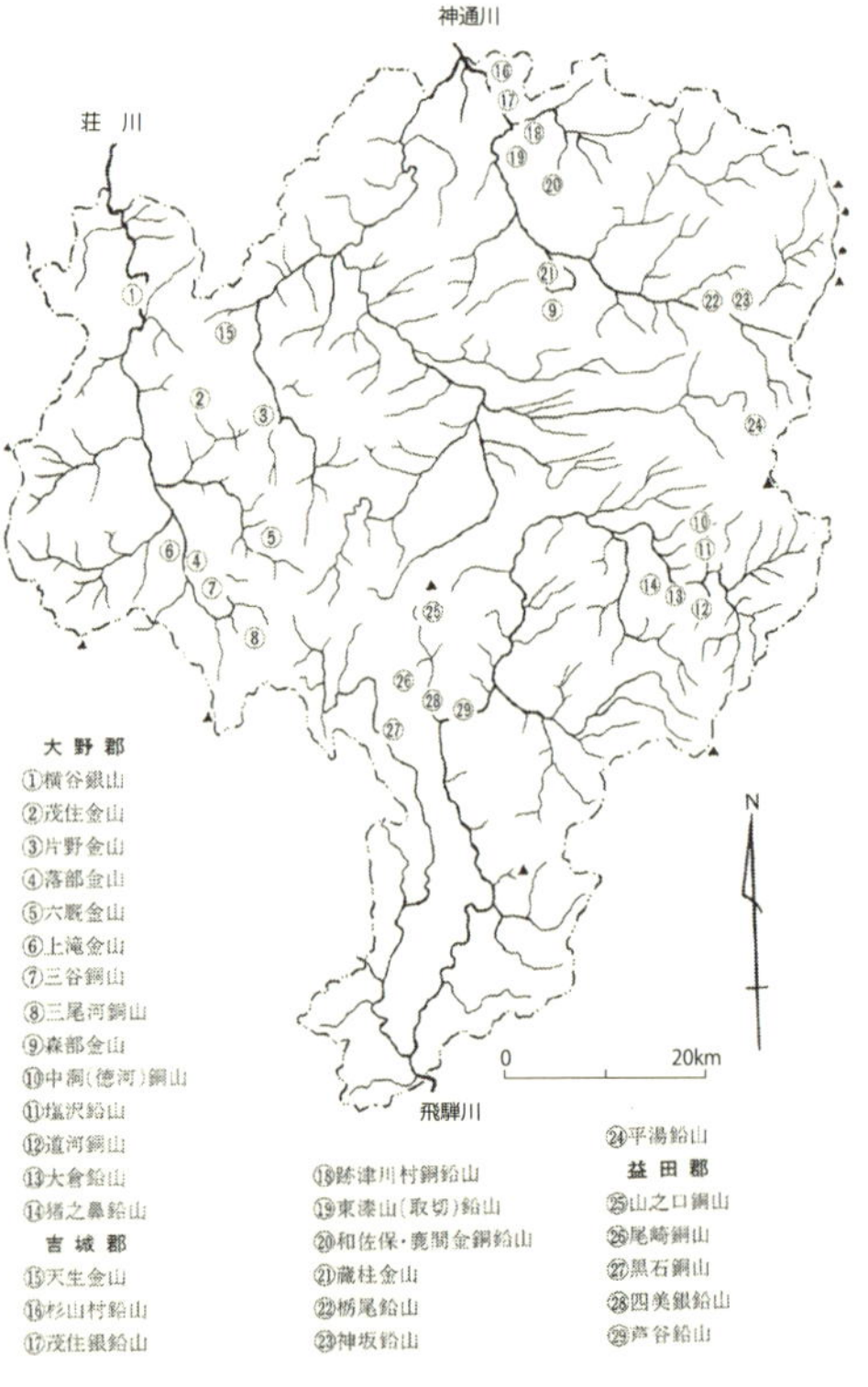

図1-16　飛騨地方の鉱山分布
出典:高山市制五十周年・金森公領国四百年記念行事推進協議会編(1986):『飛騨 金森史』金森公顕彰会をもとに作成。

よく思わない藩内勢力の訴えを聞き入れた藩主の指示によるものであり、我が身にも及ぶ危機を察知した茂住は居宅に火を放って飛騨から去った。高山藩での鉱山開発はこの頃がピークでその後は停滞に向かったが、幕府の直轄領となって再び注目を浴びるようになる。図1・17は安政末期（1850年代末）の北平銅鉛山付近の絵図であり、採掘に関わった人物がもっていた飯場、竈場、炭小屋のほかに製錬施設である吹屋も描かれている（図1・17）。

飛騨地方の伝統的工芸品の代表である春慶塗も、金森氏との関わりが深い。春慶塗とは、漆塗の技法もしくはその技法で製造された漆器のことである。日本には飛騨以外に能代（秋田県）、粟野（茨城県）の春慶塗がとくに有名で、これらは日本三大春慶と呼ばれる。春慶塗の起源は室町時代後期といわれるが、飛騨の場合、高山城下で宮大工をしていた高橋喜左衛門がサワラの割れ目の木目の美しさに注目して作製した盆を城主金森可重の子・重近に献上したことが、その後、隆盛になるきっかけであった。重近はその美しさに心を動かされ、御用塗師の成田三右衛門に命じて木目の自然美が生きるような盆をつくらせた。その色調が鎌倉時代の瀬戸の陶工・加藤景正の茶壺「飛春慶」に似ていたことから、春慶と名づけられたと伝えられる。なお、瀬戸焼の陶祖とされる加藤景正は春慶という号を名乗った。また重近は、1614（慶長19）年の大坂冬の陣で徳川方に与した父・可重を批判したため廃嫡され、母とともに京都で隠棲し剃髪して宗和と号した宗和流の開祖である。

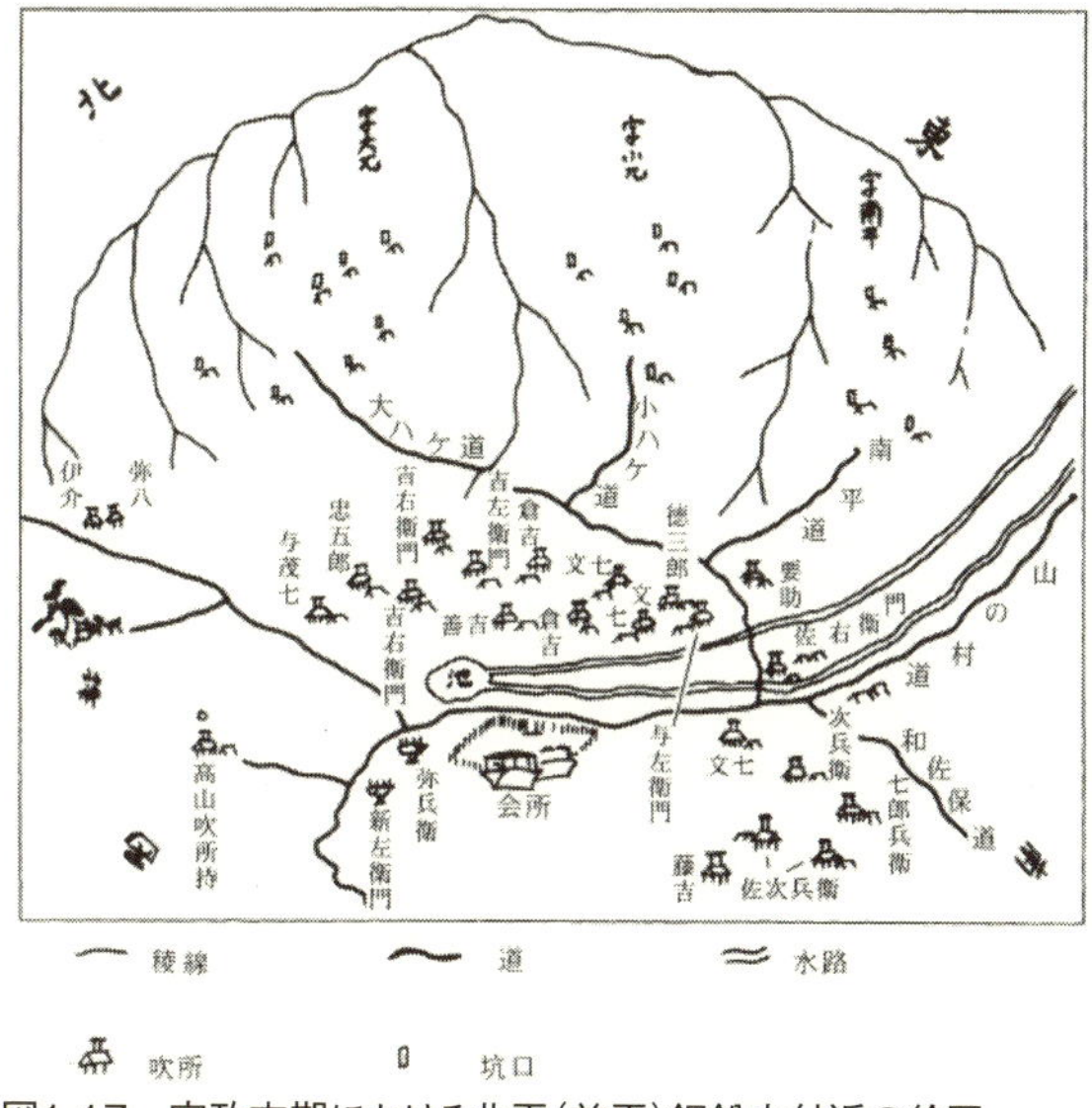

図1-17　安政末期における北平（前平）銅鉛山付近の絵図
出典：原田洋一郎（2002）：「江戸末期,神岡鉱山栃洞地区における鉱山開発の地域的基盤」『地理学評論』第75巻 第1号,p.45による。

3. 街道の整備と地域間の結びつき

飛騨高山へ行くにもここから出るにも、必ず峠を越えなければならない。山地部の多い日本列島であれば、どこへ移動するにもひとつやふたつの峠は越えていくのが普通である。しかし360度、どの方面にも移動を妨げる峠があるという状況は、それほどはないであろう。この地形的障害が飛騨高山を他地域と引き離す役割を果たしてきた。峠があるということは、その周辺が山がちであり大きな集落が生まれにくいことを意味する。集落が近くにないということは、最寄りの集落との間の距離が非常に長いということでもある。現代ではあたりまえの高速道路はおろか国道のトンネルもなく、曲がりくねった細い道路が延々と続いていた時代にあっては、飛騨高山と外部の集落との間の直線距離はほとんど意味をなさなかった。直線距離を大幅に上回る道路距離を時間をかけて移動しなければ、飛騨高山と接触することは不可能だったからである。

このように地形的なハンディキャップが多いという状況にもかかわらず、飛騨高山との間の行き来は古くから維持されてきた。もともと峠とは雨水が大地を削ったさいに残った凸状の峰を越えていく地点であるが、雨水はまた川の流れとなって谷もつくる。この谷沿いは傾斜しているとはいえ平坦な地形の連続である。古代から近代に至るまで、この連続する谷沿いの経路を頼りに人や物が行き来してきた。現代になると土木建設技術力と財政力が結びつき、直線的な高速道路が地形的障害を無視するように隧道や橋梁をつないで都市間を結ぶようになった。高速道路と縁遠かった飛騨高山も、2008（平成20）年に開通した東海北陸自動車道によって太平洋や日本海に面した主要都市と結ばれるようになった。さらに、現在建設途中の中部縦貫自動車道が完成すれば、東西方向の都市間の連絡が飛躍的に改善されるであろう。

こうして現代は、飛騨高山にとって交通連絡という点で大きな変革の時期にあるが、歴史的な文化都市がいかに形成されてきたかを考えるには、容易ではなかった地域間交通に思いを馳せないわけにはいかない。歴史的変化の中でも戦国期に金森氏が飛騨高山に入府して実施した道路整備に目を向ける必要がある。先に述べた川の流れにともなって生まれた谷筋でいえば、高山は基本的に太平洋と日本海のいずれかへ最終的に流入する河川の最上流部に近い。太平洋側に向かって南流する飛騨川、日本海に向けて北流する宮川が背中合わせで接する分水嶺のひとつが宮峠である。実際にはこれらの支流やそれ以外の河川が複雑に流れているため分水嶺のパターンも複雑である。古代の人たちは谷筋と峠を結ぶ道や街道を踏み固め、飛騨高山との間で連絡をとろうとしてきた。その結果、南側へ向けて三方向、同じく北側へ向けて三方向、道路による回廊が生まれていった。

南北いずれも三方向といっても、それは最終的に南側の太平洋、北側の日本海ということであり、飛騨高山での出入口という点でいえば、5つの連絡口が南北だけでなく、東西の方向に向けてあった（図1‐18）。すなわち、西側では清見を経て白川を通り越中に至る白川街道と、郡上を経て美濃に向かう郡上街道は途中まで道を共有した。最終的には松本方面から越後へ抜ける平湯街道は飛騨高山からは真東に向かって延びていた。街道の重要性ということからいえば、東西方向よりもむしろ南北方向の方が重視された。それは、東に飛騨山脈（北アルプス）、西には白山連峰が聳えており、ともに行く手を阻まれて連絡する相手先が遠かったからである。白川方面と途中で分岐する郡上街道は幾筋かの谷と峠を結んで南下し、郡上と連絡した。ちなみに郡上は、高山藩から上山へ移封された金森氏が、5年を経ずして

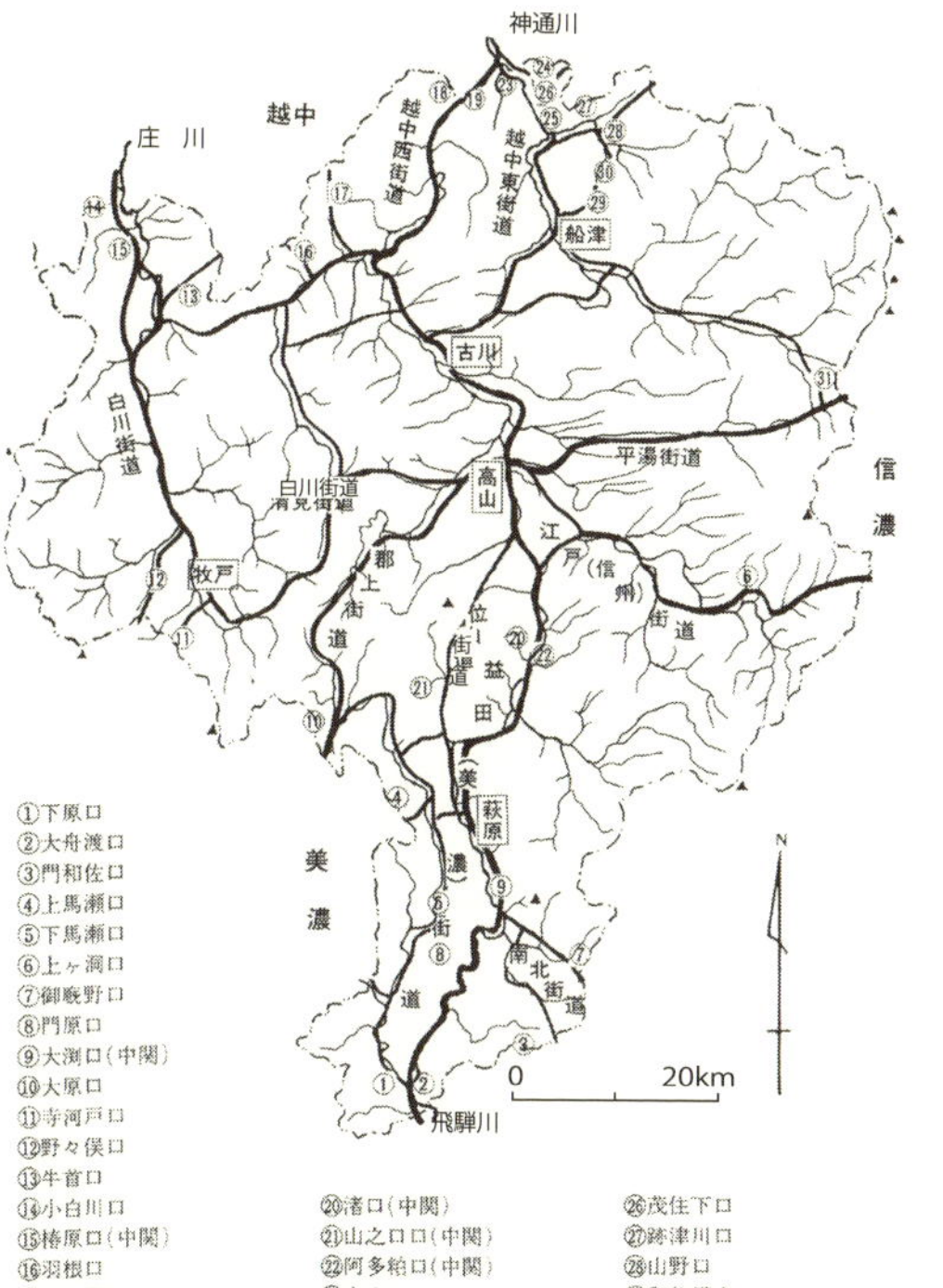

図1-18　江戸時代の飛騨地方の主な道路と番所
出典:高山市教育委員会編（2015）:『高山市史 街道編（下）』高山市教育委員会をもとに、一部改変して作成。

上山からさらに移された先である。郡上に近い越前大野から飛騨高山への入府から金森氏の歴史が始まったことを考えると、金森氏は最終的に出発地の近くに舞い戻ったといえる。

東西より南北の方向が重要であったのは、太平洋側に飛騨川、木曽川、長良川が注ぎ、日本海側へ宮川（神通川）、庄川などが流れて、その谷筋に比較的大きな集落が形成されていたためである。これらを経由して最終的には畿内、尾張、江戸、越中、加賀の各方面とつながり、政治的、経済的、文化的側面で影響を受けた。戦国後期までは畿内方面との結びつきが強く、律令制の頃には飛騨の匠がその高い木造建築技術をかわれて都の造営に駆り出された。都へ向かう匠たちは位山街道を通って南下し、さらに西へ向けて歩いていった。位山を越える街道と並行するように宮峠を越える道があり、飛騨川に沿うように中濃方面に向かっている。これらは総称して尾張街道と呼ばれるが、基本的には現在の国道41号に沿った道である。

飛騨高山から南下するもうひとつの道は江戸（信州）街道と呼ばれる。金森氏は飛騨高山の城下町をつくり上げて都市としての基礎を完成したのち、山形に移封された。その後は江戸幕府が直轄支配するようになり、代々の役人は江戸からこの街道を通って飛騨高山に入った（図1‐19）。高山から見た場合、南東方面に下った街道は途中で二手に分かれるが、最終的には木曽川に沿う中山道に至る。ここから木曽山脈（中央アルプス）を越えてさらに東に向かい江戸をめざす。飛騨の木材は飛騨川、木曽川を流下して伊勢湾から太平洋を江戸へ船で運ばれたが、人の往来はこの江戸街道

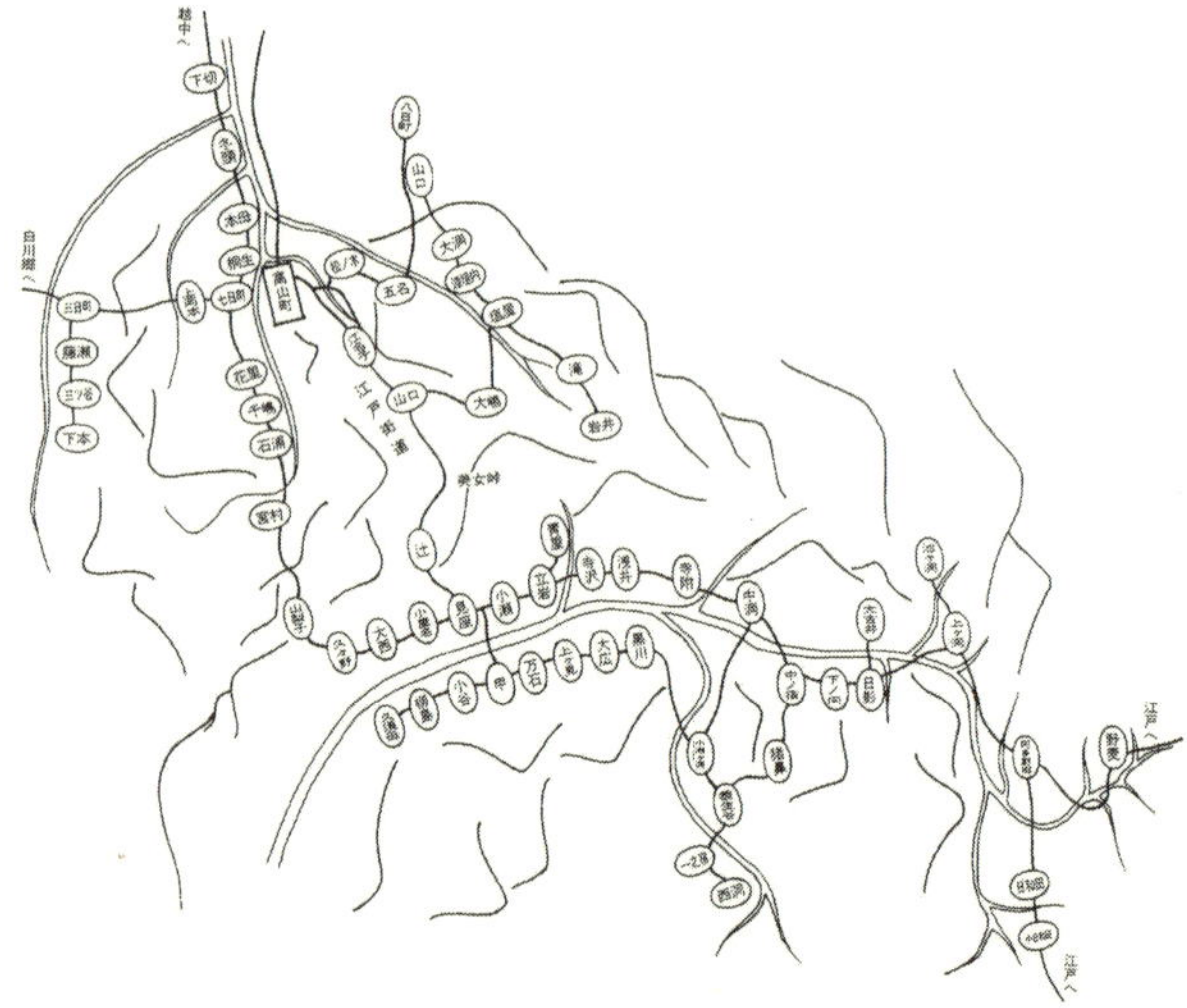

図1-19　江戸時代の江戸街道
出典:高山市教育委員会編（1999）:『高山の文化財』高山市国民健康保険をもとに作成。

が利用された。海岸からの距離の長さで比べた場合、飛騨高山は日本海より太平洋の方が長い。両者の分水嶺も高山中心部の南側にあり、気候区分でいえば日本海側の多雪気候に近い。こうした状況にもかかわらず、飛騨地方が岐阜県に属し社会経済的影響が太平洋側から及ぶことが多いのは、複数の街道によって太平洋側の諸地域と歴史的に結びついてきたからである。明治維新期に信州・筑摩地方と一緒になる動きもあったが、結局、南側についた。

南の太平洋側に比べると北の日本海側との距離は短い。このため、内陸部では入手が困難な海産物は越中方面から飛騨高山に運ばれてきた。たとえば出世魚として知られるブリは高山だけでなく、高山を経て信州・松本方面にまで運ばれた。俗にブリ街道と呼ばれるのは、こうしたことのためである。塩や越中特産の薬も入ってきた。これらを運び入れた道は越中街道でこれは北流する宮川の方向と同じであるが、実際には途中で二手に分かれ、東側と西側の2つのルートがあった。神岡を経由するルートを越中東街道といい、西側の宮川沿いの道を越中西街道と呼んだ。高山側から行く場合、2つの街道は猪谷付近で合流し、一路、富山に向かう。飛騨の北部で伐り出された木材は、宮川を流下し神通川を経て越中の東岩瀬浜に送られた。河川と海洋の交通を結びつけたという意味から、東岩瀬浜は太平洋側の桑名や熱田と同じ役割を果たしたといえる。

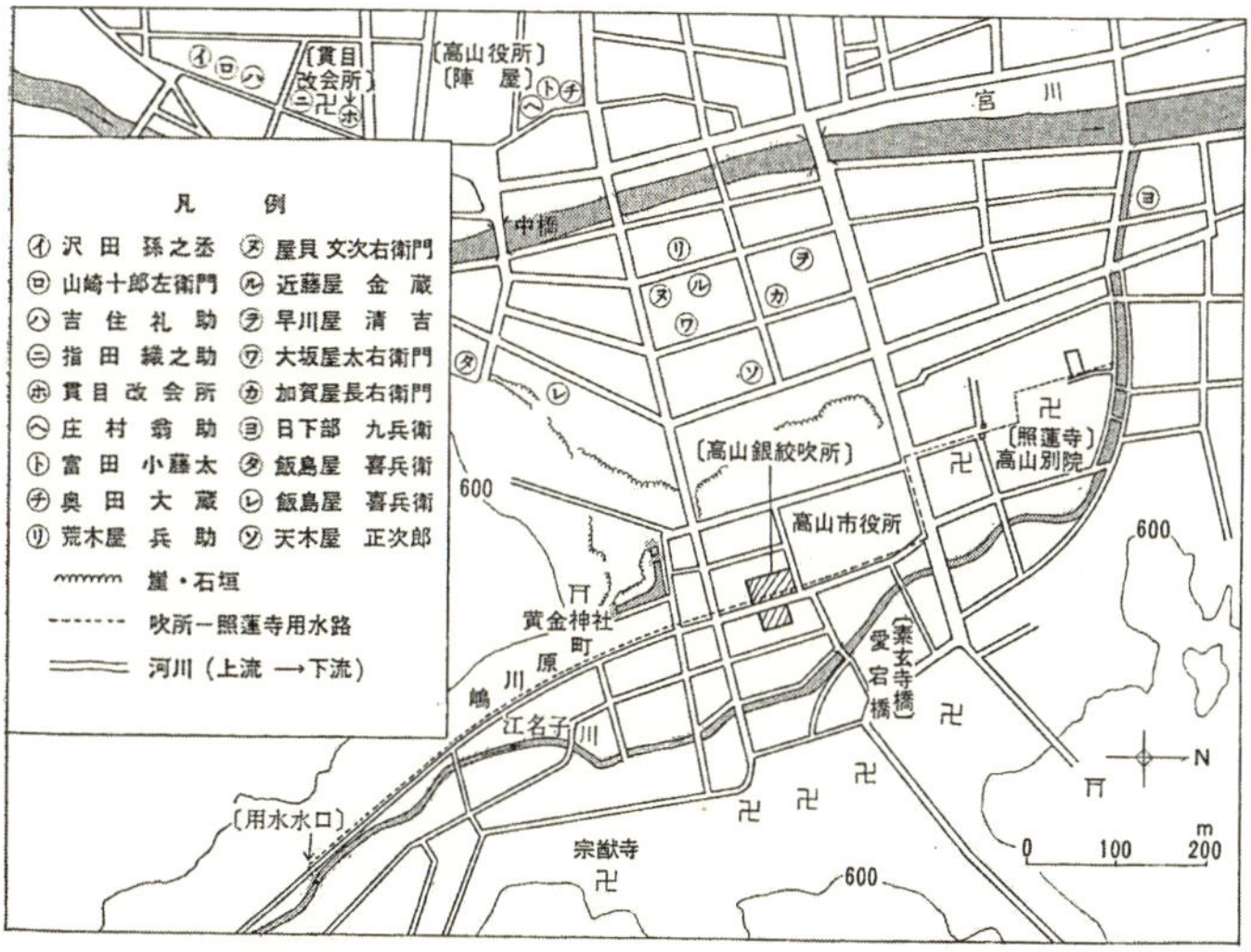

図1-20　高山銀絞吹所
出典:三井金属鉱業株式会社修史委員会編(1970):『神岡鉱山史』三井金属鉱業株式会社をもとに作成。

越中東街道の経由地である神岡は鉱山開発で賑わった歴史がある。神岡の谷の形成に関わった高原川を上っていくと、温泉に恵まれた平湯に至る。焼岳などの火山帯に近く、東へ進めば信州・松本方面に向かう。高原道と呼ばれるこのルートは越中街道と平湯街道を連絡する役割を果たしてきた。金森氏の時代から行われてきた鉱山の開発は、幕府直轄体制下でも試みられたがあまり成功したとはいえない。1850年代になって神岡の地元船津町村や高山町の商人が鉱山からの産出物を買い取り、必要物資の仕送りを行うという形態で進められた。高山陣屋前の馬場町通に銀絞吹所(精錬所)が幕府勘定所の許可を得て設置され、その経営は高山の有力商人が請け負った(図1-20)。江戸の御用銅吹所の商人が採掘に関わったこともあったが、長続きはしなかった。

第5節 近世の行政、農村の集落配置、農業生産

1. 近世の行政、人口、防火、市場など

城下町から天領になるという経過をたどった高山では、支配構造が変化したことにともない、都市構造にも変化があった。それは身分ごとに住み分けていた住区割合の変化に明瞭に現れた。城下のおよそ3割を占めていた武家屋敷地は町人に払い下げられて耕地になり、そこでは年貢も求められるようになった。壊された武家屋敷は239軒で、その内訳は侍家が109軒、扶持人家が130軒であった。破却後、大きな屋敷は幾つかに分割された。武家屋敷跡の割地絵図によれば、割地の総数は715あり、うち577が安川通の南側、138が同じく北側にあった(図1-21)。安川通とは町人地を南北に分ける道であり、歴史の古い南側を上町、北側の新しい町を下町と呼んだ。安川通は東に延びてかつての武家地を南北に分けていた。三町の組頭の立会のもとでくじ取で決めることになった武家屋敷跡の割地は、1区画平均で5間×20間の長方形をしており100坪の広さであった。

空町と呼ばれた武家屋敷地が消滅したことにより、陣屋(代官所)とこれに仕える若干の役人が住む屋敷を除いて、

高山の町はすべて町人地となった。金森時代に武士はおよそ1、120名いたが、1853（嘉永6）年の記録によれば、わずか101名に過ぎなかった。その内訳は、陣屋関係が19名、金森氏の家臣から土着して地役人になった者が82名であった。陣屋では代官1名、郡代の属僚である手付《てつき》が6名、雑務に従事した手代が12名おり、このうち代官を含めて4名が陣屋に詰めていた（図1-22）。地役人は陣屋周辺の八軒町に住んでおり、これ以外に武家地に相当するものはなかった。地役人は、元締（のちに頭取）、山廻役、白木改役、御榑木御材木改役など、主として山林と番所関係の役割を担った。宮川西岸にあった金森氏の下屋敷が伊那忠篤らによっ

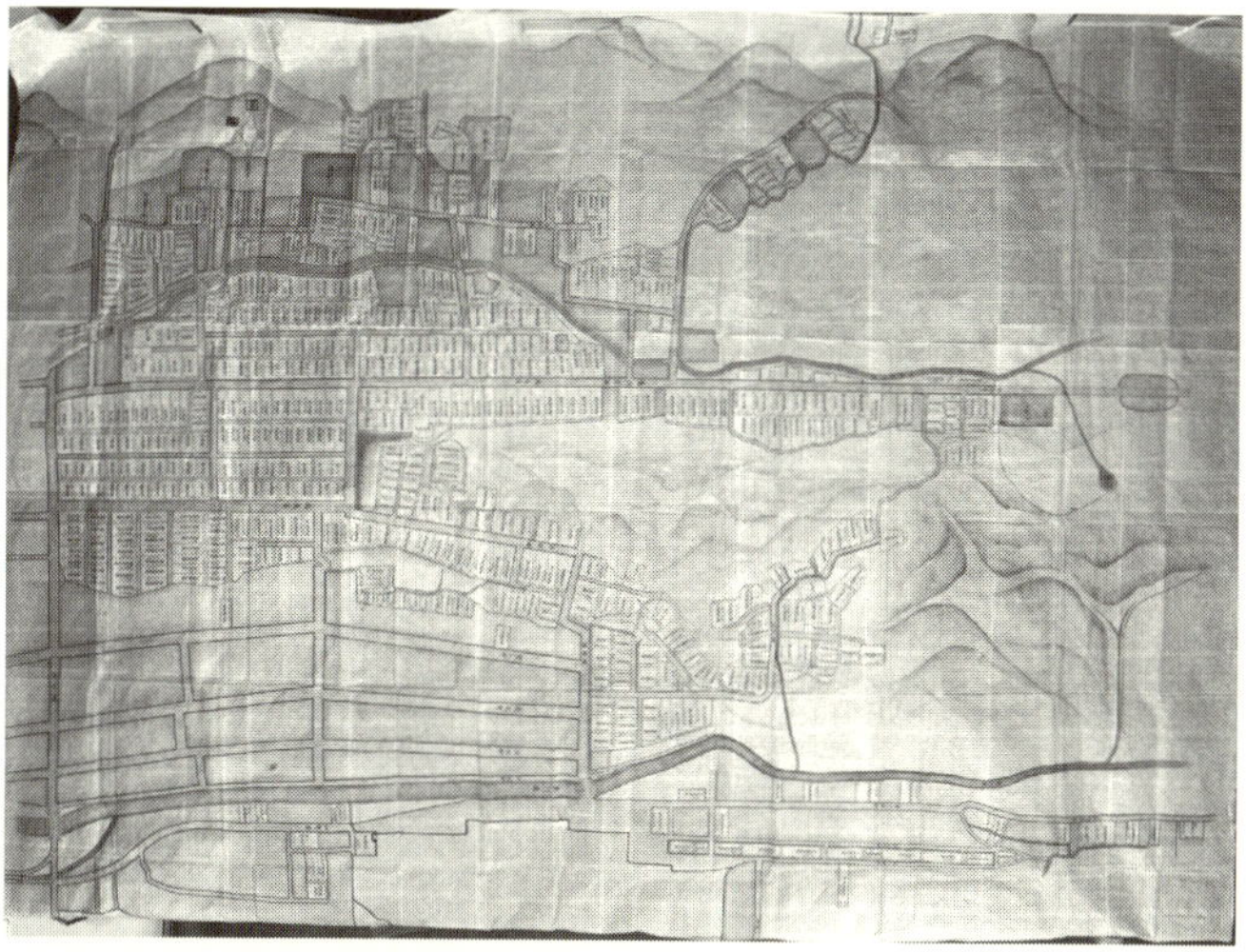

図1-21　高山城下侍屋敷跡割地絵図
出典:高山市ウェブ掲載資料(http://www.city.takayama.lg.jp/_res/projects/default_project/_page_/001/000/842/016_000.pdf)による。

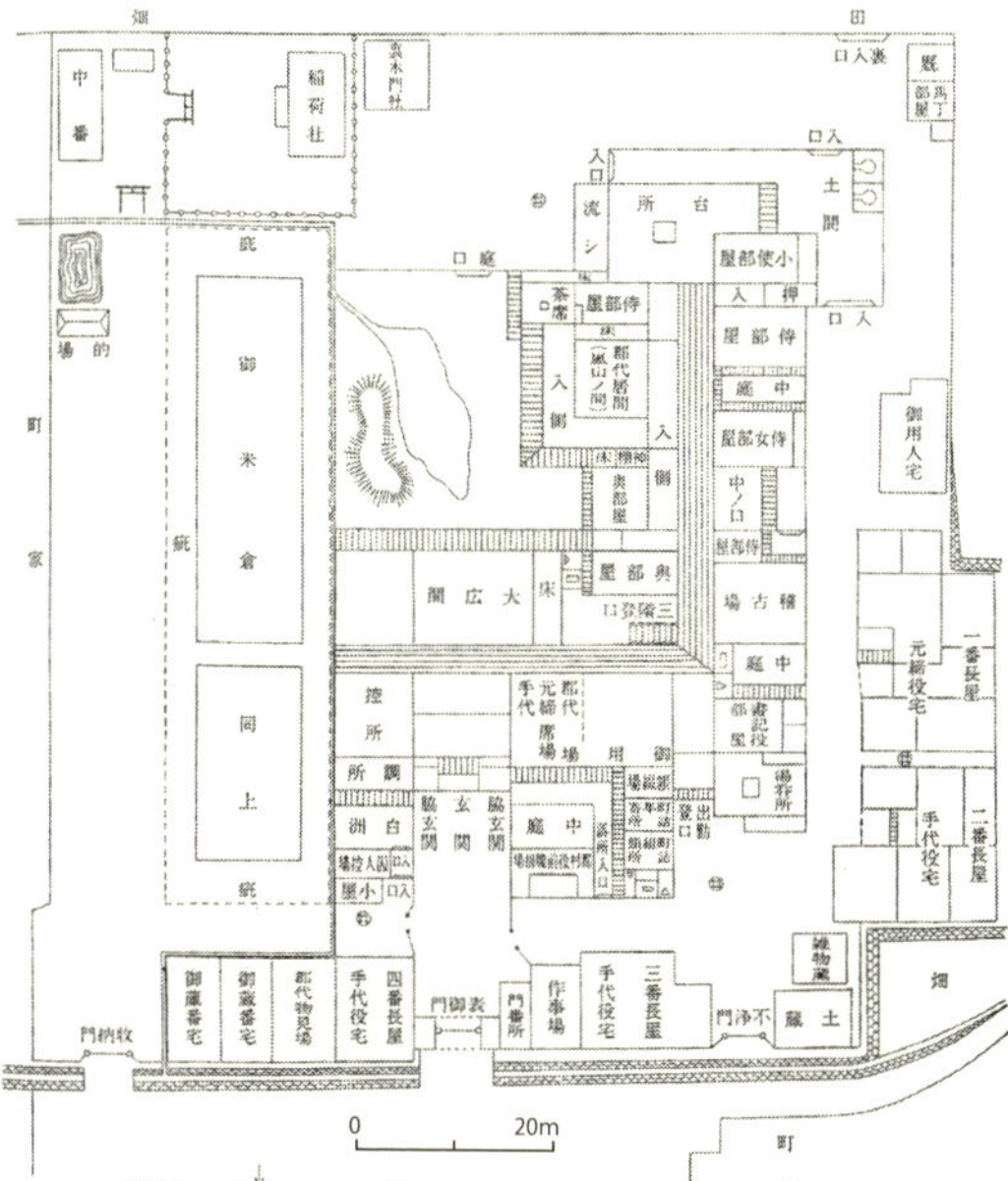

図1-22　飛騨郡代役所(陣屋)の配置図
出典:丸山茂(1990):『飛騨　天領史』山岡鉄舟翁顕彰会をもとに作成。

て整備されて陣屋となった（図1‐22）。当時、伊那は関東郡代を務めており、初代飛騨代官は兼務であった。加賀藩前田氏とともに直轄地となった飛騨の管理に当たった。

元から町人地であった高山三町の石高は、1692（元禄5）年の検地によれば204石であった。これが97年後の1789（寛政元）年には2・4倍の492石に増えた。さらに38年後の1827（文政10）年には近隣諸村の4、700石が高山町人の所有となった。しかし実際に所有したのは一部の有力商人である旦那衆であり、町人の間には経済的格差があった。三町の家数は1694（元禄7）年が約700軒、1832（天保3）年が886軒であった。138年間で186軒の増加であるため、毎年1・3軒のペースで増えていった。ただしこれは町方の数だけであり、村方の数も合わせると、高山町全体では1842（天保15）年の家数は1，671軒であった。人口は、天領後まもない1695（元禄8）年の3，757人が1842（天保15）年には9，237人にまで増えた。147年間で5，480人の増加であり、毎年37人ほどの割合で増えていったことになる。家は借家が多く全体の6割近くを占めており、男女別では女性がわずかながら男性を上回った。これは男性の方が多い通常の城下町とは異なる特徴であり、武士がいなくなった商業中心都市・高山らしさがここに現れている。

人口は高山町全体で順調に増えていったが、この動きは飛騨地方全体でも同じようにみとめられた（図1‐23）。すなわち、享保年間（1720年頃）の6・7万人余が幕末には1・5倍近くにまで増えて

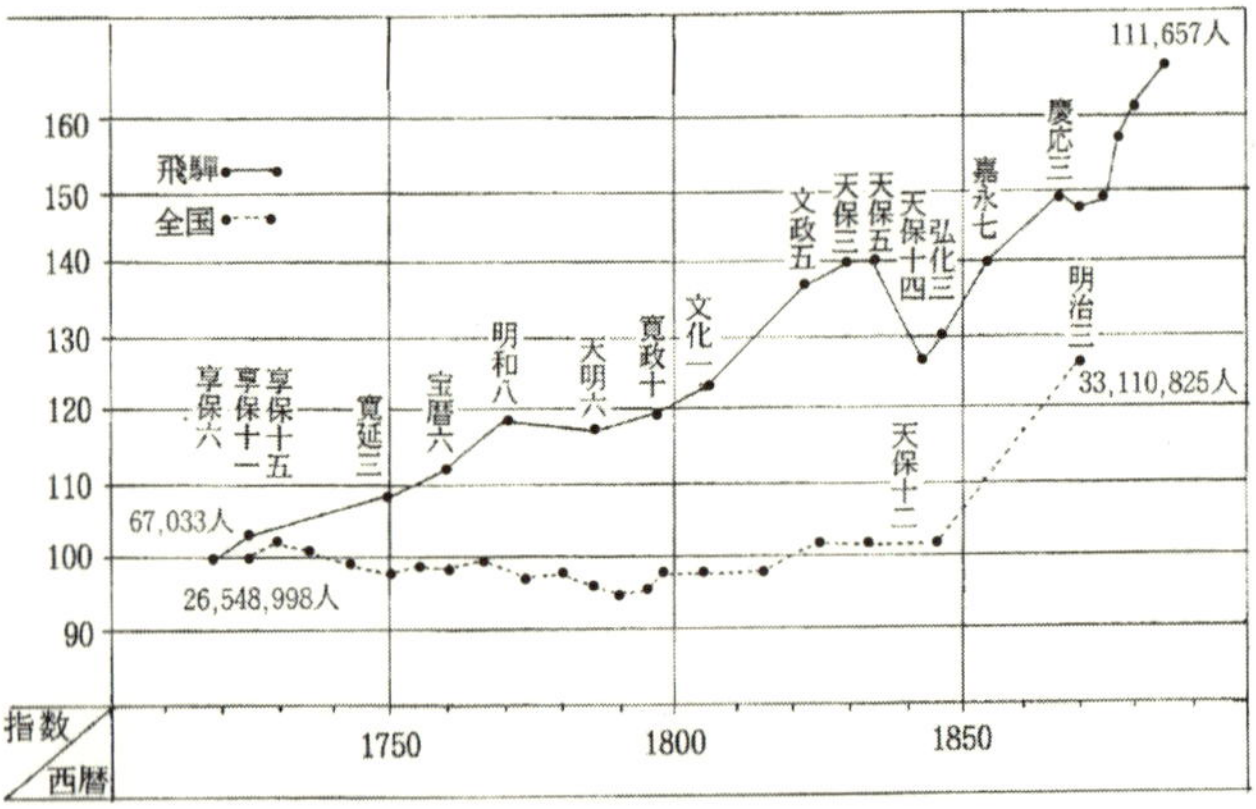

図1-23　江戸時代後期の飛騨地方と日本の人口推移
出典：飛騨民俗学会編（1995）：『紀要‐ 飛騨民俗学会十周年記念』飛騨民俗学会，p.89をもとに作成。

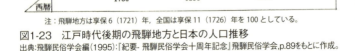

10万人ほどになった。途中、天保期（1840年頃）には人口減で9万人を下回ったこともあったが、その後は急激に増加に転じ、明治初頭には11万人を超えた。高山町や飛騨全体の人口推移は、全国の動向と比べると、明らかに異なっている。天保期から幕末まで全国の人口はほとんど変わらず、むしろ1820年頃までは減少傾向が続いていたからである。このように見てくると、江戸時代後期から明治期にかけて、飛騨地方、高山町では、一時期、減少することもあったが、人口が順調に増加する社会や経済であったといえる。

話を旧城下町・高山の社会に戻すと、高山町では夜間の警戒を目的に1844（弘化元）年7月に夜番所を設置したという記録が残されている。夜番所は44か所あり、1か所に4人を配置し、2人ずつ交替で見回りに出て町を警備した。高山役所（陣屋）からは、町人は6ツ時以降はできるだけ外出を控え、外出する場合は必ず提灯をもつようにという申し渡しが出された。防犯と同様、防火は町を守るのに欠かせない重要な課題である。狭い空間に密集して建ち並ぶ木造家屋は火災に弱く、実際、焼失家屋が100軒以上の大火だけでも、1722（享保7）年から1832（天保3）年までの110年間で5回も生じている（図1-24）。明治以降に起こった大火では、市街地全域を焼失するほどの被害が生じており、防火は高山にとって最大級の関心事であった。

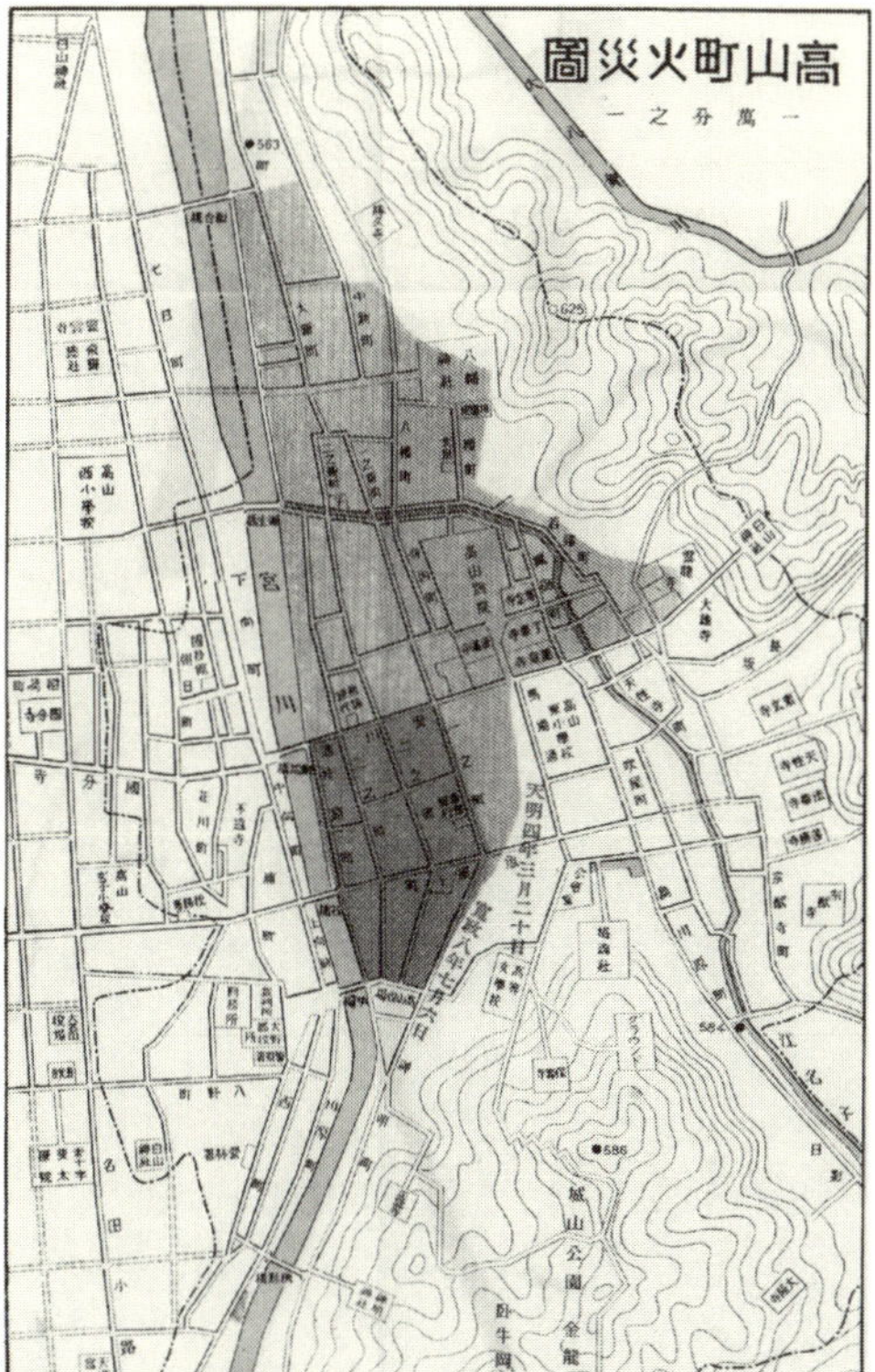

図1-24　江戸時代の大火による焼失区域
出典:高山市のウェブ掲載資料(http://www.city.takayama.lg.jp/_res/projects/default_project/_page_/001/000/842/028.pdf)による。

火災は日常的な注意・備えと失火した場合の対応によって抑制できる部分がある。高山では1783（天明3）年に大工92名、木挽59名に火消の役が命じられたのが、その後「火消組」が成立していくきっかけとなった。このとき、火消役札が渡され、纏を備えることが決められた。大工や木挽が火消の命を受けたのは、家屋の構造に詳しく消火活動に適していると考えられたからであろう。現在とは異なり、延焼を防いで火事を鎮めるためには、燃えていない建物を壊して防火帯をつくることもあった。こうした作業に向いていたのはやはり大工や木挽であった。1826（文政9）年には「陣屋火消」と呼ばれる5組の火消組織が結成された。総数389人が東、西、南、北、水の各組に分かれ、纏5本、竜吐水2、水籠300、団扇52本を備えた。高山役所の命で組織された火消とは別に、民間の火消が1832（天保3）年に発足した。秋葉講がそれで、1843（天保14）年には神明講、いろは組、西組、と組、馬頭組、輪組、東組も誕生した。これにともない先にあった「陣屋火消」は解消され、さらにその後、東組から愛宕組、白山組が分かれた。こうして高山に「火消十組」が成立し、明治中期までこの体制が維持された（図1‐25）。

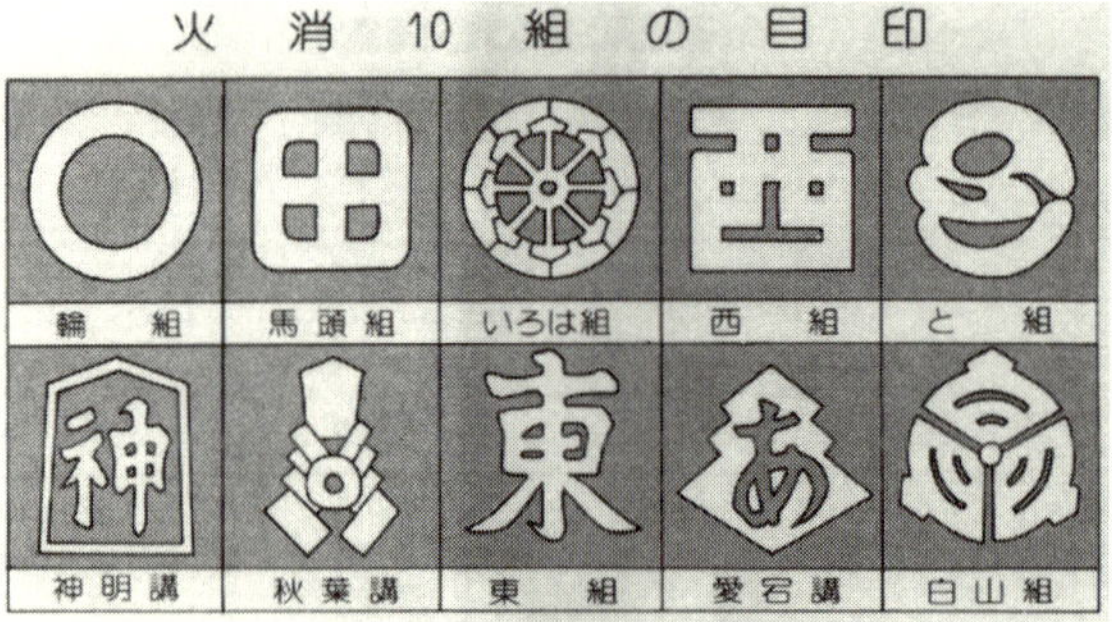

図1-25　江戸時代の火消組の目印
出典:高山市のウェブ掲載資料(http://www.city.takayama.lg.jp/_res/projects/default_project/_page_/001/000/842/028.pdf)による。

飛騨地方において専門職人の集積という点では高山と古川の右に出る集落はなかった。とりわけ高山の集積が際立っており、寛政年間の村明細帳によれば、全体で459人のうち68%が高山、11%が古川にいた。ここでいう専門職人とは医者、大工、木挽、石切、紺屋、酒造屋、鋳物師、鍛冶などのことで、農林業とは異なる専門の仕事を担っていた人々である。時代は明治になるが1870（明治3）年の記録では酒造屋52人のうち22人が高山、7人が古川にいたという。さらに油絞59人中、高山は17人、古川は10人であった。専門職の出現と特定の集落への集中は、農村社会における階層分化の反映である。１８６９（明治２）年の古川には商人として小間物22人、古手20人、豆腐18人、繭17人、茶15人、糸綿14人がおり、職業分化が進んでいたことがわかる。

宮川沿いで毎朝開かれる高山の朝市は現在では観光名所にもなっている。この朝市の起源は江戸初期といわれるが、定期的に開かれる市が成り立つには需要と交通が不可欠である。農産物などを売って収入を得たい人がいることは当然として、それを買いたい人がいなければならない。また市は人が集まりやすい場所でないと開きにくい。飛騨では高山と古川の盆地中心部がこうした条件を備えており、ここに近在の農民が農産物などを持ち寄り、これも町の人や周辺の農民が買っていた。市の開催時間が午前中に限られているのは、需要がそれほど多くないことと、出市者は基本的に農民であり、午後は本来の仕事をする必要があった。つまり朝市は、専門的な農産物小売業が成立するまえの初期的段階を反映していたと考えることができる。

高山の朝市は市街地を東西に走る安川通が宮川と交わる付近を中心に川沿いで開かれている。この道路は江戸時代、町の東や西の方面から農産物を運び入れるのに好都合であり、現在も市内のメインストリートとして交通量が多い（図１-26）。通りの西方には国分寺があり、城下町が築かれる以前はむしろ盆地の中央付近に近い国分寺あたりに中心があった可能性がある。都市建設にさいして城郭を優先する時代になり、防御を意

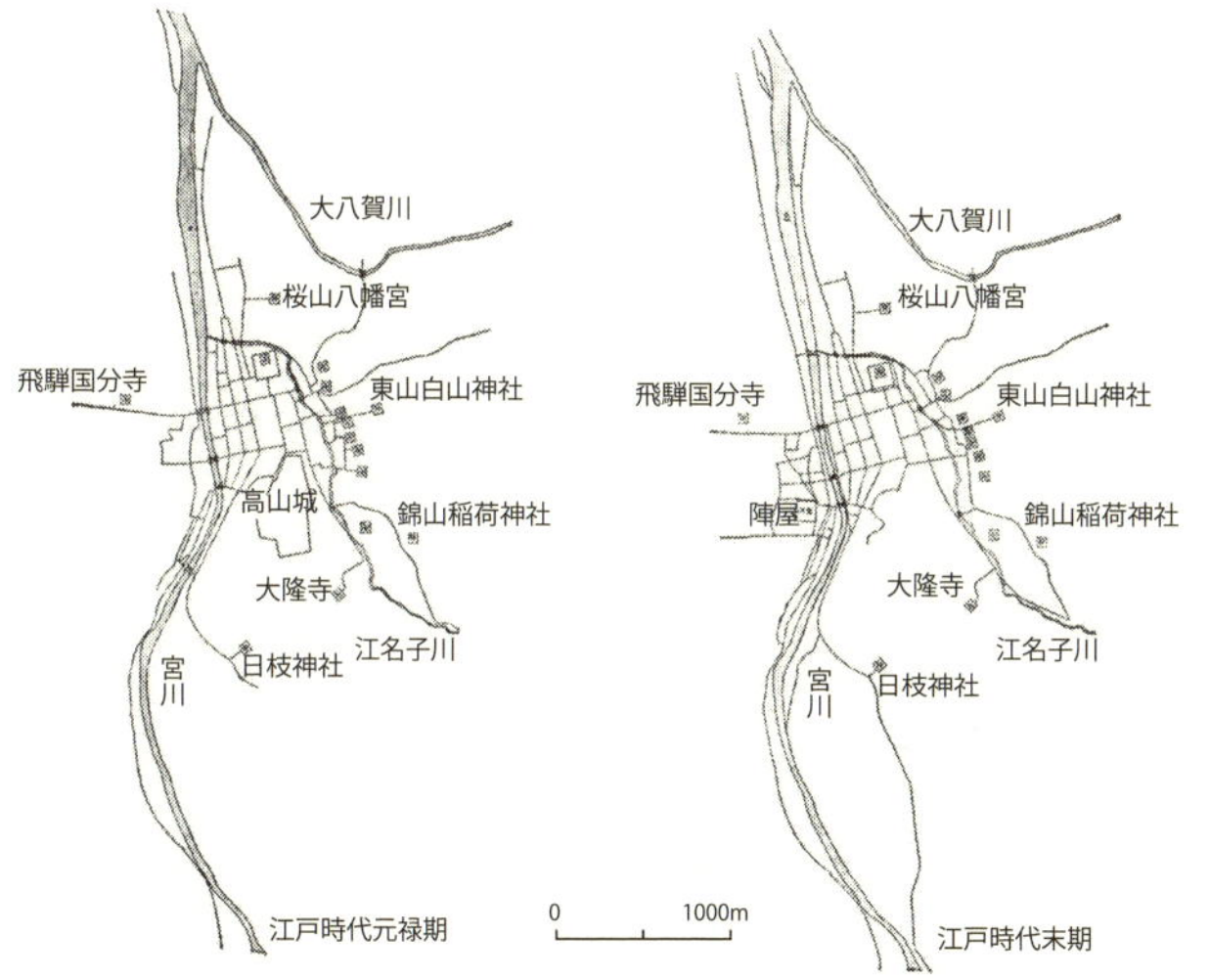

図1-26　江戸時代,元禄期と幕末期の道路パターン
出典:高山市教育委員会編(2014):『高山市史　建造物編(上)』高山市教育委員会,p.24をもとに作成。

識して丘陵性の地形と河川を考慮した結果、盆地の中のやや東寄りに町が生まれた。天領になって城郭それ自体はなくなったが、それ以外の都市構造に大きな変化は見られなかった。このことは、江戸時代の元禄期と幕末期の道路パターンを比較すれば明らかである。この間、町の広がりや産業の発展はあったが、旧城下町の都市構造は基本的に維持された。

2. 近世の農村の空間的配置

近年の市町村合併で岐阜県では自治体の数が大幅に減り、その結果、広大な面積をもつ市が誕生した。とくに飛騨地方でこの傾向が著しく、高山市を筆頭に、飛騨市、下呂市といった広域都市が生まれた。合併しなかった白川村を含めてこれら4つの市と村が飛騨地方を構成していることは以前と変わらない。200年あるいはそれ以上もまえの近世の頃から飛騨地方の範囲は基本的に変わっておらず、まとまりをもった空間として存続してきた。しかしその内部においては、社会的、経済的、文化的に見て多様な地域性が存在しており、けっして飛騨はひとつとはいえない。近世の頃、たとえば1790年代の寛政年間、飛騨には410余りの藩政村があった。藩政村は一種の制度上の基礎集落単位であり、統計をとるさいの単位でもある。自然発生的に形成された集落より大きく、それらがいくつか集まったのが藩政村である。この藩政村の平均戸数は幕末期の飛騨では39戸であった。つまり40程度の家が集まって村をつくっていた。飛騨地方の村の規模は全国的に見ると非常に小さく、越中、長門と並んで最小グループに属していた。

藩政村の上の単位は郷であるが、郷には行政組織としての意味はない。意味があったのは郷蔵《ごうぐら》収納組という組織で、これは江戸時代に各地にあった公共の穀物倉庫の共有組織である。本来は年貢米の一時保管倉庫であったが、凶作や飢饉に備え備荒貯蓄の倉庫として利用された。10を超える村がひとつの郷蔵収納組を組織する事例もあり、郷蔵は周辺の村々を取りまとめる中心性をもっていた。飛騨地方には39の村に郷蔵があったため、これらが農村部の各拠点であったといえる（図1－27）。ただし農村部ではない町としての性格があった高山、古川、船津、萩原、下原には官倉《かんそう》が置かれていた。古代には屯倉《みやけ》と呼ばれた皇室や豪族の穀物倉庫があったが、これと似た性格の官倉が江戸時代にも配置されていた。高山の場合、122の藩政村が官倉収納組に組み込まれており、郷蔵と同じように備荒貯蓄の役割を果たした。高山、古川などがそれぞれの官倉収納組を従えていたのに対し、農村部では複数の郷蔵収納組が集まって郡を構成した。ただし先に述べた郷と同様、郡にも行政組織としての機能はなく、あくまで広がりとしての意味しかなかった。

飛騨地方における江戸時代の郷は、平成の大合併以前にあった旧町村の広がりに近い。比較的大きな河川に沿ってわずかな平地があり、その上に集落が形成されていたため、郷あるいは郡は、河川流域の広がりに対応している。分水嶺を境にして日本海側すなわち北方では、宮川、高原川、庄川とその支流を軸に郷が広がっている。同様に太平洋側すなわち南方では、飛騨川、馬瀬川が郷の軸となるが、河川から遠く離れた山側では、地形条件の厳しさゆえに孤立的な郷をなしている。飛騨の中でも北西側の白川郷、南東側の上呂郷は急峻な地形条件のために孤立的性格が強い。このため集落の分布密度は非常に希薄であり、郷蔵収納組は広大な山岳地域を含んでいた。

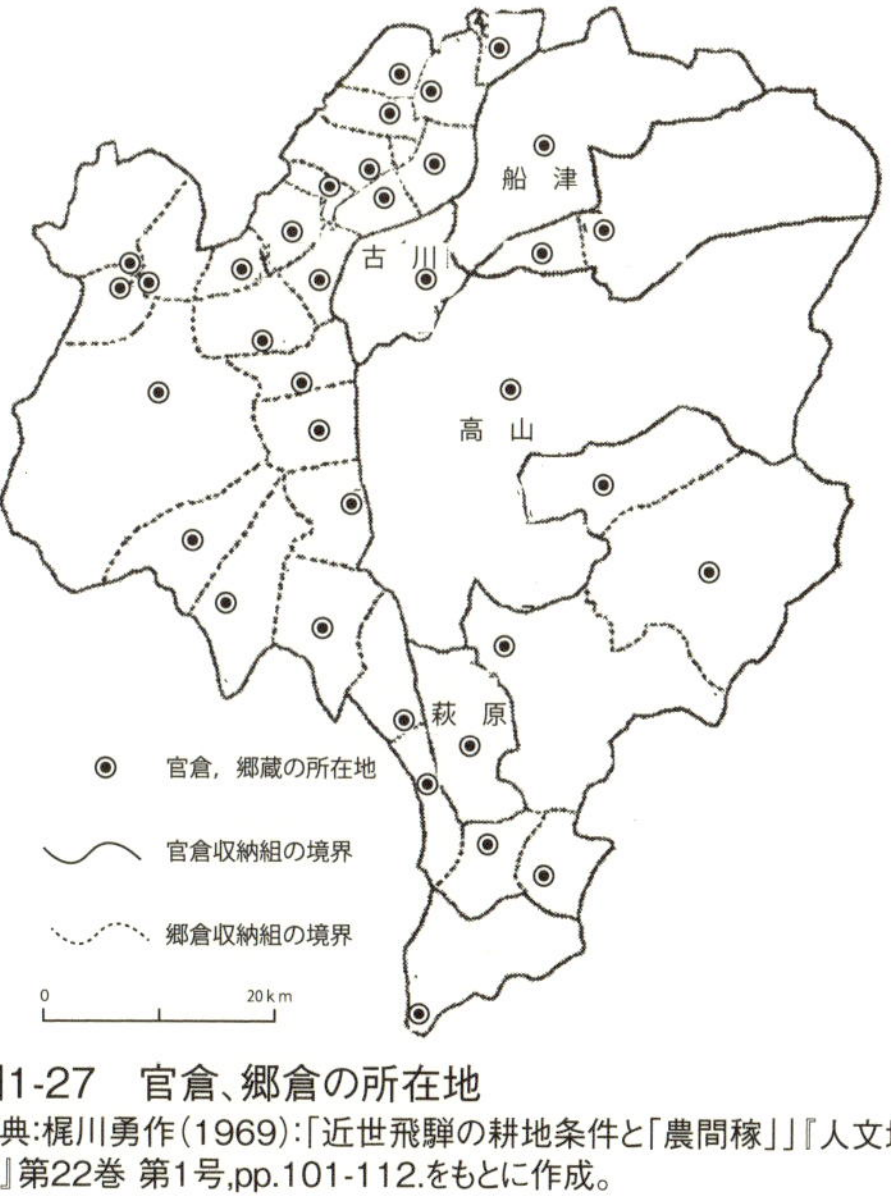

図1-27　官倉、郷倉の所在地
出典:梶川勇作(1969):「近世飛騨の耕地条件と「農間稼」」『人文地理』第22巻 第1号,pp.101-112.をもとに作成。

3. 自然条件に左右された農業生産の地域性

農業は飛騨地方の農村部で人々が生きていくために欠かせない産業であった。これは現代においても基本的に同じであるが、観光産業やレジャー産業のなかった近世、農地を耕して農作物を収穫することは生き長らえるために必須の手段であった。農作物の中には桑の栽培も含まれており、養蚕や製糸も飛騨では重要な産業であった。さらに林業もあるが、基本的に幕府が所有する山であり、誰もが何らかの山仕事に関わるというものではなかった。土地が生産手段の農業は、耕作条件の違いで収穫量に大きな地域差が現れる。一般に田で栽培する米が畑で育てる作物より収穫量評価が高く、可能であれば水を引いて米を栽培しようとした。しかし同じ田でも土壌や気候など場所ごとに違う条件が結果を大きく左右する。現在のように高冷地でも栽培可能な品種や農薬、農業機械のなかった当時、田畑を耕して多くの作物を得ることは想像以上に困難であったと思われる。

寛政年間の飛騨では、３２５の藩政村のうち２２６の村において畑地が水田より多かった。つまり全体としては畑地が優勢で、水田が多かった村は１００程度にとどまった。これには地域性があり、水田の占める割合が70％を上回った62の村のうち57は高山の町から半径11㎞の範囲に限られた。逆に水田の割合が5％に満たなかった79の村はすべてこの圏外にあり、益田郡阿多野郷、大野郡小八賀郷などでは、ほとんどどの村も5％を下回った。標高の高い傾斜地では水を引いたり水平に保ったりするのが容易ではなく、畑地として利用するほかなかった。高山盆地や古川盆地のように平地で河川にも近いところが水田になりやすいのは当然であろう。地形条件が田畑の耕作状況を大きく左右したのは明らかで、農村経済の空間構造を規定する大きな要因であった。

水田は畑地より経済的評価が高かったが、どの水田も同じように評価されたわけではない。よく飛騨は下々の国と称されるが、これは全国的に見て生産性が低かったことを言ったものである。下や下々は田畑を評価するときに使われる基準であり、飛騨の場合、たとえば上田は1反当たり15斗の米が収穫できる田をさした。現代風にいえば、１，０００㎡の耕地から２２５㎏の米が収穫できるのが上田であった。上の下は中で、その下は下、さらにその下は下々というように全部で4階級あり、収量は15斗、13斗、11斗、９斗と下った。これと同じように、畑は最高の上畑が11斗、以下、下々畑まで4階級で、最低ランクは5斗であった。ただし注意したいのは、この評価は飛騨の中でも耕作条件の良かった地域のものであり、条件不利な地域では面積当たりの収量が少なかった。たとえば、吉城郡小島郷では、上田、中田はともに2斗、中畑1・5斗、下田、下々田、下畑、下々畑はいずれも1斗であった。

こうしたことから言えるのは、田畑の階級の決め方は同じでも、中身は地域によって違っていたということである。階級ごとに収量を定めることを石盛《こくもり》というが、一般に高めの石盛をしているのは水田率の高い地域である。高山盆地、古川盆地のように水田の多い恵まれた地域では、評価を高めに定めることができた。逆に水田の少ない周辺部では評価を低くせざるを得なかった。こうした状況に配慮しながら藩政村ごとに実質的な土地生産性（平均石盛）を調べると、かなり大きな地域差のあることがわかる（図1-28）。平均石盛とは、水田と畑地を合わせて、面積当たりどれだけの収量が実際に得られるか、その値である。1反当たりの平均石盛が10斗以上の村は36あり、そのうち33は広瀬郷を中心に半径10㎞ほどの範囲内に集中している。その外側の半径15㎞の圏内は7～9斗の村である。高山から10㎞ほどの距離に入る小八賀郷、阿多野郷にも7～8斗の村が集まっている。こうしたことから平地で水田の多い地域の生産性がやはり高かったことがわかる。

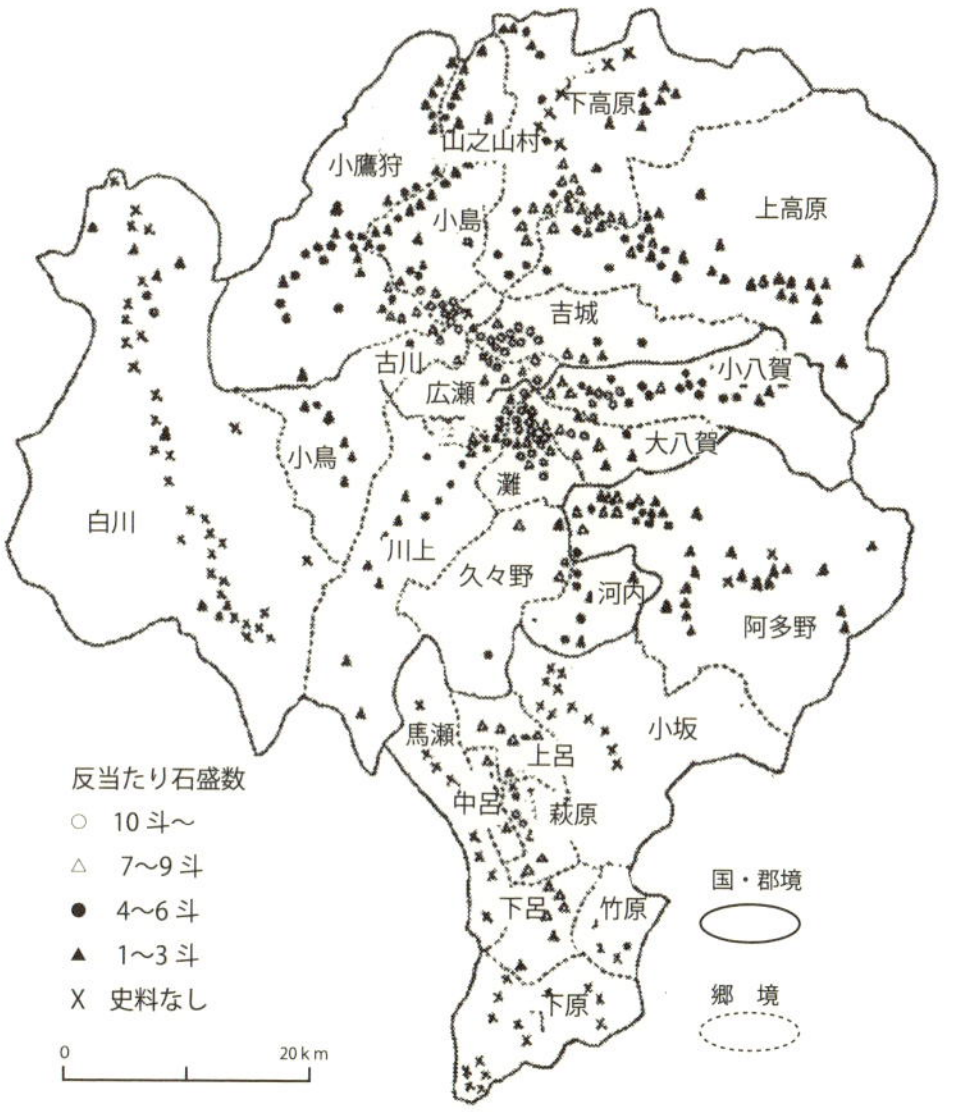

図1-28　藩政村別反当たり石盛数
出典:梶川勇作(1969):「近世飛騨の耕地条件と「農間稼」」『人文地理』第22巻 第1号,pp.101-112.をもとに作成。

4．養蚕・製糸をはじめとする副業からの収入

江戸末期から明治初期の飛騨地方の1戸当たり石高は3・5石程度であった。1石は10斗で150kg、年間の米消費量が1人当たり1石といわれたので、3・5人分に相当する。しかしこれだけで生活を賄うことはできないため、副業

などで収入を得ようと農民は必死であった。飛騨全体で米は不足したため他国から買い入れた。明治初期に著された「斐太後風土記」によれば、米は最大の買い入れ品で1・5万石、88,230両で購入された。1両を1円とすれば88,230円、1円は現在の価値で5万円とすれば、およそ44億円が米代金として支払われた。雑穀8千石、塩1万3千石、茶15万斤、木綿400個なども買い入れられた。米が1戸当たり3・5石というのはあくまで平均であり、およそ半数の村では3石を下回っていた。7石以上の村は飛騨全体では10%にすぎなかった。ただし注意すべきは、農民の中には村外に田畑を所有している場合があり、それも加えれば平均石数が増える可能性があるという点である。たとえば古川町方村の住民は、所有田畑のうち2割を村内、8割を村外に所有していた。農地は住まいから離れたところにあり、町の住民は農村部にも農地をもっていた。

米づくりだけでは不足する収入を補うために、さまざまな副業が行われた。大きくは、絹・綿・布などの繊維、白木・楮《こうぞ》・椀木地などの木材、硝石・銅などの鉱物、蕨粉・搗栗《かちぐり》などの農産品に分けられる。要するに飛騨地方の特産と思われる天然資源を取り出して手を加え、商品として売ることで収入を補っていた。地元にある資源を利用し尽くすことで、少しでも生活を豊かにしたいという思いがあった。これらの中でもっとも重要な位置を占めたのが絹で、その前段階や加工後に当たる養蚕、製糸、紬に関わる生業が盛んに行われた。1843(天保14)年の「御改革御用留」によれば、飛騨で養蚕を行っていなかったのは標高の高いところにあった17の村だけであった。平均気温と日照時間によって生育が左右されやすい桑は高所には適さず、おのずと地域は限られた。しかしそれにしてもほとんどの村で養蚕が行われたということは、この副業がいかに魅力的であったかを物語る。なお御用留とは役所の役人が公用文書の記録として残した控え簿であり、行政や産業の実態を知る手がかりになる。

先に述べた「斐太後風土記」は村ごとに繭の生産量を記載しているが、全部で414の村のうち記載がないのは14村にすぎない。糸を取り出すまえの繭の生産量に注目すると、全体の44%に当たる村では1戸当たり5貫匁以上の収量を上げていた(図1-29)。とくに収量が多かったのは、阿多野、下原の2郷を除く益田郡と、白川、小島、小鷹狩、上高原の各郷である。これに対し、養蚕があまり盛んでなかったのは、阿多野、河内、上川、小鳥、下高原などの郷である。古川、吉城、大八賀のように、田畑の生産性が高い郷で養蚕があまり盛んでなかったのは、養蚕よりも次に述べる製糸が行われていたからである。

養蚕は蚕に桑の葉を食べさせ、繭玉を生産させることである。繭玉から絹の糸を取り出すのが製糸であり、これら2つの作業は同じ場所で行う場合と、分業で別々に行う場合に分かれる。両方を行う自家製糸形態は、白川郷や益田郡に多かった。これに対し大野郡、吉城郡では、町方の高山、古川、船津で製糸を専門に行い、周辺の郷からこれらへ繭玉が運ばれてきた。養蚕が行われず、したがって繭玉生産のない高山が、飛騨地方で生産される生糸全体の実に3分の1を生産していた。とくに生糸を効率的に生産していたのは船津と古川であり、平均的生産性の4・3倍、2・7倍のレベルであった。船津や古川は9割以上を外の村から受け入れていた。

高山、古川、船津で生糸が効率的に生産されていたのは、それだけ製糸技術が専門的で進んでいたからである。近辺の村々から大量の繭玉が持ち込まれ、大量に生糸生産が行われた。これに対し、飛騨の中心部から距離のある白川郷や益田郡ではこうした分業はなく自家製糸であった。白川郷の場合は高山から遠くはなれていたことで、これは説明できる。益田郡の場合は少し事情が違っており、ここでは地元の糸世話人を介して京都の生糸問屋との間で取引をしていた。飛騨の中心である高山に頼らず、むしろ外部との繋がりが強かった。

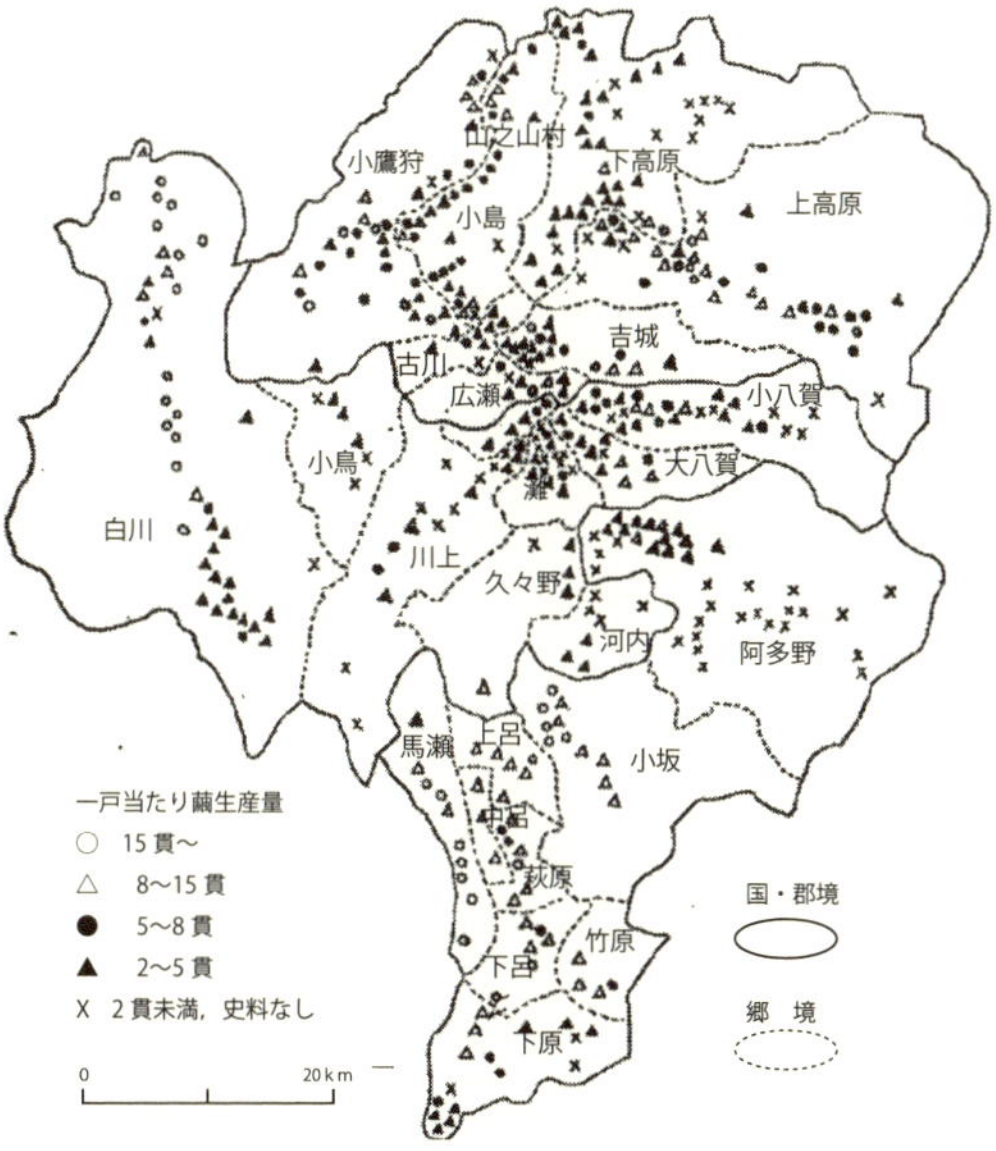

図1-29　藩政村別1戸当たり繭生産量
出典:梶川勇作(1969):「近世飛騨の耕地条件と「農間稼」」『人文地理』第22巻 第1号,pp.101-112.をもとに作成。

養蚕や製糸に限らず、当時の農業では多くの労働力を必要とした。とくに糸挽の時期になると多くの若い女性が労働に従事し、家を離れて糸挽稼ぎに行くこともまれではなかった。中には信州方面へ稼ぎに出る者もおり、労働力流出を恐れた村々の訴えが聞き入れられ、１８４２（天保13）年には領外出稼ぎの禁止令が出された。出稼ぎは糸挽だけでなく、鍛冶、歩荷、肴売、杣人などの出稼ぎもあった。歩荷とは人背による駄賃稼であり、牛を使った駄賃稼は牛方と呼ばれた。杣人は山に入って木を伐ったり運び出したりする木こりの仕事である。元伐稼もこれと同じ山仕事であり、飛騨川流域の益田郡では木材の川下げが日雇人足の仕事として一般的であった。このほか、北部飛騨の小島郷、小鷹狩郷では楮漆蝋《こうぞうるしろう》取、上高原郷では白木稼が行われた。白木稼とは、伐り出された用材を運び出した後に残った端材や倒木などを許可を得て売りに出したりする仕事である。

第6節　近代飛騨の経済的停滞と戦後の観光化の芽生え

1. 近代飛騨の政治体制と製糸業の近代化

飛騨地方の近代化は、東山道鎮撫使《ちんぶし》竹澤寛三郎が１８６８（慶応４）年2月に高山陣屋に天朝御用所の高札を立てたことから始まった。高札は、長く続いた江戸幕府による支配が終わり、朝廷を頂く新勢力がこの地方を支配することになったことを布告する内容であった。竹澤の後を引き継いだ梅村速水が新生・高山県の知事となり、産業、租税、教育、兵事などの新政策を推し進めようとした。しかしそのやり方が強引で豪農商の特権侵害や農民の負担増大を含むものであったため、飛騨地方一帯で一揆や打ち壊しが起こった。政府は梅村を罷免する一方、一揆の首謀者を処分することでこの一件は落着した。宮原大輔が速水の後任として県知事になったが、１８７１（明治４）年に高山県は筑摩県の一部となり、旧陣屋は筑摩県高山出張所になった。ところが１８７６（明治９）年に筑摩県が廃止されることになり、飛騨三郡は最終的に岐阜県に合併されることになった。以前の陣屋は再び名称を変え、岐阜県飛騨支所となった。行政区をめぐる目まぐるしい動きは、この地方が他地域の一辺地と見なされやすい地勢にあったことを物語る。

ともかくも岐阜県の北部地域に位置づけられることになった飛騨であるが、明治初年の都市人口は1万4千人を数え、県内でも有数の産業地域であった。江戸期から富を蓄えてきた富豪商人の経済力に依然として力があったからである。新政府による殖産興業化という追い風もあり、養蚕・製糸分野への投資がさらなる富を生み出した。当時、高山の町中には森佐兵衛、直井佐兵衛、杉下半兵衛をはじめ19名の生糸商人がおり、農家や町家で手挽生産された生糸を集めて京都や横浜方面に販売していた。しかし手挽による生糸の品質は芳しくなく、価格は低かった。手挽から器械製糸への転換を図り生産性と品質をともに向上しようという試みが一之町の生糸稼人佐野長二郎によって計画された。しかし資金不足と場所の問題で実現せず、後をついだ森佐兵衛と山田清九郎が1873（明治5）年に花里村字川原地内で水力による八十人繰り洋式器械製糸場を設けた。これまでの手挽や座繰とは異なり、糸枠回転が自動化されているため、繰糸に専念して糸を取ることができた。川原は旧陣屋の南側で宮川に近く、水車利用が可能であった。

森佐兵衛は2年後の1875（明治7）年に上原よりさらに宮川上流の片野に開産社を設け、蒸気動力百人繰の製糸工場の立ち上げに取りかかった。1870年代にはこのほかに永昌社、位山社など規模の大きな製糸工場が開設され、高山の製糸業に新たなページが加えられた。それからさらに10年余が経過した1888（明治21）年に、永田吉右衛門が三星製糸場、三星織工場を旧高山城の西麓、宮川左岸の神前町に設けた（図1-30）。永田は初代高山町長に

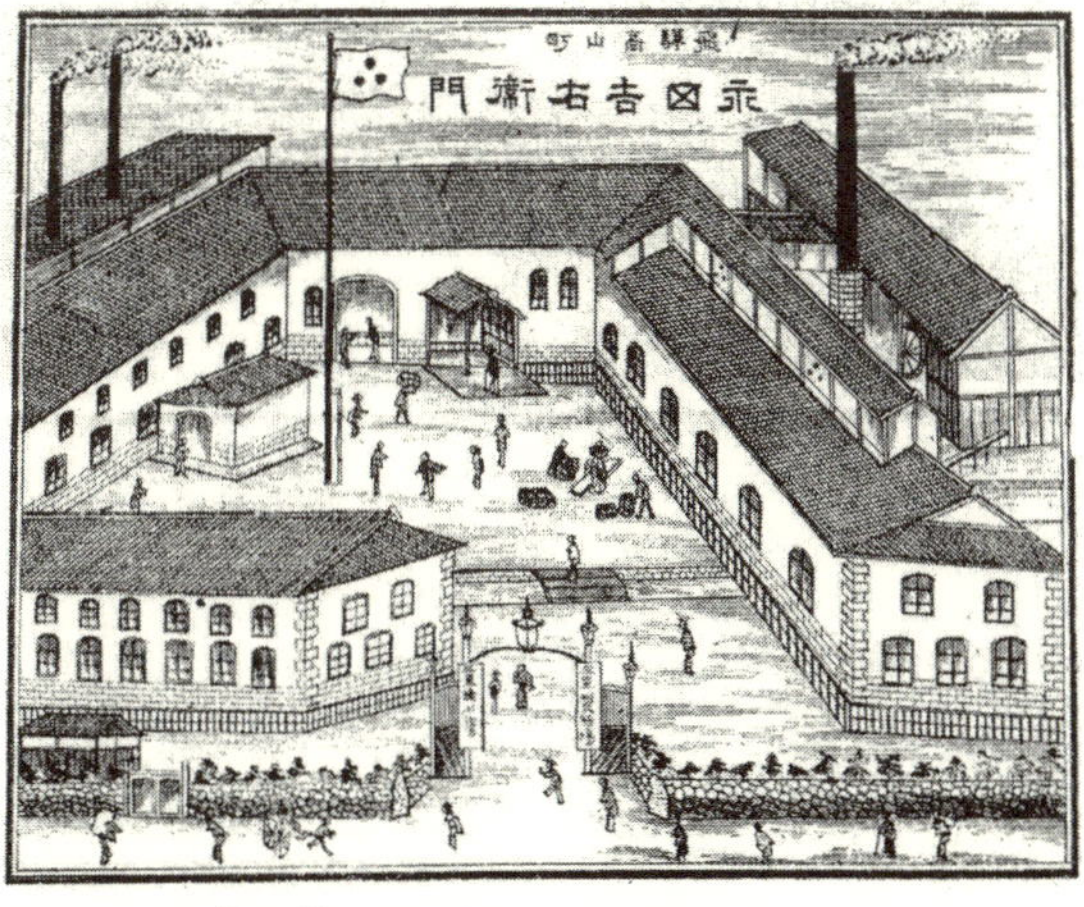

図1-30　明治時代の三星製糸工場全景
出典:高山市教育委員会編(2014):『高山市史 建造物編(上)』高山市教育委員会,p.232による。

なった有力者であり、勧業の富岡製糸場を参考に、養蚕・製糸・器械の三部門を統合した西洋式の一貫工場を建設した。なお、森佐兵衛、永田吉右衛門の屋号はともに大坂屋で江戸時代には大名貸や土地取引などで財をなした家系である。こうした豪商が明治初期に製糸業でさらに財を蓄積していった。

明治期、高山の町中には高級な料理を振る舞う料亭が有力企業家・商人を主たる相手に営業を行っていた。これらの料亭は1888（明治21）年に刊行された『商工技藝の便覧』で紹介されており、その中の掲載図から様子をうかがうことができる。たとえば宮川に架かる中橋の東詰にあった洲さきは、1794（寛政6）年に建築された老舗の料亭である。当初は武家地であったが、のちに町人地になった場所に建っていた。通りに面して玄関と吹き抜けのある主屋があり、廊下でつなぐように客室棟を配していた。茶人・金森宗和の様式を取り入れた宗和流の中庭があり、膳は飛騨春慶塗、器も地元の渋草焼・小糸焼、そして漆器は輪島塗で揃えて本膳料理でもてなした。宮川を挟んで西側には月波楼があった。『商工技藝の便覧』の掲載図には、人力車に乗って来た客の様子や中橋の下をくぐり抜ける小舟が描かれており、当時の交通手段がわかる。これらの高級料亭の西側は陣屋のあった場所であり、この時期には郡役所、警察署、裁判所、税務署が集まっており、官庁街をなしていた（図1‐31）。

洲さき、月波楼に加えて角正、萬代、金亀館が五大有名料亭としてその名が知られていた。このうち角正は、洲さきと同様、高山市の指定文化財に指定されており、建物が現存する。場所は旧城郭の北端に近い馬場町で、ここも武家地から町人地に変わったところである。文政期に郡代役所の出入り医師を務めた丸山東巒《とうらん》の旧居を角竹家が購入して料亭にした。丸山東巒は武士待遇であったため町家の伝統的

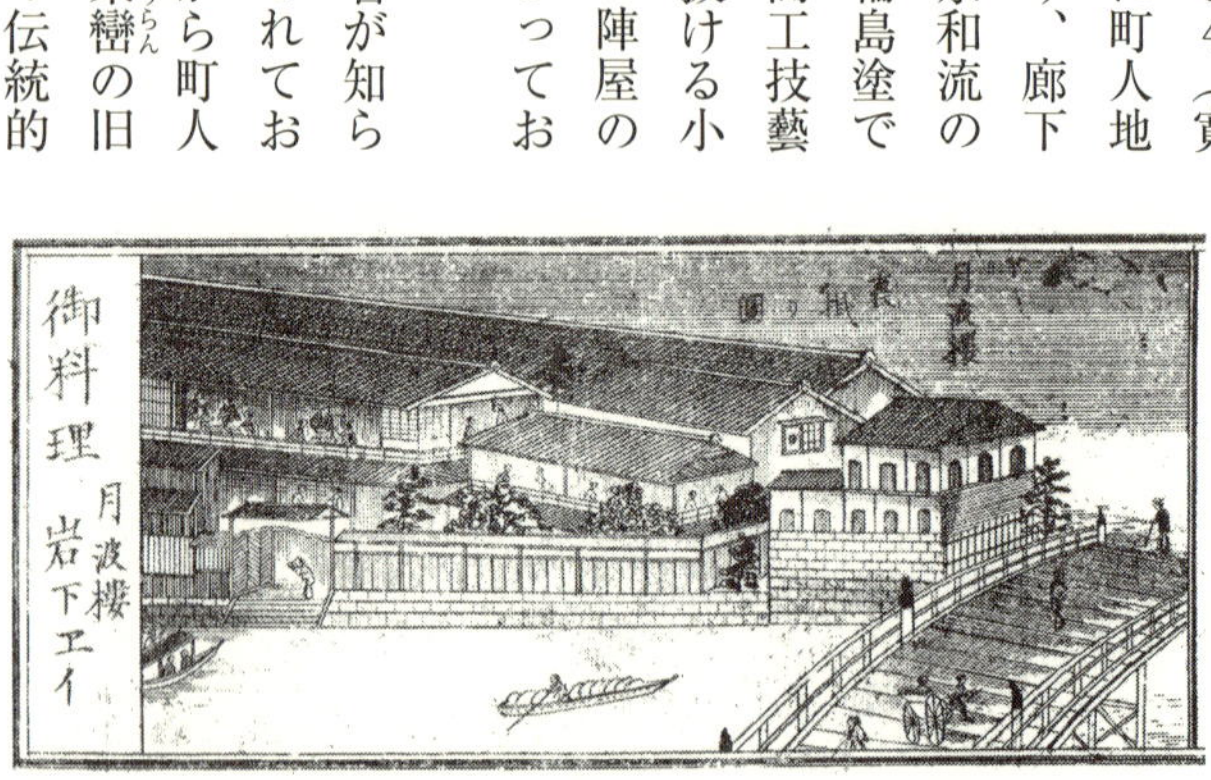

図1-31　『商工技藝の便覧』に掲載されている明治の料亭
出典：高山市教育委員会編（2014）：『高山市史　建造物編（上）』高山市教育委員会,p.331による。

な様式ではなく、妻面を正面とする妻入り様式の建物が特徴である。ここでも宗和流の庭園が設けられており、南側に見える城山が借景として生かされている。

2．近代以降の人口停滞と交通手段の遅れ

江戸期から続く豪商による事業展開は製糸業の近代化において顕著に見られた。しかし製糸、製茶、陶磁器など国内資源に依存する伝統産業や軽工業から機械、金属、化学など近代的な工業へと日本の工業構造が変化していく中で、飛騨地方の産業近代化は遅れをとった。その結果は人口の推移傾向に如実に現れており、岐阜や大垣など県内の南部で人口が増加傾向にあったのに対し、飛騨地方では停滞が続いた。1879（明治12）年、高山の都市人口、14，000人は、岐阜の12，744人、大垣の10，639人を大きく上回っていた。古川と神岡を加えれば17，560人にも達し、周辺農村部の69，728人を加えれば87，000人をも超える人々が飛騨地方で暮らしていた。ところが、1880（明治13）年1年間の人口増加を見ると、岐阜が5，870人、大垣が1，772人であったのに対し、高山はわずかに8人であった。結局、1883（明治16）年に高山の人口は岐阜、大垣に越されてしまった。

すでにこの頃から飛騨を去り、岐阜、大垣をはじめ他の地域へ向かう人の動きがあった。この地方に人を止めることができなかったのは、ひとえに経済発展の遅れである。平野部の諸地域が鉄道をはじめとする近代的な交通手段の導入で産業の近代化を進めているのに対し、飛騨では伝統的な産業構造を大きく変えることができなかった。交通手段の推移に注目した場合、1874（明治7）年の高山では引戸駕籠9挺、乗駕籠36挺、荷車9輌、人力車1台であった。翌年、人力車の営業が開始され、1879（明治12）年には自家用を含めて35台に増えた。1894（明治27）年に鉄道敷設のための請願資料として交通手段の現況が調査されたが、それによると、荷物輸送の主力は荷車であった。歩荷、駄牛馬がこれに続いており、人力車は荷馬車をも下回っていた。自転車が登場するのは1899（明治32）年、自動車は1910（明治43）年になってからである。

ようやく大正期になって濃飛自動車会社が設立され、乗合自動車が岐阜と高山の間を結ぶようになった。これは1913（大正2）年のことで、10年後の1923（大正12）年に飛騨倉庫株式会社が誕生して貨物自動車が走るようになった。それ以前は岐阜・高山間は荷馬車で6日を要したが、貨物自動車の登場で時間距離が一気に短縮された。しかし全体的に見ると、交通手段の発展は限られており、結果的に飛騨は他地域から大きな影響を受けることなく近代前期を過ごしたといえる。1934（昭和9）年に国鉄高山本線が開通してようやく飛騨も近代的交通手段の恩恵に預かるようになるが、それまでの時間は長かった（図1-32）。ただし、この近代化の遅れが近世までの産業、建築物、生活、文化などを飛騨に残させる役割を果たした点には注目する必要がある。

　飛騨の中心地・高山に政治的、経済的な機能が集中し、周辺の広大な農村部がその影響下にある空間的構造は、近代以降も大きく変わることがなかった。初期の工業近代化を担った製糸業は高山の豪商によるものであり、工場は中心部の宮川沿いに設けられた。農村部で生産された生糸は高山の商人を経由して他地域へ送られた。主として富山方面から持ち込まれる米・魚・塩などの物資も一旦、高山に集められ、それから飛騨一円の村々に運ばれていった。松本や諏訪などでも食されたブリも、富山から高山経由で輸送された。こうした高山の物資流通の拠点性は江戸時代からのものであるが、明治になって岐阜県が政策的に後押ししたことで強められた。県は、高山の豪商があいついで設立した物産会所に荷物が集まるように指導をしたからである。

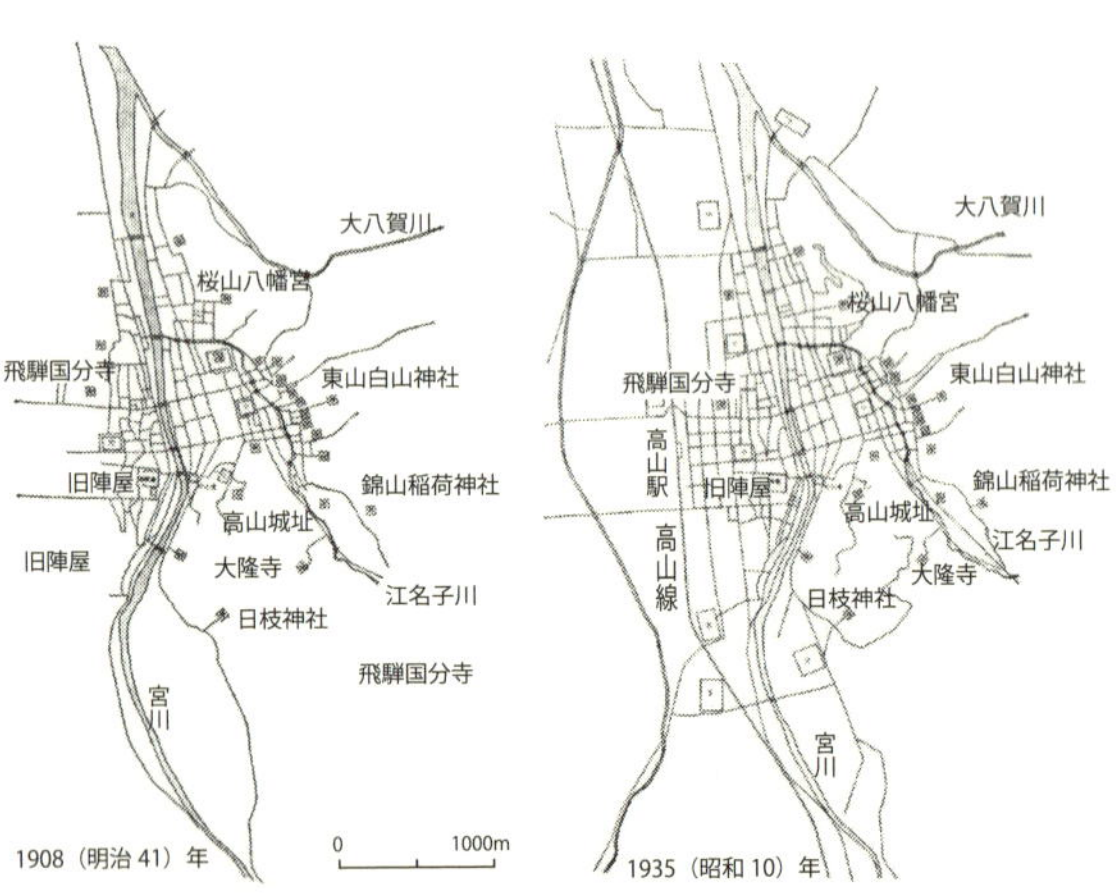

図1-32　明治末期と昭和初期の道路パターン
出典:高山市教育委員会編(2014):『高山市史 建造物編(上)』高山市教育委員会,p.25をもとに作成。

3. 高山本線開通後の経済的停滞を経て国際観光都市へ

他地域から飛騨に至る鉄道の実現を願う動きは明治中期からあった。国家的な幹線鉄道がつぎつぎに建設されていくのを横目で見ながら、飛騨の人々は辛抱強く鉄道が飛騨路へやって来るのを待った。傾斜勾配を不得手とする鉄道の特性を考えれば、河川沿いに南北方向にルートを設定するのが妥当している。実際、高山本線は飛騨川を南から北に向けて建設していく事業と、神通川を北から南にさかのぼるように建設していく事業の両方から進められた。最終的に残された高山の南と北の未開通部分がつながって、高山本線は1934（昭和9）年に全線が開通した。蛇行して流れる飛騨川、神通川・宮川に沿うように線路は右に左に曲がって延びている。ところどころにトンネルが設けられているのは、川沿いに線路敷地を見出すのが困難であったからである。現在でも単線で電化はされておらず、いかに近代的な交通手段の実現を阻む地形条件が厳しいものであるかがわかる。

このように高山本線はその多くが狭くて深い峡谷部を走っているが、高山盆地や古川盆地に至ると、ほとんど平坦な地形上を走る。この対照的な走行状況は衝撃的ですらあり、あれほど苦労して登り詰めた先に、これほど平坦な空間が広がっているとは想像もつかなかった旅行者も少なくないであろう。盆地部分では車窓の両側に広い市街地や農地が広がっている。高山本線は2つの盆地の中央付近を直線状に走っており、高山では伝統的な市街地の西側、古川では北側に駅が設けられた。つまり、いずれも古くからの市街地を避けて駅舎が計画された。古い市街地と駅との時間距離は徒歩で10～15分足らずであるが、新旧両地区は別の存在と思われている。平地の面積が古川より広い高山では、高山本線が開通したことにより、盆地の西側一帯に向けて市街地が広がっていくきっかけが与えられた。戦国末期に金森氏が山地（高山城）と河川（宮川）を考慮して定めた城下町は、盆地の東寄りにあった。江戸期、明治期になってもこの構造は大きく変わることがなかった。しかし高山本線の開通と駅舎の位置が西側に決まったことにより、この構造は徐々に変わっていくことになる。

高山本線が飛騨地方に与えた影響は大きかった。とくに経済面では貨物物資の流動が盛んになり、経済発展を促す要因になった。主産業である林業をはじめ農業、商業などで取引が活発になり、経済的富を増やすことができた。しかし高山本線が開通して10年余りの１９４５（昭和20）年に日本は敗戦国となり、社会、経済は大きな変革を迫られた。とくに高山にとって大きな衝撃だったのは農地解放の実施である。それまで広大な田畑を所有していた有力商人が農地を手放さなければならなくなった。逆にこれまで小作人で土地を所有できなかった農民が自作農として自立できる道が開かれた。江戸時代から続いた豪商の家系を引く旧家は経済基盤を失くし、家業は衰退に追い込まれた。

戦後、土地に大きく依存する古い経済体質からの脱出が求められた。しかしながら、短時間で対応策が見つかるものではない。豪雪に見舞われる冬季、他地域との連絡で唯一頼りになるのは高山本線だけであった。他地域が近代的な工業化を進めている間も、飛騨では古い経済体質が温存された。とくに有力者の多くが居を構えていた伝統的な市街地では、国道が西方で付け替えられたり駅前付近の開発が進んだりするのにともない衰退状況が目に見えるようになった。衰退は商家の数が減り逆に仕舞屋の数が増えることで可視化された。江戸期から続く豪商が新たに企業を興して近代を乗り切っていった事例は各地にある。敗戦後は古い価値観にとらわれず、思い切った投資で財をなす新興企業家もたくさん現れた。しかし飛騨はこうした動きとはほとんど無縁であった。地理的隔絶性だけに原因を求めることはできないが、戦後の開放的な経済は奥深い飛騨地方には十分入り込んでこなかった。

この間の都市構造の変化は、人口集中地区の推移に反映されている。すなわち、１９６０（昭和35）年の時点で高山市の人口集中地区の面積は２・７㎢で市域面積に占める割合は１・９％であった。人口では66・８％、つまり市民の70％近くが人口集中地区に住んでいた。この集中パターンこそ高山市の特徴であり、県平均の28・３％を大きく上回る。人口に関しては一点集中型の都市であった。１９６５（昭和40）年になると人口集中地区は２・２㎢に縮小し、人口の集中割合も61・１％に低下した。これは岐阜、大垣、多治見などで人口集中地区の面積が大きくなったのとは対照的な動きである。ところが、１９７０（昭和45）年になると高山市の人口集中地区は３・５㎢に広がり、人口割合も65・３％まで回復した。しかし注意したいのは、人口集中地区の範囲が変化したことである（図１‐33）。すなわち、宮川沿いの三町地区は1960（昭和35）年から1970（昭和45）年にかけて人口集中地区の範囲から外れた。これとは反対に、高山駅の西側や北部の桐生町や南部の片野町付近が新たに人口集中地区に組み入れられた。

　かくして高山市の都市化や市街地化の方向が明確になった。東から西へ、あるいは北や南への市街地拡大である。通常であれば人口が減少し人口集中地区でなくなった地区は「衰退地域」の烙印を押され意気消沈する。ところが飛騨高山では事情が違っていた。それは、日本経済が高度成長の絶頂期を迎えた1970年代に訪れた歴史観光というスポットライトを、人口集中地区を外れた旧城下町地区が浴びるようになったからである。当時の国鉄によるディスカバー・ジャパンのキャンペーンが大きかったともいわれる。新幹線では味わえない古き良き時代への鉄道による旅がクローズアップされた。近代化の嵐の中で急速に失われていく日本の原風景に対する愛惜にも似た感情が国民の間で芽生え始めた。古い建築物の修景や町並み保存に取り組む動きが各地で現れ、古都ブームに火がついた。国もこうした社会変化を無視することができず、古都保存法を制定して動きを加速させた。時代の流れに乗り遅れたがゆえに古いものが残され、それらに光が当てられるという時代に恵まれた。皮肉としかいいようのない歴史的逆転を引き寄せる力が飛騨高山に残されていたことは事実である。それが今日見るような国際的な歴史観光都市高山の誕生につながったが、この動きが未来永劫続くかどうかは誰もわからない。

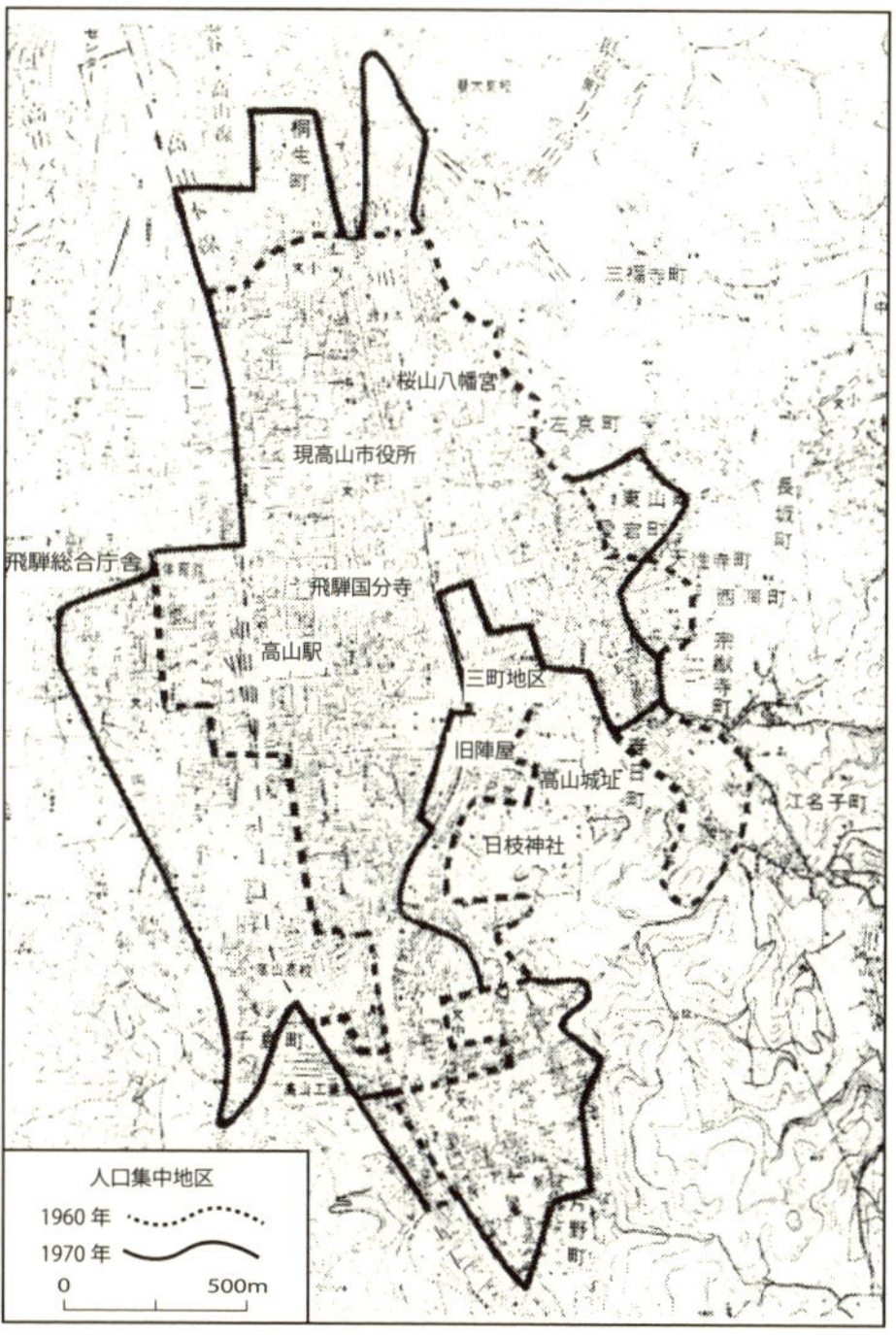

図1-33　人口集中地区の変化
出典:岐阜県編（1977）:『国土庁 昭和51年度 地方都市整備構想作成委託調査 類型別都市機能調査 伝統的文化都市・高山』岐阜県をもとに作成。

第7節　歴史的重層性に満ちた飛騨国という「生きたテーマパーク」

聖地巡りの好きな人は国や文化の違いを問わず多くいる。日本では四国八十八ヶ所巡りという伝統的な聖地巡礼があるし、アニメ好きの若い人は話題作のモデルになった場所をカメラを下げて見てまわっている。海外でもキリスト教やイスラム教などの聖地を訪れることは時代を問わず行われてきた。たとえ宗教心が薄くとも、回りのみんなが出掛ければ一緒についていくのは人間の性によるものであろう。自分だけ取り残されるのが嫌だという集団心理が働き、気がついたらどこかの聖地に向かっている自分を発見する。現代は聖地巡礼も観光ビジネス化し、宗教性よりも娯楽性が優先される。効率性も考慮され、八十八ヶ所巡りもタクシーやバスでの移動になる。

飛騨高山の町中を歩くと、欧米やアジアを問わず数多くの訪日外国人が観光を楽しんでいるのがわかる。2000（平成12）年初頭から外国人観光客数が急激に増加するようになった（図1‐34）。細長い島国を海外旅行として効率よく回るには、国際空港に近くて日本らしさが満喫できる観光地がよい。ミシュランのガイドブックで日本を訪れたら必ず行くべきところとして飛騨高山が紹介されているのは、高山市民ならずともありがたいことである。この町で日本の伝統的文化の真髄に触れることができれば、日本人として喜ばしい。いまや飛騨高山はグローバルスケールで特別な観光地として聖地扱いされている。京都や奈良など由緒ある寺社仏閣に特化したエリート観光地ではなく、標高700m近い山間奥地の地方の観光地が海外旅行者から聖地視されているのは、考えてみれば不思議な感じさえする。

ミシュランによる飛騨高山の評価がどのように決められたかは知らないが、現在の観光対象を見る限り、江戸期を中心とする商人文化の蓄積にやや偏っているように思われる。春と秋の高山祭に代表される人と屋台が一体となった生きた総合芸術を目にすると、高山の豪商たちの経済力の大きさと芸術的センスの高さを実感する。しかし飛騨地方の祭り文化はこれだけではない。林業・製糸・金融・不動産などで富を蓄積し豪華絢爛な屋台文化を生み出した豪商たちがいた一方で、土地もなく日雇い同然のその日暮らしに甘んじていた人々もいた。たとえ土地があったとしても、標高の高い寒冷地で細い斜面の田畑を耕して農産物を収穫するのは並大抵のことではなかった。時代が違うといえばそれまでであるが、飛騨の歴史の奥底に触れるには高山祭だけでは十分とはいえない。

律令制の時代、都の造営のために労働力が駆り出された飛騨では、その高度な建築技術で広く名が知られるという歴史から始まった。歴史はそれ以前からあるが、渡来系の人々が都から遠く離れた山間の地で磨き上げた建築技術は、都の人も一目置く尊敬に値するものであった。中世は群雄割拠の時代であり、急峻な山岳地帯や深い谷間は敵味方に分かれた勢力圏争いの舞台となった。京や鎌倉から派遣されてくる為政者による覇権争いも、最終的には大坂からの命による武力で統一された。しかしこれとて真の最終局面ではなかった。大坂のつぎは江戸からの命によって半ば無理やりに体制が変えられたあと、長い近世の時代が続いた。しかし江戸中心の体制も国際化の波に揉まれて近代という時代を迎えるに至り、さらにその後、背伸びをした近代の体制も敗戦で終止符を打った。飛騨の近代は停滞に終始した感があるが、そのことが伝統文化をタイムカプセルに封印し、戦後の高度経済成長末期に「日本の宝」として取り出すのにうまく働いたように思われる。

このように見てくると、飛騨高山の伝統や歴史はけっして近世に限られたものでないことがわかる。観光資源として歴史をわかりやすく可視化しようとすると、自ずと取捨選択が行われ、人目を引く華やかな部分が強調されやすい。二千年近い飛騨の歴史は、四方を急峻な山岳地帯に囲まれたこの中で積み重ねられてきた。日本列島中央部のこの厳しい自然条件が豊かな森林資源と高度な建築技術を育む環境を用意した。

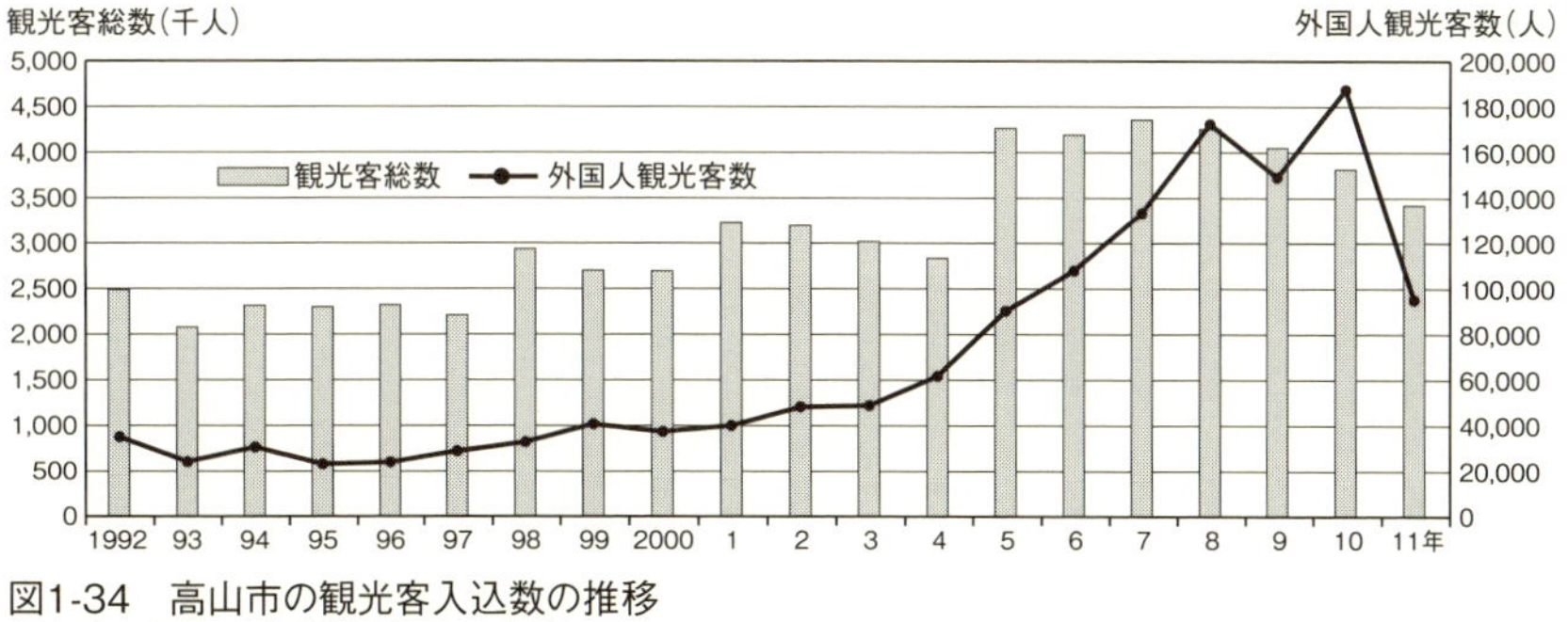

図1-34　高山市の観光客入込数の推移
出典:高山市のウェブ掲載資料をもとに作成。

類まれな商才が飛騨高山に富を蓄積させ、洗練された芸術文化を花開かせた。飛騨高山を取り囲む高い山々は、テーマパークの内と外を境する壁のようにも見える。通常のテーマパークとは異なり出入りは自由であるが、実際のアクセスには時間距離という障害がともなう。しかしその壁を乗り越えたとき、目の前に幾重にも時代が積み重ねられた壮大な歴史テーマパークが広がっていることを実感する。

◆引用文献

1. 岡村守彦（1986）：『飛騨史考』岡村健守。
2. 梶川勇作（1969）：「近世飛騨の耕地条件と「農間稼」」、『人文地理』第22巻 第1号 pp.101-112。
3. 岐阜県編（1977）：『国土庁 昭和51年度 地方都市整備構想作成委託調査 類型別都市機能調査 伝統的文化都市・高山』岐阜県。
4. 岐阜県文化財保護センター編（2002）：「保別戸古墳群」『岐阜県文化財保護センター調査報告書』第75集。
5. 高山市のウェブ掲載資料（http://www.city.takayama.lg.jp/_res/projects/default_project/_page_/001/000/842/016_000.pdf）。
6. 高山市のウェブ掲載資料（http://www.city.takayama.lg.jp/_res/projects/default_project/_page_/001/000/842/028.pdf）。
7. 高山市教育委員会編（1999）：『高山の文化財』高山市国民健康保険。
8. 高山市教育委員会編（2014）：『高山市史 建造物編（上）』高山市教育委員会。
9. 高山市教育委員会編（2015）：『高山市史 街道編（下）』高山市教育委員会。
10. 高山市制五十周年・金森公領国四百年記念行事推進協議会編（1986）：『飛騨 金森史』金森公顕彰会。
11. 原田洋一郎（2002）：「江戸末期、神岡鉱山栃洞地区における鉱山開発の地域的基盤」『地理学評論』第75巻 第1号 pp.41-65。
12. 飛騨学の会編（2010）：『斐太記 平成21年度紀要』飛騨学の会。
13. 飛騨運輸株式会社編（1972）：『飛騨の街道』飛騨運輸株式会社。
14. 飛騨民俗学会編（1995）：『紀要-飛騨民俗学会十周年記念』飛騨民俗学会。
15. 丸山茂（1990）：『飛騨 天領史』山岡鉄舟翁顕彰会。

16．三井金属鉱業株式会社修史委員会編（1970）：『神岡鉱山史』三井金属鉱業株式会社。

コラム 1
column

飛騨高山の地名の由来

どの地域を対象として研究を行うにしても、その地域の地名の由来は大いに気になるものである。自然状態の地域には名前はなく、人がその地域と関わりをもつ過程でほかの地域と区別する必要性から名前が付けられる。最初に地名が付けられたときから、地域と人が関わる歴史が始まったといえる。ただし地名は人間側の都合で変えられていくため、現在の地名がその地域の歴史の始めから変わらず続いているとは必ずしもいえない。とくに読みは変わらず同じでも、地名を表す漢字は幾度も変えられてきたという事例は多い。地名の変化も表記の変化も、それ自体がその地域と人間の関わり方の移り変わりを示す歴史そのものである。

本書の研究対象である飛騨高山という地名もまた、そのルーツは歴史的に古く、地名表記にも変遷があった。まず飛騨であるが、この画数のやや多い漢字は、地名は好字すなわち縁起の良い字で書くのがよいという動きが奈良時代にあり、これにしたがって変えられたものである。それ以前は斐太という漢字で書かれていた。斐太は現在、斐太高校の校名に残されているが、「斐」には優れているという意味があり、「太」にも秀でたという意味がある。万葉集にも現れる斐太という漢字はけっして悪い字ではなく、むしろ好ましいから高校名にも採用されている。しかしながら歴史的事情によって「斐太」は「飛騨」に変えられ、今日に至った。では、この地方をさす漢字は当初から斐太であったのだろうか。実は、759（天平宝字3）年以降に成立したといわれる万葉集より前の720（養老4）年に完成した日本書紀では、棐陀という漢字が使われている。それほど時代は離れておらず、同じ地方を表すのに複数の文字が使われていた可能性がある。ちなみに「棐」には、助け導く、あるいは弓の曲がりを直すという意味があり、「陀」は山崩れが起こりそうな場所をさした。山が崩壊して生木も土石流で流される危険箇所を「蛇抜け」と呼ぶ地域はほかにもある。地名が場所の特性を表すという点では利点も多いが、地名を好字で書きたいという人の気持ちが優先され、さきに述べたように飛騨という字が定着していったと思われる。これも奈良時代のことであるため、いずれにしても飛騨という地名がこの地域一帯を表してきた時間は歴史的にかなり長い。

　奈良時代に好字として飛騨が使われるようになったとして、この字のどこに良さがあるのであろうか。これが次なる疑問である。察するにそれは、馬が飛んでいるさま、勢い良く馬が駆け回るイメージが飛騨という漢字から思い浮かぶからではないだろうか。しかしなぜ馬なのか、という疑問がさらに湧く。それはこの地域が古来より馬の産地であり、朝廷にも名馬を献上してきた歴史があったということから納得がいく。それは当然、この地方が飛騨と記されるようになる以前からの歴史である。現在の下呂市には御厩野《みまやの》、高山市清見町には夏厩《なつまや》、六厩《むまや》、牧ヶ野といった馬の産地にちなんだ地名が残されている。奈良時代には、この地方の北部で冬の間太らせた馬を、夏になると富山や砺波の穀倉地域に連れて行く「さくんま」という習わしもあった。田畑を耕して農産物を生産するより、広い牧野で馬を育てて農耕や運送に用いる方が適しているというこの地方の地理的条件があってのことである。

　近世までの長い歴史において、馬は生産や生活にとってなくてはならない存在であった。この地方が「馬が飛ぶように駆け回る」土地、飛騨と呼ばれるようになって以降、馬をめぐる歴史的エピソードにはことかかない。たとえば平安時代に繰り広げられた源平合戦の宇治川の戦いでは、丹生川産の「いけづき」と明宝産の「するすみ」が先陣争いをしたという。ただしこれには異説もあり、産地名は必ずしも特定できないが、この地方が歴史にその名を残すほどの名馬を産出してきたことは明らかである。名馬にまつわる言い伝えは金森治世以降にもあり、これがきっかけで現在も飛騨高山で続く絵馬市が始まった。そのきっかけとは、4代藩主頼直の時代に丹生川産の名馬・山桜鹿毛が藩主を救ったことである。この馬が参勤交代で江戸屋敷に連れて行かれたおり、振袖火事が起こった。炎が迫ってくる屋敷から脱出するために、山桜鹿毛は藩主を背に乗せただけでなく、家来3人をぶら下げたまま八間（約15m）もある堀を越えたという。八間がのちに百間と誇張されるようになったが、その長さはともかく、火事のさいに馬が活躍した事実はあったであろう。

　ところが、高山に帰ってきた名馬・山桜鹿毛はなぜか病気になってしまった。家来の中に、これは金森氏に討たれた三木氏による祟《たたり》ではないかという者がおり、それなら松倉観音を再興するのがよいということになった。松倉は討たれた三木氏が最後の居城とした松倉城のあるところであり、金森時代になって松倉観音は半ば忘れられた存在になっていた。因果関係のほどはわからないが、松倉観音の再興と病気から回復した山桜鹿毛を結びつけて考える風習が始まった。馬を家畜として大切に育ててきた農民の間でこの風習が広まり、家の馬を曳いて松倉観音に参詣する農民が増えていった。しかし松倉観音に向かう山道は急峻で馬を実際に曳いていくのは難儀だったため、代わりに清見街道の入り口付近で絵馬を商う者が現れるようになった。家の馬に似た絵馬を買い求めて持ち帰り玄関先に貼っておけば、家内安全な日々が送られるという風習が定着していった。いまに続く飛騨高山の絵馬市の起源である。

飛騨高山の「高山」についても、その地名の由来には諸説があるが、最終的には初代藩主・金森長近が命名したといってよいであろう。一見すると、標高の高い山々に囲まれた土地柄であるため地名も高山かと思ってしまうが、実はそうではない。長近が高山としたのは城を築くために選んだ山のことで、もとは天神山あるいは多賀山と呼ばれていた。室町時代、天神山には飛騨を領国とする高山外記がいた。高山氏は足利幕府において畠山氏や山名氏と並ぶ有力な豪族であった京極氏に連なっていた。北近江を拠点とする京極氏は、山陰や飛騨など都から遠い領国の知行は家来に任せていた。このため次第に支配力が弱まり、室町末期には下克上で知行地を奪われ、山陰は尼子氏、飛騨は三木氏のものとなった。その三木氏を討って長森長近が飛騨を治めることになったとき、かつて高山外記が城を構えていた天神山を高山と呼ぶことに決めた。

地名の高山が高山氏という人名にちなんで付けられたとしても、その高山氏の高山はどこに由来するのか、これもまた気になるところである。日本人の名字の多くは地名に由来するということから考えると、もとの地名がどこなのか知りたくなる。しかしながら高い山は日本中どこにでもあり、特定するのは難しい。むしろ気になるのは、金森長近と同世代の人物の中に高山飛騨守右近友照という武将がいたことである。キリシタン大名で有名な高山右近重友の父親に当たる人物で、長近とは旧知の間柄であった。名前は高山飛騨守を名乗ったが、摂津、大和、京都方面の人で飛騨との関係はない。金森長近が飛騨に入府したおり、高山飛騨守という知り合いの名前もあり、飛騨と高山をつなげて考えたのではないかという可能性も、あながち否定できないのではないか。いずれにしても、「飛騨」や「高山」という名前には、自然環境や人間関係から考えて互いに結びつきやすい一面があったといえそうである。

第2章

空間と場所から読み解く飛騨高山の景観

第1節 景観を切り口に飛騨高山を読み解く

岐阜県の飛騨高山へ外から入っていくには、どのルートを通るにしても、いくつもの山を越え、谷を渡ってようやく辿り着く。まさにようやく辿り着いたという表現がぴったりするほど、山の中に飛騨高山はある。岐阜県には「飛山濃水」という言葉があるが、木曽三川がつくった平野部の多い県南西部に比べると、北部の飛騨は山がちで、間に小盆地が点在している（図２-１）。今はＪＲの特急列車や高速道路の便もあり、昔に比べると出掛けやすくなった。しかしそれでも、東京、大阪といった人口の多い東西の大都市圏からの日帰り観光は難しい（図２-２）。距離的に近い名古屋大都市圏なら２００７（平成19）年に開通した東海北陸自動車道を利用すれば、高山周辺の日帰り観光も無理ではない。しかし飛騨高山の多様な魅力を観光旅行で味わうには、短時間の滞在で

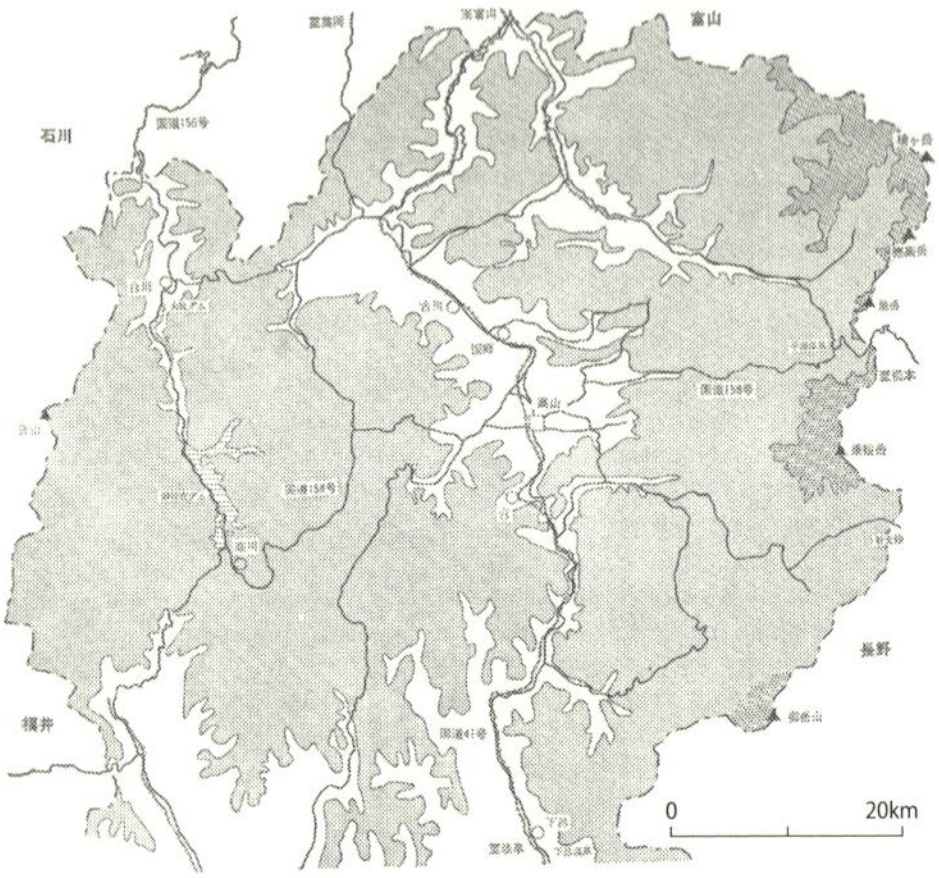

図2-1 飛騨地方の地形と交通（1970年代）
出典：奈良国立文化財研究所編（1977）：『高山-町並調査報告-』高山市をもとに作成。

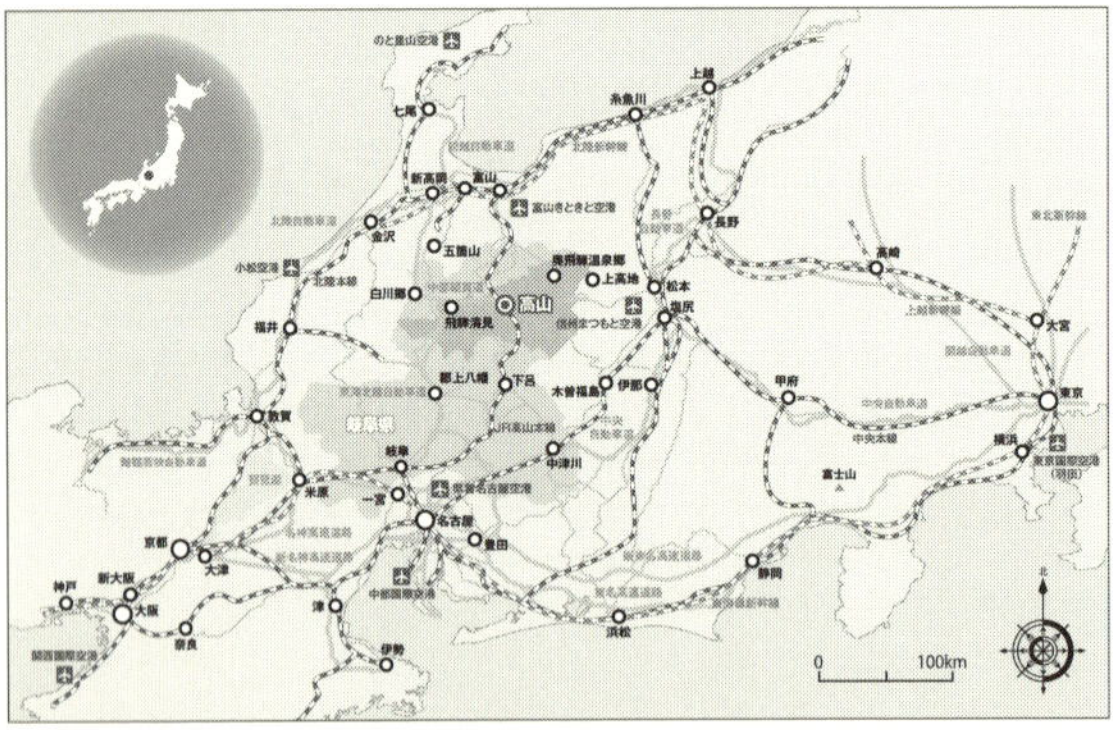

図2-2 飛騨高山への交通アクセス
出典：高山市公式観光サイトのウェブ掲載資料（http://kankou.city.takayama.lg.jp/_res/projects/kankou/_page_/002/000/501/web-38_39p_.pdf）をもとに作成。

は到底、不可能である。２００５（平成17）年の市町村合併で市域面積が２，１７７・６㎢と日本一の広さになった高山市は、標高３，１９０ｍの奥穂高の頂上も市域に含む。標高がもっとも低い市内北東部の上宝町でも４３６ｍあり、市名通りの高所市である。東京都とほぼ同じ広さの高山市は南北に約55㎞、東西に約81㎞で、東西方向に長い。東京都の森林面積比率は36・３％で意外に高いが、高山市のそれは92・１％で群を抜いており、他都市を寄せ付けないほど緑豊かな森林都市である。東西あるいは南北のいずれの方向に行くにしても山道を走らねばならない市内移動は、平地の都市のそれと比べると想像以上の困難さをともなう。

降水量が国際的にみて比較的多い日本なら、高い標高にある都市が森林の多い都市になりやすいことは想像がつく。しかし高山市の場合、冬季の降水量とは積雪量のことであり、北陸地方と同じように幾日にもわたって降り続く雪に耐えなければならない（図２‐３）。ちなみに記録がもっとも新しい２０１７（平成29）年の冬季の場合、高山市中心部では１月16日から27日までの12日間と２月10日から15日までの６日間、積雪量が50㎝を超えた。西部郊外の清見では１ｍ近い積雪であった。太平洋、日本海のいずれからも距離があり、幾重にも連なる山岳地域の中にまとまって暮らせそうな生活空間を見出そうと思えば、川沿いの狭い平地しかなかった。地形的にも気候的にもけっして恵まれた条件とはいえず、その結果、他地域との連絡でも大きなハンディキャップを覚悟しなければならなかった。しかし、市域の９割以上が森林という自然環境は膨大な森林資源をこの地に与えた。森林資源が背景となって高度な木材

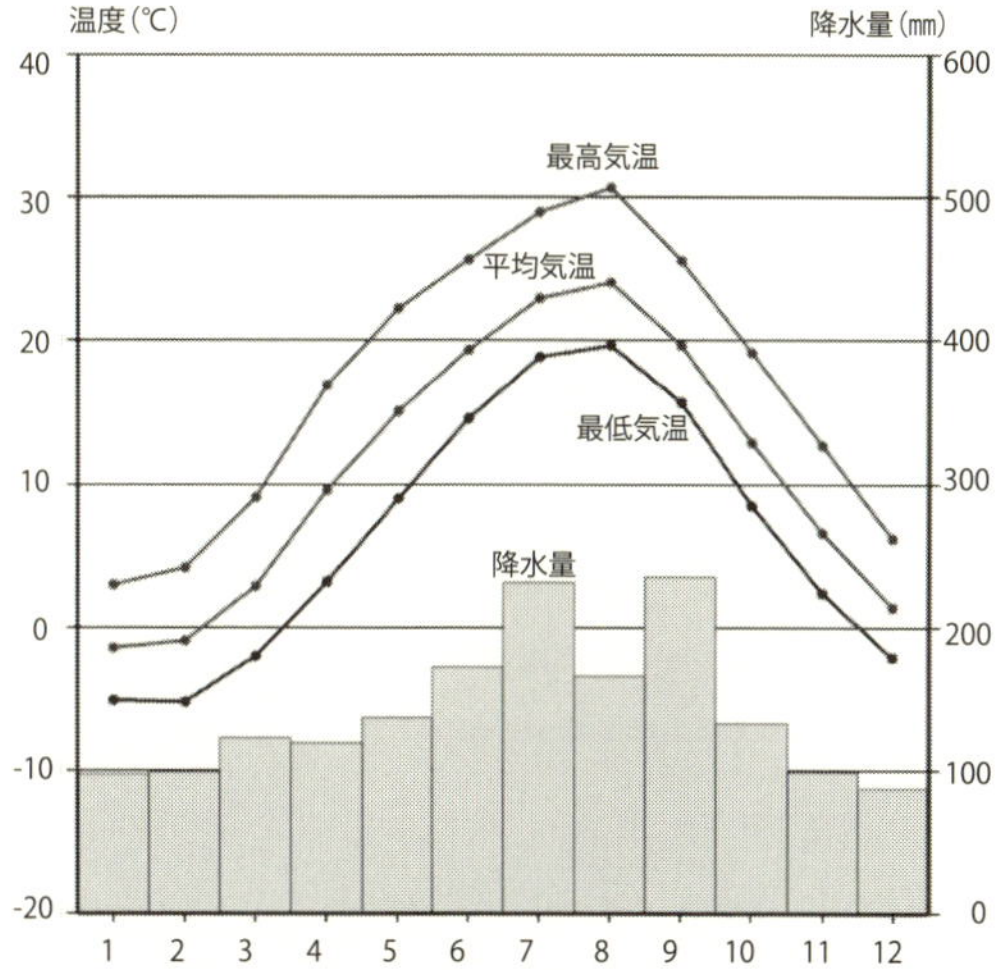

図2-3高山市の月別降水量と気温（1981～2010年の平均）
出典:weather.time-j.netのウェブ掲載資料（https://weather.time-j.net/Climate/Chart/takayama）をもとに作成。

加工や建築の技術が生み出され、飛騨の匠として知られる多くの木材加工技術集団を歴史的に輩出してきた。地形的制約から集落形成が狭い空間で進められたため、社会経済的に高い密度の都市になった。このことは結果的に、見どころが狭い空間の中に集中し凝縮されている現在の歴史観光都市・高山にとってうまく作用した。

　高山市にかぎらず、観光の大きな目玉は旅先で見る感動的な景色や景観である。五感のうち視覚に訴える対象が旅行者の心をどのように動かすか、この一点に観光の成否がかかっているといっても過言ではない。もちろん、音声や香りなど聴覚や嗅覚によって対象のもつ魅力を感じ取るといった部分もある。しかしまずは景観の醍醐味が吸引力を発揮し、人々を非日常的空間へと誘う。景観は地理学をはじめとする学問分野でも歴史的に研究されてきた。研究者も旅行者と同じように訪問先で見た景観に感動し、なぜ目の前の対象が心を揺り動かすのかを考える。感動のメカニズムにことさら説明は必要ないかもしれない。しかし景観に触発された感動には奥行きや広がりがある。通りすがりの風景的印象と、じっくりと時間をかけて見たあとの印象は同じではない。標高3，000mを超える連山が織りなす山岳景観から歴史的町並みの身近な景観に至るまで、その幅の広さと多様性において飛騨高山は群を抜いている（図2-4）。景観をキーワードに飛騨高山を読み解くことで、この地域の魅力の一端が見えてくる。

図2-4　飛騨山脈の主な山々

①槍ヶ岳（標高3,180m）、②西穂高岳（標高2,909m）、③笠ヶ岳（標高2,898m）、④焼岳（標高2,455m）

出典:高山市商工観光部観光課の資料をもとに作成。

第2節　景観認識の社会性と飛騨地方の多様な景観

1．景観認識の高まりと景観の社会的評価

この世に存在するものはすべてかたちをもっている。かたちすなわち形態のうち地表に見えているものは景観と呼ばれることが多い。英語ではlandscapeと書くから土地や地表の一部をさしているのであろう。外貌や外観であることが半ば暗黙の了解とされているため、洞窟の中や建物の内部はあまり景観とはいわれない。しかし森林、草原、谷間、河川などの中に入ることで見えてくる景観も実際にはある。本来は外部、内部の区別はなく、かたちとして目に見えるものはすべて景観と呼んでも差し支えないであろうが、一般には対象の外観を景観と呼んでいる。このことは、対象とそれを見る人の位置関係に前提条件がおかれていることを意味する。景観は対象をある程度離れた位置から見ることで目に映る被写体のことであり、内側に入って見るものではない。

さて、飛騨高山という地域において景観を考える場合、どのような整理分けができるであろうか。先にも述べたように、地表上にあるものはすべてかたち、すなわち景観をもっている。それゆえ無数の景観が存在するが、それらをすべて論ずることは不可能である。一般に社会において景観が論じられるとき、それは美しい景観つまり美観について語ったり、美しい景観を守り維持するすなわち景観保全を目的としたりする場合が多い。実際、高山市においても、歴史的に形成されてきた伝統的建造物群を優良景観とし、その保全に力を入れるという姿勢が当然のこととして受け入れられている。世の中にある無数の景観の中から取捨選択を行い、特定の景観にスポットライトを当てているのである。

無数の景観を整理して考えるまえに、まずはなぜ景観をことさら取り上げる必要があるかを述べなければならない。高山市の場合、景観が観光と関係づけて考えられているのは納得しやすい。観光客を国の内外から呼び込むには、市内にある多様な観光資源を景観面から知ってもらう必要があるからである。観光イコール景観といってよいほど、両者は深く結びついている。しかし２００４（平成16）年に国が「景観法」という法律まで制定して社会に景観の重要性を訴

えたのは、観光振興のためではなかった。高度経済成長が終わり、社会が物質的成長から精神的成長へと重点を移していったことが大きかった。過去のものを見境もなく取り除き、現代的なもので身の回りを埋め尽くす社会に対して疑問を投げかける動きが現れてきた。開発の過程で自然に対して大幅に手を加え、その姿を大きく変えてしまう社会のあり方が問い直されるようになった。物質偏重社会への動きを抑制し、精神的豊かさを取り戻すための方法はいろいろ考えられるが、美しい景観を目のあたりにして感動することはその中に含まれる。

つまり、観光の対象になるか否かには直接関係なく、時代が美しい景観を必要とするようになった。美観は新しく生み出すこともできるが、古いものや手付かずのものの中に見出すことも可能である。再発見や再認識というかたちで過去の遺産や自然の一部を美観、すなわち価値のある景観として認定する。なぜ一部かといえば、「選別」というフィルターを通して景観を取捨選択しているからである。どのようなフィルターを使うか、その決まりはない。大方は多くの人々が納得すると思われる景観であることを基準とし、地域ごとに選ばれていく。とりわけ観光都市を標榜する都市では、景観の選別は慎重に行われる。どのような観光客を対象とするかで、評価の高い景観とそうでない景観が分かれるからである。景観はそこで暮らす一般市民のものであるとともに、外から訪れる人々のものでもある。観光都市の場合、後者が優先されるのは当然かもしれない。

このように、景観には誰にとっての景観か、あるいは何のための景観か、という社会性が含まれている。景観法が制定されたのを契機に、全国の自治体では地域を特徴づける景観の選定や景観の維持・保全に向けての政策づくりが進められた。高山市も例外ではなく、市内部で景観計画の立案や改定が繰り返し行われてきた。山岳景観から町並み景観まで多種多様な景観に恵まれた高山市ではとくに、景観の選択と保全に力が入れられた。それは観光都市であることから当然といえるが、いまひとつは平成の市町村合併で市域が拡大したため、地域バランスを考える必要が生まれたからである。新たに高山市に加わった町や村にある景観全般にも目を配り、観光資源となりそうな景観を発掘して加える必要があった（表2－1）。

景観種別		地域名	景観資源
自然景観		高山地域、丹生川地域、高根地域、上宝奥飛騨温泉郷地域	中部山岳国立公園（乗鞍岳、穂高連峰）など
		丹生川地域	五色ヶ原の森、銚子の滝、布引滝 など
		清見地域	せせらぎ渓谷（県立自然公園）、小鳥峠の水芭蕉、大倉滝、馬瀬川 など
		荘川地域	白山（国立公園）、山中峠の水芭蕉、魚帰滝、庄川源流、御母衣湖 など
		一之宮地域	位山舟山（県立自然公園）、宮川源流 など
		久々野地域	女男滝 など
		朝日地域	御嶽山（県立自然公園）、鈴蘭高原すずらん畑、あさひの森公園、白樺原生林、美女高原 など
		高根地域	野麦・御嶽山（県立自然公園）、千町牧場、子ノ原高原、青氷の滝 など
		国府地域	宇津江四十八滝（県立自然公園）、三休の滝 など
		上宝奥飛騨温泉郷地域	双六渓谷、平湯大滝 など
歴史的景観		高山地域	陣屋、古い町並、中橋、国分寺、飛騨の里、赤保木瓦窯跡、赤保木古墳 など
		丹生川地域	千光寺 など
		荘川地域	荘川の里、荘川桜 など
		一之宮地域	臥龍桜、水無神社、往還寺鐘撞堂、御旅所のツツジ など
		久々野地域	堂之上遺跡 など
		朝日地域	旧朝日郵便局、旧向畑家、薬師堂の枝垂桜、西教寺の夫婦松、七本サワラ など
		高根地域	旧村田家、西家、野麦学舎、原家 など
		国府地域	安国寺、荒城神社、加茂神社、桜野公園、こう峠古墳、広瀬古墳 など
		上宝奥飛騨温泉郷地域	福地 など
		高山地域、丹生川地域、清見地域、荘川地域、一之宮地域、久々野地域、朝日地域、高根地域、国府地域、上宝奥飛騨温泉郷地域	歴史街道（江戸街道、野麦街道、尾張街道、郡上街道、白川街道、越中街道、平湯街道）及び街道沿いの集落
文化的景観	農山村景観	高山地域	滝町の棚田、松之木町の車田 など
		丹生川地域	北方、法力、板殿 など
		清見地域	二本木、池本、ひだ清見ラベンダー園 など
		荘川地域	ダナ高原そば畑 など
		久々野地域	久須母、小坊の棚田、木賊洞、小屋名、桃源郷 など
		朝日地域	見座、立岩、桑野、青屋、二又 など
		高根地域	阿多野、野麦、日和田高原 など
		国府地域	荒城郷のそば畑、東・西門前、上広瀬の桃園 など
		上宝奥飛騨温泉郷地域	長倉、田頃家の棚田、桃原 など
	河川景観	高山地域、一之宮地域、国府地域	宮川・江名子川河畔 など　宮川堤防沿いの桜並木 など

表2-1　高山市における主な景観資源と地域

出典:高山市編(2017):「高山市景観計画」高山市,p.4をもとに作成。

2. 景観の背後にある成因や歴史的経緯へのまなざし

地表上には無数の景観があり、その中から何らかの価値があると認められたものが社会的景観として位置づけられている。たとえ対象が山や海の自然であっても、多くの人が美しい、感動的だと思わなければ社会的に景観としては評価されないのであろうか。それはある程度は仕方がないことだとしても、実際問題として、いったい対象の何がどのように評価されたのであろうか。評価が対象の美的側面に対して行われたことは間違いない。自然であるか人文であるかといった対象の種類を問わず、美的側面から判断してその景観に価値があるとされた。しかしいうまでもなく、美的側面は対象に本来そなわっている多くの要素の一部分にすぎない。たとえば高山市東部で南北方向に連なる飛騨山脈すなわち北アルプスは、太平洋プレートが北アメリカプレートと、さらにその先のユーラシアプレートの下に潜り込むことにより、その力で形成された。250万年前から隆起を続けており、現在も継続中である。初期の隆起のさいには玄武岩性の火山活動による堆積があり、その後は花崗岩類の貫入があった。飛騨山脈とその西側にある高山盆地の地形的特徴の違いは、標高をなだらかに曲面的に表した接峰面図で見るとより明らかである（図2-5）。飛騨山脈には日本の他の山脈では見られない氷河性のカールという珍しい地形もある。山脈には地形的要素以外に植物や動物など生態的な要素もあるが、景観評価にさいしてこうした側面が直接考慮されたとは考えにくい。

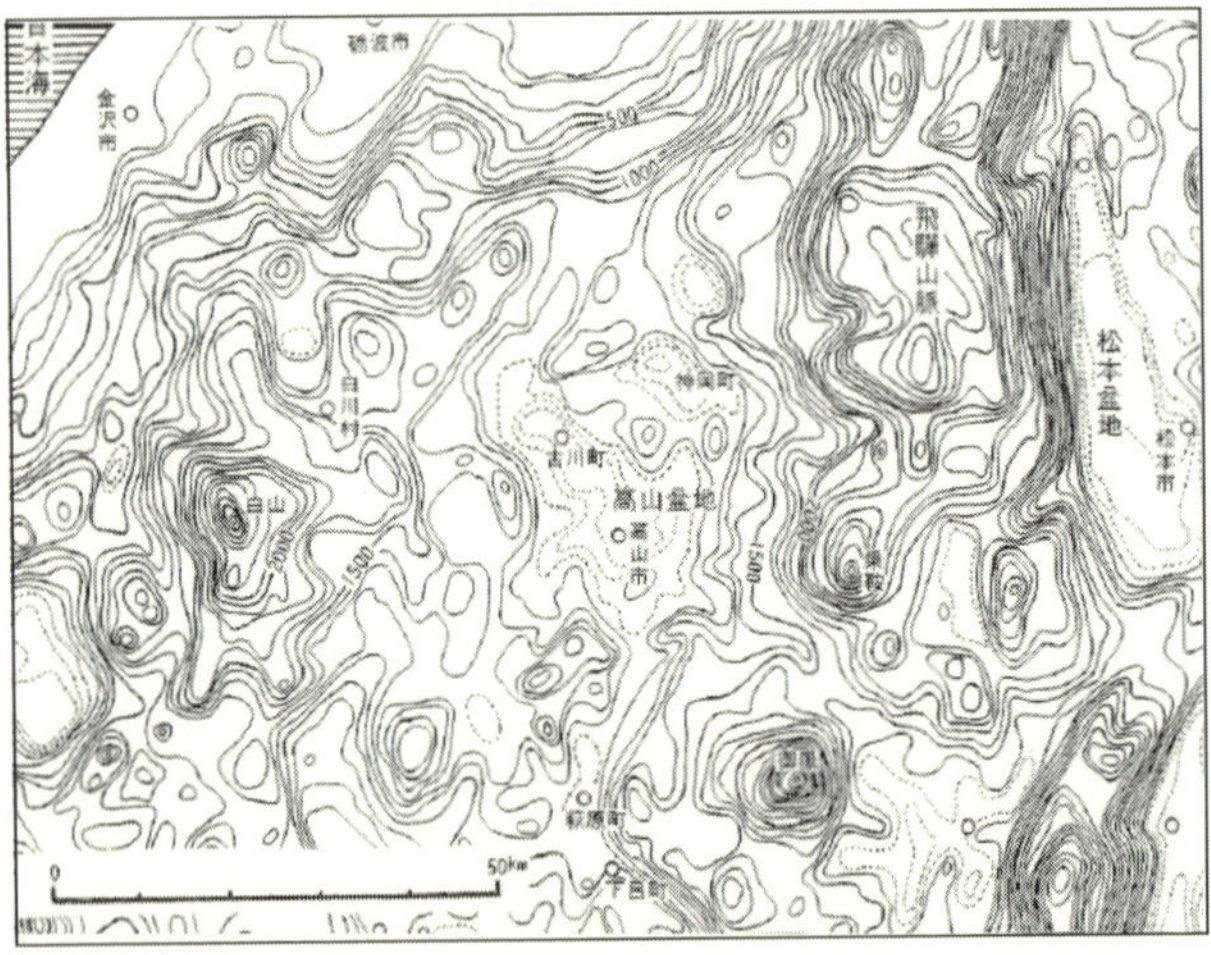

図2-5　高山盆地を中心とする接峰面図
注：接峰面図とは、グリッドで区画した地形図上で、各区画の最高標高点を通るように曲面を等高線で表したものである。
出典：飛騨学の会編（2010）：『斐太紀 平成21年度 紀要』飛騨学の会, p.19による。

飛騨山脈の例は一例にすぎない。8世紀中頃に行基によって建立されたと伝えられる飛騨国分寺や、江戸幕府が飛騨国を直轄領として管理するために設置した高山陣屋の場合でも、宗教的意味や政治的機能よりも、その建造物としての外観が前面に押し出されている。人々の目に映る美的要素を連ねることで、景観というカテゴリーが成立している。観光パンフレットや絵葉書に載った写真の説明として、自然や歴史についての簡単な記述はある。しかし観光客にわかりやすく訴えて効果があるのは、やはり対象の景色・景観であろう。数多くの観光対象を効率的に回りたい旅行者からすれば、ガイドブックに掲載された観光写真を現地で確認できれば、まずは満足である。景観の背後にあり、そのような景観を生み出すことになった成因や経緯にまで関心を抱くか否かは、個々の観光客次第である。

たとえガイドブックを頼りに観光地を訪れて景観美を確認するだけでも、深い感動は得られる。本物だけがもっている稀少性を感じとることで、心は動かされる。臨場感やリアリティを全身で受け止めることが感動を呼び起こすからである。飛騨山脈の巨大な山塊を近くで目にすれば、たとえ山脈の成因を知らなくても、地球エネルギーの大きさに表現すべき言葉を失うであろう。飛騨国分寺や高山陣屋の前に立てば、悠久の歴史的時間の長さを痛感して名伏し難い気持ちにとらわれるであろう。景観という言葉で表現されてはいるが、実際の観光対象は視覚だけではとらえきれない雰囲気をその場に漂わせている。五感で取り込む感動をより深いものにするには、対象がそのように現存するに至った経緯にまで踏み込む想像力が必要である。多少の努力を要するが、そうすることで景観の実在性やリアリティがいっそう鮮明になるであろう。

3. 全域に広がる自然景観と人文景観の対照性

飛騨高山に国の内外から年間400万人も旅行者が訪れているのは、この地に歴史的に貴重な建物が残され、またそこに暮らす人々によって祭りをはじめとする伝統的文化が今もなお継承されているからである。それらを直接、五感を通して体験したいと思うからである。ともすると宮川に沿って形成された旧城下町で、城が廃された後には江戸幕府の陣屋のもとで治められた古い市街地に観光対象は絞られがちである（図2‐6）。しかし日本一の市域面積を有する高山では、0.4%にも満たない中心市街地（人口集中地区）のほかにも多数の観光資源が目白押しである。歴史的観光を主体としながらも、その周囲に広がる山岳・高原・温泉などの自然環境が魅力となって多くの旅行者をこの地に引き入れている（表2‐2）。

　飛騨高山の観光パンフレットには、こうした多様な観光スポットを撮した写真が散りばめられている。観光客を魅了する多様な景観こそがこの地域の財産であるため、景観について考える場合もその点に配慮する必要がある。歴史的観光地は国内に多数あるが、3,000m級の連山もその観光エリアの中に含むところは珍しい。飛騨高山の景観は、空間的に凝縮された歴史文化的景観がある一方、これとは別に山岳景観をはじめとする多様な自然景観もあるという幅の広さによって特徴づけられる。こうした歴史・文化の人文的景観と山岳・丘陵の自然的景観は、一見するとまったく別の存在であるかのように思われる。しかし両者は密接につながっており、その関係性にこの地域の成り立ちを読み解く鍵が隠されている。そうである

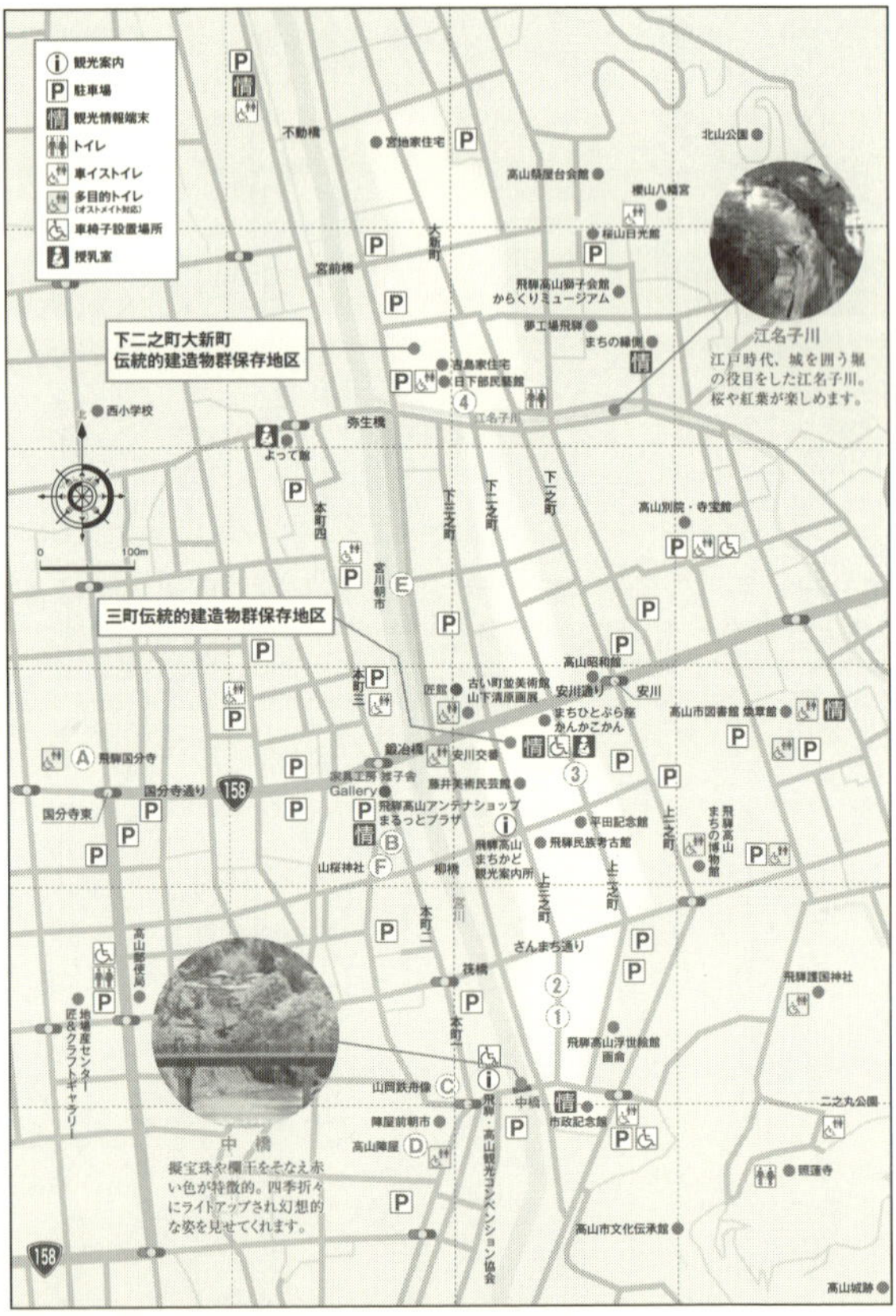

図2-6　高山市旧市街地の観光案内マップ
出典:高山市公式観光サイトのウェブ掲載の資料(http://kankou.city.takayama.lg.jp/_res/projects/kankou/_page_/002/000/501/web-08_09p.pdf)をもとに作成。

がゆえに、飛騨高山の景観は総合的にとらえなければならない。

この地に人間が暮らし始めた頃の痕跡は、縄文時代の遺跡や古代の居住跡に残されている。律令制度の時代からすでに飛騨高山の匠工が畿内の都造営の技術者として駆り出されていたという話は有名である。一般には飛騨の匠として知られる木造建築技術者は渡来人の流れをくむ人々であり、中央日本の山岳地域に鬱蒼として茂る森林を背景として暮らしていた。あり余る森林資源を加工するさまざまな技術が生み出され、そこで蓄積された技術が歴史的に継承され産業として成り立ってきた。しかし広大な森林面積とは裏腹に、居住に適した空間は限られている。群雄割拠の時代を経て戦国末期に建設された城下町は、狭い小河川に接する丘陵とそれに続くわずかな平地の上に生まれた。山岳地を含む広大な森林原野とその中を筋状に伸びるわずかな平地、この空間的対照性がこの地域における景観形成の最大の特徴である。

マクロには広大な森林原野と狭小な集落地の対照性としてとらえられるとしても、ミクロな視点から見れば、形成の時間や空間が異なる多様性に満ちた景観が浮かび上がってくる。森林原野は広い裾野をもつ山岳地域の中腹から山麓、さらにその下あたりをさしており、荒々しい岩場の多い頂上付近一帯では森林は育たない。森林限界をも超えるほど標高の高い山々が存在することは、山岳景観としては魅力的である。しかし地元産業の源となる森林資源という観点からすれば、植生に不向きな不毛の空間といわざるを得ない。山麓一帯には岩と水流が織りなす滝や渓谷が各所に存在する。国府地域の宇津江四十八滝、三休の滝、丹生川地域の銚子の滝、布引滝、荘川地域の魚帰滝、庄川源

景観区分	対象となる区域	面積（ha）	区域の特性
自然景観	① 奥飛騨温泉郷景観重点区域	約2, 243	自然公園など
	② 高根景観重点区域	約9, 661	
市街地景観	① 城下町景観重点区域	約 85	都市計画区域などの都市的景観を形成している区域
	② 風致地区景観重点区域	約 229	
	③ 中心商業景観重点区域	約 127	
	④ 里山景観重点区域	約 251	
農山村景観	① 丹生川町北方法力景観重点区域	約 164	農業振興地域など農山村の風景を形成している区域
	② 滝町根方景観重点区域	約 27	
	③ 荘川町一色惣則景観重点区域	約 55	
	④ 朝日町立岩景観重点区域	約 160	
	⑤ 上宝町長倉景観重点区域	約 40	
街道景観	① 新宮町国道 158 号景観重点区域	約 77	国道, 県道, 市道の道路沿線区域
	② 高山国府バイパス景観重点区域	約 32	
	③ 清見せせらぎ街道景観重点区域	約 236	

表2-2　高山市の景観計画区域

出典:高山市編（2017）:『高山市景観計画』高山市をもとに作成。

流、高根地域の青氷の滝、清見地域の大倉滝、せせらぎ渓谷などは、そうした例である（図２‐７）。双六渓谷、平湯大滝のある上宝奥飛騨温泉郷には火山の恩恵に浴した温泉をベースとした景観も多い。水を多く貯めた湖がほとんどない飛騨高山にあって、人造の御母衣湖は貴重な湖沼景観の源である。

山麓の中にある高原状の地形は農業や牧畜に適している。手付かずの自然景観とはいいがたく、人間が手を加えて整備してきた空間が半自然的景観を生み出している。朝日地域の鈴蘭高原、美女高原、高根地域の子ノ原高原、千町牧場をはじめとする高原状の台地が垂直的な山岳景観とは違う印象を与える。高原からさらに標高を下ると、水田や畑地の景観を目にすることができる。平地に水を十分にはって植物を育てる農業の普及地域では、曲線的起伏をもつ農地ではなく、

図2-7　高山市の景観計画のイメージ
出典:高山市編（2017）:『高山市景観計画』高山市による。

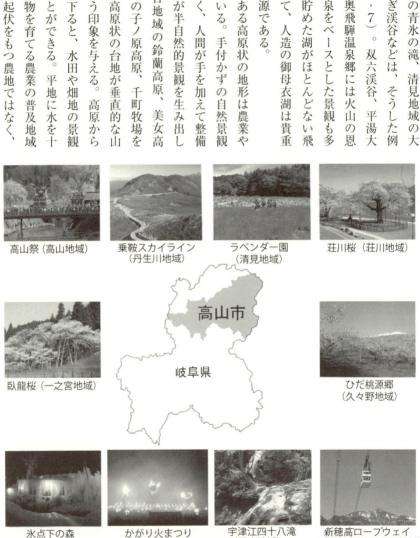

水平的な耕作地が面的景観を生み出す。モンスーンアジア特有の水平的景観は、標高の高い飛驒高山では棚田景観になることが多い。高山地域の滝町の棚田、久々野地域の久須保、小坊の棚田、上宝奥飛驒温泉郷地域の長倉、田頃家の棚田などがそうした事例である（写真2－1）。畑地に視線を向けると、国府地域にある荒城郷のそば畑、東・西門前、上広瀬の桃畑、清見地域のひだ清見ベランダー園、高根地域の阿多野、野麦、日和田高原の広大な畑作景観が目に飛び込んでくる。

4．旧城下町中心部の町並み景観と旧街道沿いの集落景観

現在、われわれが目にする景観は何らかの歴史的過程を経て現存するものが大半を占める。とくに歴史的観光都市を標榜する飛驒高山の場合は、この歴史的過程の結果としての景観にこそ、観光資源としての価値があると考えられている。過ぎ去った時間の量に地域差はない。違いがあるのは、過去にいかなるものが生み出され、それが往時の姿をとどめながら風雪に耐えて残ったか否かである。たとえ歴史的に価値のあるものとして生み出されたとしても、現存しなければ生きた価値は認めにくい。遺跡としての価値はあっても、人々の心を揺さぶるほどの価値は見出しにくい。そのような観点から考えると、他地域にはあまりない特異な自然環境的、地理的条件ゆえに、飛驒高山の歴史的景観は温存されてきたといえる。隔絶的な環境条件が、個性的な歴史的景観の保全に役立ったのである。

この地方の歴史的景観のハイライトは、高山地域の旧城下町一帯に現存する陣屋（高山役所）や城下町以前から存在する国分寺、それにその後に

写真2-1　長倉の棚田
出典:高山市編(2017):『都市歴史的風致維持向上計画』高山市による。

建立された市街地東部の寺院群である。しかし何よりも特筆すべきは、旧城下町の主要部分として形成された町家一帯が、過去の時代的雰囲気を残しながら現在まで存続してきたことである（写真２‐２）。かつては城下町であり、その後、時代とともに近代的な都市へと変貌していった事例は全国に多くある。旧市街地を部分的に残しながら、新市街地の形成を進めた都市も少なくない。しかし、旧市街地の歴史的な建造物群を連続的に維持しながら現在もそこで活動が行われている事例は、それほどはない。飛騨高山では幾度か火災に遭って建物を消失しながらも、そのたびに伝統的スタイルを維持するかたちで再建されてきた。町家で暮らす住民が建物はそのままに時代に即した業種や業態で生き延びてきた姿を訪れた人々に見せている。

　まるでタイムカプセルのように、歴史的建造物が連続的に維持されてきたことが、今日、飛騨高山における観光吸引力の源泉といえる。しかしいうまでもなく、飛騨高山の歴史的集落は、旧城下町の商業・民家集積地だけではない。周囲には広大な空間が広がっており、その各所に農林業の拠点となる集落が存在する。規模の点では高山市中心部の集落にはかなわないが、それぞれの歴史的時間をくぐり抜けてきた集落がある。集落の近くには寺や神社があり、名木として知られる樹木が時の流れを見つめてきた。寺社でいえば、丹生川地域の千光寺、一之宮地域の水無神社、国府地域の安国寺、荒城神社、賀茂神社などがある。また樹木としては荘川地域の荘川桜、一之宮地域の臥龍桜、朝日地域の薬師堂の枝垂桜、西教寺の夫婦松、七本サワラなどがある。市の周辺部に散在する集落や寺社、樹木はアクセス面では恵まれないが、歴史的観光資源としての価値は十分備えている。

写真2-2　高山三町の地区の町家
出典:著者撮影

高山市中心部の歴史的建造物群は国による特別な指定もあり、観光的価値が維持されている。もともと建物が連続的にまとまっている点に稀少性があり、加えて、面的景観として見応えのあるボリューム感が価値を高めるように作用している。それに比べると市周辺部の小集落は建物数も多くなく、観光客を引きつける力には乏しい。しかし中には街道に沿って建物が建ち並び、線的なまとまりをもつ集落もある。これらの街道は、旧城下町を拠点として四方に広がるように延びるいくつかの街道のうちのどれかである。それらは飛騨高山と他地域を結ぶ連絡路としての役目を果たし、いまは舗装されて国道や県道などに格上げされ行き交う自動車も多い。国指定の伝統的町並みに目を奪われている観光客の目には届きにくいが、旧街道筋の古い建物や樹木なども歴史的景観として評価されてよい。

旧街道の中でももっとも重要であったのが、市街地中心部から南東方向に向かう江戸街道である。現在は国道361号になっている旧街道を南東に下り、途中で分かれて日和田を通れば木曽福島で、また野麦峠を越えて行けば藪原でいずれも中山道につながる（写真2・3）。城下町の基礎を築いた金森氏、幕府直轄領を治めるために派遣された代官や郡代、公用の役人たちはみな、この街道を通って高山に入った。近代以降は諏訪地方へ糸挽女工が通っていった道でもあり、高山本線開通まで飛騨高山と外部世界、とくに江戸・関東方面とを結ぶ連絡路として機能した。飛騨地方が岐阜県になる以前、一時的に筑摩郡すなわち現在の長野県の一部であったことは、こうした街道によってこの方面と政治的、経済的に結びついていたことを物語る。南北に長い信濃の国とは、現在、国道158号で松本方面と連絡するかつての平湯街道によっても結ばれていた。

写真2-3　江戸街道沿い野麦の集落
出典:高山市編（2015）:『高山市歴史的風致維持向上計画』高山市による。

飛騨高山と美濃を結ぶ街道は、尾張街道、位山街道、郡上街道であった。このうち尾張街道と位山街道は高山中心部から南下した街道が飛騨一之宮で東西の二手に分かれて南へ下る各ルートであり、これらは上呂で再び合流する。現在は国道41号、98号がこのルートに相当している。尾張街道は、飛騨地方南部で伐採された木材を飛騨川で川下げするさいに監視する目的でも使われた。川の両側にあって木材が滞りなく流れるように、見張りを行った。一方、位山街道は東山道飛騨支路とも呼ばれ、白鳳時代から制度化された飛騨の匠たちによる都造営のために大工道具や生活物資を送り届けた匠街道である。一方、郡上街道は高山中心部から西へ向かい、郡上を経て越前の武生方面に通じていた（写真2-4）。途中の牧戸で分岐して北に向かう別ルートは白川街道と呼ばれた。北陸越前からは飛騨へ糸や紬が運ばれた歴史があり、経済的に交流があった。飛騨北西部の山林から伐りだされた木材は白川街道と並行する庄川を川下しされた。

白川街道を北上すれば越中砺波や加賀金沢と連絡することができる。しかし北陸と飛騨高山の結びつきは越中富山との関係がメインであり、そのために北へ向かうルートが幾筋かあった。中でも越中街道はその中心であり、富山から塩、魚類、米、薬が運ばれてきた。越中街道は飛騨古川野口付近で二手に分かれ、一方は東に折れて神岡に向い、もう一方は宮川沿いに北上する。東側が越中東街道（現在の国道41号）であり、西側が越中西街

写真2-4　郡上街道
出典:高山市編（2015）:『高山市歴史的風致維持向上計画』高山市による。

写真2-5　越中西街道沿いの町並み
出典:高山市編（2015）:『高山市歴史的風致維持向上計画』高山市による。

道（現在の国道360号）と呼ばれた（写真2-5）。最後は合流して越中富山に入っていく。越中東街道を神岡付近で東に向かうと平湯温泉に至るが、この街道は鎌倉時代からある古いルートであり高原道と呼ばれる。高原道は平湯付近で高山と松本を結ぶ平湯街道と合流している。

第3節　空間と場所の関係から読み解く景観のリアリティ

1．空間と場所との関係から景観や地域を読み解く

飛騨地方の山岳景観や市街地の町並み景観を目にした旅行者は、なにがしかの感動を覚えるであろう。そしてなぜこのように雄大な景色を自然は地表上に生み出したのか、あるいは風情のある歴史的な建物群が路地に沿って建ち並んでいるのか、疑問に思うであろう。感動のつぎに心の中で湧き起こる不思議な思いの正体を知りたいと、誰しも考えるのではないだろうか。景観それ自体の審美性は別におくとして、地表上のあらゆるものは空間（space）の中で特定の場所（place）を占めている。標高3，190mの奥穂高岳は飛騨山脈の中ではもっとも高く、北に涸沢岳（3，110m）、北穂高岳（3，106m）、南西に西穂高岳（2，909m）、南東に前穂高岳（3，090m）を配している（図2-8）。これらの高山は穂高連峰と呼ばれ、ある種のグループをなしている。標高がほぼ同じくらいで空間的にも近い位置関係にあることが連峰という存在感を際立たせる背景にある。日本列島あるいは飛騨山脈という大きな空間の中にあって、ひとつの連なった山並みを構成している。穂高連峰を含む飛騨山脈は1881（明治14）年にイギリス人の鉱山技師W・ゴーランドによって日本アルプスと名付けられた。その後、1891（明治24）年にW・ウェストンが木曽山脈、赤石山脈も含めて日本アルプスと呼ぶようになり、さらに日本登山界の先達で

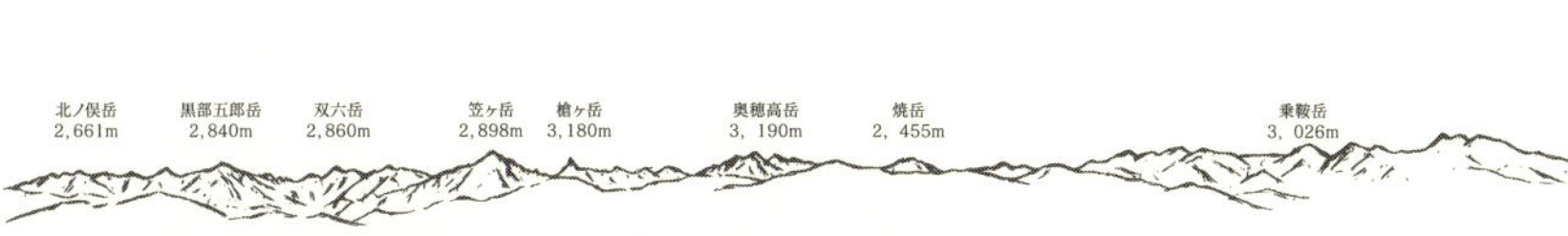

図2-8　高山市街地から眺める北アルプス（飛騨山脈）連峰
出典:高山市のウェブ掲載資料（http://kankou.city.takayama.lg.jp/_res/projects/kanou/_page_/002/000/503/107330111841-4.pdf）をもとに作成。

もある小島烏水《うすい》が北、中央、南の各アルプスに分けた。日本列島中央の背骨部分を南北方向に配列する山脈もまた、まとまりのあるグループとして認識されている。

空間と場所との関係は自然景観だけでなく、人文景観についても考えることができる。高山市中心部の歴史的な町並み景観では、俗に三町《さんまち》と呼ばれる上一町、上二町、上三町に建ち並ぶ建造物にスポットが当てられることが多い。江戸幕府が全国を支配した封建的な政治空間の中にあって、高山の商人たちは生業に勤しみかつ生活を営む場所を確保した。今日のように建築に自由が保証されていなかった時代、一定の建築制限のもとで商家は建てられた。その場所は城の北側で、台地上にあった武家地より一段低い川沿いの町人地である。城や武家地と町人地との場所的関係は政治空間の中で計画的に決められた。江戸幕府は財政建て直しの観点から飛騨地方の森林資源に注目し、城下町の基礎を築いた金森氏を出羽上山に転封させた。城の破却とともに武家地がなくなり町人地の占める割合が大きくなった高山では、旦那衆と呼ばれる有力商人を中心に町人の結束力が強かった。今日まで続く春と秋の高山祭の豪華絢爛さには、経済力の力強さだけでなく強力な社会的結束力が表れている。

景観形成の背後にある空間と場所の関係は、景観を読み解くための手掛かりである。自然景観であれば自然科学の知識が、人文景観であれば社会や歴史に関する知識があれば、景観の意味をより深く理解することができる。しかし一般の旅行者にそのような専門的知識を求めることはできない。であるなら、せめて好奇心を満足させるヒントがつかめるような仕組みや方策が考えられてもいいのではないか。観光の原点は、非日常空間における体験である。見知らぬ土地へ出掛けて目にした景観は、その土地について理解したいと思う好奇心の手掛かりである。旅行のパンフレットやガイドブックは理解の手助けにはなる。しかしステレオタイプ化した文字や映像の情報よりも、目の前の景観をじっと直視しその場所がいかなる空間においてどんな意味をもっていたかを想像する方が、その土地の理解には有効である。空間と場所との関係をわかりやすく示すエピソードやストーリーがあれば、土地に対する理解はもっと進む。

2. 自然空間、人文空間と場所との関係から景観を読み解く

空間と場所との関係を手掛かりに景観を介してその土地を理解しようとする場合、いかなる空間を想定するべきかという問題がある。自然景観の場合は地形や気候といった地理的要素がまず頭に浮かぶ。飛騨高山の場合でいえば、山地や丘陵が支配的で平地は少なく、気候は冬季に降雪が多く冷涼という特徴がある。夏季の降水量も多く、こうしたことが豊かな森林資源をもたらす要因になっている。降雨や降雪が地形に作用して谷や川が生まれ、河川の堆積作用がわずかな平地を生み出した。こうした地理的条件のもとで樹木が茂り、動物が生育して今日見るような世界へとつながった。飛騨高山の人々はこうした自然空間の中で、自然環境に適応しながら生きてきた。日本列島の臨海部、とりわけ太平洋側の平野部とはかなり異なる自然環境がここにはある。同じように降雪量の多い日本海側の平野部とも違い、急峻な山岳地域の懐の中で生命が引き継がれてきた。他地域から飛騨高山を訪れる旅行者は、まず自然環境の特異性、とりわけ冬季の厳しさに驚く（写真２-６）。

こうした自然環境の中の各所に人目を引く景観が散りばめられている。人文景観とは異なり、自然の中には物理的、化学的、あるいは生物学的な力によって生まれたものが多い。大きなものとしてはたとえば位山や城山などがある。高山市の中心市街地から見ると南西方向にある位山は、飛騨一之宮水無神社の御神体が祀られている信仰の山である。この山に原生するイチイの木で作った笏《しゃく》を朝廷に献上したさい、一位の官位を賜ったことからイチイの木と呼ばれるようになったと伝えられる。仁徳天皇の頃に飛騨に現れたという鬼神・両面宿儺《りょうめんすくな》の伝説もある位山は、飛騨と美濃を分ける分水嶺の山でもある。高山の旧城下町との関係でいえば、あたかも南側に屏風を立てたように町を背後から見守る位置

写真2-6　三町地区の除雪作業（雪またじ）
出典：高山市編（2017）：『高山市歴史的風致維持向上計画』高山市による。

にある（図2‐9）。

　自然の力で生まれた山塊を人の力で物理的に変えることは不可能に近い。しかし、その山塊に宗教的な意味を与え、人間世界の中に精神的に取り込むことはできる。位山は、北東―南西方向に走る大原・江名子断層と宮峠断層という2つの断層に挟まれ隆起して生まれた（図2‐10）。この隆起によって太平洋側に流れる飛騨川と日本海側に向かう宮川を分ける峰が誕生したが、そのような地質学的知識とは縁のない別の世界が遠い昔からこの地にはあった。一方、旧高山城下町の原点ともいえる城山は、盆地内にある幾多の丘陵地の中から選ばれた。金森氏が入府する以前は宮川を挟んで反対方向に松倉山に城があった。また城山を挟むように松倉山とは正反対の方向に鍋山城もあった。金森長近は標高700mを超えるこれら2つの山城ではなく、これらより低いが高山盆地の中心部に近い宮川沿いに城を築いた。自然の摂理で生まれた自然の特徴を人間世界の論理で解釈して生かす空間戦略を、そこに見出すことができる。戦国末期に行われた城郭位置の決定がその後の歴史を大きく左右したことを考えると、この位置決定は決定的な意味をもつ。

　山塊や丘陵など動かしがたい自然に比べると、植物は配置の自由度が大きい。実際、飛騨高山の林業史をひもとく

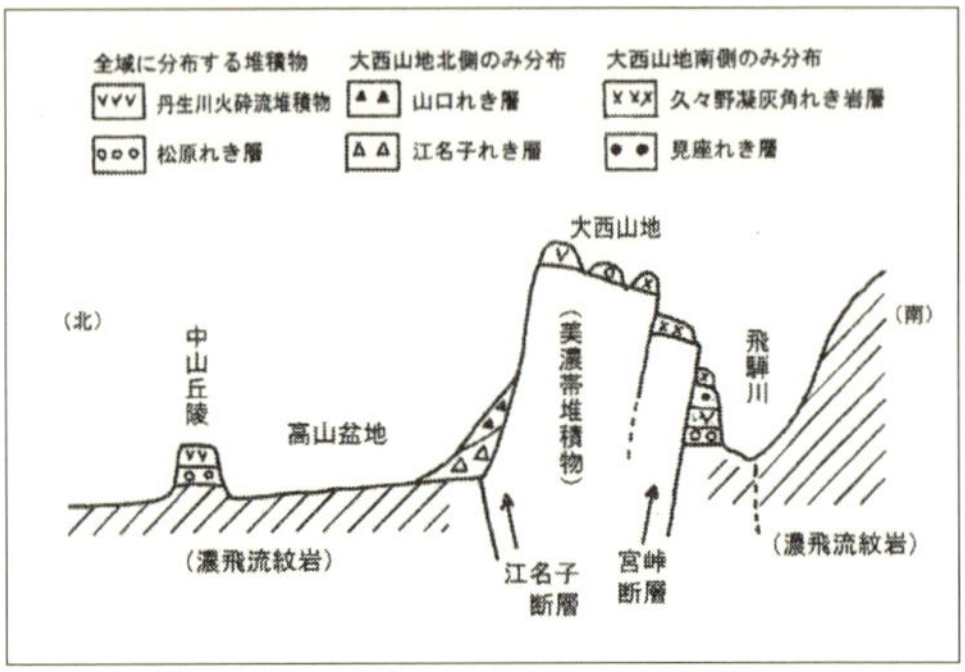

図2-9　位山分水嶺（大西山）付近の地形断面図
出典：飛騨学の会編（2010）：『斐太紀 平成21年度 紀要』飛騨学の会,p.23による

図2-10　高山盆地周辺の主な活断層
出典：飛騨学の会編（2010）：『斐太紀 平成21年度 紀要』飛騨学の会,p.22による。

と、江戸の商人に森林の伐採を請け負わせて乱伐し尽くした幕府は、政策を改めて植林を奨励するようになったことが記されている。以後、今日に至るまで計画的な林業経営が続けられ、森林資源は大切に扱われてきた。木を植えるという人間の営みは経済的利益を得るためだけではない。たとえば飛騨国分寺の大イチョウは幹周りが10mもあり、樹齢は1250年前後と推定される。いまは大木となったこの木は、奈良時代、聖武天皇の詔によってこの地に国分寺が建立されたさいに植えられた。国分寺の建物はたびかさなる火災や戦国期の兵火、それに暴風雨などの災難を受けて建て直された歴史がある。しかし境内に屹立する大イチョウの樹勢に衰えは見られない。コブのかたちが乳房に似ていることから授乳期の女性が拝みに来るとか、この大木の落葉が初雪の目安になるとか、地元では言い伝えが語り継がれてきた。ここにも自然を宗教的、社会的世界の中で位置づけ意味を与えてきた人間の歴史がある。

日本の国花でもある桜は、春の訪れが遅い飛騨高山では格別の思いをもって開花が待たれる。各所に桜の名所があり、植物景観を彩る主役といってよいであろう。飛騨一之宮の大幢寺の臥龍桜《がりゅうさくら》は樹齢1100年を超える大樹の枝ぶりを見せる。龍が天に向かって躍動するようなさまからこのような名がつけられた。並木のようなリズム感はないが、国分寺の大イチョウと同じように、千年以上の時を二本の大木が経てきた歳月の長さを思うと、心を動かさざるをえない。桜にまつわる逸話では荘川桜が有名である。日本屈指のロックフィルダムが高山西部の旧白川村、旧荘川村にかけて建設されることになり、多くの反対運動繰り広げられたが、1960（昭和35）年に御母衣ダムとして完成した（図2-11）。水没がまぬがれな

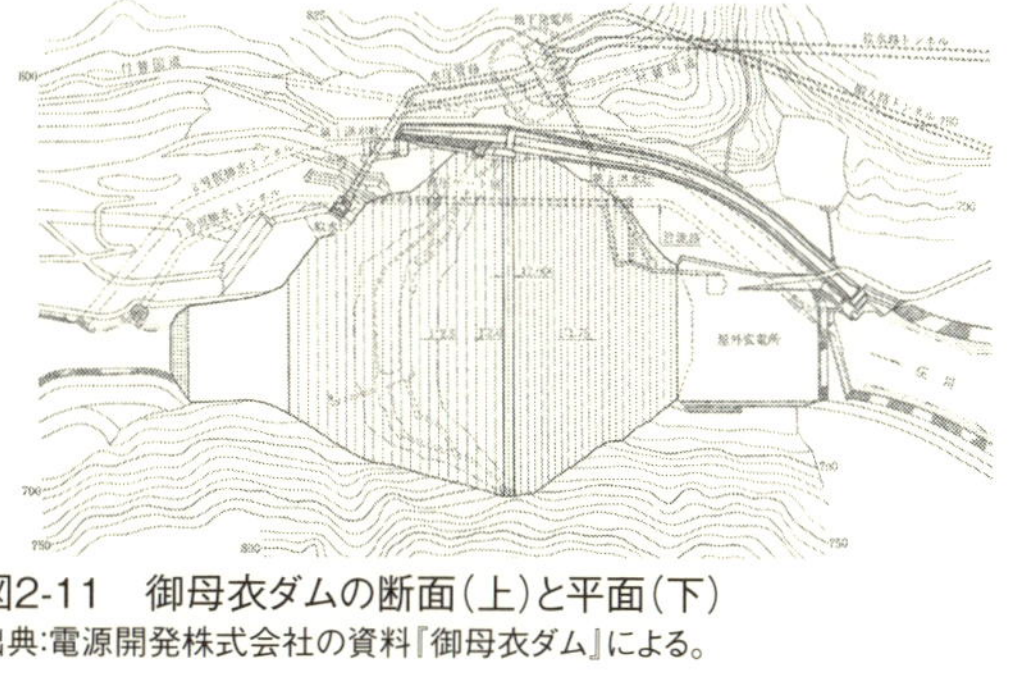

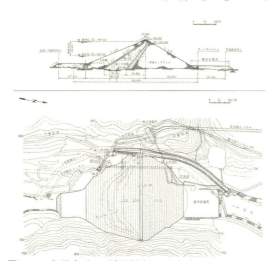

図2-11　御母衣ダムの断面(上)と平面(下)
出典:電源開発株式会社の資料『御母衣ダム』による。

かった230戸の人々が暮らす集落にあった樹齢450年の桜の老大木が、集落移転の記念としてダムサイトの近くに移植された。これもまた、自然のもつ偉大な力からエネルギーを得たいと願う人々の思いを表す貴重な景観である。

3. 建物景観の意匠性に映し出される歴史的伝統性

山岳や樹木など自然が主役の景観に対し、人間が意図的に生み出した結果としての景観では、形態よりも機能が優先される。たとえば2016（平成28）年9月に完成したJR高山駅は、飛騨高山で暮らす人々の交通拠点であるばかりでなく、国内外から鉄道を利用して訪れる旅行者にとって高山観光の玄関口である。1日の平均乗降客数は3，000人（2015年）でそれほど多くないが、市内全体においてランドマークであることは間違いない。今回の建て替えでは、建物景観もさることながら、まずは駅舎としてどれほど利用しやすいかその機能性が追求された。その結果、これまでなかった駅の西側に出入口を設けて橋上式の東西自由通路を通したり、エレベーターやエスカレーターなどのバリアフリー機能が設けられたりした。市民や観光客の間で関心が高かったのは、駅舎外観のデザインや内装の仕上がりであった。自由通路の側面には高山祭の屋台を製作する過程を示す道具や部品が展示された（写真2‐7）。内装には飛騨産のヒノキがふんだんに使用され、この駅が他のどの駅とも違うことが木材の多用で強調された。総工費40億円をかけて建て替えられたJR高山駅は、現代社会が要請する優れた機能性と、飛騨高山という歴史空間の中で位置づけられる駅舎にふさわしい素材を生かしたデザインを組み合わせた景観として実現した。

写真2-7　高山駅通路展示曳き車
出典:著者撮影

高山本線開業から80年間、使用されてきた高山駅は木造で特別目を引くような建物ではなかった。当時は観光をとくに意識することもなく、高山の歴史性をことさら駅舎に込める必要もなかった。景観というかたちと機能というはたらきを比較衡量すれば、機能性を優先した駅舎であった。当時はそれが普通であり、不思議でもなんでもなかった。首都や大都市の公共施設のように影響力や存在感の大きな建物では、機能性に加えて外観や内装などのデザインに配慮して建設できる余裕がある。しかし一地方の鉄道駅舎に必要以上の資金を回す余裕は、当時の高山にはなかったと想像される。ところが時代は大きく様変わりし、景観が観光資源として有力な価値をもつようになった。これは人々の意識や生活様式の変化にともなう社会的潮流の変化がもたらしたものである。高山駅の新旧の駅舎を写真で比較すると、施設に求められる機能と形態が、時代で変わる空間と場所の関係性の影響を受けて決められることがわかる。

高山駅に先行するように高山市では市役所が１９９６（平成８）年に新しく建設された。鉄筋コンクリート造6階建の庁舎の屋根は3寸勾配で緩やかに傾斜している（写真２－８）。これは冬場に屋根に積もった雪が家の前に落ちないように昔から民家が守ってきたしきたりにならったものである。壁面の土を素材としたレンガは、無機的になりがちなコンクリートの建物に豊かな表情を与えている。庁舎の内部では内装材として地元産の木材が多く用いられ、飛騨の匠の心を感じさせる空間になっている。今は市政資料館として利用されている、かつては高山町役場として使われていた建物でも、伝統的な建築様式が採用されていた。１８９５（明治28）年に建設されたこの建物は、軒を深くとって庇を多く出さず、二階の軒高を低く抑えるという高山の民家の特徴を生かしていたからである。ただし、

写真2-8　高山市役所
出典：高山市のウェブ掲載資料（http://www.city.takayama.lg.jp/shisei/1000058/1001819/1001822.html）による。

二階会議場では折り曲り格天井を設けるなど、西洋風の様式を取り入れて機能性に配慮した。

高山市は毎年市内の建築物に景観賞を与えて建築景観の質的向上を促している。受賞された民家や事業所の大半は、和風の伝統的様式を基調にしたものである。高山市の伝統的建築様式を重視した政策は、公共施設の再建などでも遺憾なく発揮されている。その一例は２００４（平成16）年に完成した鉄筋コンクリート造2階建ての煥章館である（写真２-９）。この古めかしい名前は、１８７３（明治６）年に飛騨地方で最初に設けられた近代的な煥章学校（現・高山煥章小学校）に由来する。木を裂いた板を重ねて屋根を葺く伝統的工法に似せた屋根瓦と圧縮集成材によるバルコニーが特徴的である。この図書館は、かつて煥章学校が建っていたまさにその場所で明治初期のフランス風建築様式を再現したものである。同じ伝統性でも近代初期のフランス様式である点が、江戸時代以前の民家建築様式とは異なる。

このように見てくると、飛騨高山の人文景観は伝統的建築様式を守るという強い共同意識のもとで再生されてきたことがわかる。市内の建築物に景観賞を与えて評価する試みは各地で行われている。評価の基準をどのように定めるかがポイントであるが、過去からの受賞対象建築物を見る限り、伝統的建築様式から大きくはみ出ることはない。町並み保存を目的に１９７７（昭和52）年に市が独自に条例を制定し、１９７９（昭和54）年と２００４（平成16）年に国が伝統的建造物群保全地区の指定を行った都市であれば当然といえるが、こうした制度による効果は大きい。市の条例や国の制度は明示的な仕組みである。しかしそのベースには市民各層に生活空間に対する共同意識があり、当事者である地

写真2-9　高山市図書館（煥章館）

出典：高山市のウェブ掲載資料（http://www.city.takayama.lg.jp/shisetsu/1004139/1000042/1001701.html）による。

元民による深い理解と共感がなければ仕組みは意味をもたない。保全地区指定を受けた地区では、年々、汚されていく宮川に清流を取り戻そうという自発的な取り組みがあった。モータリゼーションの普及により、狭い通路に面した古い歴史地区では商いが成り立ちにくく、空き店舗が増えていった。こうした危機意識が共有され、車社会がめざす方向とは真逆の進路が模索された。歴史回帰の路線と観光が結びつき、景観が新たな価値をもつようになった。

4. テーマパークにはない現実の歴史空間的体験

観光目的で訪れた旅行者の心を引きつける方法はひとつではない。テーマパーク形式に則った空間を計画的に設け、そこに人々を引き寄せてアミューズメントを提供する観光地は以前から存在する。名前の通りテーマを設定して統一感をもたせ、テーマに相応しいメニューを用意して入場者を納得させる。テーマを設定するのは、その娯楽施設のコンセプトや内容をわかりやすくアッピールするためである。特徴がわかりにくい施設には気が向かない。選択肢が多くある中で、ひときわ目立つ特徴を示すことは他のライバル施設との差別化を図るうえで有効である。こうして人々は、ほかとは異なる刺激や、以前とは違う何か新しいものを求めて観光地へと向かう。

こうしたテーマパークと対極的な位置にあるのが、飛騨高山など歴史的伝統を看板に掲げた観光地である。ただし歴史や伝統というテーマをもっているという点では共通性があり、観光客の目的意識は定まっている。標高の高い都市の歴史景観とその周辺の広大な自然景観がメインテーマとなり、そのテーマのもとでなにがしかの体験をしたいと考えている。ここのテーマは人為的、計画的に設定されたものではなく、土地の歴史、産業、文化などが入り混じり、半ば自然に表出してきたものである。テーマパークと大きく異なるのは、施設の内と外を区切る境界がなく、したがって出入りがまったく制限されないという点である。行動が管理されたり監視されたりすることはない。ここは企業によって行動コードが定められた空間ではない。

観光は非日常空間でのあらゆる体験と定義されるが、テーマパークとは異質の飛騨高山のような観光地は、日常空間の延長線上にある。実際、この地で働き暮らす人々にとっては日常空間でしかないところに一時的に身をおき、擬似的とはいえ地元民と同じ時間を共有する。いつ、どのようにこの空間に出入りしても咎められることはない。観光地にありがちな、いかにも観光客が利用しそうな物販店やサービス施設を利用しなくても、一向に構わない。旅行者が普段、生活している空間にもある普通の施設、たとえばコンビニを利用しながらも、やはり普段とはどこか異なる雰囲気を感ずる。歴史的観光地らしい雰囲気に取り囲まれながらも、日常空間にしかない現実性を噛みしめる。

こうした現実性こそが、テーマパークの虚構性に打ち勝つ優位性である。ホンモノにしかない本質的なものを求めて人々は訪れる。山岳景観の雄大さは地理的条件が左右するため、地球上では場所が限られている。しかし歴史景観はかつてはどこにでもあったものである。時代とともに過去の景観の上に新しい景観が上書きされ、やがて痕跡が消えてしまった。失われた景観を求めて旅行者は飛騨高山を訪れる。日本人なら、自分たちの祖先が過去に過ごしたと思われる生活空間を擬似的に体験するためにやって来る。海外からの旅行者なら、自分たちの日常空間とは時間的にも空間的にも遠く離れたところに身を置きたいと訪れる。時の流れを感じさせる建物や植物などの景観だけでなく、食事や衣服など文化的要素も手掛かりとして、異文化社会を体験しようとする。

第4節　地理的隔絶性と伝統文化の歴史的集積・保全のゆくえ

この章では、景観を通して飛騨高山について考えてきた。多様な顔を見せるこの地域を景観という側面に光を当てて考えたらどのようなことがいえるかを述べてきた。地理学においてかつて盛んに論じられたことのある景観論の立場から国際的に名高い飛騨高山を見ると、この都市の歴史的伝統性に触れたいと訪れる多くの人々を魅了する景観が広い市域の随所にあることがわかる（表2－3）。こうした景観は地元の人々による絶え間ない努力によって維持されてきた。他地域ではとうの昔に捨て去られてしまった景観が連綿として守られてきた。日本人はもとより海外の人々にとっても貴重な、いわば人類にとっての共有財産を長年、守り続けてきた努力に敬意を払い報いるには、観光消費を通して支援することが有効である。

ただし、ここではテーマパークのような入場料は不要である。訪れたい人にとって障害になるものはできるだけ取り除き、一時的な高山市民となることで生活費を普通に支払ってもらう。移動や宿泊、食事、買い物など日常空間で普通に行っていることを、この飛驒高山という地域の中で行うだけでよい。観光客がこの地で消費することで得られる収入で地元の観光産業は潤う。関連する他の産業にも波及効果が及び、雇用機会も保証される。テーマパークを設けて一点集中的に収益を上げるのではなく、各所に散在する景観を観光資源として活用する。テーマパークの収益は施設のある場所から外部へ流出するが、ここでは地元にとどまり地域内で循環する（表２‐４）。

施　設　名	2011年	2012年	2013年	2013年	2015年
飛騨民俗村（飛騨の里）	168,734	155,507	172,648	172,648	181,399
高山陣屋	249,925	255,451	268,506	268,506	328,150
飛騨高山まちの博物館	159,849	181,953	182,027	182,027	176,861
高山市政記念館	83,677	179,527	188,823	188,823	194,263
宮地家住宅	3,281	2,806	2,955	2,955	3,420
松本家住宅	1,443	1,379	1,265	1,265	1,461
乗鞍岳	181,932	164,946	166,774	166,774	120,935
乗鞍山麓五色ケ原の森	7,424	5,481	4,953	4,953	2,488
ふるさと公園・パスカル清見	136,077	133,902	132,375	132,375	113,329
そばの里　荘川	34,607	30,847	27,016	27,016	24,875
宇江津四十八滝県立自然公園	62,121	60,707	52,383	52,383	43,695
飛騨・北アルプス自然文化センター	8,618	6,243	6,409	6,409	4,560
野麦峠	20,705	18,414	16,236	16,236	8,839
飛騨御嶽高原高地トレーニング	13,455	12,202	11,567	11,567	11,841
合　計	1,131,848	1,209,365	1,233,937	1,233,937	1,216,116

表2-3　高山市内の主要施設別観光客数の推移表　単位:人
出典:高山市編(2016):『高山市のあらまし 平成28年版』高山市をもとに作成。

		2011年	2012年	2013年	2014年	2015年
観光客数（千人）		3,481	3,769	3,945	4,025	4,341
消費額（千円）		58,604,130	65,644,818	68,599,831	71,437,241	82,043,593
一人あたり消費額（円）		16,835	17,417	17,389	17,748	18,900
春祭り	観光客数（千人）	119	178	177	160	112
	総人出数（千人）	122	213	199	185	128
秋祭り	観光客数（千人）	206	155	126	142	127
	総人出数（千人）	248	198	164	188	226

表2-4　観光客数・消費額と高山祭の観光客数・総人出数の推移
出典:高山市編(2016):『高山市のあらまし 平成28年版』高山市をもとに作成。

景観から少し離れ、都市経営という視点から飛騨高山を考えると、産業基盤のあり方が課題として浮かんでくる。かつてこの地では、旦那衆と呼ばれた有力商人が経済活動で絶大な力を有していた。林業経営はもちろん、養蚕、製糸、織物、酒造、燃料などこの地域一帯で生まれる生産品の取引を一手に掌握していた。加えて江戸時代の大名貸で知られるように、金融分野でも秀でた能力を発揮した。得られた収入で周辺農村の土地を取得し大地主にもなった。明治期以降は製糸業を興してさらに富を増やしたが、重工業が主役の近代工業化の波には乗れず、地元経済は停滞した。敗戦後の農地解放で土地は失われ、経済的低迷は決定的となった。

ところが歴史は皮肉なもので、高度経済成長期にもうまく対応できなかった飛騨高山に残されていた歴史的文化遺産が脚光を浴びる時代が訪れた。地理的隔絶性ゆえに古い町並みが更新もされず半ば捨て置かれたことが幸いした。古都ブームで日の目を見た観光地の中には、交通近代化に取り残されたところが少なくない。近くでは中山道沿いの馬籠・妻籠や日本大正村を名乗った恵那市明智町などがある。これらに比べると飛騨高山は歴史的文化の蓄積の量と質の両面で圧倒的に群を抜いている。その多くは旧城下町を引き継いだ町人衆が地域の経済、社会、文化を主体的に牽引する過程で蓄積されたものである。飛騨高山という一見農村的雰囲気が濃厚な地域の中で局所的に磨き上げられたレベルの高い文化性が半ば奇跡的に維持されてきた。古都ブームが一過性でないことは、近年の訪日外国人による高山人気が証明している（表２‐５）。近世の繁栄と近代の停滞のあとに来た現代の

	地域	2011年	2012年	2013年	2014年	2015年
国内（千人）	岐阜県	473	498	496	585	669
	中部地方	1,092	1,099	1,224	1,173	1,254
	関東地方	747	781	928	833	879
	関西地方	617	770	646	709	727
	北陸地方	202	190	182	202	212
	その他	350	431	469	523	600
	計	3,481	3,769	3,945	4,025	4,341
海外（人）	北アメリカ	7,370	11,264	14,458	18,962	21,771
	ヨーロッパ	14,630	23,980	36,707	52,709	70,232
	アジア	63,825	103,260	157,896	168,023	210,976
	中・南アメリカ	1,675	2,342	3,102	4,016	3,898
	オセアニア	7,420	9,692	12,667	16,221	18,342
	アフリカ	80	462	170	585	900
	不詳				19,806	38,352
	計	95,000	151,000	225,000	280,322	364,471

表2-5　高山への国内・海外地域別観光客数の推移
出典:高山市編(2016):『高山市のあらまし 平成28年版』高山市をもとに作成。

観光ブームが長続きすることを願うが、その維持には市民一人ひとりの日々の努力が不可欠である。

◆引用文献

1．weather.time-j.netのウェブ掲載資料（https://weather.timej.net/Climate/Chart/takayama）

2．高山市編（２０１６）：『高山市のあらまし　平成28年版』高山市。

3．高山市編（２０１７）：『高山市景観計画』高山市。

4．高山市編（２０１７）：『高山市歴史的風致維持向上計画』高山市。

5．高山市のウェブ掲載資料（http://kankou.city.takayama.lg.jp/_res/projects/kanou/_page_/002/000/503/107330111841-4.pdf）。

6．高山市のウェブ掲載資料（http://www.city.takayama.lg.jp/shisei/1000058/1001819/1001822.html）。

7．高山市のウェブ掲載資料（http://www.city.takayama.lg.jp/shisetsu/1004139/1000042/1001701.html）。

8．高山市公式観光サイトのウェブ掲載資料（http://kankou.city.takayama.lg.jp/_res/projects/kankou/_page_/002/000/501/web-08_09p.pdf）。

9．高山市公式観光サイトのウェブ掲載資料（http://kankou.city.takayama.lg.jp/_res/projects/kankou/_page_/002/000/501/web-38_39p_.pdf）。

10．奈良国立文化財研究所編（１９７７）：『高山―町並調査報告―』高山市。

11．飛騨学の会編（２０１０）：『斐太記 平成21年度紀要』飛騨学の会。

コラム2
column

生活を潤す旧城下町の用水路

高山市中心部の古い町並みを歩く観光客は、細い街路の両側に水路があるのに気がつく。のぞいてみると勢いよく水が流れており、水路がそして足元の街路がわずかに傾斜していること知る。古い町並みの西側を南北に流れる宮川の水量が豊かなことは橋を渡るときに気づくが、こうして町の中にも水路が張り巡らされていることは、やはり驚きである。山々に囲まれた盆地の中を歩きながら、山から流れ下ってきた水の流れを見つめ、かすかな水音に耳を澄ます。さらさらと流れ行く水路の水しぶきに目をやりながら、緩やかに傾いて設けられた水路を生命《いのち》の用水として時を刻んできたこの町の歴史に思いを馳せる。

高山の年間降水量はおよそ1，700㎜で、これは日本全国の中では平均に近い。2，000㎜を優に超える石川県や富山県には及ばないが、長野県の900㎜や1，300～1，500㎜の東北各県と比べても多いといえる。冬季の降雪量が多い日本海型の多雨気候であることが、飛騨高山を水に恵まれた地域にしている。市街地に限らず、周辺郊外や農山村部でも水に不自由することはなく、人々は自然の恵みを受けながら生命を紡いできた。水は飲料用だけでなく、生活や生産のための資源として大切に利用されてきた。平野部では普通に利用された河川や運河での舟運の便には残念ながら恵まれなかった。しかし農業用の灌漑や水車の利用、酒造りの清水など、水との関わりは歴史的に古い。

日本一の面積をもつ高山市では地形条件に地域差があるため、水源の種類も地域によって違っている。河川からの表流水、地下水、湧水が主な水源であり、現在の上水道や簡易水道はこれらの水源を単独に、あるいは組み合わせて利用している。湧水が水源として利用されているのは、いかにも高山らしい。湧水を水源としているのは南東部の朝日地区、高根地区、それに西部の荘川地区などである。朝日地区の西側の久々野地区では地下水が水源として利用されている。給水人口が5，000人を上回ると上水道と呼ばれるようになるが、高山市内では中心部の高山地区と国府地区のみ上水道で、ほかはすべて簡易水道である。高山地区では表流水と地下水の組み合わせ、国府地区ではこれらに湧水を加えた複合的な水源利用である。

　これだけ水に恵まれた高山市なら、あえて水道を利用しなくても家庭や事業所は独自に井戸水や湧水が利用できるのではないかと思われる。高山市環境部上水道課の調べによれば、行政区域全体における水道普及率は98・7％である。給水区域に限定すれば99・4％にも達しており、市内ではどこでも水道を使っているといえる。そのうえで水道以外の利用状況を調べてみると、地区によってばらつきがあるが、一般家庭では40〜50％、事業所の場合は31％が水道以外の水を日常的に利用していることが明らかである。中心部の高山地区では22％と少ないが、それでも5軒に1軒の割合で水道以外の水が使われている。市東部の山岳地域である奥飛騨温泉郷地区では、この割合が83％と大きい。温泉用のお湯と一緒に水を水源から引いて利用しているからであろう。

　現代の水道事情は以上のようであるが、近世以前の飛騨高山ではどのようにして水を利用していたのであろうか。近世以前は城下町であるか否かには関係なく、人々は生活圏の近くで独自に水を確保しなければならなかった。この点で盆地地形の飛騨高山では、山から流れ下り川となって流れていく水や地下水を井戸として利用すれば問題はないように思われる。盆地の中をおおむね南から北に向けて大小の河川が流れており、必要に応じて堰を設けて水位を調整したり、流れの向きを変えたりすればうまく利用することができる。ただし現在とは違いポンプのない時代であったため重力に逆らうことはできず、自然の流れをそのまま利用するほかなかった。城下町の外では農業に必要な水を確保するために、川の水のほかに溜池や天水もあてにされた。水源から水を引き込んで用水路に通すという灌漑の仕組みさえできれば、水問題はほとんど解決されたといってもよい。あとは年間を通して偏りなく降水があることを願うだけである。冬季の気候が厳しい飛騨高山では、冬場の降水は降雪である。多すぎる雪をいかに排除するか、水の確保とは別の課題に立ち向かわねばならない。

　河川は城下町の人々に水を供するだけでなく、水を下流に流す役割をも果たす。町中で利用されたあとは排水となり、再び川へ戻っていく。今日のような上水道や下水道のシステムはなかったが、上流から下流にかけて水を利用する仕組みがあった。これが現在、観光客が目にする三町用水などである。旧高山城の南に位置する片町付近に宮川から水を取り入れる取水口があり、名前の通り一之町から三之町まで水が引かれていた。三町用水の建設事業に尽力したのは町年寄の矢島氏であり、１７２３（享保８）年に松田太右衛門に用水路の建設を依頼した。大工が本職の松田は、三町の地形が南から北に向けて傾いていることを考慮に入れながら事業を進めた。江戸期には全国の40か所近くで上水道が設けられたといわれる。町年寄の矢島氏はいわゆる旦那衆の一人であり、永田氏など他の旦那衆とともに自ら事業費を負担して上水道を整備した。三町用水の水路は中橋東側付近で分岐し、一之町、二之町、三之町の方面ごとに北へと延びている。町を貫く街路の両側に設けられた水路は、高山の人々の暮らしに潤いをもたらした。

すでに天領の時代であったため旧城下町とするのがより正確であろうが、旧城下町では三町用水のほかに向町には向町用水、下向町には七日町用水が同じ頃に設けられた。これらはいずれも宮川から取水しており、旧城下の人々がいかに宮川の水を頼りにしていたかがわかる。一度に５００戸以上の家屋が焼失した火事が7回以上もあった高山では、家の前を流れる用水路は、まさに生きていくのになくてはならない存在であった。近くで火が出ると用水路に堰をして水を溜め、木桶や竹を編んで器にした篭に水を入れバケツリレーのように手渡しして消火した。

用水の利用目的は火消しだけではなかった。野菜や茶碗を洗ったり衣類を洗濯したりするのに用水路の水は大助かりであった。内陸盆地であるため夏の高山の気温はけっこう高く、熱くなった街路に用水路の水を撒くと涼しい気分になる。冬季は街路に積もった雪を融かすのにも役立ち、雪を少しずつ水路に落とせば下流へ流れていく。これらは生活用水としての利用であるが、ほかに粉挽き用に用水路を使うこともあった。水車を回して粉を挽く「搗《ひ》き屋」と呼ばれる業者が、宮川からの取水口に近い神明町から森下町にかけて集まっていた。搗き屋が利用した水車は明治になると糸引き用の動力として使われた。江戸時代の上水道は古式水道と呼ばれる。蛇口の栓をひねれば水が出るのが常識の現代の水道とは違い、古式水道では重力に逆らわず常に流れている水を利用した。三町用水の水の流れを見ていると、飛騨高山がいかに水に恵まれたところにあるかと、しみじみと思う。

第3章

彫刻・漆器・陶磁器など伝統産業の成り立ち

第1節 伝統的日用品の再評価と生産条件の維持

近世までの日本の社会の中で普通に使われてきた生活品の中には、近代になって工業製品に取り替えられていった物が少なくない。たとえば着物はその典型で、とくに男性の場合は上下別々に身につける洋服が主流になり、和服は着られなくなった。やがて女性もスカートやブラウスなど、西欧人が身につけていた服装をまとうのが一般的となり、伝統的な着物は儀式など特別な場でしか羽織られなくなった。着る物という本来、種類に関係なく身につける衣服が着物、きものとなり、伝統的な衣服を意味するものとなった。衣服あるいは幅広く考えて繊維・織物の世界では、木綿、麻、絹など素材が天然由来の繊維に加えて、化学的合成から生まれた人造繊維が使用されるようになった。西欧風の近代生活の浸透と、科学技術を駆使して生まれた新素材の普及により、衣服の有り様が大きく変わっていった。

衣服の変化は一例にすぎない。食器をはじめとする各種容器や家具・調度品などの分野でも、生活様式の変化や新素材の登場によって伝統的な生活用品は変化し、なかには消えてなくなったものもある。近代から現代への移行にともない、人々の生活の身の回りは現代的な工業製品によってすっかり固められた。効率性や利便性を追い求め、経済的な豊かさを実現するために、数え切れないほど多くの工業製品で生活空間は埋め尽くされた。工業製品の多くは機械を用いた分業生産によって生まれ、同じものが一度に多くつくりだされる。同一製品を大量に生産することで価格を抑えることができ、多くの消費者に買ってもらうことができる。近代や現代の工業化の成果はまさにこの点にあり、これにより多くの人々が豊かな暮らしを送ることができるようになった。

生活の洋風化や近代化で一度は忘れ去られてしまった伝統的な生活用品が、再び日の目を見る時代が訪れるようになった。現在なら工業製品の中に容易に見出される物を、あえて伝統品の中に求めようとする。時代の逆行とも思われる人々の心の中には、利便性や効率性とは異なる価値観への憧憬が潜んでいるように思われる。それは過去に対する単なる懐かしさではなく、伝統品に備わる審美的価値への傾倒に近いものである。機械による大量生産品ではなく、手仕事で一個一個生み出される物、すなわち製品ではなく作品に備わる味わい深さに引きつけられている。一品物固有の趣が量産品に慣れた現代人の琴線に触れ、その心を引きつけているのである。作品は本来、芸術性の高いものであり、機能よりも形態が重視される。ものを入れたり身に着けたりという単純な機能よりも、むしろ形・色・柄やデザインなどの形態にこだわる。こうしたこだわりは、豊かな暮らしが実現できたからこそ生まれたものであり、ここに至るまでには長い時間が費やされた。

現代日本で伝統的な製法によって生活用品や雑貨品を生産している地域は少なくない。それらの地域で伝統品が生産されているのは、生産条件が揃っているからである。その条件とは、現在もなおものづくりの伝統が継承されていることと、できた製品あるいは作品を販売できるチャネルがあることである。その地域に固有の伝統はなかったが、何らかの経緯で伝統品を生産する職人や作家が現れて生産されるようになったという事例も、まれではあるが存在する。しかしほとんどは、近世以前から手づくりや手工業の歴史があり、近代以降も細々と受け継がれて生き残ったものである。飛騨高山の伝統的な日用品づくりも、こうした事例に属する。恵まれた森林資源と匠の技術の蓄積が、一位一刀彫や春慶塗など数々の木工品を世に送り出してきた。高山藩の御深井焼《おふけやき》や高山陣屋の産業振興などで生まれた陶磁器も、時代の浮き沈みを経験しながら生きながらえた。さらに、農民の生活着に施した刺し子が起源の布製品も、素朴なデザインと趣を保ちながら今日までつくり続けられた。こうした伝統的な日用品ものづくりは、以前は町中で行われてきた（図3‐1）。しかし現在は市街地の周辺部あるいは町中からはなれた農村部でも行われるようになった。農村部といっても昔のように農業が行われているところとは限らない。農村的雰囲気に惹かれて木工や陶芸などクラフトを志す人たちが製作の場を農村部に求めて移り住んでいる場合が少なくない（図3‐2）。

伝統的な日用品ものづくりを支えているもうひとつの条件である買い手の存在は、飛騨高山が歴史観光都市として知名度を上げていったことで満たされるようになった。古い町並みを見に訪れる多くの観光客は、その土地を代表する土産物探しに熱中する。日用品は嵩張らず持ち帰ることができる。食事や加工食品類とは違い、消えることなく記念品として日常的に使用したり鑑賞したりすることができる。観光客あっての伝統工芸品や日用品であり、これがなければ市場条件は成り立たない。このことは、伝統産業関連の事業所が宮川右岸の古くからの商業地区に多いことからも明らかである。この地区で製作して販売したり、あるいはここに販売専門の店舗を構え、別の場所で製作したものづくり品を並べたりしている事業者が多くいる。インターネット時代が到来して通信販売も可能になったが、観光地としての人気が維持できなければ伝統品の知名度も落ちる。観光と土産物は相互依存の関係にあり、ともに伸びる道を探すことは地域が発展する道を探すことでもある。

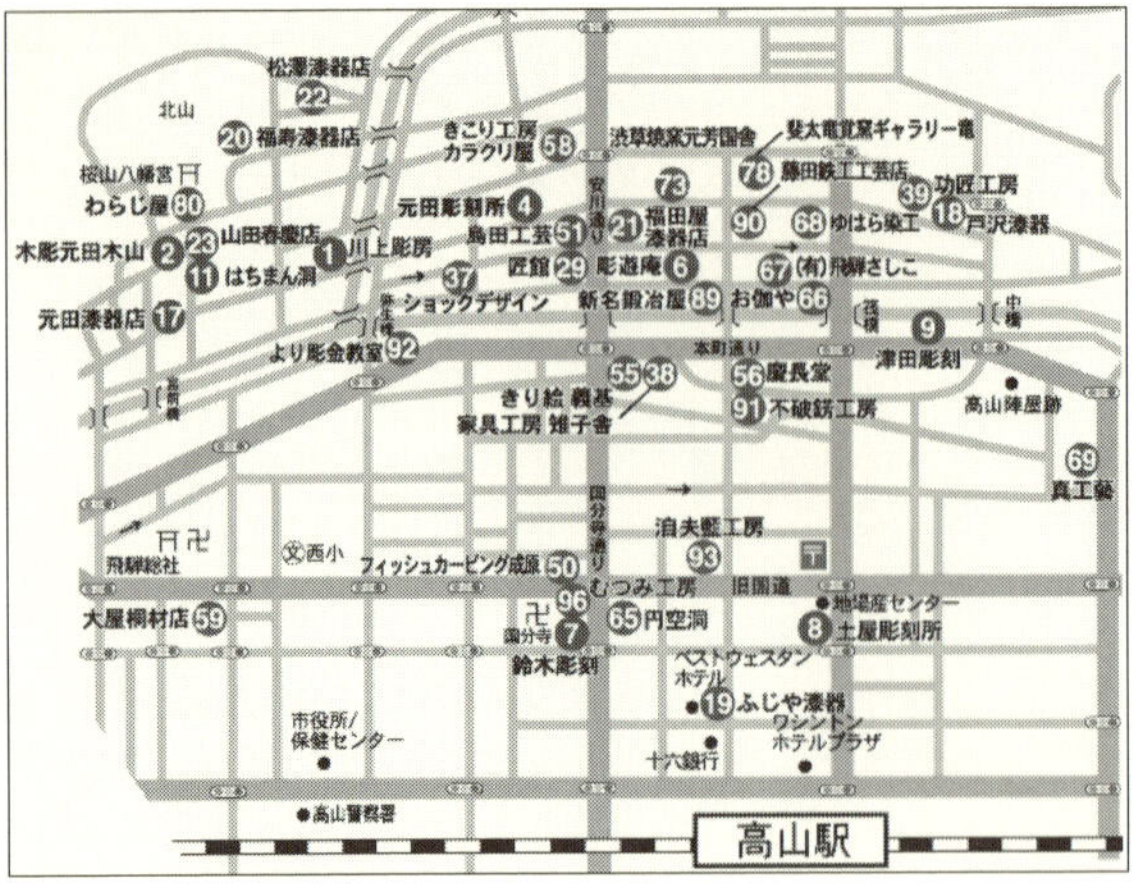

業種	地図中の番号
伝統工芸	1,2,4,6,7,8,9,11,17,18,20,21,22,23
家具	29,37,38,39
クラフト	49,50,51,55,56,65,66,67,68,69,73,78,89,91,92,93,96
陶芸	73,78,80

図3-1　高山市中心部における伝統産業関連事業所の分布

出典:匠の道工房ギャラリーのウェブ掲載資料(http://www.hidajibasan.com/takumi/waza04.html)をもとに作成。

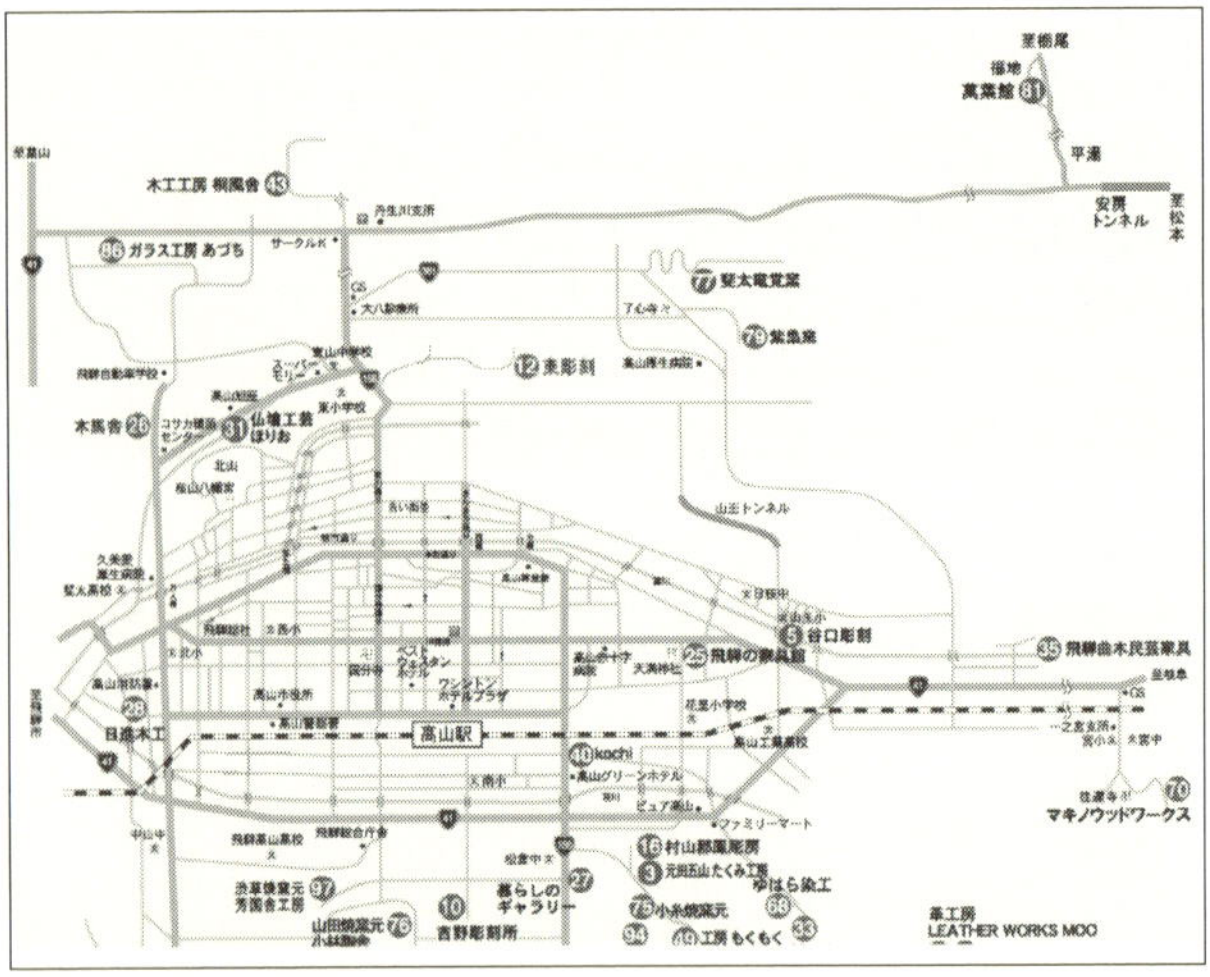

業種	地図中の番号
伝統工芸	3,5,10,12,15,16
家具	25,26,27,28,31,33,35,40,43,49,70
クラフト	68,86,95,94,99
陶芸	74,75,76,77,79,81,97

図3-2　高山市周辺部における伝統産業関連事業所の分布

出典:匠の道工房ギャラリーのウェブ掲載資料(http://www.hidajibasan.com/takumi/waza04.html)をもとに作成。

第2節 根付から始まった一位一刀彫の歩んだ道

1. 宗教性と関係の深いイチイの木と一位一刀彫

生物としての樹木は、水と二酸化炭素を素材に光の力を借りて光合成を行い自ら成長していく。その結果、樹木は大きく茂り他の生物とりわけ人間に有用な資源をもたらす。樹木の活用は多様で、古来より建築、土木、家具、燃料など多くの用途目的で利用されてきた。樹木はそれ自体種類が多く、生育条件の違いに応じて固有の群落を形成している。人間は樹種毎の特性を見極め、使用目的に応じて適切な樹木を活用してきた。人間の生存に不可欠な酸素を供給する樹木は、存在するだけでも大きな価値がある。それを素材や燃料として利用するには伐り倒さなければならないが、それは生育途中の樹木の命を断つことにほかならない。動物とは違い抵抗する手段をもたない樹木は、無言でそれにしたがう。伐り倒す人間が樹木に対してある種、宗教的感情を抱くのは当然かもしれない。まして樹齢数百年の大木ともなれば、その生命の尊さはいうに及ばず、倒れてもなお神秘性がどこかに潜んでいると考えてもおかしくない。

さて、飛騨高山への南方からの入口に当たるのが位山である。この山の尾根は飛騨地方を南北に分ける分水嶺でもあり、高山の町は位山を背にして北側を向いている。実際、旧高山城の正門は北向きであり、古い町並みも南から北に向かって延びている。大まかにいえば、位山を源流とする宮川が北流する過程で両側に平地をつくりだし、その上に高山の市街地が乗った状態で発展してきた。農業用水や生活用水を提供する宮川は絶対的存在であり、その源流に当たる位山が聖なる山として位置づけられても不思議ではない。実際、位山の麓に近い飛騨一之宮にはこの地方一帯に存在する神社を束ねる大社がある。これが水無神社と呼ばれるのは、位山の麓で扇状地性の地形であるため、川の水が地中を流れ地表から見えなくなることがあるからである。

飛騨一之宮の水無神社の御神体は位山にある。この山ではイチイの木が多く育ち、昔から活用されてきた。伝説によれば、位山で育ったイチイの木で笏《しゃく》をつくり、それを朝廷に献上したさい、その出来栄えの良さから一位の笏として採用されたことが、この木の名の由来だという。真偽の程は定かではないが、笏という特別な目的で用いる木の素材として良質であったことは間違いないであろう。イチイは北海道から九州まで全国的に生えているが、以前に比べるとその量が減少している。飛騨高山でも絶対量を確保することは難しく、北海道産のイチイを使用することが普通に行われてきた。しかしその北海道でもイチイの木は減少しており、道東産のイチイで鉛筆をつくっていたのは過去の話になった。サカキやヒサカキのない北海道では、神前に供える玉串の枝もイチイから採るのが習わしとされてきた。こうしたことは、イチイの木が宗教と結びやすい特性をもっていることを物語る。

イチイの大径木がスギやヒノキのように先端まで長く健全に伸びきることは少ない。多くは地面に立てられた寸詰まりの極太丸太から枝がわずかに伸び出たような樹型が一般的である。このため樹齢以上に年輪を重ねた老木に見えやすく、庭園の中では主木の役割を与えられることが多い。加えて、イチイの木を切断すると、中心部の赤みと周辺部の白みが対照的で、おもしろい表情を見せる（写真3-1）。年輪の間隔は細く、適度に揺らぎのある年輪が印象的である。弾性も強く光沢に富み芳香もある。こうした特性は彫刻、器具、仏像、碁盤、弓、桶、鉛筆などに向いている。材色も美しく細工しやすいことは、飛騨高山で一位一刀彫が盛んに行われてきたことを、よく物語っている。

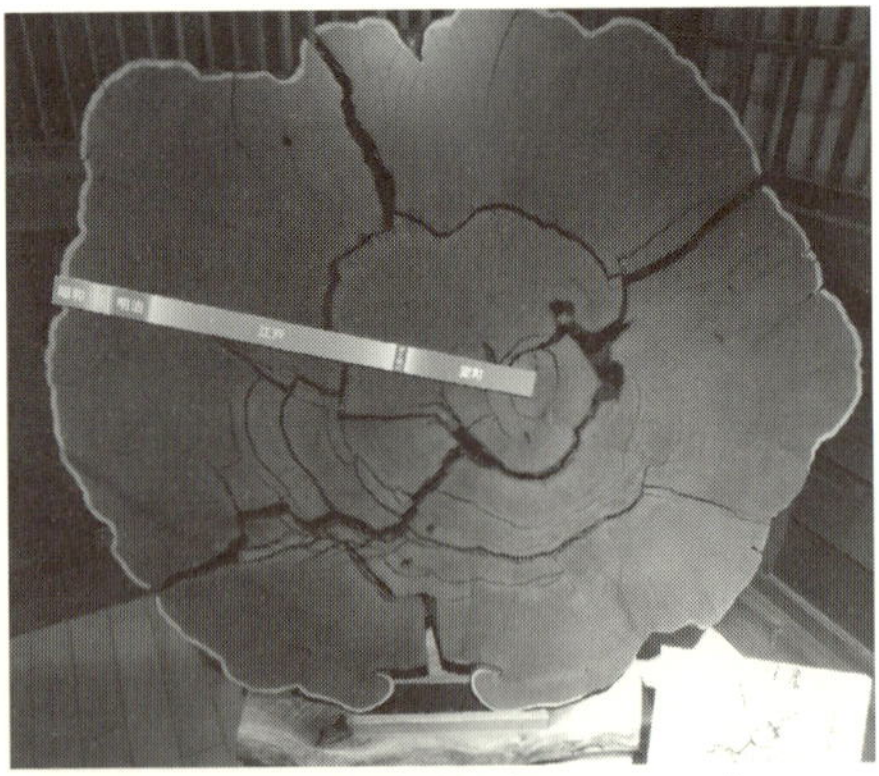

写真3-1　500年近い年輪を経たイチノの木
出典:著者撮影

2. 一位一刀による根付の彫物と技術をめぐる江戸との交流

飛騨高山ではイチイの木は一位一刀彫の素材としてよく知られている。一刀彫は字のごとく、一本のノミだけを使って大胆に彫った彫刻を意味する。実際には一本だけではないが、あたかもそのように彫られたかのような印象が表面から感じられるため、このように呼ばれている。現在ではさまざまな彫刻が工芸品として製作されており、バラエティに富んだ作品の中から好みの一刀彫を選ぶことができる（写真３‐２）。しかしかつては、一位一刀彫といえば根付がすぐに思い浮かぶくらい根付の用材としてイチイの木が使用されていた。根付とは、江戸時代、印籠、矢立、煙草入、袋などの提げ物を携帯するさい、その紛失や盗難を防ぐために紐を付けて帯に吊したが、もう一方の端に取り付けた留具のことである。その名残は、現代のスマートフォンに結んだストラップの端に付けたキャラクターやフィギュアに見ることができる。海外ではこのような習慣はなく、日本独特のものと思われる。

江戸時代は象牙、牛の骨、陶器、金属などとともにイチイの木が根付用の素材として使用された。主に成人男性の粋なお洒落用品の類であったが、その造形美を競ってブームが起こることもあり、精巧な根付は高値で取引された。日本人の手先の器用さに魅せられた外国人が根付を収集の対象とした時代もあり、現在でも根付の愛好家は内外に多い。もともと材質が優れているイチイの木で根付をつくる場合、いかにその性質の良さを引き出すかで価値が左右される。帯の留具にすぎない小さな根付にいかに芸術性を付加するか、対象が小さいだけに細工は難しいが彫りがいはある。飛騨高山の根付の歴史を遡ると、この地から多くの名だたる彫刻師が輩出したことがわかる。高山出身の彼らが江戸でも活躍したという史実は、人口の多い江戸で根付がもてはやされていたことを物語る。天領の飛騨高山と幕府のお膝元の江戸との結びつきを示唆して興味深い。

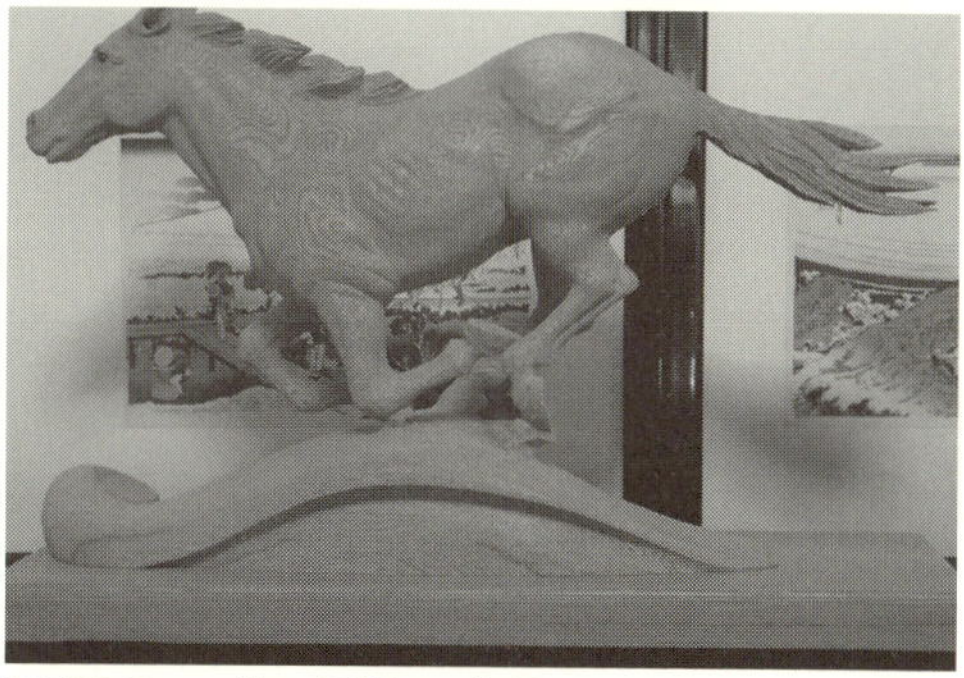

写真3-2　一位一刀彫りの作品
出典:著者撮影

歴史的に名を残した彫刻師の筆頭は、松田亮長《すけなが》（１８００‐１８７１年）である。幕末の人で出身は飛騨高山の製箸《せいはし》業《ぎょう》すなわち木製の箸づくりを家業としていた人物である。ただし彼は、生まれは白川郷で幼少期に松田家に養子に入った。白川郷は高山の町に比べると生活の厳しい大家族制の村であり、人減らしのために製箸業の跡取りとして養子になったと思われる。彼は壮年になって彫刻を平田亮朝《すけとも》（1809-1847年）から学び、やがて彫刻師が本職となった。松田亮長が一位一刀彫の大成者とされるのは、当時、奈良で製作されていた奈良人形が彩色して木目を隠しているのを惜しみ、無彩色でイチイのもつ赤味と白味が醸し出す風合を特徴とする彫物を考案したからである（写真3-3）。ただし師弟関係から、平田亮朝が亮派《すけは》の創始者といわれており、彼の元で学んだ彫師が数々のイチイ一刀彫作品を生み出していった（図3-3）。

記録によれば、松田亮長には江戸で同郷の人物・平田亮朝に弟子入りしていた時期がある。ただし平田の年齢が松田より9歳年下であることから、弟子入りというよりは、江戸滞在中、世話になった間柄ではないかともいわれている。実際、松田亮長は神社参りのために各地を旅しており、そのつど彫刻道具や矢立を持ち歩き、滞在先で彫刻やスケッチをして腕を磨いた。松田の江戸滞在中、彼を世話した平田亮朝は日本橋通塩町の小間物問屋「日野

写真3-3　松田亮長が愛用した道具
出典:著者撮影

亮《すけ》派の系統に属する一刀彫作家

平田亮朝《すけとも》 ― 江黒亮春《すけはる》 ― 江黒亮忠《すけただ》 ― 江黒亮聲《りょうせい》（初代） ― 江黒亮聲《りょうせい》（2代）
平田亮朝 ― 中村亮芳《すけよし》
平田亮朝 ― 松田亮長《すけなが》 ― 広野亮直《すけなお》 ― 津田亮貞《すけさだ》 ― 津田亮則《すけのり》 ― 津田亮定《すけさだ》

宮大工系

村山陸奥勘四郎訓縄《むつかんしろうひろずみ》 ― 村山民次郎 ― 村山群鳳《ぐんぽう》（初代） ― 村山群鳳《ぐんぽう》（2代）

図3-3　一位一刀彫亮派と宮大工の系列
出典:高山市編(2015):『高山市歴史的風致維持向上計画』高山市,p.26をもとに作成。

屋」のお抱え根付彫師として働いていた。飛騨高山からは江黒亮春《すけはる》（1831-1901年）も江戸へ出て平田亮朝に弟子入りしている。父親は飛騨高山と江戸の間を行き来する商人で、父に連れられて江戸の平田を頼った。根付彫りの技術を学んだあと帰郷し、根付の仕事に精を出した。いずれにしても、平田亮朝のもとで一刀彫の修行をした彫師の技は脈々と引き継がれていった（図3-3）。

3．芸術性の高い根付への移行と一位一刀彫の今後

飛騨高山でその技術が磨かれてきた一位一刀彫は、着物を着る習慣がなくなり根付の需要が減少するのにともなって下火になっていった。しかし近代になって日本人が根付を必要としなくなったのとは対照的に、日本を訪れた外国人の間で根付が評判になり、コレクターが現れるまでになった（写真3-4）。素材はイチイの木に限らないので、他の産地で生まれた各種の根付が愛好家の間で取引された。実用性を失った根付は芸術性やアートとしての価値で人々の心をとらえるようになり、日本人の中にも鑑賞目的で根付を集める人が見られるようになった。もともと小さい物に対する思い入れが外国人に比べて強い日本人であればこそ、根付に対する関心はそうやすやすとは消えない。それは携帯電話やスマートフォンのストラップ留具など、かたちを変えて登場してきたことからもわかる。

根付の世界では、古典根付と現代根付が区別されている。前者は江戸時代に普通に使用されていた根付やその当時の雰囲気を表しているタイプの根付である。これに対して後者の現代根付は、アート性を重視したもので、テーマも多様である。前者が花鳥風月にモチーフを求めることが多いのに対し、後者は現代人の感覚にマッチしたテーマを元にした作品が多

写真3-4　松田亮長が製作した根付
出典:著者撮影

い。素材や彩色も自由で伝統にはとらわれない。極小ともいえる彫物の中にいかに細密な細工の跡が残せられるか、その技を競うように数々の根付がつくられている。人の業による競演が実用を離れた根付の世界で繰り広げられている。ここにはもはや、飛騨高山の一位一刀彫の出番はないようにも思われる。

実際、飛騨高山に限らず、伝統技術を代々引き継いできた地域では、その技術をどのようなかたちで生かすかに悩んでいる。技術を継承するのは人であり、後継者が生まれなければやがて技術の伝承は止まる。そのような例は各地にあり、過去の工芸品や記録が博物館で展示されているだけという事例も少なくない。飛騨高山の一位一刀彫の場合、伝統技術は根付などの工芸作品づくりだけでなく、高山祭の屋台修理などの場面でも生かされている。屋台は彫刻や織物をはじめとする伝統的なものづくり技術を駆使して生み出される総合芸術作品でもあり、多くの名工がその腕前を屋台づくりの場でも発揮している（写真３-５）。一位一刀彫の職人は地元・飛騨高山に限らず、屋台を所有する他地域へも出向いて修理にあたってきた。しかしそうした仕事は限られており、技術を継承していくには土産物にもなる各種モチーフの彫刻品をつくり続けていかなければならない。以前に比べると、彫刻品を買い求める人が減ったとも言われている。現代人とりわけ若い年齢層の人たちの感性に訴えるところがなければ、いくら丹精込めて製作しても日の目を見ることは難しい。

こうした問題は飛騨高山の一位一刀彫に限られたことではない。購買層を広げようと中価格帯をねらえば高い技術水準は維持できない。逆に高い技術を維持しようと価格の高い作品に重きをおけば、簡単には買い手が見つからず経営を圧迫する。伝統はそれをそのまま引き継ぐことで守られる

写真3-5　名工・谷口与鹿のくりぬき彫刻

出典：高山市編（2015）：『高山市歴史的風致維持向上計画』高山市，p.25による。

ものではないと言われる。絶えず新しい風の流れを意識し、良いものは取り入れるべしとも言われる。要は時代性に逆らうことなく柔軟に対応することが肝要であるが、伝統性のくびきは意外と根強いものがある。一位一刀彫というかなり重みのある限定された伝統のもとで、いかに新しい時代に対応していくべきか課題は大きい。

現在、飛騨高山で一位一刀彫を生業としている人は20～30を数える。古い町並みが続く三町界隈や桜山八幡宮の門前、あるいは高山駅前付近に店を構え、そこで製造販売が行われている（図３-４）。国道41号より西側の郊外にも5、6か所、一位一刀彫の看板を掲げている事業所が見られる。古い市街地は観光客が町並みを見て歩くコースになっているため、気軽に店に立ち寄れば気に入った一位一刀彫の土産物に出会うかもしれない。桜山八幡宮門前の専門店では、仏像、人物像、獅子、雛人形などをモチーフとした彫物が並べられている。店頭品だけでなく、客の注文に応じて作品を彫ることもある。この店に限らず、実に多様な一位一刀彫の作品がつくられており、根付の類はその一部を占めるに過ぎないことがわかる。芸術家であり職人であり、また店の経営者でもある、まさに腕一本が頼りの人の生きざまを見る思いがする。一位一刀彫の彫刻品がこれほどまとまって彫られている産地は、日本広しといえども飛騨高山をおいてほかにはない。

図3-4　高山市中心部における一位一刀彫製作者の分布
出典:goo地図のウェブ掲載資料(http://map.goo.ne.jp/map/search/latlon/E137.15.33.188N36.7.55.806/genre/23055021/zoom/8/?order=1)をもとに作成。

第3節　漆工芸品としての飛騨春慶塗の歴史

1．漆工芸品としての飛騨春慶塗の起源と特徴

飛騨高山には春慶塗と呼ばれる伝統的な工芸品を生産してきた歴史がある。春慶塗とは漆塗法の一種であり、木地に黄または赤で色付けし、透明な透漆《すきうるし》を上塗りして木目の美しさを見せる技法である。一説には南北朝の頃、和泉国堺の漆工春慶が考案したといわれているが、正倉院に伝わる赤漆の厨子ではのちに春慶塗と呼ばれるようになった技法がすでに施されていた。このため、すでに奈良時代には原形に近いものがつくられていた可能性がある。近世になって各地で春慶塗が登場するようになり、現在の岐阜県の飛騨、秋田県の能代、茨城県の粟野、それに長野県の木曽でその伝統が守られてきた。これらはいずれも春慶塗の産地であり、その中のひとつとして飛騨春慶塗がある。生産規模や知名度から判断する限り、飛騨地方が春慶塗の主産地といってよい。

飛騨高山における春慶塗の始まりを語るとき、必ず登場するのが大工棟梁の高橋喜左衛門、塗師の成田三左衛門、それに高山藩二代目可重の子・重近の名である（図3-5）。重近は可重の長子であったが、三代目の藩主になったのは弟の重頼であった。大工・高橋と塗師・成田が蛤形の盆をつくったのは可重治世の慶長年間末のことで、藩主長子の重近にこれを献上した。金森重近はのちに京都で宗和流の茶道を開き、みずから開祖として金森宗和と名乗った。芸術や工芸の道にも詳しい風流

図3-5　金森宗和
出典:高山市編(2015):『高山市歴史的風致維持向上計画』高山市,p.25による。

人としての資質を若い頃からもっていたと思われるため、献上品の良さを見抜いた重近が春慶塗を奨励したのも肯ける話である。なお金森氏は第六代藩主・頼時のときに出羽上山に転封された。このとき、飛騨から成田三左衛門の弟で塗師であった山打三九郎が藩主とともに出羽上山に移住した。彼は、東北秋田で良質の漆を見つけて能代春慶を始めたと伝えられる。そうであれば、伝統工芸の伝播事例として興味深い。

春慶塗は漆工芸の一種ではあるが、木地の木目を生かすところに最大の特徴がある。漆を何層にも塗って仕上げる他産地の漆器づくりとは一線を画す。国内には現在、日本漆器協同組合連合会という組織があり、全国にある17の産地組合がこれに加盟している。しかし飛騨高山の春慶塗の名はこの中には見当たらない。山中、会津、紀州の三大漆器産地、あるいはこれに越前を加えた四大産地など各地の産地がしのぎを削る漆器の世界とはやや趣を異にしている。もともと中国を起源とする漆工芸の世界では、漆を何度も重ね塗りして厚くなった層の表面に文様を刻むことで作品が仕上げられていた。ところが日本では彫刻したあとに漆を塗って仕上げる鎌倉彫の手法が一般的となった。用途も実用性が重んじられ、器を主体とする製品づくりへと発展していった。しかし一方では単なる器や盆ではなく、美術性、芸術性の高いものを生み出そうという試みもあった。飛騨の春慶塗が金森宗和と因縁の深い茶道具から始まったという逸話は、実用性一辺倒の漆器づくりとは別の道を歩もうという思いが当初からあったことを示唆している。

2. 自然の木目を生かした春慶塗の製法と内外での人気

木目の美しさを最大限に生かす春慶塗は、色彩や文様を加える必要がないという点で、加色や絵柄で特徴を出そうとする他産地の漆工芸とは異なる。同じく飛騨高山の特産品である一位一刀彫に備わる素朴さにも通ずるところがある。素材本来の特性を生かし、あえて手を加えない自然の姿を見て楽しむ工芸品であることを重視する。色彩を増やしたり図柄を描いたりすれば、表現の可能性は何倍にも膨らむ。しかしそのような方向には向かわず、むしろ禁欲的に自然の木目を残し、その表情の偶然性の中に美を見出そうとする。木目が生み出す自然美を意識的に目立たせるには、表面の漆加工は最小限に留めなければならない。主役を引き立てる脇役としていかなる役目を果たすべきか、職人としての腕が試される。

一位一刀彫の製作者が芸術家や作家としてのセンスが求められるのに対し、春慶塗の場合は生産者や職人としての技量が要求される。塗りの技量もさることながら、何よりも伐り倒した木材から木地をつくる段階で専門的な技量が求められる（図３‐６）。木地つくりとは、割目やへぎ目といった木のもつ自然の模様を生かしながら盆や器をつくることである。割目は木を二つに割ったときの表面であり、へぎ目は木を削ったときの削り面である。こうした面をどのように生かすかで木地師の専門性が分かれる。木地師を割目師、へぎ目師、曲物師、挽物師に分類するのは、得意分野ごとに技が異なるからである（図３‐７）。割目師は、板を割りそれを組み合わせて板物や角物をつくる。へぎ目師は板目を生かして角物とし、曲物師は板を曲げて丸い器をつくる。さらに挽物師はロクロでくり抜いたものを器として仕上げる。

木地師の手によって木地がつくられると、つぎに磨きをかけ、あとで塗りムラが出ないように目止めをする。黄あるいは紅で色付けしてから、下地として大豆をつぶした豆汁《ごじる》を2〜3回塗る。つぎに漆に荏《え》胡麻《ごま》の油を混ぜたものを木地にすりこむ。これが摺り漆といわれるもので、さらにその上に生漆を数回摺り込み、十分に乾燥さ

図3-6　飛騨春慶の榑剥ぎ作業工程
出典:飛騨の匠ミュージアムのパネル写真による。

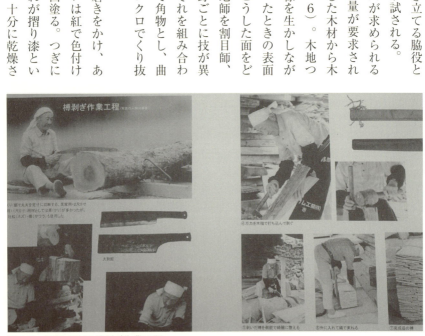

せる。最後に透き漆を上塗りすることで完成品が出来上がる。現在では目止めや下地にウレタン樹脂塗料を塗ることで耐水性を高めることも行われている。水に濡れる食器などでは機能性が重要なので、こうした現代的技術との融合も認められている。

　当初は茶道具として出発したが、天領時代となり特産品として春慶塗の食器や家具などが生産されるようになった。生産体制も徐々に整えられ、家内工業として発展していった。江戸末期から明治期にかけて、重箱などの角物や茶道の水指・水注などの曲物がつくられた（図3‐8）。角物の線や曲物の円がアクセントとなり、立体的な造形美をもった春慶塗が人気を呼ぶようになった。近代になり交通・通信の普及にともなって消費市場が拡大するようになると、伝統産業でも量産化による産地の発展に道が開かれるようになった。それ

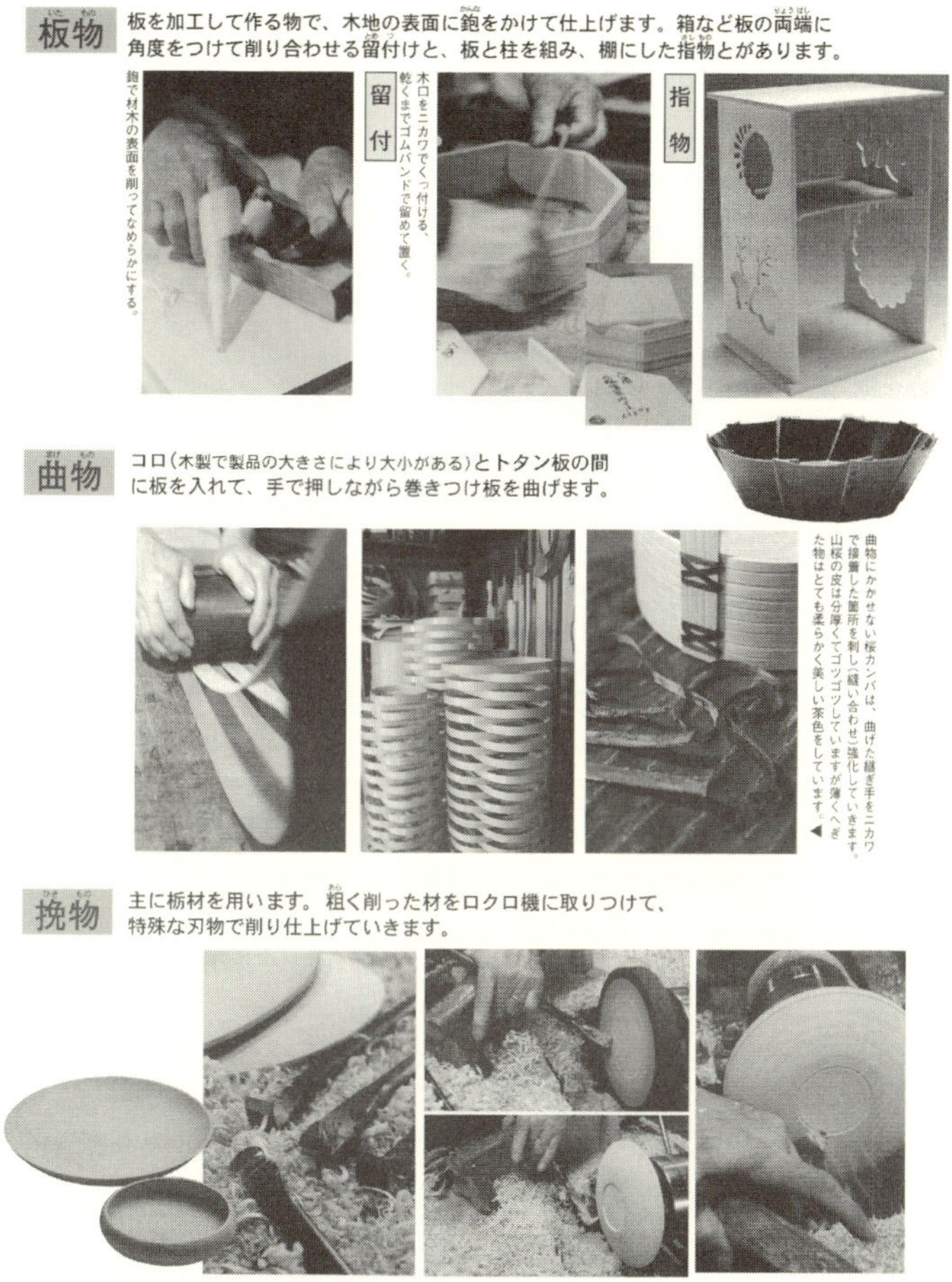

図3-7　飛騨春慶の板物・曲物・挽物の製作工法
出典：飛騨春慶連合協同組合（2004）：「伝統的工芸品 飛騨春慶」による。

を主導したのは、木地師と塗師に対する支配力を強めた問屋であった。分業生産が確立した春慶塗では、問屋が資金力・統率力を発揮して市場拡大に務めた。2つの大きな問屋の系列のもとで海外市場開拓や厳格な徒弟制による専門技術の蓄積・伝達が推し進められた。

　第二次世界大戦後は状況が一変し、問屋を中心とする厳格な生産・販売体制は崩壊した。代わって生産・販売の自由化が進み、新たに問屋業を始める者や木地づくりや塗りを専門として新規参入する者が増加した。国民の所得増加や飛騨高山の観光地化が春慶塗の需要増につながったことが、産地発展の背景として考えられる。問屋制度が崩れたことで生産・販売の自由化は促進されたが、資金援助が受けられない、あるいは専門技術の秘匿性が守られないという課題が新たに生まれた。1960年代に業界組合が生まれたのは、こうした課題に対応するためである。組合の中に問屋、木地師、塗師ごとの部会が設けられ、産地発展の協力体制が推し進められた。

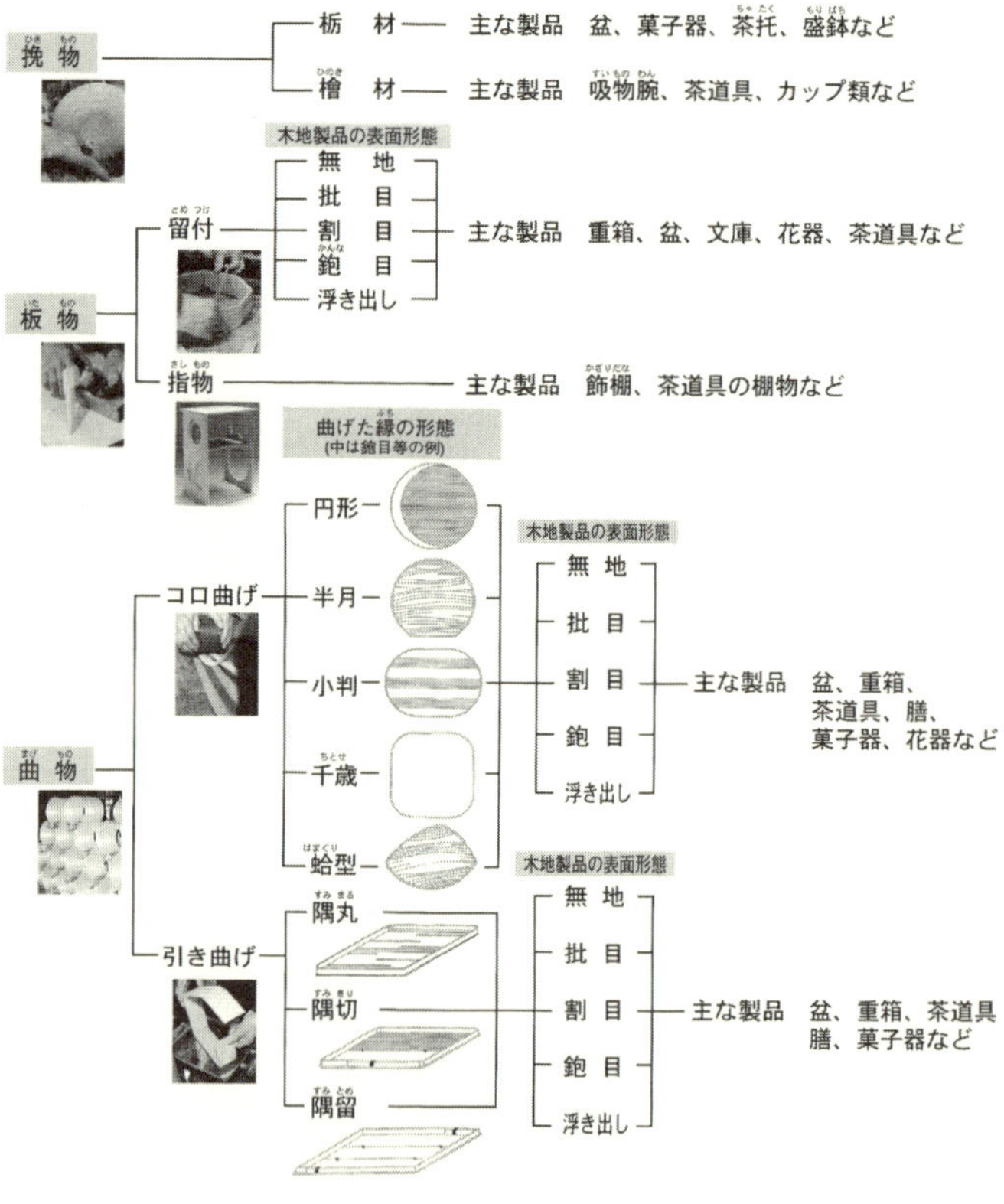

図3-8　飛騨春慶の板物・曲物・挽物の製作工法
出典:飛騨春慶連合協同組合編(2004):「伝統的工芸品 飛騨春慶」パンフレットによる。

3. 高度経済成長期以降の飛騨春慶塗とその課題

高度経済成長期は飛騨高山の春慶塗にとって大いに発展できる時代であった（図3-9）。しかし伝統工芸品の本来の姿に照らし合わせてみると、看過できない現象も見られるようになった。それは、市場拡大や需要増に応じるために、伝統的な生産方法から逸脱した安易な手法が登場してきたことである。本物の木地ではなく、プラスチック製の木地に人工のカシュー塗装を吹き付けてつくった疑似漆器が市場に出回るようになった。木地は手工業で本物を使いながら、上塗りは油性の漆をスプレーで吹き付けるという製品も登場した。こうした疑似漆器は本来の漆器を市場で圧迫したため、歴史的に受け継がれてきた伝統的技術の維持・継承が困難になってきた。

高度経済成長期に現れた粗製乱造問題が十分解決できないまま、その後の低成長期を迎えることになる。一転して市場は縮小傾向を示すようになり、高級品を中心に販売不振が続いた。加えて原材料の価格上昇が問屋の経営を圧迫するようになり、競争条件が厳しくなった。木地師や塗師からは工賃の値上げが求められ、問屋の経営状況をますます苦しくした。産地全体の成長鈍化のもとでは新しくこの業界で就業しようという若者を確保することは難しく、後継者不足は大きな問題になってきた。伝統産業に特有の熟練労働を身につけるには時間を要するため、短期的に問題を解決することはできない。長時間労働や古い徒弟制度といった業界特有の慣行も、新規就業者を遠ざけた。

飛騨春慶塗の業界が直面した課題は疑似製法や熟練労働力不足だけではない。原

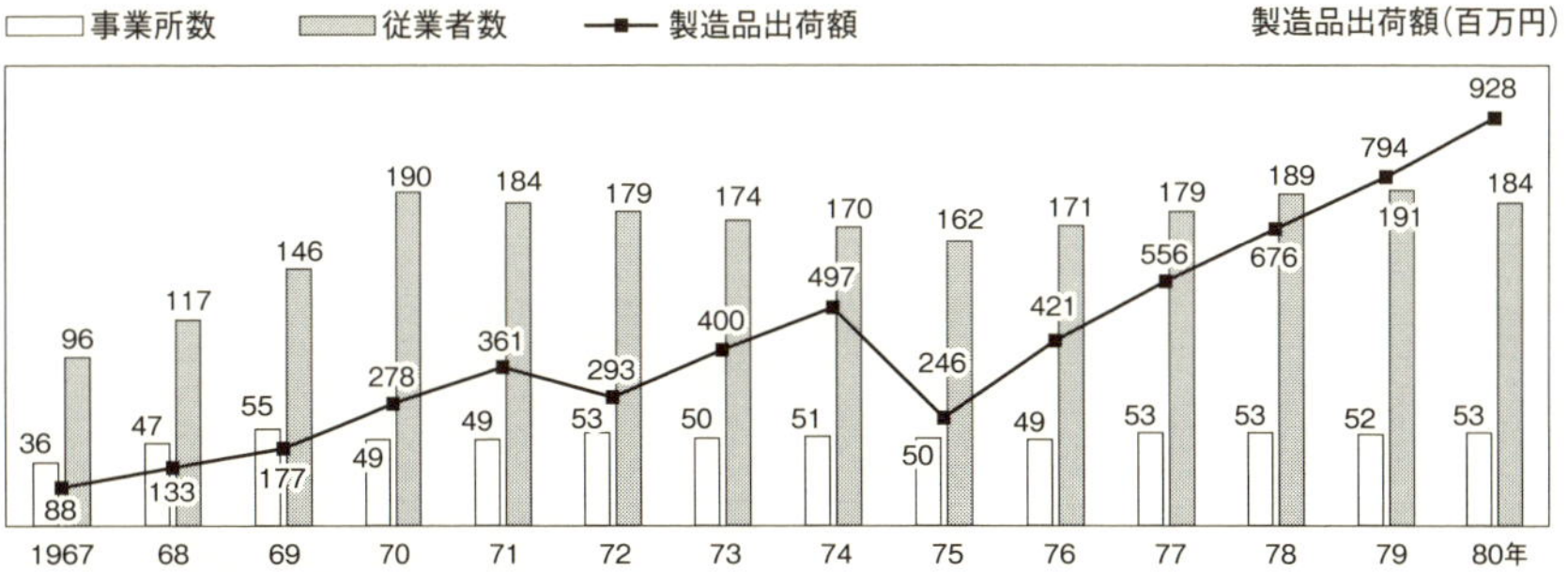

図3-9　飛騨春慶の事業所・従業所数・生産額推移
出典:高山市商工課「工業統計調査」各年版をもとに作成。

材料として欠かせない漆そのものの確保が難しくなったことである。この問題に対処するため不足する漆を中国に求め、海外産の漆を使用することになった。歴史的には地元産の木材はもとより、漆も地元で採れたものを使ってきた。しかし戦後は食糧増産のため漆の木が伐採されたため、安定した供給ができなくなっていた。国内の他産地でも同様な状況があり、国産漆の確保は非常に困難になった。こうした状況に対してただ手をこまねいているわけにはいかず、公的助成を受けながら植林事業が開始された。ところが急斜面の植林は雪害に遭いやすく、漆液が採取できるまでには13～15年を要するため、短期的解決は望めそうにない（図3‐10）。

粗製乱造の粗悪品や疑似漆器は、本来の春慶塗にとっては迷惑な存在である。しかし消費者が偽物と本物を見分けることは容易ではない。大企業のブランド品のように、徹底した管理体制で自衛することは中小零細企業の集まりである地場産業では難しい。ヨーロッパで先行する原産地呼称のような制度があれば、産地として防衛する

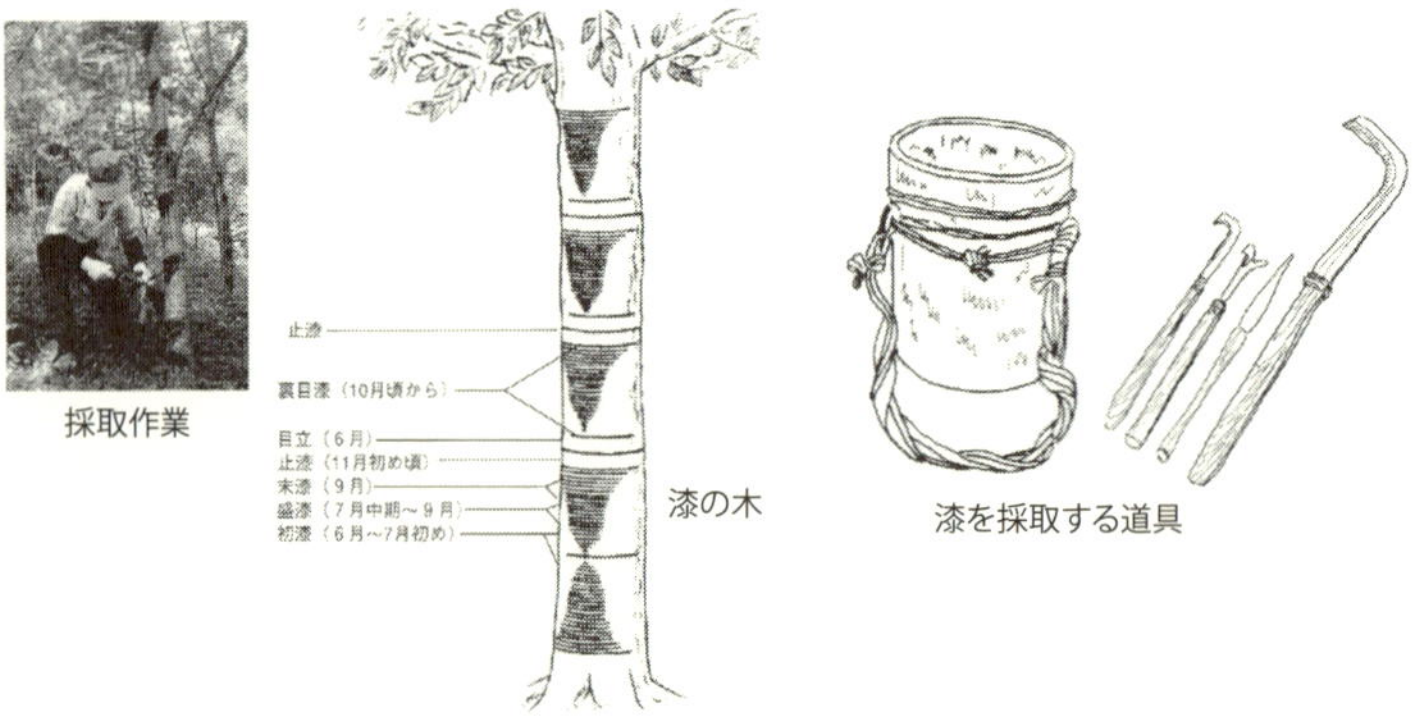

図3-10 漆の採取
出典：飛騨春慶連合協同組合編（2004）：「伝統的工芸品 飛騨春慶」パンフレットによる。

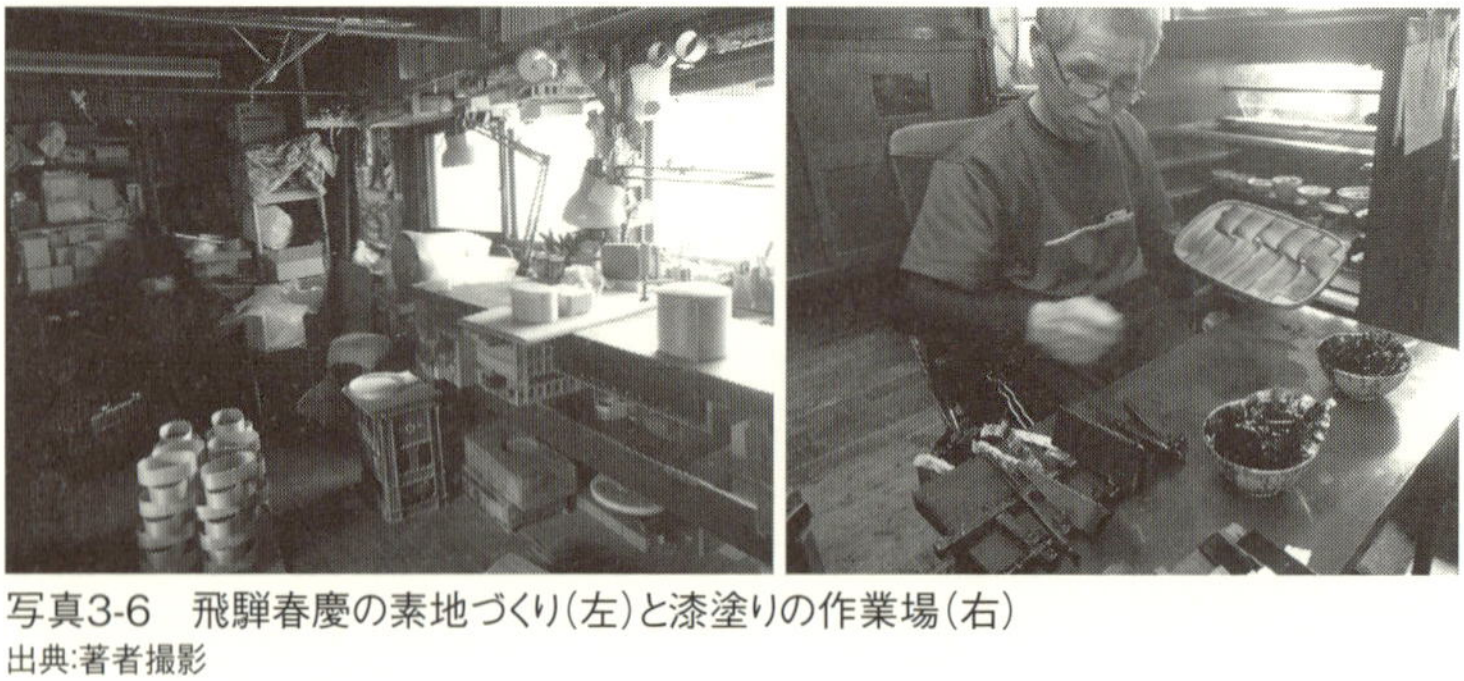

写真3-6　飛騨春慶の素地づくり（左）と漆塗りの作業場（右）
出典：著者撮影

ことも不可能ではない。１９７５年に全国唯一の透漆技法の漆器産地として伝統的工芸品の指定を受けたのは、まさにこの戦略方針による。伝統的工芸品であるためには、天然の原材料、製法の歴史性などいくつかの条件を満たしていなければならない。加えて飛騨春慶塗であるためには、原材料、木地づくり、漆塗りなどに関し細部にわたって制約が加えられている。製造地域は高山市と飛騨市神岡町に限られており、文字通りの原産地呼称制度である。２００６（平成18）年現在、飛騨春慶を扱う企業は51社で、伝統産業従事者数は１１６人である。分業体制による生産は住宅地内の職住近接スタイルで行われており、結果的に人口の市街地定住にも寄与している（写真３‐６）。

第４節　時代背景が異なる小糸焼・山田焼・渋草焼などの歴史

1．高山藩の後ろ盾で始められた小糸焼

森林資源に恵まれた飛騨高山では、樹木を加工してつくった器があれば、最低限の用は足せるように思われる。実際、木椀や木製の皿などをロクロで挽いて使用していた歴史もある。しかし耐熱性や耐水性などのことを考えると木製の器では不都合なことも多く、縄文人でさえ土器をつくっていたことが、遺跡から出土した土器片から明らかになっている。土器から陶器への発展には乗り越えるべき障害が多く、さらに磁器へとなると、ハードルはさらに高くなる。陶器や磁器の生産で先行していた地域から製品として買い入れるという選択肢も考えられなくはない。実際、飛騨高山で陶器が焼かれるようになる以前は、有田や京都から陶器が持ち込まれていた。しかし、重量があって割れやすい陶器を遠くから運ぶのは容易ではなく、当然、高い値段になる陶器を庶民が普通に手に入れることは考えられなかった。陶器やのちの磁器がもつ重くて割れやすいという性質は長距離輸送には不向きであり、海からも遠く水上交通に恵まれない山間の地では、なおさら遠い存在であった。

縄文人も試みたように、地元で採れる土を使って陶器を焼くことはできるであろうか。実は陶器や磁器には適した鉱

物があり、陶器の場合は花崗岩が風化して二次的に堆積して生まれた粘土、また磁器の場合は陶石でなければならない。こうした鉱物が身近にあるところは原料面で陶器または磁器の生産地として適している。実際、有田や瀬戸などの先進地は、こうした原料が近くにあり、産業としても成り立ちやすかった。しかしこれだけでは不十分で、焼成温度を高めるために必要な燃料に恵まれていなければならない。火力が強いのは松材とされるが、松に限らず森林資源に近ければ、燃料条件として申し分ない。原料と燃料の条件が満たせても、それだけで陶器や磁器の生産が始まるとは限らない。製陶技術、焼成炉、作業所、働き手などつくり手側の条件と、陶器や磁器を購入してくれる買い手側の条件が揃わないと成り立たないであろう。

飛騨高山は上で述べた条件のうち燃料の点ではまったく問題がなかった。しかし、瀬戸や美濃のようにかつて大きな湖があり風化した花崗岩の二次的堆積に恵まれていたという条件はなかった。もっとも白川付近の地質は花崗岩であり、陶土を確保することはできる。こうした自然条件を踏まえた上で、技術、資本、労働力などの人文条件がうまく加われば、陶器の生産はスタートできる。飛騨高山で最初の陶器づくりが高山藩の後ろ盾で始められたのも、このような状況から考えれば説明がつく。ただし一点、有田や瀬戸では問題にならない寒冷地というハンディキャップが飛騨高山にはある。冬場の低気温が陶器の製造過程で素地をひび割れさせるという問題は、製作時期を制約する条件として働いた。

さて、飛騨高山で最初に焼かれた陶器は、高山藩三代目の金森重頼が京都や瀬戸から陶工を招いてつくらせた小糸焼である。寛永年間（1620~30年）の頃といわれており、場所は城下町の西方に当たる小糸坂付近である。現在はその痕跡はないが、出土した陶片や小糸焼で焼かれたと伝えられる香炉などから特徴が推察できる。当時の藩主・金森重頼の兄・重近は京都で茶道に励んでいた。宗和流の開祖にもなる重近の指導のもとで京から招かれた陶工が焼き物づくりを試みた。このことは、小糸焼が当初は茶道具用の陶器をつくることを目的としたものであったことを物語る。しかしこの最初の試みは成功したとはいえず、数年で窯を閉じた。使用した土は、神岡の山土に瀬戸から取り寄せた陶土を混ぜたものであった。

短命に終わった小糸焼は、天保年間（１８３０年代）に復活した。第二期小糸焼と呼ばれるこの時期は天領期でもあり、藩や幕府の後ろ盾ではなく、有力商人の手によって行われた。高山一之町で酒造業を営む細江嘉助と、同じく二之町の鬢付け油商の平田忠右衛門が出資し、瀬戸から戸田柳造を招いて焼かせた。窯跡から出土した陶器から、この窯で半磁器製の良質な器が焼かれていたことが明らかになっている。原料は小糸坂に近い松倉山で取れる松倉砥石ではないかと考えられる。しかし残念ながら実際に焼成されたのは数回にすぎず、またも短命に終わってしまった。実験的な試みを終えた戸田柳造は瀬戸へ戻り、製陶技術は伝わらなかった。

2. 天領期に興された商人による三福寺焼と日用雑器の山田焼

金森氏が飛騨高山を去ったあと、幕府の直轄地となって陣屋（高山役所）がこの地を支配するようになった。寛保期から天明期（１７４３～１７８９年）にかけて、高山の三福寺町でかなり大規模に陶器が焼かれた。出資したのは地元の商人で、瀬戸から陶工を招いて焼かせたものと思われる。小糸焼と同様、経験のない飛騨高山で焼き物を焼くには、先進地から技術者を連れてくる必要があった。すり鉢、こね鉢、椀などの陶片が窯跡から出土していることから、ここでは実用的な陶器が焼かれていたものと思われる。しかし残念ながら、天明の大火災で出資した商人の家屋敷が焼失してしまい、初期の三福寺焼は歴史を閉じた。それから30年ほどの時間が経過し、再びここで焼き物が焼かれるようになった。第二期の三福寺焼では、普段使いの陶器に加えて、町の旦那衆が喜びそうな高価な陶器も焼かれた。こうした質の高い陶器を焼くために、当時の流行に造詣が深かった京都の陶工が招かれた。山田焼など庶民向けの陶器とは別格の陶器を焼くことで、有力商人からの支持を集めることができた。しかし残念ながら三福寺焼も長くは続かず、以後、復活することもなかった。ほぼ同じ時期に閉窯した小糸焼が近代に入って第三期を迎え、現在に続く歴史をつくったのとは対照的である。

初期三福寺焼が始められて20年ほど経過した明和年間（１７６４～１７７２年）に、稲垣藤四郎が高山の町の中心から見て三福寺とは反対側の山田で、焼き物を始めた。ここは小糸坂の北西に当たる位置でもあり、低い丘を除けば田畑に囲まれた土地である。ここの田土つまり田んぼの土をつかって焼いたのが山田焼の最大の特徴である（写真３‐７）。色柄は黒く、白生地が何よりも尊ばれた陶磁器の世界にあって、当初から庶民向けの陶器を焼いた。最盛期には10軒ほどの窯屋がすり鉢、かめ、徳利などの雑器を大量に焼いて庶民層の需要に応えた。普段使いの陶器は生活必需品であり、陣屋の郡代も産業振興の観点から陶器生産を奨励した。現在まで続く伝統的な窯であるが、その歴史は平坦ではなかった。陣屋の政治方針の変化に振り回された時期を経ながら、近代以降はレンガ、土管、瓦なども焼かれるようになった。原料が田土であることから厚手の灰色がかった陶器であり、民芸風を好む消費者には人気がある（写真３‐８）。

写真3-7　山田焼窯元のかつての登窯と素焼きの陶器
出典:著者撮影

写真3-8　山田焼窯元の陶器製品棚
出典:著者撮影

3．半官半民で興された渋草焼による磁器の生産

藩が後ろについて実験的に始めた小糸焼、商人が主導した三福寺焼、普段使いの山田焼のどれとも違い、半官半民の焼き物が幕末になって始められた。当時の高山郡代・豊田藤之進が産業振興を目的に音頭を取って開窯させたのが渋草

焼の始まりである。豊田は高山陣屋に出入りしていた中村屋七兵衛に出資を促し、瀬戸から陶工の戸田柳造、加賀からは曽我竹山、周山、不二造を招き、これまでにない高質な陶磁器を焼かせた。場所は当時渋草と呼ばれた西方の地で、小糸焼、山田焼との位置関係でいえば、三者はあたかも正三角形を描くような位置にある。加賀から3人の画工を招いたことからわかるように、豊田は先進地である九谷焼の技法を取り入れることを考えた。色鮮やかな絵柄を実現するには陶器ではなく、磁器でなければならない。小糸焼では成功しなかった白磁器をつくるために、神岡の巣山村から良質の陶石を運ばせて本格的な磁器生産に取り掛からせた。

郡代・豊田藤之進の望み通り、渋草の地からは飛騨九谷、飛騨赤絵と呼ばれた優れた磁器が焼かれていった。とくに曽我徳丸は名工と呼ばれ、明治5年に東京博覧会に招聘されるほどの腕前を誇った。曽我はそのまま東京に残り、ウィーン万博への出品作品も手掛けた。しかし創始者の一人であった瀬戸出身の戸田柳造が死去すると、幕末の動乱期でもあり、陶工や画工の散逸で渋草焼は衰退の道をたどることになる。格調高い磁器は生産できなくなり、すり鉢や瓶など生活雑器の生産を余儀なくされるようになった。

衰退していく渋草焼を見るに見かねた三輪源次郎は、窯の再興を企画した。三輪は神岡の茂住鉱山を経営していた人物で、酒造業の永田吉右衛門、平瀬市兵衛と呉服業の酒田長五郎を共同経営者として誘った。源次郎は東京で活躍していた曽我徳丸を再び高山に呼び寄せ、職工も揃えて質の高い磁器を焼かせた。半官半民で始まり、郡代の後押しもあって発展してきた渋草焼は、高山の有力商人いわゆる旦那衆の期待を受けて良品を生み出していった。しかしいくら旦那衆が気に入った磁器でも、売れて収

写真3-9　渋草焼窯元での生産風景
出典:著者撮影

入が入らなければ続けることはできない。共同経営者がつぎつぎに去っていく中、三輪源次郎は意地を貫くべく商品開発に励んだ。しかし最盛期には80人を超える職人を抱えて隆盛を誇った渋草焼も、1897（明治30）年に独立が立ち行かなくなり幕を下ろした。なお、三輪源次郎と袂を分かった松山惣兵衛らが新たに渋草柳造を立ち上げたため、現在、渋草焼は元からの芳国社と後からの柳造窯の2つの系列からなる（写真3-9）。渋草焼窯元では徹底した手描きにこだわり、九谷、有田、京都、瀬戸、美濃など他産地から仕入れた手法を引き継いだ陶磁器がつくり続けられている（写真3-10）。

第5節　伝統産業から生まれる飛騨高山の歴史性

飛騨高山の旧城下町、歴史的な町並みが続く路地の両側にはぎっしりと観光客相手の土産物屋が並んでいる。以前は地元の人々を相手に商売を営んできた各種店舗や造り酒屋などが、今では高山に因む伝統的な特産品を売る場所へと変わった。中には昔ながらの商いを続けている店もあるが、主な相手は圧倒的に観光客である。観光客の目当ては飛騨高山に因む土産物を探すことであり、お気に入りの品に出会うことが観光の楽しみの大きな部分を占める。売り手も買い手も、土産物がいかに地元の歴史と結びついているか、その点に気を配る。歴史的資源を看板に掲げた観光地であれば当然のことといえるが、非日常的な観光行動を満足させるアイテムは、飛騨高山の場合、やはり歴史性や伝統性に包まれていなければならない。

その歴史や伝統を感じさせる土産物は、現在の飛騨高山で生産されている。厳密にいえば他地域から原料や素材を仕

写真3-10　渋草焼窯元での素地作品（左）と以前に焼かれた陶磁器（右）
出典：著者撮影

入れている部分も一部にあろうが、少なくとも生産は地元であるといってよい。本章で取り上げた一位一刀彫、飛騨春慶塗、小糸焼や渋草焼などの陶磁器など、現在も昔も地元でつくられてきたものばかりである。現在は主に観光用の土産物として生産されているが、実はこれらの製品はもとはといえば地元の人々のため、あるいは他地域へ売りに出して収入を得るために生産されていたのである。歴史や伝統という点でいえば、昔は生きていくための手段として、産業として生産されていたものである。かつては日常的な商品が、いまは観光客用の土産物として生産・販売されている（写真3‐11）。まさにここに時代の移り変わり、飛騨高山という地域が近代から現代にかけていかなる軌跡を経て今日に至ったかを理解する手がかりがある。

飛騨高山を訪れた観光客が手にした土産物から感じた歴史性や伝統性がどのように生まれてきたか。その起源や過程を明らかにするのが本章の目的であった。考察の結果明らかになったのは、戦国末期から江戸時代にかけて、藩主、有力商人、郡代、彫師、陶工、画工などさまざまな社会的地位、職業の人々が、それぞれの立場から新しいものを生み出そうとした事実である。すでに他地域では生産されていたが、この地ではつくられたことのなかった陶器や磁器などの例もあるが、主体は豊かな森林資源を生かした日用品づくりであった。イチイの木の特質に注目したり、木目を生かすために漆を薄く塗ることに気を配ったりすることで、個性のある工芸品に仕上げようという心構えがあった。森林資源の豊かさに甘えることなく、加工技術の高さでいかに差別化を図るか、現代のものづくりにも通ずる戦略を見て取ることができる。

写真3-11　小糸焼窯元で販売されている陶器
出典:著者撮影

いまひとつ明らかになったのは、地理的隔絶性という印象を裏切るかのように、京都、江戸、尾張など遠隔の地との交流を介してものづくり技術のレベルを高めていったことである。このことは律令時代から都の造営に飛騨の匠が関わったり、高山祭の屋台行列で西陣織や江戸の流行を取り入れたりしたという事実でも例証されている。距離のハンディキャップや高冷地という自然条件的不利にもかかわらず、むしろその閉鎖的環境が純粋に良いものを生み出そうというエネルギーに結びついたのではないかとさえ思われる。本章では取り上げなかったが、飛騨高山の農村部では、女性たちが丹精込めて刺し子の布を生み出してきた歴史もある。染色技術が十分でなかった部分を糸を縫って補うことで美的作品にまで高める。ひと針ひと針の努力が斬新なデザインにつながるセンスの良さも、飛騨の匠に劣らぬ技量といえよう。

いまは観光客で賑わう旧城下町の町並みは、かつては日本の各地にあった城下町や在郷町のそれと同じである。同じように、観光客が買い求める飛騨高山産の土産物も、以前は地元の職人や農民が生活のためにつくり続けていたものである。近代以降、臨海部の都市のように工業化や都市化が進められなかった飛騨高山は、残された古い町並みを徹底的に維持・保存することで、サービス経済化した現代社会の歴史観光需要に応えることに成功した。この間、連綿としてつくり続けられてきた伝統品は、歴史観光需要を満たす重要なアイテムとして、その役割を大きく変えた。歴史的町並みと伝統品は、両者が一体となって観光資源としての力を発揮する。

◆引用文献

1．goo地図のウェブ掲載資料（http://map.goo.ne.jp/map/search/latlon/E137.15.33.188N36.7.55.806/genre/23055021/zoom/8/?order=1）。
2．高山市編（２０１５）：『高山市歴史的風致維持向上計画』高山市。

３．匠の道工房ギャラリーのウェブ掲載資料（http://www.hidajibasan.com/takumi/waza04.html）。
４．飛騨春慶連合協同組合編（２００４）：「伝統的工芸品　飛騨春慶」（パンフレット）。

コラム3
column

伝統産業の存続と消滅の分かれ道

日本全国には古くからその土地の資源をもとに生活用品を生産してきたところが多くある。しかしながら、知名度が高く現在もなお存続している産地がある一方で、生産が途絶えてしまった産地も少なくない。木材、天然繊維、陶土など地元でとれる資源や素材をもとに生まれた生活用品であることから、基本的にはその地域の生活必需品として生産されてきた。しかしなかには地域外にも販路を広げ、やがて地場産業としての地位を獲得していった産地もある。市場を海外にまで広げ、外貨の獲得に貢献した地場産業地域さえ存在する。伝統産業の中から新たな産業が枝分かれし、近代的な工業として発展していった事例もある。産業に栄枯盛衰はつきものであるが、スタートは同じでも、その後に辿った道は同じではない。

飛騨高山の場合、木材資源の分野では近代以降に木工家具産業が生まれ、現在も高級な家具類を全国に送り出している。家具以外にも、一位一刀彫や飛騨春慶など起源の古い伝統工芸品が連綿としてこの地で生産されてきた。しかし木綿や絹などの天然繊維や陶土・陶石を原料とする分野では、近代的な産業が生まれたり、あるいはそこからさらに新産業が派生したりして産業集積地が形成されるということはなかった。繊維の分野では、近代になって製糸業がそれまでの絹生産を量産化する方向へと向かいかけた。しかしいつの間にか、他産地との競合や化学繊維の登場などにおされて姿を消してしまった。陶磁器も伝統的な窯元形態の域を出ることなく、他産地のように多くの事業所が集積して産地を形成するということもなかった。

陶磁器の生産分野において、飛騨高山もその一部に含まれる岐阜県は、全国的に主要産地として知られている。県境を接する愛知県も含めて、東海地方は九州地方と並び陶磁器産地の地位を保ってきた。これらの地方では、各地で始められた焼き物づくりをきっかけに窯業生産が興り、今日まで続いてきた。しかしその歴史を振り返ってみると、産地形成に成功したところの陰に隠れるようにして、初期の生産が継承されずいつの間にか途絶えてしまったところのあることがわかる。愛知県の西半分すなわち旧尾張国では、名古屋に城を構える尾張藩の御用窯として瀬戸窯業が近世において大いに栄えた。瀬戸の山の北側に位置する美濃国でも、瀬戸の影響を受けながら陶器が盛んに生産された。ここは尾張藩ではないが、尾張藩が仕切る流通経路に乗って江戸などの市場に送られた。ほかに知多半島には瀬戸と並んで六古窯に含まれる常滑焼があり、海上輸送の利便性を生かして全国に製品を送り出した。桑名・四日市の萬古焼は18世紀中頃が起源で比較的歴史は新しいが、現在に至るまで生産が続けられている。

日本の陶磁器産業はバブル経済の崩壊以降、需要の減少や輸入陶磁器との競争などで低迷状態にある。東海地方の産地もそのような状況の中にあり、生き残りをかけて取り組んでいる。こうした困難は過去に何度もあり、適応できず生き残ることができなかった産地も少なくない。現在まで続いている産地と消滅してその名も忘れられてしまった産地は、どこがどのように違うのであろうか。両者の相違点は、原料、生産、技術、市場などいくつかの点に及ぶであろう。消滅は過去の出来事であるため、当時の時代背景をふまえながら、焼き物の生産に関わった人々がいかに行動したかという側面にまで立ち入って考えなければならない。いえることは、存続できた産地は社会的、経済的、政治的状況の変化に対してうまく適応してきたということである。窯を築いて焼き物をつくることは個人的ななりわいであっても、近くにこうした窯が集まることによって集団としての存在感が生まれ、発言力を強めることができる。地場産業の多くは社会的な分業体制によって成り立っており、こうした体制が築き上げられたか否かが産地の存廃を大きく左右したと考えられる。どこも最初は半農半工的な状態から始まり、やがて専業化して生産や流通の仕組みを整えながら近代的な産地へと発展していった。

逆にいえば、こうした状況がつくれなかったところでは、窯を築いて焼き物をつくることはできたが長続きしなかった。岐阜県や愛知県に限らず古窯が遺跡として発掘されるところは少なくない。多くは室町、戦国以前であり、地元周辺で必要とされた陶器を焼いた窯が各地にあった。東海地方の場合は、さきにも述べたように、尾張藩が御用窯として瀬戸の窯業を政治的、経済的理由から庇護したことが大きかった。米作中心の社会から特産品による商業社会への移行期において、陶磁器は藩の財政を潤す源であった。生産と流通の要を押さえることで、尾張藩は莫大な利益を手にすることができた。この間、近世になるまで国内では生産できなかった陶石を原料とする磁器の製法が朝鮮半島経由で九州に伝えられ、それを受け継いで瀬戸・美濃でも磁器が生産できるようになった。政治力や技術力を背景に陶磁器生産を発展させることができた産地と、そのような状況からは縁遠かった産地の間では、その後の歴史に大きな違いがある。

窯業原料の多くは国内で自給できる。窯を焚くための燃料は薪から石炭、石油、ガスへと変化したが、基本的に薪が手に入れば窯を焚くことはできる。こうした条件のため、瀬戸、美濃、常滑など現役の陶磁器産地以外でも、かつては陶器が焼かれた。飛騨高山の小糸焼、渋草焼、山田焼はまさしくそのような焼き物産地である。かりに主産地の瀬戸・美濃を中心とすれば、これらは周辺に位置する。その中間に当たる犬山、中津川、可児、岐阜、養老などでもかつては陶器が焼かれた。しかしこれらは瀬戸・美濃など主産地の勢いに押されて消えていった。弱小規模ながら飛騨高山の焼き物が現存できている背景要因として観光都市・高山の存在があることは明らかである。観光土産品としての買い上げ、あるいは近年はインターネットを介した飛騨高山の地域イメージからの購入が、これらの産地を支えている。飛騨高山と同じくらいの規模の産地は過去にもあったが、ことごとく姿を消していった。やはり観光の力は大きい。

現在の飛騨高山には、過去の歴史とはほとんど関係なく新しく窯を築いて焼き物を焼いている外来者もいる。職人よりも作家・クラフトマンとしての意識が強く、歴史的伝統には縛られない。昔と違い交通・通信が発達した今日では、窯業原料や燃料はたやすく手に入り、販売もネットを利用すれば、以前のような仲介業者は必要ない。他産地でも外来者による新たな焼き物づくりの動きはあるが、歴史的観光イメージで知られる飛騨高山は、作陶に取り組む作家・クラフトマンたちにとっては恵まれた環境といえる。原料、生産、技術、市場など歴史的に焼き物産地を規定してきた条件は大きく変わったように思われる。飛騨高山の土産物店に並べられた多種多様な焼き物を眺めていると、そのような思いを強く感じる。

第4章

飛騨高山の林業の歴史と木工家具産業

第1節　木材が身近な存在の飛騨高山の木工家具産業

1．森林資源に恵まれた地理的遠隔地としての飛騨高山

人と木の間には長い付き合いの歴史がある。温帯モンスーン気候で降水量の多い日本は樹木の生育に恵まれており、国土面積の約68%は森林によって占められる。どこでも簡単に木材は入手できるように思われるがそうでもない。たとえ手に入ったとしても、つぎに手に入れるには時間がかかる。農産物のように毎年、収穫できるわけではない。使い物になる木として育つまでには長い年月を要するため、産業として成り立つのは広い土地に恵まれた一部の地域である。林業産地は一般に都会から離れた山里近くにあり、伐採された木材はそこから消費地に運び出されたり、木材加工地に送られたりする。米や麦などとは異なり、木材は長尺物で重く嵩張りやすい素材である。加工や細工が施されても運びやすいとはいえないため、近代的な交通手段が登場する以前は輸送が容易ではなかった。

古代、奈良や京都などの国家中心地から遠く離れていた飛騨の国は、豊かな森林資源のもとで培われた高度な建築技術を見込まれ、匠工を都へ送り出す役目を担わされた。表4‐1は奈良時代、平安時代に都の造営に携わった職人などの構成表であるが、この中に飛騨匠、飛騨匠廝《ひだたくみし》という職名がある。これらは皇居で必要とされた建築物の建設や家具、道具など多くの木製品の製造に当たった専門技術職人の称号である。飛騨は山がちな地勢で耕地には恵まれず、たとえ農産物や織物ができたとしても、都から遠いため輸送することも容易ではなく、租税を免れる代わりに技術労働力を都へ差し出したといわれる。しかしながら、飛騨と同様に生産性の低い「下の国」とされた地域はほかにもあったが、飛騨のように技能労働者が特別に集められた地域はない。そのことをふまえると、飛騨地方で継承されてきた優れた木工技術を都はとくに必要とし、通常の税制度とは別のかたちで飛騨に課したと考えられる。都での役務は1年の交代制で、毎年100名近くが上京した。仕事は楽ではなく途中で逃亡を企てる職人もいたが、その中には有力者に雇用され木工技術の本領を発揮した者もいた。故郷には帰らず他所で一生を終える者もおり、これらも逃亡者とされることも

あった。大和・奈良に飛騨、上飛騨、河合、月ヶ瀬という飛騨地方に縁のある町名・地名が残されているのは、帰郷しなかった飛騨の匠がこれらの地に子孫を残していった証である。

長い戦国の世がようやく終わって江戸時代に入ると、各地で城郭や寺社がつくられるようになった。森林資源に恵まれた飛騨からは多くの木材が飛騨川、馬瀬川、宮川（神通川）、庄川を川下げで送られていった。とくに幕府が開かれて人口も集まっていった江戸や天下の台所といわれて米などの物資が集散した大坂では、建築需要が増大した。戦国末期に豊臣秀吉の命を受けて飛騨に入った金森氏は、林業経営に熱心に取り組んだ。藩直営の林業で経済力を高め、高山盆地の南端を拠点に城下町を築き上げるのに努力した。しかし、およそ100年後に金森氏は出羽上山に転封されてしまう。財政難に苦しむ江戸幕府が飛騨一円の豊かな森林資源と鉱山資源を自ら管理して手に入れるため、飛騨高山を直轄地・天領にしたからである。

<table>
<tr><td colspan="3" rowspan="2"></td><td colspan="2" rowspan="2">造営省</td><td colspan="2">木工寮</td><td>修理職</td><td>木工寮</td></tr>
<tr><td>A</td><td>B</td><td></td><td></td></tr>
<tr><td colspan="3">大　工</td><td colspan="2">-</td><td>-</td><td>-</td><td>-</td><td></td></tr>
<tr><td colspan="3">少　工</td><td colspan="2">-</td><td>-</td><td>-</td><td>-</td><td></td></tr>
<tr><td colspan="3">長上工</td><td colspan="2">13</td><td>11</td><td>11</td><td>10</td><td>13</td></tr>
<tr><td colspan="3">将領（民領）</td><td colspan="2">29</td><td>-</td><td>-</td><td>22</td><td>13</td></tr>
<tr><td colspan="3">医　師</td><td colspan="2">1</td><td>-</td><td>-</td><td></td><td></td></tr>
<tr><td colspan="3">番上工（工部）</td><td colspan="2">63</td><td>107</td><td>91</td><td>60</td><td>50</td></tr>
<tr><td colspan="3">飛騨匠</td><td colspan="2">45</td><td>38</td><td>37</td><td rowspan="2">63</td><td rowspan="2">47</td></tr>
<tr><td colspan="3">飛騨匠廝</td><td colspan="2">12</td><td>10</td><td>10</td></tr>
<tr><td rowspan="6">仕丁</td><td colspan="2">直　丁</td><td colspan="2">3</td><td>2</td><td>2</td><td></td><td></td></tr>
<tr><td colspan="2">直丁廝</td><td colspan="2">2</td><td>2</td><td>2</td><td></td><td></td></tr>
<tr><td rowspan="2">駈使丁</td><td>焼炭19</td><td rowspan="2">22</td><td rowspan="2">90</td><td rowspan="2">76</td><td rowspan="4">270</td><td rowspan="4">-</td></tr>
<tr><td>作瓦　3</td></tr>
<tr><td rowspan="2">駈使丁廝</td><td>焼炭13</td><td rowspan="2">16</td><td rowspan="2">45</td><td rowspan="2">38</td></tr>
<tr><td>作瓦　3</td></tr>
<tr><td colspan="3">衛　士</td><td colspan="2">760</td><td>-</td><td>-</td><td>-</td><td>-</td></tr>
<tr><td colspan="3">火　頭</td><td colspan="2">397</td><td>-</td><td>-</td><td>-</td><td>-</td></tr>
<tr><td colspan="3">備　考</td><td colspan="2">将領は民領と記さる</td><td></td><td>出家番上12出家飛騨匠1あり</td><td>番上工を式では工部と記し</td><td>同　左</td></tr>
<tr><td colspan="3">出　典</td><td colspan="2">天平17.10.21
大日本古文書
Ⅱ-473</td><td>天平17.10.17
大日本古文書
Ⅱ-401</td><td>天平17.10.21
大日本古文書
Ⅱ-463</td><td>延喜式中務省</td><td>延喜式中務省</td></tr>
<tr><td colspan="3"></td><td colspan="3">奈良時代</td><td></td><td colspan="2">平安時代</td></tr>
</table>

表4-1　奈良・平安時代における木工寮・修理職の工匠編成（人数）
出典：飛騨木工連合会編（2002）：『新・飛騨の匠ものがたり』飛騨木工連合会をもとに作成。

古代に奈良や京都など西の都と建築技術を通して密接な関係をもち、また近世に入って東の都に開かれた江戸幕府の支配下に組み入れられた飛騨は、地理的には遠隔の地といわれながらも、中央とは特別な絆で結ばれていた。しかし近代以降は、こうした関係とは異なる状況の中に飛騨は取り残されたように思われる。すなわち、太平洋側を中心に海沿いの地域が文明開化のもとでいち早く発展していったのに対し、飛騨の相対的な地理的遠隔性、隔絶性はむしろ強まったように思われる。明治中期に東西2つの都を結ぶ鉄道（東海道本線）が完成し、そのおよそ20年後にバイパスともいえる内陸部の鉄道（中央本線）が開通した。日本海側では1913（大正2）年に北陸本線が全通している。ところが飛騨への鉄道導入は、中央本線、北陸本線から20年以上も遅れ1934（昭和9）年にようやく実現した。その後に進められた鉄道の複線化、電化、高速化などでも遅れをとり、地理的遠隔性は依然として大きいままである。こうした地理的遠隔性は地域産業の有り様に影響を与え、いかに地元資源を有効活用するか、地元民に叡智を集めさせるように働いた。

飛騨高山で豊かに育つ木材の用途はとても広い。大きくは住宅などの建築用材、家の中で使う家具などのための木工用材、それら以外の道具、玩具、置物などのための用材に分けることができる。不動産をかたちづくる大きなものから、身の回りの小さなものまで、多様なものが木材を素材としている。木材は生育する場所の気候や地質などの違いに応じて樹種が異なる。しかし丸い幹が長く伸びている形状それ自体に大きな違いはない。素材としては共通の性格をもつ木材であるが、どのようなかたちに加工するかは国や地域によって違いがある。それは生活様式や暮らし方に地域性があるからで、建築スタイルや家具デザインなどは多様である。居住における伝統や習慣など広義の文化的地域性が木材の利用パターンに反映されている。飛騨高山で育った木材も、利用目的、加工方法、デザイン、スタイルなどは多様で、それぞれふさわしい工程を経て製品としてのスタートを切る。

2. 飛騨の木工家具業の国内における位置と特徴

重量があり嵩張りやすい木材は輸送手段が不便であった当初は、もっぱら樹木が育った地元とその周辺で使用されていた。ただし木材の特性ゆえ水上でなら運ぶことができるため、原木は川下げや海上輸送で遠方まで輸送できた。飛騨の場合は川を下り伊勢湾や富山湾へと送り出された。丸太はこうして輸送できたが、切り出した木材を加工してつくる家具・調度品の類は輸送が困難である。庶民の暮らしが現在のように豊かでなかった時代は、家具を揃えるような余裕はなかった。中に入れる衣装さえ十分でないのに、家具を持つ必要性はなかった。せいぜい木製の長持を置いてその中に重要なものはしまい、火事などのさいに家の外に出すくらいであった。まして椅子やテーブルといった家具などの使用は近代も後半になり、欧米の生活スタイルが庶民の暮らしの中に浸透するようになって以降のことである。

現在、国内の主な木工家具の産地として知られているのは、北海道・旭川、静岡、飛騨、徳島、広島県・府中、福岡県・大川である。これら以外にも生産地はあり、木工家具産業は地元産の森林資源を生かした地場産業の性格をもっている。各産地にはそれぞれ特徴があり、飛騨（岐阜県）は木製机・テーブル・椅子で全国シェアの10％以上を占めている（図４‐１）。生活の洋風化が広まり家具市場が全国化した現代、国内産地はもとより海外からも木工家具が輸入されている。とくにアジアの新興諸国で生産された値打ちな家具を大量に輸入する仕組みが定着するようになって以降、国内産の家具は価格では太刀打ちできないという状況に追い込まれるようになった。国内の主産

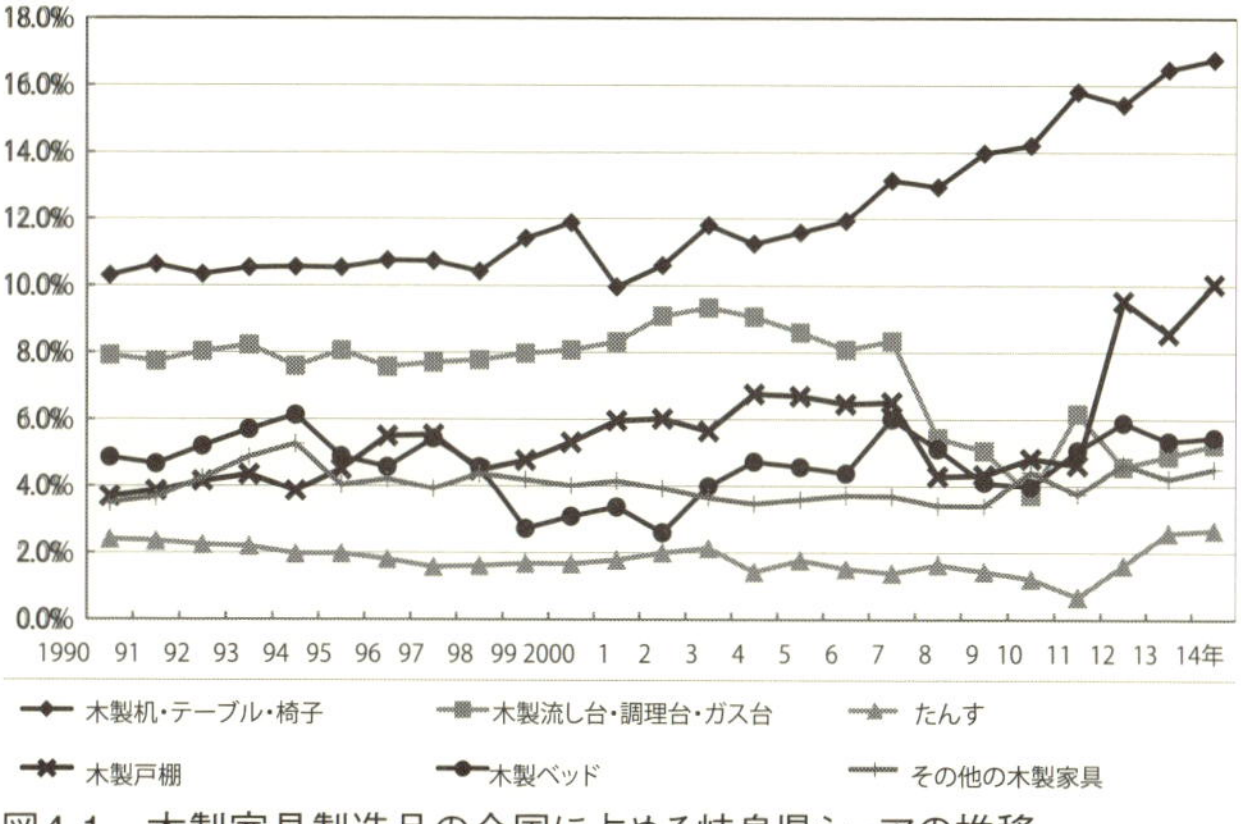

図4-1　木製家具製造品の全国に占める岐阜県シェアの推移
出典：岐阜県産業経済振興センターのウェブ掲載資料（https://www.gpc-gifu.or.jp/chousa/jiba/woodwork.pdf）をもとに作成。

地の中ではどちらかといえば高級で値の張る家具というイメージが強い飛騨産地にとって、楽観視できるような市場環境ではなくなった。

全国の木工家具の主要産地は、旭川、飛騨のように内陸奥地にあるもの、静岡、徳島、大川のように河口付近にあるもの、さらに府中のように比較的海側に近く河川沿いにあるものに分けられる。徳島、大川は船大工の伝統が指物生産に結びつき、その後は木工家具の生産へと発展していった。静岡は三代将軍家光が駿府の浅間神社を造営したおりに各地から集められた大工や指物師、塗師、彫刻師が定着したのが今日の家具生産のきっかけであった。さらに、中国山地から瀬戸内へ抜ける石州街道の中継地であった府中は、芦田川を筏で下ってきた木材を加工するのに適していた。これに対し内陸部に位置する旭川、飛騨は、木工家具の主な消費地である臨海平野部から遠く離れている。歴史からいえば明治以降に本州からの入植者によって開かれた旭川は、飛騨に比べれば歴史がずっと新しい。しかし1898（明治31）年には札幌から鉄道が延ばされ、第7師団も移住してきたため、人口が増えて当初から洋風の木工家具需要があった。

こうした地理的条件や歴史的背景をもとに飛騨の木工家具生産について考えると、洋風の家具生産の開始時期が遅れたことが理解できる。近代的な輸送手段としての鉄道の開通は1934（昭和9）年であり、旭川より40年近くも遅かった。他の産地と比べると、森林資源の豊かさでは引けを取らないか、むしろそれを上回っている。しかし険しい山岳条件に阻まれて消費地からの時間距離は長く、もっぱら原木を供給する産地としての地位に甘んじてきた。飛騨の家具の品質は申し分なく重厚で存在感があるが、その分、高価になりやすく手が出しにくいというイメージがもたれている。高い品質や重厚さは手を抜かない技術水準の高さの反映である。しかし、室内を流行に合わせて各種のインテリアで飾る生活スタイルには、残念ながら重々しい家具はあまり似合わない。消費地の変わりやすい生活感覚をタイムリーに受け止めて製品に反映するのに、飛騨はなお地理的、文化的ハンディを負っている。

第2節　戦国末期から幕末までの林業経営、木材川下げの歴史

1. 金森氏による林業の直営と内需振興による経済的繁栄

飛騨高山がまだ金森氏の治める高山藩であった頃、領内の山林はすべて藩の所有で、木を伐り出したのは藩から請負を任された地元の農民か高山城下の町人であった。藩は請負人にあらかじめ賃金（元伐賃）と米、味噌、塩などの諸費用を渡し、伐採した木材の値段から差し引いて勘定をした。つまり藩自らの手によって木材を生産していた。伐り出された木材は、美濃との国境で飛騨への入口にあたる飛騨川沿いの下原（現在の金山町下原）で商人に売り渡されるか、あるいはさらに川を下って木曽川を経由し桑名やその先の熱田まで送られた。下原には飛騨川を上流から流れてくる木材が一時的に留められ、役人によって材木改が行われた綱場があった。飛騨川にはこうした綱場が10か所近くあったが、一番下流に当たる下麻生の綱場で飛騨川を下ってくる材木がすべて集められ、筏に組んでさらに流された（写真4-1）。

写真4-1　下麻生の綱場に集められた木材
出典：高山市編（2015）：『高山市歴史的風致維持向上計画』高山市,p.16 による。

藩営体制のもとで伐り出された飛騨の木材は、すべて飛騨川とその下流の木曽川によって太平洋側へ運び出されたわけではない。地図で飛騨地方を流れている川の向きを確認すると、宮峠や位山などを境にして南へ流れる川と、逆に北に向かって流れる

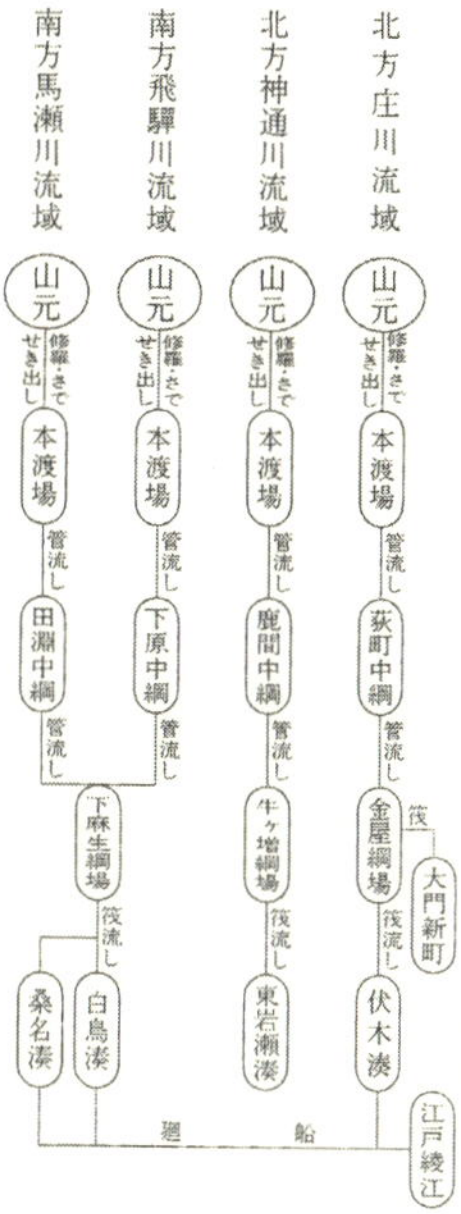

図4-2　江戸時代における飛騨地方からの木材輸送経路
出典：高山市制五十周年・金森公領国四百年記念行事推進協議会編（1986）：『飛騨 金森史』金森公顕彰会をもとに作成。

川のあることがわかる。飛騨高山の城下町は、北に向けて流れやがて神通川となって日本海に流入する宮川に沿って形成された。高山市は岐阜県にあるため、県内の主要都市と同じように南側すなわち太平洋側を向いているように思われる。しかし地形や河川などの自然条件でいえば越中・富山や加賀・石川の北陸地方と共通する点が少なくない。同じ高山市内でも、宮峠付近を境に北側で冬季の降雪量が多いのはこうした自然条件によるところが大きい。日本海に向かって流れる宮川（神通川）や庄川は、藩内北部の流域で伐り出された材木を送り出すのに利用された。飛騨では中央部の分水嶺を境に日本海側へ流す地域を「北方」、飛騨川、益田川などを使って太平洋側へ流す地域を「南方」と呼んだ（図４‐２）。北方は面積が広く、西側の白山を中心とする庄川流域と、東側の高原山を中心とする高原川流域に分かれていた。中央を流れる宮川は途中で高原川と合流して神通川になる。

高山藩当時、南方では阿多野、小坂、久々野から、北方では白川、小鳥などからそれぞれ川下しで木材が輸送されていた（表４‐２）。樹種は桧、椹《さわら》、黒部などで、多い年は

伐出の場所	年代	西紀	樹種	材種	伐出数量	請負人
小坂郷	慶安 四年	一六五一			不明	岐阜 中島両以
白川郷 福島	承応 元年	一六五二			不明	越中 高田屋市助
白川郷 有家原	〃	〃			不明	加賀 間崎宗鑑
小坂郷	同～万治元	～一六五八			不明	岐阜 中島両以
久々野 山ノ口	寛文 元年	一六六一			不明	〃 同人
白川郷 芦倉	同 二年	一六六二			不明	白川 又太郎
阿多野 小坂	同 三年	一六六三	ヒノキ	割角	、五〇〇本	〃 高橋孫八郎
〃	〃	〃	ヒノキ	角	五、〇〇〇本	〃 同人
阿多野	同 五年	一六六五	ヒノキ	割角	七〇〇本	高山 矢嶋茂兵衛
	同 八年	一六六八	ヒノキ	角	七、〇〇〇本	〃 矢嶋茂右衛門
〃	〃	〃	サワラ	榑	一〇、〇〇〇挺	〃 同人
〃	〃	〃	クロベ	榑	一〇、〇〇〇挺	〃 同人
阿多野 小坂	同 一〇年	一六七〇	ヒノキ	角	三、〇〇〇本	〃 同人
〃	〃	〃	サワラ	榑詰	九、〇〇〇挺	〃 同人
〃	〃	〃	クロベ	板子	二、三〇〇枚	〃 同人
小島郷 上小島	同 一二年	一六七二	薪		不明	〃 加賀屋次郎兵衛
白川郷 平瀬	〃	〃			不明	〃 川上善吉
小坂郷	〃	〃	ヒノキ	角	二、〇〇〇本	〃 小池助作
〃	〃	〃	サワラ	榑詰	五、〇〇〇挺	〃 同人
久々野 小坂	〃	〃	ヒノキ	角	四、〇〇〇本	〃 矢嶋茂兵衛
〃	〃	〃	ヒノキ	板子	一、五〇〇枚	〃 同人
〃	〃	〃	サワラ	半小	五〇、〇〇〇挺	〃 同人
久々野	延宝 二年	一六七四	ヒノキ	角	二、〇〇〇本	〃 同人
〃	〃	〃	ヒバ	角	五〇〇本	〃 同人
阿多野	同 四年	一六七六	ヒノキ	角	六、〇〇〇本	〃 同人
〃	〃	〃	クロベ	板子	二、〇〇〇板	〃 同人
小鷹利郷 保	同五～六年	一六七七～七八			不明	木曽 木村市右衛門
小八賀	同 六年	一六七八	ヒノキ	角	五、〇〇〇本	高山 矢嶋茂兵衛
阿多野	同 九年	一六八一	サワラ	半小	一二〇、〇〇〇挺	〃 同人
〃	天和 三年	一六八三	サワラ	半小	一二〇、〇〇〇挺	〃 矢嶋茂吉
〃	同 四年	一六八四	サワラ	半小	六〇、〇〇〇挺	〃 矢嶋茂右衛門
白川郷 尾上郷	貞享三～四年	一六八六～八七			不明	〃 加賀屋佐七
白川郷 赤谷	元禄 二年	一六八九			不明	〃 同人
阿多野	同四～五年	一六九一～九二	サワラ	半小	八〇、〇〇〇挺	高山 矢嶋善右衛門
〃	〃	〃	クロベ	カワラ	三、〇〇〇枚	〃 同人
白川郷 大白川	同 四年	一六九一			不明	〃 能登屋庄四郎

表4-2　高山藩時代の商人請負による木材生産状況

出典:高山市制五十周年・金森公領国四百年記念行事推進協議会編(1986):『飛騨 金森史』金森公顕彰会をもとに作成。

1年間に榿が12万挺、桧が6千本も運び出された。なお挺も木材を数えるときの単位である。高山藩から木材の伐採と輸送を請け負った商人は矢島茂右衛門、矢島茂兵衛など矢島を名乗る商人が多いが、なかには岐阜、越中、木曽の商人もいる。金森氏が林業経営でどれくらいの利益を得ていたか確かなことを記した資料は残されていない。しかし、1692（元禄5）年に飛騨が天領になり、金森氏から幕府に引き継がれた木材資源は年間6万両程度の利益を生んでいたと推測される。日本銀行金融研究所貨幣博物館の資料によれば、1両は13万円ほどであったため、現在の価値でいえば78億円ほどの収入であった。天領になる前と後との大きな違いは、木材を領外へ販売することによって売上利益の大半が飛騨にもたらされていたのが、そうではなくなってしまったということである。金森氏は木材で得た収入を築城や寺社の造営あるいは城下町の整備のためにつぎ込んだ。いわば内需振興策のおかげで高山の御用商人は利益に預かり、建築などの増加で集まってきた労働者に生活必需品を供給することでさらに収益を上げた。商人の中には木材の元伐や川下げを請け負って利益を得た者もいたが、むしろ主流は支配権力と結びつき庶民が必要とする生活物資を商うことで利益を蓄積していった。

2. 幕府直轄後の林業経営と乱伐後の植林政策

1692（元禄5）年の天領後、幕府は金森氏の家臣であった山役人を山林の管理技術者として採用した。藩直営から幕府直営へと林業経営の体制が大きく変わることで混乱が生じないように、以前からの専門家集団に業務を任せたのである。ただし木材の取引を実質的に取り仕切ったのは幕府が認めた江戸の商人たちであったので、地元の山人は江戸商人が他国から雇い入れた杣人《そまびと》と競合する立場に立たされた。賃金は抑えられ、金森時代のような前借も自由にできなくなり、伐採請負の権利も失った。困窮に陥った山人たちはこうした状況に不満を抱き幕府に嘆願した結果、直営方式による木材生産を復活させることになった。しかしながら、金森時代のような繁栄を取り戻すことは到底叶わなかった。杣人たちがどのような仕事に従事したか、描き残された絵図からその一端を知ることができる（図4-3）。伐採された木は修羅などの道具を使って移動させ、最初は１本ずつ斜面を下らせながら、本流に着いたら筏に組んで下流へ流す方法がとられた。杣人は山場に近いところで働いたため、重労働で危険とは隣り合わせの仕事であった。

天領になり苦しい状況に追い込まれていった山人とは対象的に、高山の商人たちは天領になってからも、その経済力を温存することができた。なぜなら、幕府は天領への移行を円滑に進めるために、商人たちには幕府への協力と引き換えに彼らの経済的権利を保証する姿勢を示したからである。江戸商人が大規模に木造生産に取り組むようになって人口も増加した高山では、生活必需品に対する需要も増えた。こうした需要を賄うために、高山の商人は支配権力の庇護を受けながら独占的な活動を行うことができた。天領に移行して18年が経過した１７１０（宝永７）年当時の高山三町の戸数は１，２８３戸、人口は７，２６１人であった。飛騨全域では６８，３６０人（１７２６年）を数えたが、これは金沢の６９，０００人（１６９１年）、名古屋の６４，０００人（１６９２年）とほぼ同じであった。ただし稲作条件に恵まれない飛騨の米生産は４４，０００石余りで、一人当たりになおすと０・６石に過ぎなかった。これは全国平均の１・０石を大きく下回っており、飛騨が農業ではなく林業に大きく依存していたことがわかる。

飛騨の山で育った木々の樹齢は２５０~３００年といわれる。金森氏が飛騨国に入府してから天領後の江戸商人による大規模な伐採が終わるまで１２５年が経過したが、この程度の年月では一人前の樹木には育たない。つまり材木が伐採され始めてから天領体制20年後の享保期までの間に、木材資源の大半は失われたといえる。こうした事態を重く見た

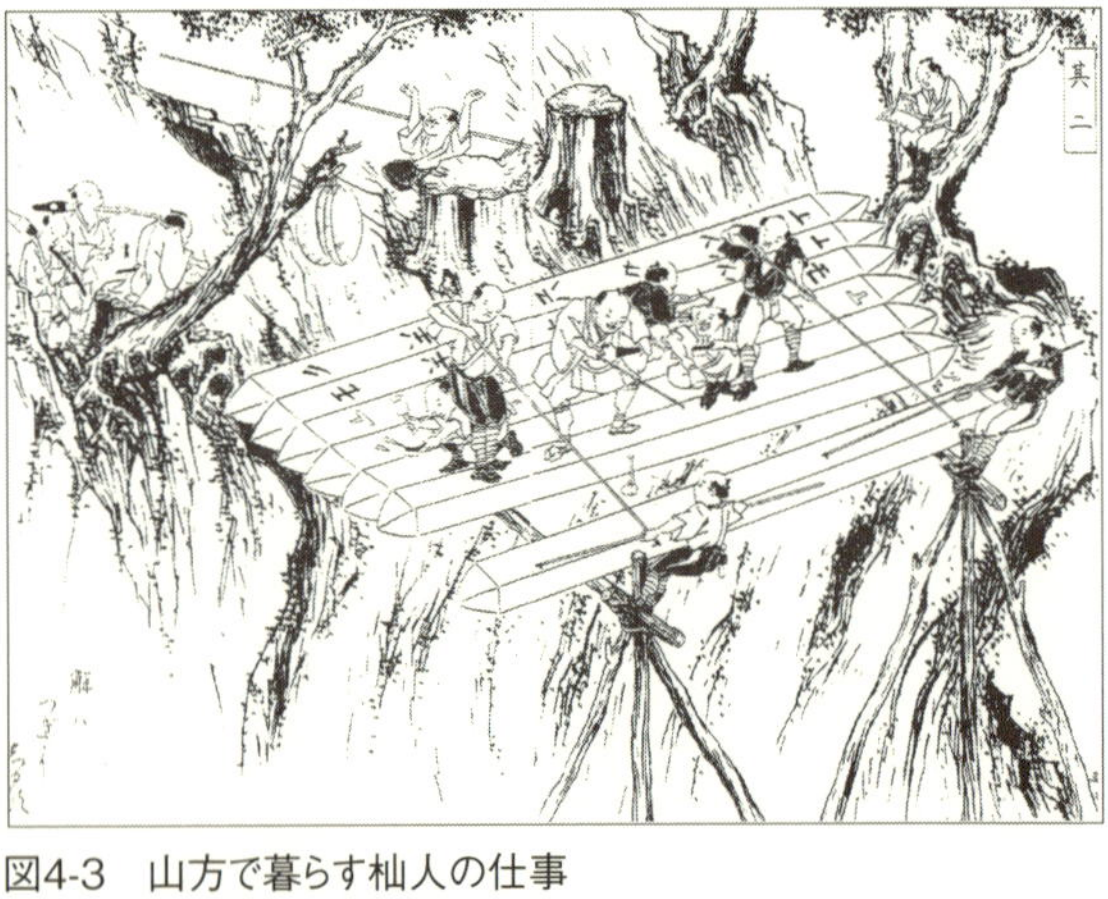

図4-3　山方で暮らす杣人の仕事
出典:図説・大原騒動刊行会編（1992）:『図説・大原騒動』郷土出版社をもとに作成。

幕府は1721（享保6）年に植林令を出した。当時の代官は亀田三脩《みきなが》で、彼は、飛騨国内における公共土木用材が不足し、橋の付替えや井堰の改修に支障をきたすようになったこと、あるいは江戸商人による乱伐で森林資源が尽山化したことから植林令を発した。この命令にしたがい、益田郡の100村、大野郡の54村、吉城郡の8村で檜、椹、杉、黒部が植えられた（表4-3）。植林が行われる植木場は各村に1か所あり、それぞれ70～80本の苗木が植えられた。

植林は亀田から数えて三代あとの幸田高成《たかまさ》代官の時期にも行われた。幸田が代官に赴任したのは享保改革のあとの1745（延享2）年であり、改革期の影響を受けて優れた植林法を採用した。高山役所の代官に就任する以前、彼は関東代官として上野・上総国の幕府領を支配した経験があり、有毛検見《ありげけみ》取法の施行にも携わった。有毛検見とは、上中下という田地の位付けとは無関係に、一坪当たりの平均収量をもとに耕地の収穫量を算出する方法であり、年貢増徴策として実施された。幸田は信州から飛騨へ馬鈴薯の種子を移入して試作させるなど、殖産興業にも理解が深かった。幸田の植林政策の特徴は、飛騨全村のそれぞれの地域性を尊重し、事前調査をふまえながら村ごとに適した植林を実施した点にある。植林による山稼ぎの継続、地元で必要な御普請材木《ごふしんざいもく》・家作木の確保、苗木育成による御用木の確保、村々の利益確保という理念がその根底にあった。

3. 代官（郡代）と農民の間で繰り広げられた騒動

亀田三脩代官による植林政策が実施されている間も、飛騨の山林からは木材が伐り出されていった。亀田のあとに代官に就任した長谷川忠国は、就任3年前の1721（享保6）年

	亀田三郎兵衛によるもの				幸田善太夫によるもの		
	植木場数	村数	苗木本数	苗木樹種	村数	苗木本数	苗木樹種
益田郡	94	100	5,940	檜･椹･杉･黒部	100	13,501	檜･椹･ひば･黒部･杉
大野郡	53	54	4,348	檜･椹･杉･黒部	121	9,962	檜･椹･ひば･黒部･杉
吉城郡	8	8	193	檜･杉･ひば	176	10,543	檜･椹･ひば･黒部･杉
合　計	155	162	10,511		397	34,006	

表4-3　亀田,幸田両代官による植林事業

出典:高橋伸拓(2009):「飛騨幕領における木材資源の枯渇と植林政策」『徳川林政史研究所研究紀要』第43号をもとに作成。

から行われてきた木の伐り倒し、すなわち元伐《もとぎり》を代官就任時に一時中断させた。そのさい、山内に伐り散らかされている材木や榑木《くれき》（桧や椹などの板材）を搬出して売却したところ、10万両（現在の価格で約800億円）もの収入が得られた。長谷川代官は1727（享保12）年に商人による請負伐採を中止し、代わって山方民による計画的な伐採への切り替えを実施した。計画伐採では当初、木材生産量を年間当たり7，500両（約6億円）と定めた。しかし森林の生育状況を考えると計画伐採量を増やすことはできず、年々、減少して大原紹正《つぐまさ》が代官であった1771（明和8）年には3，323両（約2・7億円）にまで減少した。ついにこの年、大原は休山命令を発した。

大原代官による休山命令とは、幕府勘定奉行が出した御用木元伐休山命令のことである。幕府は飛騨地方の山林資源が枯渇状態に陥ったのを受けて、木材の買い入れはできないと決断した。幕府側の事情からすれば当然であるが、この決定は山での稼ぎを失った人々にとっては死活問題であった。実際の問題はその先で、本来、木材稼ぎとして支払われるはずであった三千石の米を、大原代官は幕府に返納すると言い出した。たしかに、山仕事がなくなれば山方衆に米を支払う必要はなくなるが、一方的に休山を宣告された山方衆にとっては怒りが収まらない。加えて、大原代官は高山の米商人と結託し、他産地米を高山産と偽って江戸に送り、農民から集めた三千石の米を米価高騰で利ざやを稼ぐ手段に使おうとした。このことを知った農民たちは代官に協力した米商人の自宅や蔵を打ち壊した。大原代官は直ちに弾圧に乗り出し、54名を投獄し、1名を死罪にした。これが明和の騒動といわれるものである。

明和の騒動の2年後、1773（安永2）年に安永騒動が起こった。やはり代官は大原紹正で、彼は幕府へ納める年貢米を嵩上げするために検地を強行しようとした。日々の暮らしが楽ではない農民たちは検地に反対して高山役所に陳情したが埒が明かなかった。そこで彼らは実力行使に訴え、農民の代表を江戸へ送り込み、幕府の老中や勘定奉行に直に訴える駕籠訴《かごそ》を実行した。しかし捕らえられて打ち首になるなど、多くの犠牲者を出した。幕府からの連絡を受けた大原代官は村々の名主を集め、検地の実施を認めさせて不服申立てがない旨の文書に署名させようとした。こうした代官のやり方に憤激した農民たちは、飛騨一之宮水無神社に集結して抵抗の姿勢を示した。ところが大原代官は郡上藩などの鉄砲隊の力を借り、再び農民の弾圧を行った。この結果、農民のうち13名が死罪、14名が流罪になるなど厳しい処罰が行われた。

嵩上げ目的の検地は実施され、大原紹正はその功が認められて1777（安永6）年に郡代に昇進した。ただし彼の妻は、夫が郡代に昇進した年の7月にその悪政を諫めて自ら命を絶った。安永の騒動はこうして幕を閉じたが、これに続いてさらに別の騒動が起こった。それは、大原紹正の子の正純《まさずみ》が父の後を継いで郡代に就任したことが原因であった。私利私欲に走る傾向があった正純は、農民が納める年貢米一俵につき30～50文の過納金《かのうきん》を、納め終わったあとも農民に返さなかった。彼は村々から多くの借財をしながら返却しなかったり、天明の飢饉対策として幕府が農民に対して免除した年貢を取り上げてしまったりした。こうした強欲な姿勢に対し、農民だけでなく役人や名主も不信をつのらせた。正純によって解雇された役人や失職した名主は、1787（天明7）年頃から江戸に代表を送り、老中松平定信らに訴えを行った。ただでさえ天明の大飢饉で農村が疲弊している時代、幕府としても見過ごすことができなかった。田沼意次が失脚して松平定信が老中首座になったのを機に幕府による実情調査が行われた結果、大原正純は八丈島への流罪となり、彼に加担した役人も処罰された。18年間、飛騨高山の代官（郡代）と農民たちの間で繰り広げられた騒動は、代官（郡代）二代の名をとり大原騒動と呼ばれる。

4．太平洋側、日本海側への木材川下げの仕組み

天領後、飛騨の山中から送り出された木材は、どのような経路を経て市場へ届けられたのであろうか。高山役所の役人が書き残した資料などによると、南方すなわち太平洋側に向かう川下げの場合、山から伐り出された木材は小坂川、益田川、馬瀬川を使って川下げされた。小坂川と益田川は合流して飛騨川となり、飛騨川は国境のさらに先で木曽川と合流する。馬瀬川も下呂を通り金山付近で飛騨川に合流する。この間、川下げに関わった村は数多く、川沿いに点在するものや、元山近くに分布するものなどからなった（図4‐4）。飛騨川を下る木材は木曽川に入り、尾張藩領から木

曽川を川下げた木材と同様、美濃太田、犬山を経て河口の桑名に着き、さらに伊勢湾を横切って尾州白鳥湊まで運ばれた。これで終わりではなく、東は駿府清水湊や江戸の猿江《さるえ》御材木蔵、西は大坂の川崎御蔵まで運ばれていった。猿江御材木蔵は幕府が必要とした材木が保管されていたところで、跡地は現在、江東区の猿江恩賜公園になっている。大坂の川崎御蔵は天満川崎として米蔵や材木蔵が集まっていた場所で、明治以降、跡地には日本最初の造幣局が設けられた。

北方すなわち日本海に向けて流れる庄川を川下げして木材を運び出す場合、加賀藩内の金屋《かなや》に集められ、そこから伏木の湊を経由して各地に送られた。金谷は銅器製造で有名な高岡市にあり、庄川の左岸に位置する。金屋には川下げされた木材を一時的に置く御囲場があり、1621（元和7）年に金屋の御囲場から千保《せんぼ》川、小矢部《おやべ》川を利用して石動《いするぎ》まで運び、さらに陸路で津幡を経て金沢に運んだという記録も残されている。飛騨が天領になってからは、白川郷で伐り出された木材が庄川を下って金屋に集められ、翌年、伏木湊から日本海と瀬戸内海を通って京都七条まで運ばれたという記録もある。これは1788（寛

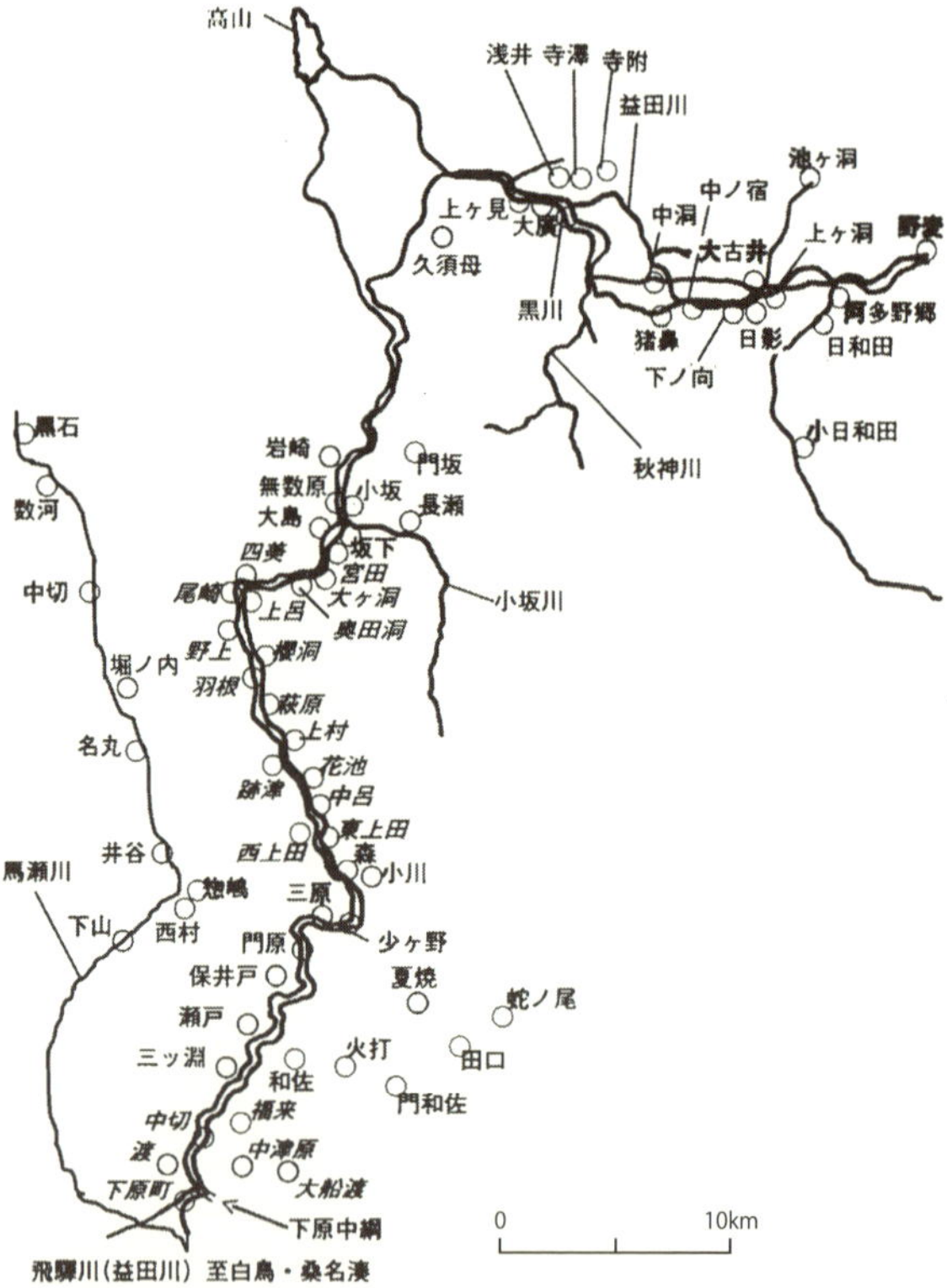

図4-4　飛騨川流域で木材川下稼ぎに従事していた村（天保14年,1843年）

出典:高橋伸拓(2009):「飛騨幕領における御用木の運材と川下稼--南方を中心に」『国文学研究資料館紀要 アーカイブズ研究篇』　第40号　p.76 による。

政３）年に焼失した東本願寺の再建のための木材であった。１８４０（天保11）年には、高山の商人が江戸城修理用の木材を庄川で川下げしたさい、枝木も木呂（薪用の雑木）として金屋で販売している。庄川、小矢部川の河口に位置する伏木湊と同じような役割を果たしたのが、神通川河口の東岩瀬浜である。宮川、高原川を川下げされた木材は東岩瀬浜から各地に送り出されていった。

現在でも距離にして５００㎞を優に超える木材の輸送経路を見届ける役目を果たしたのが、高山役所の役人たちであった。南方の場合、飛騨川の中継地点の渡場《とば》（一時的な貯木場）であった下原中綱場や下麻生《しもあそう》の桴場《いかだば》では木材の形状確認や傷み具合のチェックを行った。中綱場では筏の上に設けられた小屋の中で役人が木材検査をどのように行っていたか、その様子を残された絵図から垣間見ることができる（図４-５）。増水すると綱場を越えて木材が流出したり、途中で木材が行方不明になったりすることもあったため、とくに神経を使った。尾張藩の領地で伐採された木材も木曽川を利用して運ばれたため、尾張藩の太田陣屋にいる役人との間で川下げの日程調整をする必要もあった。白鳥湊から江戸や大坂に向けて海上輸送するさいには、出帆年月日、船頭の名前、積み込んだ材木の種類や本数などを書き記した書類を作成するのも、彼らの役目であった。貴重な材木を一本一本、厳格に管理した様子が目に浮かぶようである。

高山役所の役人の任務は木材輸送の管理・監視であり、実際に木材輸送に携わったのは運送請負人である。請負人とはいかなる人々であり、どのような仕事をしたのであろうか。元禄から寛保にかけての時期、すなわち１６８０年代末から１７４０年頃の間、木材輸送を請け負ったのは、地元飛騨の商人や江戸、名古屋の商人であった。彼らは下麻生の

図4-5　木材川下し途中の中綱場での作業絵図
出典：高山市制五十周年・金森公領国四百年記念行事推進協議会編（1986）：『飛騨 金森史』金森公顕彰会をもとに作成。

綱場から白鳥湊までの川下げと、ここから江戸、大坂などへの海上輸送を請け負った。1744（延享元）年から1753（宝暦3）年の間は、白鳥湊の御用商人であった中村屋七兵衛が全面的に請け負っており、さらに5年ほどの間をおいて1802（享和2）年以降は、再び中村屋七兵衛が請け負うようになった。中村屋が請け負わなかった時期は、飛騨湯之島村出身の九兵衛、通称、飛騨屋九兵衛が請け負っている。湯之島村は現在の下呂市湯之島であり、九兵衛は江戸へ出て材木を扱う商人となり、のちには東北の南部藩大畑や蝦夷地にまで進出して活躍した。

高山役所から材木の輸送業務を請け負った商人は、輸送途中に木材の流出や損傷があれば役所に報告するのは当然として、なくした材木があった場合は弁済する義務を負った。請負にさいしての義務はそれだけにとどまらず、川下げに必要な杖や竿、綱場や筏場、木場改所、監視小屋などの設備を準備しなければならなかった。木材輸送業務を高山役所から請け負った商人は、実際に仕事に当たる重立者《おもだちしゃ》とその下で指示を仰ぐ大番、小番を置いた。こうした階層的な労務組織の一番下に川下げ日雇がおり、現場に一番近いところで働いた。木材の川下げは秋だけの季節業務であったが、流域に暮らす人々にとっては貴重な収入源であった。ただし川下げ作業は技術を必要としたため、どの村も専門の職人集団として活動できたわけではない。専門技術のある人々は飛騨以外の他国へも出稼ぎにいっていた。

第3節　ブナの曲げ木から始まった木工家具産業の発展過程

1．低利用のブナ材を曲げ木技術で家具にする技術

深い奥山で長い年月を経て育った樹木を伐採しても、最終的に何らかの用途で使わなければ意味がない。実際は何か目的があって樹木は植えられたり、あるいは伐られたりする。樹木はその種類によって性質が異なるため、できるだけうまく性質を引き出して利用するのがよい。ブナは日本では北海道南部から九州にかけて広く分布しており、低山の照葉樹林帯と亜高山の針葉樹林帯の中間あたりに林をつくる。日本では木偏に無と書いて橅（ブナ）と読ませる。その理

由として、ブナは腐りやすく加工後も狂いやすい性質があるため利用価値がないからだ、という説がある。しかし、これは多分に俗説のようで、無はもともと人が舞う様子を表しており、「ない」という否定の意味はない。文字が仮借され本来の意味が消えてしまった。成長すると根元付近に毒素を出すため周辺の木が育たないという厄介な性質も、ブナが敬遠されてきた理由のひとつである。しかしその一方で、ブナの実は食用に適しており、ヨーロッパでは森の母と呼ばれ、豚を放し飼いにして実を食べさせる養豚林さえある。ゲルマン民族がブナの樹皮や板を引っかくようにして文字を書いたことから、古英語でブナを意味するBookが本の語源になったというのは興味深い。

飛騨の山中でもブナは利用価値の低い樹木としてあまり利用されることがなかった。ところが、このブナに新たに光が当てられるチャンスが訪れた。それはまったくの偶然で、1920（大正9）年の3月初め、当時の高山町上三之町の味噌店に二人の客が訪れたときのことである。客がブナの木でも加工次第で立派な椅子になるという内容のことを話しているのを奥の帳場で耳にした主人が興味を抱いたのがきっかけであった。この主人は以前からブナ材の活用方法について考えを巡らせていたため、関西方面でブナの木を蒸して曲げ、椅子やテーブルをつくる工場で働いていたという客の話は大いに興味をそそった。関西帰りの客人は自分たちの技術が飛騨で生かせないか、働き口を探しているようであった。味噌店の主人は知人の曲輪《まげわっぱ》製造業者にこの話を伝え、二人でさらに詳しい内容を客から聞くことにした。針葉樹を使って蒸し器や篩などの曲輪をつくっていた製造業者は、繁茂し放題で手に負えないブナの原生林が飛騨の各地にあることを知っていた。このため、味噌店の主人ともども、ブナ材が家具に加工できれば、地元で木工家具産業を興すことができると考えた。写真4‐2のように地元で厄介視されてきた

写真4-2　木工家具製造のためのブナ材の集積
出典:飛騨の匠ミュージアムのパネル写真による。

ブナの木も、技術を駆使して加工すれば椅子用の材料になる。写真４‐３は、切り出したブナの木を曲げて椅子用の部材として加工したものである。

一般に木工家具産業が成り立つためには、原料の木材が手に入りやすく、加工技術をもった職人集団がいなければならない。家具を消費する市場が近くにあれば申し分ないが、これら３つを同時に満たすのは容易ではない。飛騨は原料調達と技術集積ではまったく問題はない。味噌店の主人が中心となってブナ材加工の会社を設立することとなり、地元有力者12名から出資を仰ぎ、創業加盟証拠金20円をもとに曲木家具製造会社が１９２０（大正９）年に誕生した。設立発起人の中から選ばれた代表取締専務が設立されたばかりの新会社を取り仕切ることになった。経営を実質的に担当することになったこの専務は、飛騨春慶で使われていた曲輪の技法を椅子の製造にも応用できないかと考えた。味噌店に立ち寄った関西帰りの職人のつてを頼りに大阪から仕入れた中古の機械や曲木の型、治具をもとに地元の鍛冶屋に南京椅子と腰止椅子の曲型をつくらせた。

試行錯誤を繰り返しながら、会社設立の３か月後にようやく最初の椅子が完成した。しかし倉庫に保管中に曲げ木台座の接着が剥がれるなどのトラブルがあり、不良品の山を築いてしまった。それも克服して名古屋の百貨店に出荷することになったが、途中の悪路で荷崩れが起こり塗装剤が剥がれ落ちるというハプニングにも見舞われた。まだ鉄道の便もなく陸の孤島状態の飛騨高山から消費地に木工家具を輸送するには大きなハンディがあった。しかしこの塗装剥がれの問題は、地元の伝統技術である飛騨春慶の技を応用することで乗り越えることができた。春慶仕上げで値段は若干高くなるが、品位があり堅牢そうというイメージが飛騨の家具につけられるようになった。

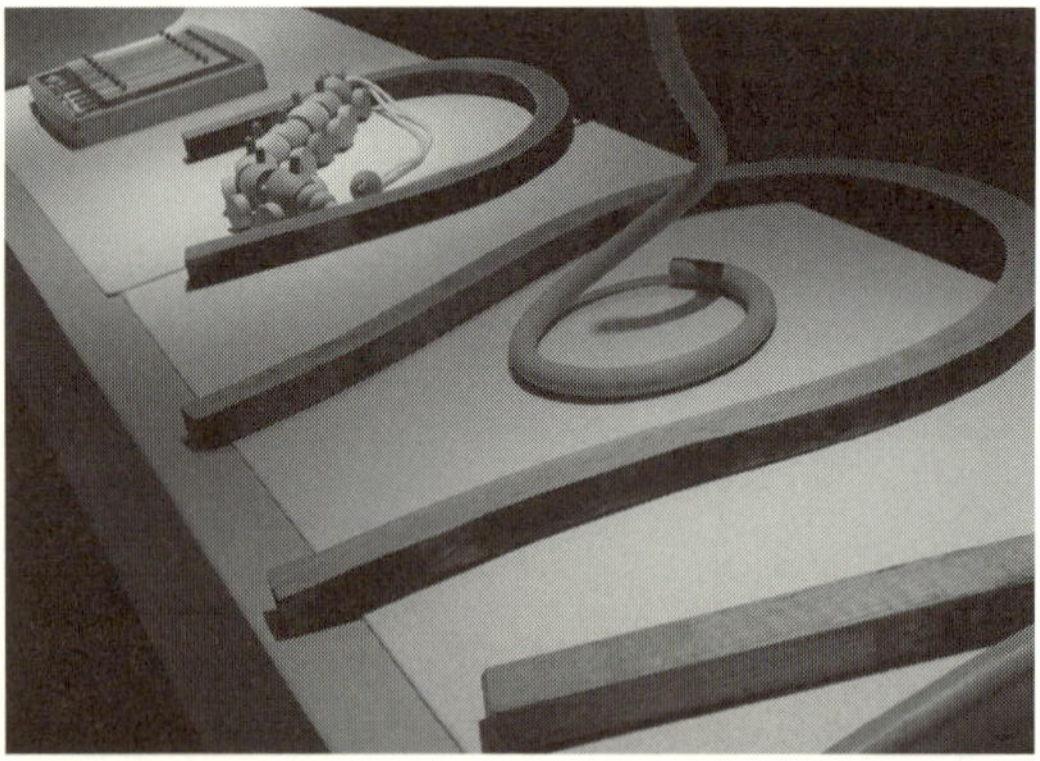

写真4-3　曲げ加工を施された椅子用のブナの部材
出典:飛騨の匠ミュージアムのパネル写真による。

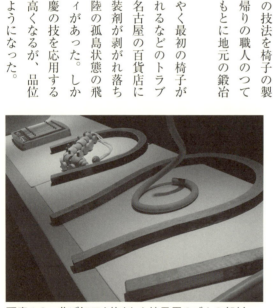

2. 産地間競争力を強めるための各種の工夫

木工家具は工業製品の一種であるが、機械製品などとは異なり、その気になれば素人でも部品を組み立てて完成品にすることができる。また家具は大きなスペースをそれ自体がもっているため、輸送が嵩張り、空気を運んでいるともいわれる。飛騨高山から木工家具を輸送したさいに荷崩れした教訓から、組立順序を記した説明書を添え、部品を木箱に箱詰めして発送するように輸送方法が改善されたのは、このような理由からであった（図4‐6）。現代でも、たとえばスウェーデンの家具製造小売業イケアは、板状の部品をまとめたフラットパックを消費者自身が持ち帰り、自分で組み立てることを原則としている。工場から大型販売店までの輸送においても、フラットな部品をまとめて運ぶことで輸送費の圧縮につとめている。つまり家具は、製品価格の割に輸送コストが高くなりがちな製品なのである。飛騨高山の場合は、鉄道がいまだ敷かれていなかった時代のことでもあり、箱詰めした家具部品を2泊3日かけて岐阜まで長い距離を輸送した。岐阜駅からは鉄道で東京や大阪などへ運ばれ、家具小売店の店先で組み立てられ販売された。

今日でこそノックダウン生産という方式が一般に知られるようになったが、輸送コストを引き下げるための工夫は昔から行われていた。たとえば自動車工業の草創期、アメリカのフォード社は、完成車をデトロイトの完成工場から輸送するのではなく、主要な中間部品を鉄道で輸送し、消費地に近いところで組み立てて完成させる方式を採用した。自動車を修理する場合も、消費地の近くに工場があれば便利である。このように、家具以外でも部品輸送と現地組立の組み合わせは昔から行われており、輸送コストの縮減とアフ

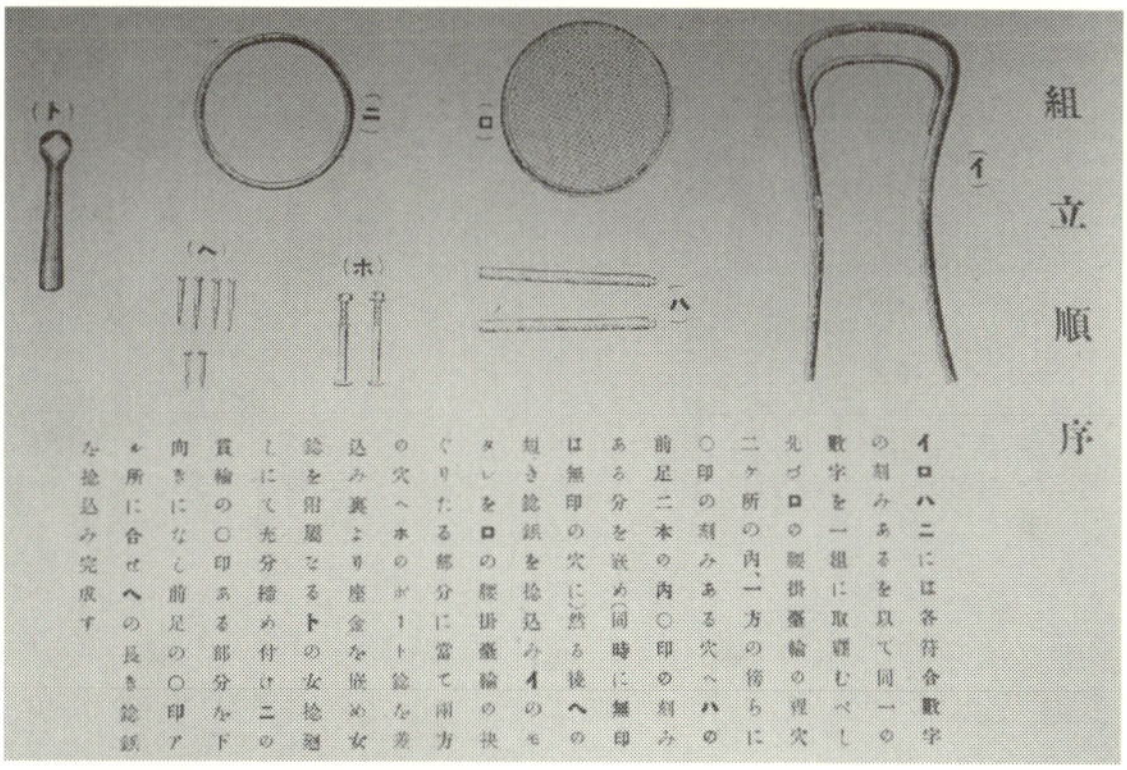

図4-6　椅子の組立順序
出典:飛騨の匠ミュージアムのパネル写真による。

ターケアが主な理由であった。交通事情が悪く、完成品の輸送に多くの手間や注意が求められた時代、飛騨高山の木工家具と同じようなことが多くの国や地域で行われていた。

さて、奥飛騨から運び出されて組み立てられた木工家具は、臨海部の消費地で他産地の木工家具と競争しなければならない。当初は距離的に近い名古屋周辺の市場をねらったが、この地域では和家具を中心に箪笥、長持ち、鏡台などを扱う箪笥屋がほとんどで、洋家具を扱う販売店は数えるほどしかなかった。そこで飛騨のメーカーは、愛知県の東部から静岡県にかけての販売へと販路を転換した。しかしここでは浜松の曲木家具メーカーの力が強く、入る余地がなかった。天竜川に近い浜松では上流域の森林資源を活かした木工家具の生産が伝統的に行われてきた。世界的生産地となったピアノ生産もその発展形のひとつである。静岡県には現在でも家具産地として有名な静岡家具が安倍川に近い静岡市周辺で生産されている。浜松も静岡も臨海平野部にあり、幹線鉄道による輸送手段にも恵まれている。鉄道も通っていない飛騨高山の木工産地と比べると、競争条件ではるかに優位な立場にあった。

東に見込みがなければ西に向かうよりほかに手はなく、大垣、彦根、京都、大阪へと販路を求めて移動した。しかしこの方面では奈良、布施、大阪にある有力な家具メーカーが市場を握っており、やはり新規に参入するのは困難であった。大阪は木工家具生産の先進地域であり、実際、飛騨高山でブナ材を曲木手法で椅子にすることを提案した職人は、大阪で修行を積んだ人物であった。その大阪の木工家具メーカーは、遠く中国山地から高い輸送コストを支払って原料を調達していた。製品価格に占める原料調達コストの割合の大きさに驚いた高山の業者は、木材資源に恵まれた飛騨で大阪の木工家具と同等か、もしくはそれ以上の品質の家具を製造す

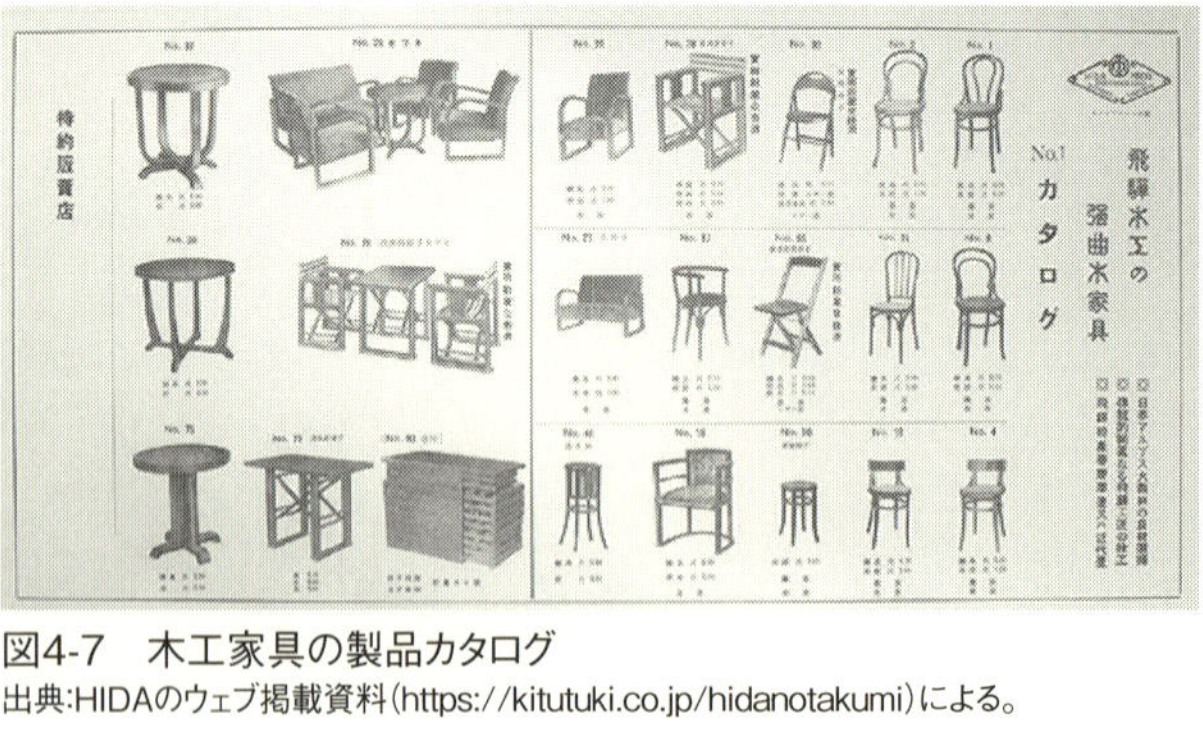

図4-7　木工家具の製品カタログ
出典:HIDAのウェブ掲載資料(https://kitutuki.co.jp/hidanotakumi)による。

れば勝算があると考えた。

他産地製品に打ち勝つには、木工家具の品質を高めるしかない。木材資源の調達コストではもともと優位に立つため、品質を良くすれば製品輸送コストが多少高くてもカバーできる。こうした考えのもとで、生産性向上のために職工の賃金を工程ごとの個人請負にすることにした。工程分業で精度を高めれば製品の質が向上し、結果的に職工の所得も多くなる。要は職人気質による家具生産から、品質向上を重視する近代的な工程分業体制への脱皮である。１９２３（大正12）年に起こった関東大震災による復興需要は、上向きかけた生産意欲を後押しする役割を果たした。これに続く昭和初期の恐慌時には、廉売を意識した新製品の販売が好調であった。さらに満州事変以降は、中国・朝鮮も市場となり販路が広がっていった。こうして飛騨では椅子やテーブルを中心にさまざまな木工家具が生産されていった（図４‐７）。

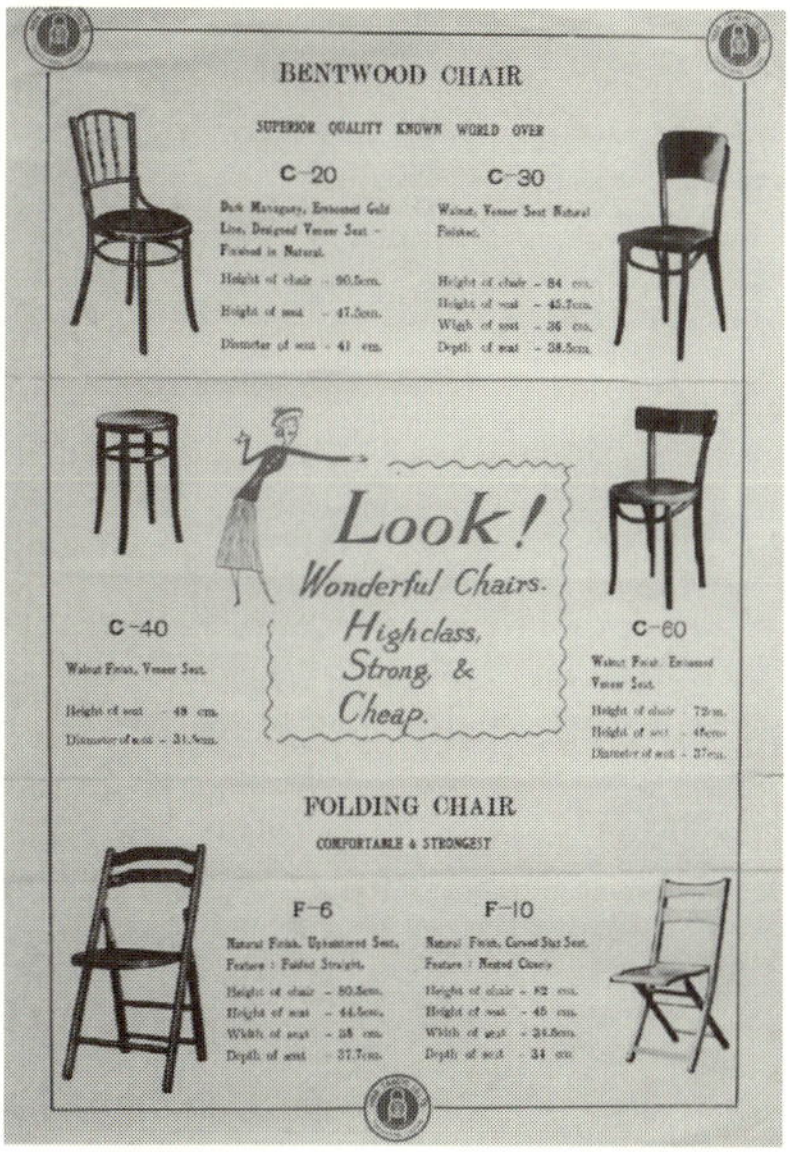

図4-8　飛騨高山で生産された輸出向け椅子の広告
出典:飛騨の匠ミュージアムのパネル写真による。

3. 高山本線開業にともなう国内外市場の拡大と戦後の発展

１９３４（昭和９）年の高山本線の開通は、飛騨高山にとって大きなインパクトを与えた。これは木工家具生産にとっても大きな影響であり、中国・朝鮮のほかにアメリカが新たな市場として視野に入るようになった。高山本線開通の翌年に早速アメリカのバイヤーとの間で商談がまとまり、日本からアメリカへ向けて初めての家具輸出が行われるようになった。図４‐８は、飛騨高山で生産された輸出用椅子の広告ビラである。頑丈で低価格、高級感もある椅子であることが強調されている。輸出が本格化した１９３７（昭和12）年は、１か月当たり１万脚くらいの椅子がアメリカに向けて送り出された。ただし、ビジネス的に見ると対米輸出は採算割れで、外貨獲得を目的とした国策上やむを得ず続けられた。皮肉なことに、貿易相手先のアメリカとの間で戦争が始まってしまったので家具輸出を続けることができず、代わって戦争遂行を後方から援助するため軍需品を製造することになった。企業整理の全国的動きは飛騨高山にも及び、整理統合された企業のもとで、木製落下燃料タンクや弾薬箱などが試作された（写真4‐4）。

高山本線の開通により輸送面でのハンディキャップは緩和された。国内から一足飛びにアメリカの市場をねらうというあたりに、飛騨高山の企業家精神の片鱗をうかがうことができる。不幸な戦争で輸出は中断されたが、世界市場をターゲットとする戦略は、戦後まもなく復活する。１９４９（昭和24）年に貿易再開が許可されたので、折り畳み椅子、サラダボール、木製スツール、フォークなどの家具とそれ以外の台所用品のアメリカ向け輸出が始まった。製造工程で合理化できる共通部品を用いた統一的製品を提案してきたアメリカ人バイヤーの意向を汲み取り、量産体制で対応することになった。同じ頃、朝鮮戦争による特需景気が他産地と同様、飛騨高山の産地を潤したが、長くは続かなかった。この頃の輸出向け生産は総生産の64％も占めており、外需依存度の高い産地になっていた。

アメリカからの家具生産の注文はその後も拡大を続けたため、飛騨高山ではこれに応えるため、産地一丸となった生産体制づくりが進められた。これまで下駄やスコップの柄、コタツなどを生産していた木工会社にも家具生産の機械が無償で貸し出され、製造技術の指導も行われた。新たに協力工場になった事業所は、それぞれデザインに特徴のある木工家具を製造するようになった。飛騨高山における木工家具の生産をこれまでリードしてきた中核企業は、その気になれば、協力企業を下請けにして販売を独占

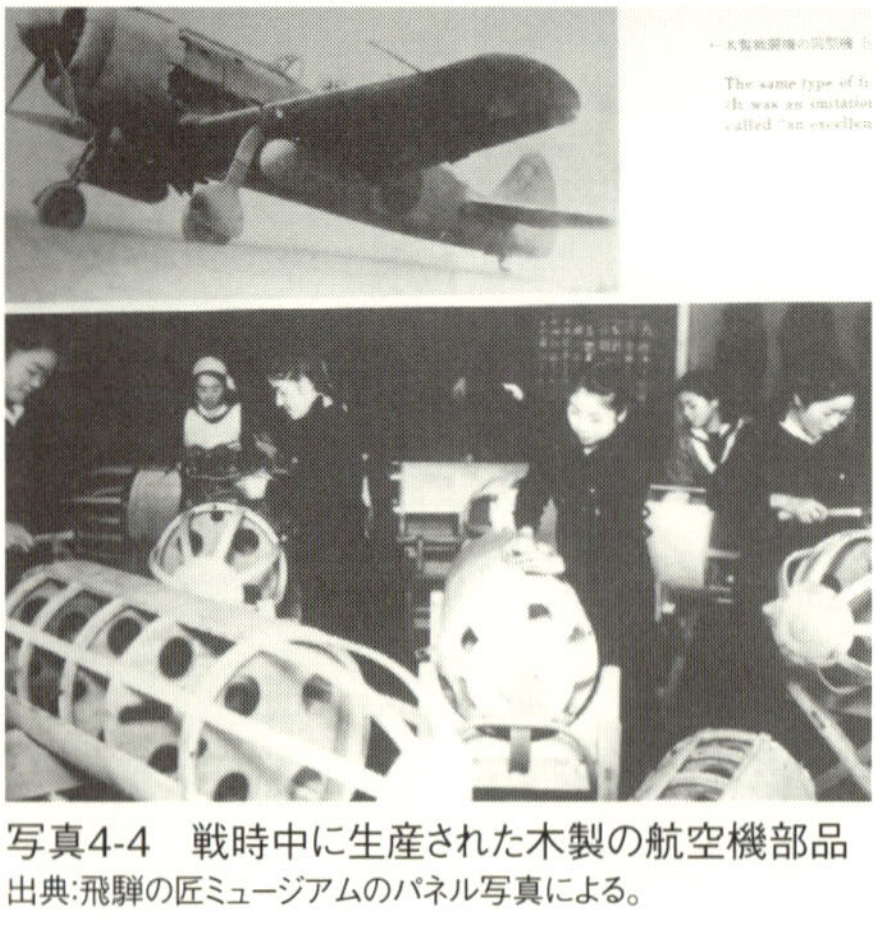

写真4-4　戦時中に生産された木製の航空機部品
出典：飛騨の匠ミュージアムのパネル写真による。

することもできた。しかしそのような方向は選択されず、協力工場が主体的に生産し独自に販売できる体制が維持された。その背景として考えられるのは、一部の限られた企業の繁栄よりも、産地全体の発展を優先するという理念の存在である。協力企業が独自の木工製品を製造しながら、同時に中核企業にも協力して家具を生産するという体制は、他の産地ではあまり見られない。ここにも、飛騨高山の有力者（いわゆる旦那衆）が経済的な損得を越えて互いに支え合おうとするこの地方独自の企業風土を垣間見ることができる。

第4節　高度経済成長から平成不況までの市場変化への対応

1. 生活洋風化による市場の拡大と石油ショック後の消費・生産の変化

1960年代に入って日本経済は高度な発展を示すようになり、国民の生活スタイルは所得の伸びとともに変化していった。洋風の木工家具を購入して家の中に置くスペースも徐々に広がっていき、増加する家具需要に産地は体制を整えて対応しなければならなくなった。ひとつは木工団地や匠団地と呼ばれる集合団地形式の工業用地の建設である。土地利用を集約化して効率性を高めるというやり方は、他の産地や業種でも進められた。産業だけでなく住宅団地など住まいの分野でも取り入れられるようになった。いまひとつは、高山木工会や木工連合会など業界内部における組織再編や共同化の動きである。生産空間の集中化と企業組織化は、高度経済成長を促す上で大きな力となった。

国民所得の増大に支えられた木工家具需要の伸びの裏側で、これまで大きなウエートを占めてきた輸出は相対的に縮小していった。外需から内需への移行である。アメリカ的な生活様式が国内で一般化したため、国内で日本人の好みに合った洋風の木工家具が多く求められるようになった（写真4－5）。忘れてならないのは、国内に豊富な木材資源があるにもかかわらず、海外からの木材輸入が急増していったことである。一見、矛盾しているように思われるが、経済の国際化や輸送手段の発展により、国産の木材を伐採して加工地まで運ぶより、安価な外国産木材を輸入した方が有利という状況が生まれてきた。木材に限らずエネルギーや食料などを海外から輸入した方が経済的に合理的という考え方が、高度経済成長を促した。近くの山の森林資源には目もくれず、港湾に運ばれてくる外材を用いた家具生産が主流になっていった。

海外原料に多くを依存する日本経済は、1973（昭和48）年の石油ショックによって、文字通り大きなショックを受けた。石油にばかり目が向けられるが、石油に連動して資源全般が値上がりし、企業活動は生産コストの増大と需要減のダブルパンチを受けて低迷状態に陥った。石油ショックは国際的スケールで影響をもたらしたため、飛騨高山からの家具輸出は激減の道を辿っていった。1972（昭和42）年の輸出額28億円が、1976（昭和46）年には8，600万円に落ち込んだことが、このことをよく示している。以後、飛騨高山から海外へ木工家具が輸出されることはなくなった。石油ショックによる国内不況は木工家具に対する需要全体を萎えさせたため、輸出減と合わせて飛騨高山の木工家具業界は冬の時代を迎えた。

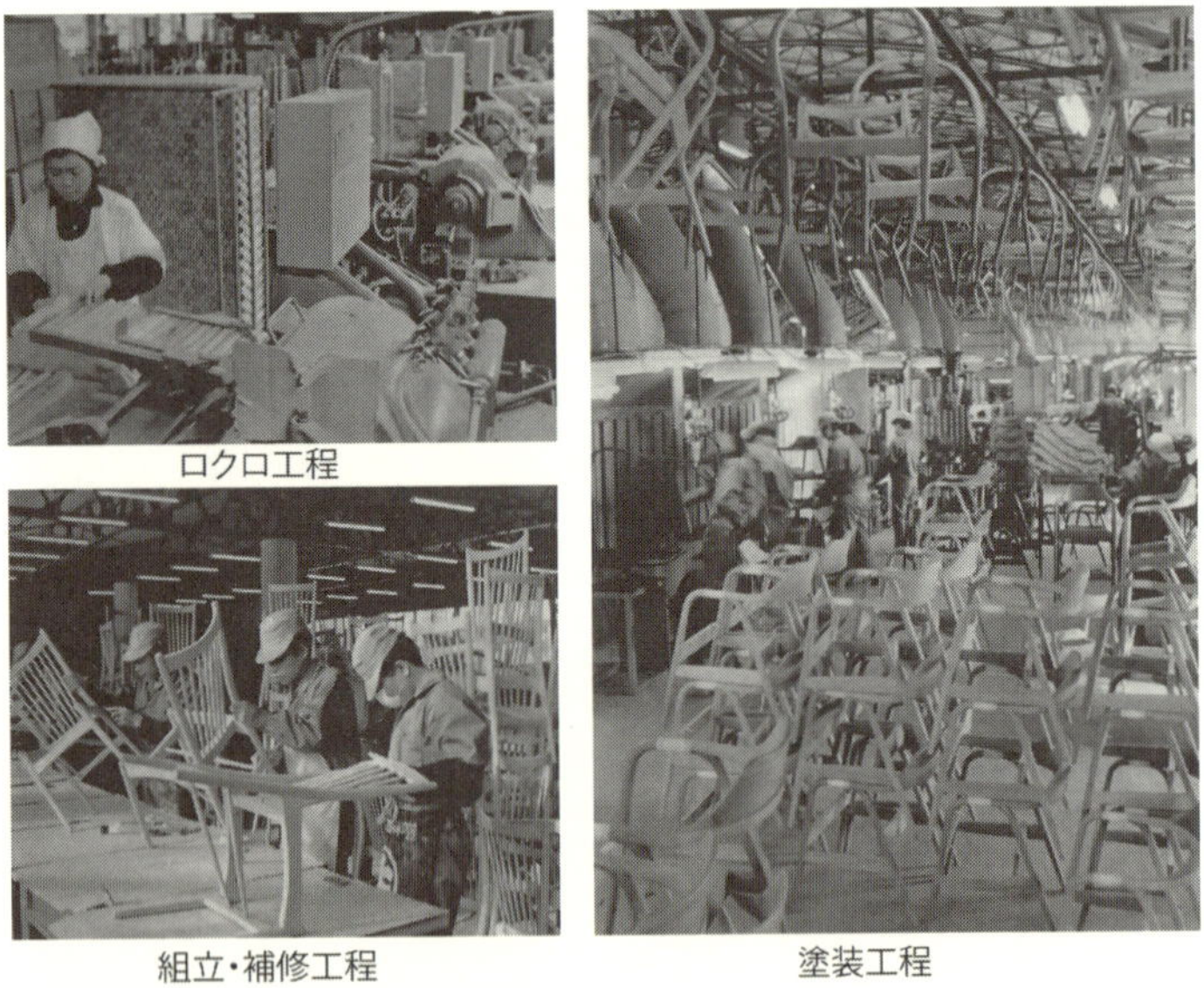

写真4-5　飛騨高山における木工家具の製造工程
出典:飛騨の匠ミュージアムのパネル写真による。

高度経済成長の継続を信じていた当時の日本人にとって石油ショックは大きな衝撃であった。しかしこれを契機に産業や生活のあり方を見直す動きが生まれ、事実、日本経済は先進国の中では一番早く石油ショックからの脱出に成功した。とはいえ、飛騨高山ではこれまでテレビキャビネットや暖房器具の木部などを生産していた企業が木工家具の生産に参入するなど、業界内部では競争が厳しくなった。石油ショックは量産方式を見直すきっかけにもなったため、伝統的な技術や製法を再評価する動きも顕在化した。１９７５（昭和50）年に飛騨春慶と一位一刀彫が国の伝統的工芸品に指定されたのは、そのような時代状況においてであった。飛騨の匠の技術に憧れて、クラフト・木工をめざす若手が飛騨高山で新たな活動を始めたのも、同じような文脈からである。従来型の工業生産以外に、手工業的な家具生産が加わり、産地の多様性が増していった。

2. 家具不況脱出のためのデザイン、機械技術、販売方法の強化

１９８０年代の木工家具業界は、家具の多様化、デザイン重視の家具製造、消費地への積極的攻勢によって特徴づけられる。家具の多様化は生活スタイルの多様化に連動しており、これまでのように家の中に置いて使う家具以外に、最初から部屋に据え付けて使用するコントラクト家具が現れるようになった。家具を生産する企業も従来の家具専門企業以外に、たとえばピアノ生産の企業が家具生産に乗り出すなど、異業種からの参入が珍しくなくなった。こうした動向は、基本的には冷え切った消費者の購買意欲を高めるために企業が生き残りをかけて行った活動にほかならない。しかし結果はというと、コントラクト家具にしても飛騨高山でも試みる動きはあったが、満足できる成果にはつながらなかった。

日本の産業構造が高度化への道を歩み始める中で、木工家具産業は構造不況産業のレッテルを貼られるようになった。伸びない需要に対して生産力は温存されたままなので、不況に耐えきれない企業が続出した。飛騨高山でも需要減に対処するため、操業短縮に踏み切る企業が現れた。こうした状況から脱出するには、消費者の購買意欲を刺激する画期的な木工家具を製造しなければならない。その近道としてデザイン性の向上を唱える声は大きいが、こればかりはそう簡単にはできない。伝統的な木工家具や標準的デザインの家具をつくり慣れてきた飛騨高山では、克服すべき大きな

障壁があった。試みられたのは、産地外のデザイナーにデザインを依頼し、それを飛騨高山で生産するパイロットデザイン家具の生産である（写真４-６）。外部デザイナーによる家具のデザインは非常に新鮮であり、業界に大きな刺激を与えた。

いくら優れた製造技術をもっていても、それが最終的な製品として実現しなければ意味がない。デザインには製品化を後押しする力があり、製造技術デザイン力の結合が決め手となる。要は市場の中心をなす都市で暮らす人々がいかなる生活スタイルを志向しており、どのような木工家具を手に入れたいと考えているかを、直に確かめることである。それを踏まえてデザインをしなければ、消費者の心をつかむことはできない。飛騨高山の木工家具業界が１９８３（昭和58）年に東京でデザイン重視の家具展示会を開催したのは、まさしくこうした考えを実践するためであった。この展示会をきっかけに、以後、大都市を中心に展示会が開かれるようになった。１９８０年代中頃はプラザ合意を契機に円高傾向が進んで輸出が難しくなったため、木工家具を含め企業は国内需要重視の路線を選択していった。

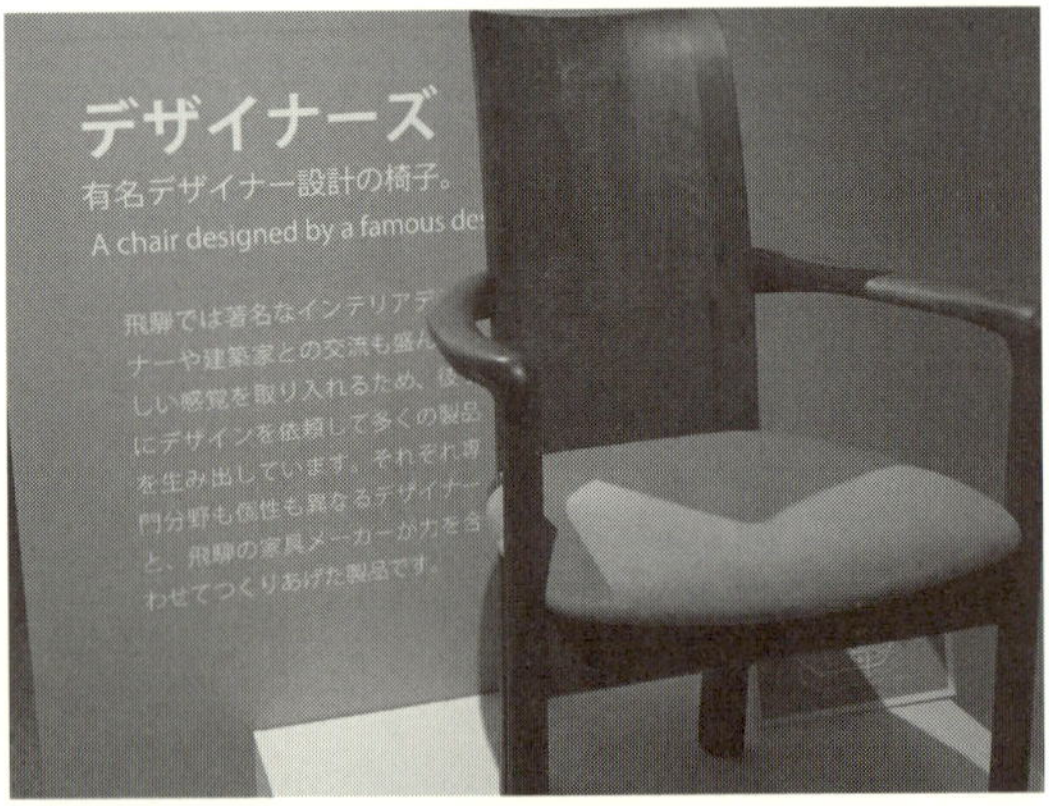

写真4-6　有名デザイナー設計の椅子
出典:飛騨の匠ミュージアムのパネル写真による。

デザイン重視の流れとともに進んでいったのが、製造現場での機械化や情報化の進展である。これまで製造不可能であったデザイン性の高い家具を精密な方法で製造するには機械の力を借りなければならない。伝統的な手工業生産を見直す動きもあるが、より多くの消費者に確かな機能性と洒落たデザインを兼ね備えた家具を提供するには、ＣＡＤなどコンピュータの能力に依存せざるを得ない。他の業界では当たり前の高度な製造技術を木工家具の業界でも取り入れなければ生き残っていけなくなった。高山高等技能学校が設立されたのは、そのような時代の要請に応えるためである。

市場開拓のためこれまで大都市で開催されてきた展示会が、1989（平成元）年からは地元・飛騨高山で開催されることになった。消費地のバイヤーや消費者が自ら飛騨高山を訪れるということは、それだけネームバリューが高まったことを意味する。完成品の木工家具だけでなく、それを製造している産地の生産環境を含めて市場に訴える体制が整えられていった。

3．バブル経済とその崩壊、経済グローバル化で変わる市場への対応

バブル経済真っ盛りの頃、東京で開かれた飛騨高山の木工家具展示会のキャッチフレーズは、「いま、飛騨・高山パーティ気分」であった。当時の時代的雰囲気をよく表す言葉も、その後に訪れたバブル経済崩壊という嵐の中では空々しく虚ろに響く記憶にしかすぎない。石油ショックとはまた別の時代変化が国内全体を覆うようになり、かなり深刻な社会経済状態が待ち受けていた。しかしそれでも経済的な立て直しをしなければ、地元産業の明日はなく、また人々の暮らしも立ち行かない。1990年代は中国をはじめとする新興工業国の台頭や、東西冷戦終焉後の国際化の進展によって特徴づけられる。木工家具産業に即して言えば、海外から安価な家具が大量に輸入されるようになったことと、日本的スタイルの家具が海外でも評価されるようになったことが大きい。

これら2つの動きは、いずれも平成不況やデフレ経済によって覆われた日本の社会や経済が生き延びていくために選択した戦略のうえで生まれた。ひとり飛騨高山の木工家具業界にかぎらず、企業はこの新たな苦しい時代を乗り越えていくために、国内では低価格製品の供給に注力し、海外では日本の高品質やデザイン性を武器に差別化を図った。大規模小売業の規制が撤廃されたのを契機に、大型の家具専門店が途上国で生産した廉価な家具を国内市場に流通させるようになった。この動きは家具だけでなく、多くの日用雑貨品においても共通しており、所得が実質的に目減りした消費者には歓迎された。主導権を握るようになったのは家具メーカーではなく、製造卸小売業というサプライチェーン全体をコントロールする企業である。

この種のビジネスモデルは、家具よりもむしろアパレル業界において顕著である。国内市場はもとより世界市場をひとつのものと見据えるアパレル企業は、ビジネスのグローバル展開を猛烈な勢いで進めてきた。家具類を取り扱う海外企業による国内市場への参入にも目を見張るべきものがあり、北欧系のグローバル企業が多種多様な家具を市場で販売するようになった。こうした低価格路線市場に価格で立ち向かうのは困難である。国際的に見ると高コストな日本の家具製造業が活路のひとつと見なしているのが、海外の富裕層をターゲットとした日本スタイルの家具の輸出である。家具生産の伝統が長いヨーロッパで勝負するには、日本企業にしかできない商品で挑むしかない。世界中の家具がインターネットで簡単に比較検討できる現在、消費者の購買意欲を掻き立てるには、よほど訴求力のある商品でないと太刀打ちできない。

こうした時代の流れを敏感に受け止めた産地では、さまざまな試みが行われるようになった。飛騨高山では、岐阜県の産業観光推進の動きとタイアップし、歴史観光都市・高山のイメージを絡ませながら家具づくりと販売を手がける動きがある。「飛騨デザイン憲章」を制定し、飛騨高山で製造されたことを訴える戦略が、原産地呼称というヨーロッパではすでに歴史のある仕組みを参考にしながら打ち出された。これらは、グローバル時代にあってローカルな地元が埋没しないように、伝統性に裏打ちされた個性を強調するブランド戦力である（写真４‐７）。さらに、一部の企業は岐阜県内にある複数の地場産業と連携し、岐阜県産であることを総合的に訴える戦略を採用した。飛騨高山の木工家具、美濃焼、美濃和紙などを組み合わせた日本的イメージを全面に押し出すことで海外の消費者の目を引こうとする試みである。

写真4-7　飛騨の伝統・曲木の椅子
出典:飛騨の匠ミュージアムのパネル写真による。

第5節 林業、木工家具産業で生き抜いてきた歴史

本章では、日本における代表的な林業産地のひとつである飛騨高山の林業と森林資源を用いた家具製造の歴史について考えてきた。この地方で育つ木々の樹齢は平均で250～300年といわれる。1本の樹木が一人前に育つまでの時間と比べると、その近くで生活する人々の暮らしぶりの変化周期がいかに短いことか。それでも戦国末期から江戸時代初期にかけては、金森氏による地元重視の堅実な林業経営があった。しかしそのあまりに豊かな森林資源ゆえに、江戸幕府は飛騨の山林全体を所有し管理することに乗り出し、状況は大きく変わった。木材の伐採や運搬を請け負う江戸商人というわば外来勢力の流入により、飛騨高山の人々は新たな局面に立たされていった。木材が家屋や橋や道具類など生活のあらゆる場面で必要不可欠であった時代、森林資源に恵まれていることは、今日以上の意味があったと考えられる。ただし、平地に乏しく高冷地ゆえに冬季の生活が厳しいこの地方では、林業とそれに関わる生業に強く依存しなければならなかったという側面もある。生育に長い時間を要する木材を需要にまかせて乱伐すれば枯渇するのは当然で、豊かな森林が姿を消す時代もあった。

原料供給地は、需要地の動静とそこまでの輸送手段の変化の影響を強く受ける。これはいつの時代も同じで、古くは古代律令制の時代、木材の遠距離輸送が困難であった頃は、木材加工に長けた人間が匠として遠い都の造営に駆り出された。重力の法則に従って流れ下る河川を利用して木材が遠隔地まで運ばれるようになると、川沿いの集落が山仕事や農業のかたわら木材輸送に携わるようになった。世界的に見て年間降水量が多い日本であるが、降水の季節変化はかなり大きい。流水量の安定した時期しか川下げできなかったことを考えると、高山本線の開通はまさに輸送手段を劇的に変えたといえる。交通手段に恵まれない地理的遠隔環境に長くあったことが、飛騨高山に歴史的、文化的伝統がタイムカプセルのように埋め置かれた大きな要因である。

タイムカプセルは通常、地中に埋めて保存されるが、飛騨高山の歴史的、文化的伝統は地表上で大切に継承され維持

された。これは社会経済的に互いに助け合う精神がこの地方に根付いていたからである。武家支配の城下町ではなく有力商人が合議制で社会や経済を取り仕切る在郷町であったことが幸いした。さまざまなかたちで林業に関わる人々が飛騨高山で生活をともにし、多様な文化を生み出した。もちろん林業だけがこの地方の産業ではなく、主力の米作以外に盛んに行われた養蚕・製糸や鉱山開発など、地元で産する多様な資源が森林資源と同様、人々の暮らしを支える糧となった。

豊富な森林資源と厳しい生活環境のもとで磨き上げられた匠の技術は近代に入り、大阪からもたらされた曲げ木の木工家具づくりと結びつくことで花開いた。そこでも地元の有志が力を合わせて企業を設立し、産地全体の繁栄を優先する戦略がとられた。しかし、消費地に近い他の強豪産地との市場競争に加わった飛騨高山の位置的条件は、けっして恵まれたものではなかった。後発産地として輸出に力を入れたり、変わりゆく社会や経済の変化に対応したりという近代以降の歴史は、飛騨高山が森林資源の単なる供給地ではなく、長い歴史と文化に裏打ちされた木工家具の生産地として世界に知られていく歴史であった（写真４‐８）。当地の木工家具産業は、国内外から多くの観光客を引きつける歴史観光産業とともに、飛騨高山の経済を支える大きな柱である。重厚さと高質性を誇る飛騨の木工家具は、長い歴史を通して培われてきた匠の技術と地域風土を背景に、内外の市場に向けてこれからも生産されていくであろう。

写真4-8　飛騨高山における椅子生産の歴史
出典:飛騨の匠ミュージアムのパネル写真による。

◆引用文献
1．岐阜県産業経済振興センターのウェブ掲載資料（https://www.gpc-gifu.or.jp/chousa/jiba/woodwork.pdf）
2．図説・大原騒動刊行会編（1992）：『図説・大原騒動』郷土出版社。
3．高橋伸拓（2009）：「飛騨幕領における木材資源の枯渇と植林政策」『徳川林政史研究所研究紀要』第43号。
4．高橋伸拓（2009）：「飛騨幕領における御用木の運材と川下稼―南方を中心に」『国文学研究資料館紀要 アーカイブズ研究篇』第40号。
5．高山市編（2015）：『高山市歴史的風致維持向上計画』高山市。
6．高山市制五十周年・金森公領国四百年記念行事推進協議会編（1986）：『飛騨　金森史』金森公顕彰会。
7．HIDAのウェブ掲載資料（https://kitutuki.co.jp/hidanotakumi）
8．飛騨木工連合会編（2002）：『新・飛騨の匠ものがたり』飛騨木工連合会。

コラム4
column

広域化する自治体の都市機能の本質

高山市は2005(平成17)年3月に周辺の9町村と合併し、人口約9万7,000人、面積2,179㎢の全国一広い市になった。市域面積がいかに広いかは、大阪府や香川県がこの中にすっぽり入ってしまうことからもわかる。東京都とほぼ同じくらいの面積である。これだけ面積が広いと、市民向けの行政サービスが全域に十分届いているか確認するだけでも大変だと思われる。市民と書いたが、面積が比較的狭かった旧高山市の市民はともかく、合併によって町民や村民から市民になった人々にとって、市民としての自覚が生まれるまでには時間がかかるのではないだろうか。景観的には以前と変わらぬ純農村でも、今回の合併によって晴れて都市の仲間入りを果たしたことは間違いない。ずれやギャップは簡単には埋まらないが、かたちや体裁が整えられていけば、それにともなって意識も徐々に変わっていく事例をわれわれは多く知っている。

平成の大合併によって都市的自治体と農村的自治体が一緒になり、都市と農村を合わせたような自治体が各地に誕生した。これまで常識であった都市イコール人口密集地域というイメージを払拭しなければ、新たに生まれた広域都市の実態がつかみにくい時代になった。自治体の行政域はあくまで形式地域であり、都市や農村の真の広がりは経済活動や社会活動の実質的な範囲によって決まるという議論がある。飛騨山脈の山の上まで「都市」と考えるのには、たしかに違和感がある。しかしたとえ人が住んでいなくても、高山市による行政サービスが潜在的に及ぶ範囲の一部であることは否定できない。

市制を施いている自治体の行政域のすべてが実質的な都市空間とは必ずしもいえなくなった現在、これまでとは異なる都市概念をもちいて議論を進めなければならないのかもしれない。平成の大合併には、少子高齢化で危機的状態に陥った地方の周辺地域を中心部が救うという期待が込められていた。そうした切実な問題をまえにすると、学問的にここまでが都市で、ここからは農村だと線を引いていちいち区別すること自体がはばかれる。まずは現実ありきで学問はその後を追い、いかに問題を解決するかその算段を考えることに徹することが期待されているのかもしれない。

そのような現実的要請はあるとしても、学問はやはり学問として真実を明らかにしたいという熱意によって支えられている。現実の世界を幅広く見渡し、視野の中に飛び込んでくる対象の本質を究めたいという思いがある。都市の分野に限定すれば、その都市がいかなる機能の集積によって成り立っているか、まずはその点を明らかにしたい。たとえば高山市内に立地している事業所を調べ、それらが果たしている経済的役割を突き止める。事業所は単独では成り立つことができず、別の事業所から原料、部品、サービスなどを購入している。その一方で、他の事業所に対して、同じようにこれらを提供している。つまり持ちつ持たれつの関係で成り立っている。こうした関係が維持できているのは、最終的に製品やサービスを購入する消費者が存在するからである。それは個人であったり企業や団体であったりする。最終需要があってはじめて、連鎖的につながる事業所において個別の活動が生まれ、雇用も維持される。いずれにしても、こうした相互に関連する事業所が集まり、そこで働く人やその家族が集っていてはじめて都市は成り立つ。

都市に集まる事業所の役割に応じてその都市の性格が決まる。再び高山市の例でいえば、市内には歴史的な観光サービスを求めて訪れる観光客の宿泊施設や土産物店・飲食店、あるいは移動のためのバスやタクシーなど、観光関連の事業所が多く立地している。それゆえ高山市には観光都市というレッテルが貼られ、あたかも観光以外の事業所はないかのようなイメージが拡散する。しかし実態はそれとは違っており、製造業、建設業、金融業、卸売業など多種多様な事業所が存在する。観光イメージはわかりやすいが、そのイメージによって覆い隠されているものがある。高山市をどのようにとらえるかという場合、観光都市として把握するのは確かにわかりやすく受け入れられやすい。しかし現実の高山市はもっと複雑であり、観光イメージはその一部を表しているにすぎない。望ましいのは、複雑な都市機能の集積実態の本質をできるだけ簡潔にとらえることである。学問的にしばしば採用されるのは抽象化という手法である。

抽象化は複雑な現実から本質を取り出すために余計なものを排除する手法である。都市の場合でいえば、その都市が本質的にどのような機能を果たしているか、それだけに注目する。個々の事業所レベルではなく、それらが集まった都市といういわば抽象的なものを想定し、その本質的機能に迫る。単純化しているため、当然、抜け落ちる部分も少なくない。しかしそのような犠牲を払う代わりに、わかりやすさを優先する。これまでの学問的研究をふまえて考えると、都市が果たしている機能は、販売（小売・サービス）、中継（卸売）、生産（製造）、の3つに要約できる。ある意味、当然のことのように思われるが、都市機能の本質を突き止めるには意外に多くの努力を必要とする。

販売、中継、生産のうち人間の歴史の中でもっとも古くからあったのは販売である。販売よりも取引や交換という言葉の方が適切かと思われるが、一般的には農村地域の中心にあって物々交換が行われた市場から町や都市が生まれていった。商いをする商人以外に、市場を取り仕切ったり、外敵から守ったりするために、軍事的集団も生まれた。自然環境に左右されやすい農業の作況を占う者や精神的サービスを提供する宗教人も集まり、職業の多様化が進んだ。市場は各地に自然発生的に生まれたであろうが、そのうちの一部は政治的、軍事的拠点としての役割を果たした。日本でいえば城下町の誕生である。

2番目の中継は、近隣の農村ではなく、遠方の地から運ばれてくる特産品を捌いたり中継ぎしたりする機能である。交通手段の発展にともない、地元では手に入らない特別な産品が運び込まれるようになった。これが交易や貿易の始まりであるが、特産品を受け入れるだけでなく、逆に送り出すこともあった。陸上交通であれば街道の要衝、水上交通であれば川沿いや海岸沿いに中継機能を果す集落が生まれ、やがて町や都市へと発展していった。農村中心から生まれた都市ではなく、長距離交易にともなって生まれたことから、新大陸の初期の都市がこのタイプに多いといえる。

3番目の生産には、天然資源を用いて経済的に有用な製品を製造するという意味が込められている。それゆえ、産業革命を契機に各地で生まれた製造業都市がこれに該当する。それ以前にも製造活動は行われていたが、本格的な機械的生産は産業革命以降である。さまざまな発明・発見にともなって有用な製品がたくさん生み出され、日常生活を豊かなものにしていった。生まれる製品の種類は歴史的に変わっていったが、製品を生産するという行為は基本的に変わっていない。

製品をサービスにおきかえると、遠方からの旅行者に歴史的資源を観光サービスとして提供（生産）することも、原理的には同じである。製品は輸送できるがサービスは輸送できないため、現地（たとえば高山）で生産・供給し、その場で消費してもらう。時代が変わり、生産物が財からサービスに変化したり、交通・通信手段が多様化したりすれば、都市での生産の特徴も変わる。しかし都市が本質的に果たしている役割は、それほど変わるとは思えない。都市機能の本質をこのようにとらえる考え方は、木工家具や観光サービスを対外的に生産する一方、市民が必要とする日用品を遠方から取り寄せ市内の小売店で販売している高山という都市を理解するのにも有効である。

第5章

近世近代の酒造政策と飛驒高山の酒造業

第1節　江戸時代の酒造業の成立と発展

1. 江戸幕府の酒造政策

江戸時代前期の都市・城下町における酒造業は、領主市場の成立と米の商品化を契機に、またそれを基軸にした経済関係のなかで生成した。そして幕藩制を確立するために幕府や大名領主の政策にそって、都市や城下町の形成とともに興隆していった。さらに、当時の政治体制や社会構造と深く結びついて発展し、城下町をはじめ宿場町・港町・在郷町など町方を中心に専業化された手工業者によって営まれた。酒造業は、他の諸産業と同様に領主・武士階級の需要を満たすものとなっていった。

この意味において酒造業は、江戸時代にて都市向けの生産を担う専業経営として成立した代表例であり、江戸時代に成長した製造業のなかで大きな比重を占めるようになっていた。幕末・明治初期の製造業では酒・醤油・味噌などの醸造業、織物・生糸などの繊維産業や、食品加工・製茶などの飲食物生産、油・紙などの日用品生産が主なものであった。このなかで生産額からいうと酒類が最大で、次いで織物類であった。では、高山町の酒造業の展開を位置づけるために、まず江戸時代の酒造業について幕府の酒造政策の側面からみていこう。

江戸時代に入ると醸造技術が進歩し、これまでの「諸白」が「清酒」に代わった。1600（慶長5）年に伊丹の鴻池善右衛門によって灰汁投入法による清酒が醸造され、効率的に清酒を大量生産する製法が開発された。この発明によって、幕府が置かれた江戸の発展と結合した江戸積み酒造業は上方において急速に発展し、今日に至るまで全国でも有数の酒造地帯として灘五郷のような名産地が生まれた。上方と江戸を結ぶ江戸積酒は、下り酒と呼ばれて本場の酒として江戸に送られた。下り酒は江戸消費の約8割を占め、それに対し武蔵・相模・上総・下総・安房国などでつくられた関八州産の酒を地廻り酒と称した。

江戸時代の社会の根幹をなす年貢米は、領主財政を支える唯一の物質的基盤であったので、米価の安定が領主財政にとって絶対的条件であった。そこで領主は米価調節と奢侈の抑制をかねて、酒造業に対しては特に厳しい統制を出した。幕府は1642(寛永19)年に凶作を受けて、在方における酒造と農民の飲酒を禁止する統制令を実施した。この統制令は農民統治政策の一環として出されたもので、酒造業を城下町に限定し、領主がみずから掌握するための政策であった。

そこで幕府が他の産業にさきがけて1657(明暦3)年に酒株をはじめて制定・発行し、各酒屋(＝造酒屋、以下酒屋に統一)が生産できる酒造石高を決めた。酒株には営業者の住所・氏名を明記し、酒株所有者のみに酒造営業権を認めた。それぞれの酒造人が酒造で消費できる米の量の上限を定め、この酒造株高を超えた酒造りを厳禁とした。幕府は、酒株を課税の対象として直接的に酒造業を支配することが可能となった。しかしこの酒株は、長期間その酒造株高を固定しておくことが不可能となり、「株改め」と称し、実際の酒造石高をもって現実の酒造株高に改めた。すなわち、第1次・第2次の株改めが1665(寛文5)年と1679(延宝7)年にとり行われた。この間の1670(寛文10)年には初めて秋彼岸前の酒造りを禁じ、寒造りに集中すべき政策が打ち出された。

1697(元禄10)年の第3次株改めによって確認された酒造株高は元禄調高と言われ、幕府が酒価に対し5割の酒運上を賦課し、全国的に展開した酒屋を営業特権として公認したわけである。この元禄調高を基準とし、幕府は1699(元禄12)年以降に減醸規制を実施していった。この株改めにより江戸時代前期の酒造業の発展を数量的かつ全国的に掌握される一方で、酒株の仲間体制が確立され、幕府にとっては重要な酒造政策となった。元禄調高は、1788(天明8年)の株改めまで90年間その効力を持続した。

江戸時代中期に入ると地方農村にも小規模な酒造業者が現れ、次第に発展していった。幕府は、1754(宝暦4)年に酒株を所持しない新規酒造業者にも自由営業を許し、元禄期(1688〜1703)の酒造政策を全面的に否定する「勝手次第」造りを許す積極的な政策へと切り替えた。この政策は幕府本来の在方における酒造禁止政策を緩和したものであった。酒屋にとっては一度公認された元禄調高による酒造特権の廃棄ともなり、新規業者を加えての自由競争への契機となった。

幕府は1788（天明8）年に株改めを実施し、この時点で確認された株高を「永々」株と称した。この調査結果をふまえて、幕府は建前としての酒造株高ではなく、酒屋に申告させた酒造石高を基準として酒の生産量を3分の1にするように命じたのであった。これまで酒造株高と酒造米高に生じる格差をうまく利用して幕府の政策の裏をかいていた酒屋に対し、この株改めはある意味、幕府が商人たちの計略を出し抜いた政策であったと言えよう。さらに寛政の改革では、この株改めの一環として酒株の引分け譲渡を禁止し、そのまま天明の3分の1造り令などの制限策を継続し酒造統制を強化したのであった。

文化・文政期（1804～29）は豊作の年が続き、大坂、京都、江戸などの中央市場にて米がだぶついた。そのため米価は下落し、農民は豊作ゆえに困窮するという時代になっていた。そこで幕府は、米を酒に加工しておけば良質な形での貯蔵となり、また他藩や江戸へ輸送する際も米より便利であるとして、おおいに酒造りを奨励した。その典型的な奨励政策が1806（文化3）年の勝手造り令であった。この発令によって、従来の休株の所有者は言うまでもなく、まったく酒株を所有しない者でも、新規に届出さえすれば酒造りができるようになった。こうして酒株制度は再び意味をなさないものとなった。

ところが、1826（文政9）年に勝手造り禁止令が出された。引き続き、幕府は1832（天保3）年には酒株の新規株を公布し、1836（同7）年には全国的な飢饉を理由に酒造取り締まりを強化し、3分の1造り令を発した。しかし1840（天保11）年からは2分の1造り、天保の改革では1841（同12）年に江戸十組問屋の特権を停止させた。翌42（同13）年には酒株の名称を廃止して酒造稼ぎと改称し、すでに禁止されている酒株の引分け譲渡はもちろん、酒造りの出造りと出稼ぎをも禁止した。また同じ年に、幕府は全国いずれにおいても諸国酒造米高を基準とし、取り締まりのため酒造人へ鑑札を渡した。そして、以後は酒造人の名前替え・代替りとも鑑札を書きかえず、この時点での名代をもって永く酒造りするように定めた。このように酒造取り締まりの徹底を図ったが、1851（嘉永4）年には株仲間の再興を許し、酒株の譲渡も盛んに行われた。

以上のようにみてくると、原料として大量の米を消費する酒造業は、常に食料の供給と競合せざるを得ない宿命にあったと言ってよいだろう。豊作続きで米が余り、安値のときには酒造りが奨励されるものの、凶作や飢饉で米が足りず価格が高騰すれば、一転して厳しい酒造制限が実施されたのである。

江戸中後期の享保、天明、天保の3大飢饉と江戸の経済発展と上方の酒造業の発展過程を中心にして考えると、1657（明暦3）年から元禄期（1688～1703）をへて享保の大飢饉があった1735（享保20）年、そして天明（後半）・寛政期（1781～1800）、天保期（1830～43）が酒造りの制限期であった。一方、18世紀後半の享保末年に大豊作で米価が下落して以後、1754（宝暦4）年から1786（天明6）年までと文化・文政期（1804～29）が酒造りの奨励期であった。幕府や諸藩にとっては税収源として、また米価の調節機構としても酒造業は重要であったので、凶作時でも完全に酒造りが禁止されることはなかった（柚木、1987、1989、1998；篠田、1989；吉田、1997；宮本ほか編、2009）。

2．信州・越後地方の酒造地の形成

では、江戸時代の上方以外にはどのような酒造地の形成がみられたのであろうか。飛騨高山の近隣地方である信州と越後の2つの地方をみておこう。

信州では、酒造りの主体となるのは地主酒屋であった。地主酒屋が酒造に用いる原料米の給源はもちろん小作米で、そこで雇う単純労働者の給源も小作人であった。信州の酒造業は、酒株制度が創始された1657（明暦3）年頃から本格化した。1697（元禄10）年の第3次株改めによる酒運上の創設頃には、松代藩や松本藩など信州の各藩の城下町を中心に酒屋数が確認できる。町方の酒屋以外にも、在方の酒屋がその半数近くを占めていたことがわかる。自給自足経済を強いられる地方の農村において、江戸時代以降に商品貨幣経済が相当に浸透したことから、元禄期（1688～1703）にはすでに農村の酒造りの制限政策が名ばかりとなっていたことを示していよう。

1697（元禄10）年頃の信州の193の酒屋数は、依拠する史料群の不備による数値であるため、実際にはさらに多かったと推測できる。しかも、元禄期の株改めの頃から信州の酒は寒造りへの移行を強めた。江戸時代前中期の都市を中心とする町方酒造業の特色は、こうして信州でも確認できる。そして江戸時代後期の文化・文政期（1804～29）からは、在方の地主酒屋による新規開業が隆盛となり、幕末の信州ではいずれの農村においても1、2軒の小酒屋があると言われるほどに発展をみるのであった。

越後での酒造りは、河村瑞賢による1670（寛文10）年の東廻りと1672（同12）年の西廻りの両航路の開発をきっかけとしていた。酒造業はそれまでの高田・長岡・村松・新発田など諸藩の城下町に加え、直江津・柏崎・出雲崎・寺泊・新潟・岩船の港町を中心とした海岸筋や河川交通の要所、山間部では北陸・信越・三国など街道沿いの宿場町などで発達した。越後においても、元禄期には寒造りへの志向が始まったとされる。

越後の酒造業は文化・文政期から地主による酒造業として発展し、新規の小酒屋を多数輩出し、全体として広範に展開した。1867（慶応3）年の幕末期には、佐渡地方を除いた7郡526町村に800ヶ所を超える酒屋が存在した。このように越後の酒造業にも、信州と同様に江戸時代前中期に町方中心の酒造業および幕末期に小酒屋が農村に族生した特色がうかがえるのであった（鈴木、2015）。

以上のような幕府の酒造政策と信州・越後の両地方にて酒造地が形成されるなか、飛騨地方において町方として発展した高山町の酒造業はどのような展開をみせたのであろうか。

第2節　江戸時代の飛騨高山の酒造業と酒屋の変遷

金森時代の酒造業に関してほぼ記録が見当たらないなかで、酒屋の酒代の相場は金森氏による定法があったとされる。幕府が1697（元禄10）年に酒運上を制度化したときの「飛騨国酒株名前帳」によると、飛騨地方には89軒の酒屋があった（表5‐1）。これによると酒屋は大野郡には高山一之・二之・三之村の町方にあるのみで、在方には1軒も存在しなかった。当時すでに飛騨地方における高山町の中核的都市としての存在がいかに大きかったかが知れよう。町人が地主となって小作米が入るようになると、酒を造って売るという方法がもっとも利益がよかったこともあり、高山町では町人による地主酒屋が増加していったと思われる。

表5‐1の内訳は高山56軒、益田郡12軒、吉城郡21軒であった。高山三町に20石以上の酒屋は7軒あり（表5‐2）、他村に1軒存在するのみであった。一見驚くべき高山町の酒屋数であるが、酒造米高は最大で70石6斗6升、最小で1石5升、総計で981石5斗1合、1軒あたり平均は11石であることから、上方の灘五郷と比較するまでもない。しかし米社会であったため、米を利用して少しでも利益をあげようとする高山町の地主的性格を持った商人の意欲がみられよう。

酒運上が制度化され酒の値段が上昇したために、町方や在方への他国産の密輸入の取り締まりが自然と問題となる時期でもあった。1699（元禄12）年8月に酒屋から密輸入による隠し酒は酒屋へ押収したいと出願し、酒屋の雇人が(用)と焼印した木札を持参し廻村することになった。一方、酒屋も酒の売り出し値段を同年10月に公表し、清酒1升が銭80文、濁酒が銭52文、但し濁酒のすましたものは72文とした。しかしこれらの値段は、遠方では多少高値になるかもしれないとしている。

	村　名	戸　数(軒)	酒造米高(石)
高山	一之町	18	192.115
	二之町	28	354.717
	三之町	10	94.585
	計	56	641.417
益田郡	名　丸	1	19.200
	中　切	1	12.800
	下原町	1	9.600
	湯之島	2	11.200
	萩原町	4	49.333
	四　美	1	9.600
	跡　津	1	7.227
	小坂町	1	16.000
	計	12	134.960
吉城郡	吉　田	1	6.400
	舟津町	6	49.924
	古川町	13	146.293
	角　川	1	3.200
	計	21	205.817
	合　計	89	982.194

表5-1　1697(元禄10)年飛騨地方の酒屋数・酒造米高
出典:岐阜県編(1972):『岐阜県史 通史編 近世下』岐阜県,pp.645-646.をもとに作成。

一之町	大坂屋吉右衛門	38石4斗
	紙屋助十郎	33石3斗
	長瀬屋彦三郎	23石5斗
二之町	山田屋忠右衛門	70石6斗6升
	大坂屋彦兵衛	26石7斗
	升屋半右衛門	20石8斗
三之町	住屋八兵衛	29石9斗

表5-2　1697(元禄10)年高山三町の20石以上の酒屋
出典:岐阜県編(1972):『岐阜県史 通史編 近世下』岐阜県,pp.645-646.をもとに作成。

1701（元禄14）年10月に幕府は、米の払底のために婚礼や重要な祝儀のほかは酒の使用を禁止し、翌02（元禄15）年7月には米穀不足につき酒造米高を制限するとの触書を出した。これらを受け、同年11月飛騨地方の町方・在方において酒屋の新酒・濁酒の醸造を停止させた。金森家支配から1692（元禄5）年7月に直轄地（＝御領、天領）になったばかりとはいえ、厳しい制限であったと言えよう。

幕府が1657（明暦3）年に酒株を設定したのちは新規開業ができなくなり、飛騨地方において仲間株ともいうべき方法がとられた。吉城郡角川村の徳兵衛が、高山町の升屋藤左衛門所持の加賀屋という酒株名代と酒道具を借りて、1736（元文元）年10月から7ヶ年「仲間ニ酒造り」を始めることになった。この定証文には藤左衛門が株名代となって諸道具を貸し、自家醸造はしないで利潤だけ受け取るといった、いわば地主的経営がみられたのである。酒株の譲渡はときに応じて行われており、高山町の有力商人の一角であった大坂屋七左衛門が、1776（安永5）年に酒造石高16石2斗6升7合、1788（天明8）年に同高14石4斗の酒株を入手していた。

1787（天明7）年の酒株帳を表5-3にしてみた。20石以上は表5-2より減っていて4軒しかない。また、表5-3では全部で28軒の酒屋しか確認できず、表5-1の56軒から大幅に減少したようにみえる。この状況は、本来51軒存在した酒屋のうちの23軒が休株となっていたためである。休業の背景には天明の飢饉のほかに、1784（天明4）年の民家2，342軒と寺院10ヶ寺を焼失した高山三町の大火や、1786（天明6）年に諸国の酒造石高を5割

一之町	光賀屋市右衛門	3石2斗
	水野屋与茂七	3石2斗
	大坂屋吉右衛門	24石
	赤田屋新　助	4石8斗
	大坂屋七左衛門	6石4斗
	千虎屋甚　六	6石4斗
	田中屋伴右衛門	26石7斗
	宇野屋勘右衛門	6石4斗
	中村屋吉兵衛	19石2斗
	大森屋重三郎	33石3斗
	吉野屋清三郎	9石6斗
	奥田屋兵　助	12石7斗4升
二之町	佐藤屋吉兵衛	6石4斗
	上田屋六　蔵	12石8斗
	水間屋久左衛門	8石
	松木屋伝兵衛	13石3斗3升3合
	上木屋甚四郎	3石2斗
	加賀屋長右衛門	6石4斗
	土田屋小左衛門	16石
	宇野屋兵右衛門	16石
	福嶋屋五右衛門	3石2斗
	長瀬屋弥兵衛	10石8斗2升3合
	山田屋忠右衛門	52石6斗6升
	細江屋喜之助	16石
三之町	笠井屋半　七	4石8斗
	鍵　屋与　作	9石4斗
	三福寺村七蔵	5石8斗6升7合
	同村長右衛門	6石4斗
合　計	28軒	347石2斗2升3合

表5-3　1787（天明7）年の高山町の酒屋と酒造米高

出典：岐阜県編（1969）：『岐阜県史 史料編 近世6』岐阜県，pp.1066-1067.をもとに作成。

（2分の1）にするような減醸令が出されたことが影響していた。

高山陣屋が1792（寛政4）年12月高山町の酒屋に渡した酒造米高帳によると、高山町の酒造米高は4，058石4斗の3分の1にあたる1，352石8斗であった。当時高山町で営業していた酒屋は30軒あり、酒造米高帳には増石と減石になった両方が書き記されていた。減石になったものは差し当り困るので、表5-3において屋号がみえる赤田屋、田中屋、吉野屋、奥田屋、佐藤屋、水間屋ら9人は増石の分を減石の16人へ貸し渡したいと願い出た。これが認められて酒造米の貸借を記したものを提出した。これを簡略に示したのが表5-4となる。なお、貸借分は賃借をとらず、借りた酒造米は酒造り中に貸主へ引き上げられないこととした。また、自ら経済的に苦しくなり酒株を譲渡したときは株の買主と借主とは示談をし、双方支障をきたさぬように示している。この内容から高山町の有力商人の強い結束のようなものが感じ取れ、その提案を陣屋側は受け入れたことになる。

1795（寛政7）年の大野・吉城・益田3郡全体の酒造米高は合計5，712石であった。1697（元禄10）年の982石と比べて、約100年間に6倍近く激増し、酒屋1軒の平均が112石となっていた。高山三町では約641石から3，990石に膨れ上がっていた（表5-5）。酒屋は高山の一之町と二之町にそれぞれ12軒ずつあり、

	酒　屋　名	酒造米高(石)
貸石の酒屋	大坂屋吉右衛門	81.067
	赤田屋新右衛門●	56.400
	田中屋半右衛門●	51.467
	吉野屋清三郎　●	54.000
	奥田屋小平次　●	52.933
	佐藤屋吉兵衛　●	43.200
	水間屋彦右衛門●	73.467
	松木屋伝兵衛　●	71.333
	上木屋甚四郎　●	52.000
	加賀屋長兵衛　●	51.867
	宇野屋兵右衛門	99.467
	福島屋清左衛門	64.800
	細江屋三右衛門	99.467
	笠井屋半　七	48.533
	合　計	902.001
借石の酒屋	光賀屋市右衛門	33.467
	久保田屋弥十郎	21.600
	赤田屋新　助	22.533
	千虎屋甚　六	22.533
	宇野屋勘右衛門	28.933
	都竹屋市右衛門	10.000
	中村屋吉兵衛	36.667
	大森屋重三郎	23.733
	谷　屋市兵衛	13.333
	土田屋小左衛門	21.600
	長瀬屋弥兵衛	42.800
	松木屋茂　助	43.200
	鍵　屋与　作	64.800
	加賀屋久左衛門	12.800
	三福寺村七蔵	30.400
	同村長右衛門	22.400
	合　計	450.799

表5-4　1792(寛政4)年高山町における酒屋の酒造米高の貸借一覧

出典:田中貢太郎編(1970):『飛騨国大野郡史 中巻(復刻版)』大衆書房,pp.727-748,岐阜県編(1972):『岐阜県史 通史編 近世下』岐阜県,p.649をもとに作成。
備考:●印は本文記述の願書署名の9人。

酒造米高も両町が全体の61％を占めていた。なお、表5－3の1787（天明7）年から酒屋数が変わっておらず、これ以後増加することはなかった。

寛永・享保・天明に続く大飢饉が天保期（1830～43）に生じた。1833年（天保4）年の大雨による洪水や冷害による大凶作に始まり、1835（天保6）年から1837（同8）年にかけて大規模化した飢饉で、1839（同10）年まで続いた。酒造りの制限期とされる天保期の高山町の酒造業についてみておこう。

1830（天保元）年12月12日に高山陣屋は、諸藩において凶作の村々が多数みられ、その結果米が払底しているため、従来の酒造石高3分の1の減石を酒屋へ言い渡している。翌31（同2）年4月26日に高山陣屋は、凶作のため高値で米の取引が行われていたので、米価調節のため米の買い占めを禁じ，持米を売り出すように通達していた。このような状況であったために、同年5月には米価高騰により一揆が三郡のなかで生じたほどであった。

その後も飢饉の影響が続き、1834（天保5）年6月14日には従来の酒造米高3分の2の減石となっている。しかし米の入手の問題もあり，すでに勝手に減石していた酒屋もあった。例えば、酒造米が50石だったのを本来なら3分の2ほど減石するならば約17石となるところ、自ら勝手に20石ほど減石し30石にしていたので、そこからさらに3分の2減らして10石となっても構わないという温和な策を言い渡している。それだけ米不足であったと思われる。

郡	村別	軒数	酒造米高(石)		冥加永
			合計	1軒当り平均	
大野郡	一之町村	12	1,456.0	121.3	10貫384文5分
	二之町村	12	2,035.6	169.6	14貫518文4分
	三之町村	2	340.0	170.0	2貫424文9分
		2	158.4	79.2	1貫129文8分
	計	28	3,990.0	142.5	28貫457文6分
吉城郡	古川町方村	6	390.0	65.0	2貫781文7分
	舟津町村	6	420.0	70.0	2貫995文6分
	角川村	1	40.0	40.0	285文3分
	計	13	850.0	65.3	6貫062文6分
益田郡	小坂町村	1	100.0	100.0	713文2分
	尾崎村	1	80.0	80.0	570文6分
	萩原町村	2	248.0	124.0	1貫768文8分
	湯之島村	1	60.0	60.0	427文9分
	少ヶ野村	1	80.0	80.0	570文6分
	御厩野村	2	78.0	39.0	556文3分
	下原町村	1	130.0	130.0	927文2分
	中切村	1	96.0	96.0	684文7分
	計	10	872.0	87.2	6貫219文3分
3郡合計		51	5,712.0	112.0	40貫739文5分

表5-5　1795（寛政7）年飛騨地方の酒造米高・冥加永の村別内訳
出典:岐阜県編（1972）:『岐阜県史 通史編 近世下』岐阜県,p.650をもとに作成。

幕府は1836（同7）年に全国的な飢饉を理由に酒造取り締まりを強化し、3分の1造り令を発した。高山では同年8月5日には米価調節のため、持米を売り出すように再び通達がなされていた。同年9月3日には酒造米高3分の2の減石が再度通達され、過造しているものがあれば必ず届け出るように言い渡された。同年12月22日には、三河・遠江・甲斐・信濃・陸奥地方の諸藩において酒造が差止められ、飛騨地方では酒造米高を4分の3減らして4分の1とされた。高山町の動向からも天保期の酒造りが非常に厳しい時期であったことがわかる。

幕府が1841（天保12）年に江戸十組問屋の特権を停止させるなど酒造取り締まりの徹底を図ったことは既述したが、同時期の1843（同14）年の高山町の酒屋について表5-6にした。酒屋数が24軒、酒造米高が3，984石6斗、冥加永が28貫449文1分であった。一見、表5-5の1795（寛政7）年と大差がなかったようにみえるものの、酒屋1軒あたりの酒造米高が増加したことがわかる。おそらく天明期の影響で休業していたものや、天保期の酒造米高の減石により休業したものもいたのであろう。表5-6では屋号が同じ者が複数みえ、この天保期において高山町の酒屋が集約化していったことと、後述する現在も営まれる加賀屋（二木家）・平瀬屋（平瀬家）は取り締まりが厳しかった時期に上手く成長していたことが読み取れる。

幕府が1851（嘉永4）年の株仲間の再興を許し、その譲渡も盛んに行われたために、翌52（嘉永5）年の飛騨地方において酒の値段のほかすべての価格がまちまちで、不取り締まりのことが多かった。高山陣屋は酒造業を取り締まるため、高山町の酒屋が年番として1年交

一之町村	平瀬屋市兵衛	89石2斗
	同　上	87石6斗
	永　田吉右衛門	208石8斗
	吉島屋和　吉	138石
	大坂屋太右衛門	149石8斗
	千虎屋甚　六	90石
	千虎屋甚三郎	80石2斗
	上木屋徳次郎	162石
	吉野屋清三郎	162石
	白鳥屋七兵衛	154石4斗
二之町村	吉　島休兵衛	111石6斗
	同　上	56石6斗
	同　上	138石
	桐山屋勘右衛門	87石6斗
	吉島屋清兵衛	101石6斗
	水間屋彦右衛門	175石4斗
	松木屋平兵衛	150石4斗
	上木屋甚四郎	156石
	加賀屋長右衛門	139石2斗
	同　上	106石6斗
	川尻屋弥兵衛	111石6斗
	大坂屋佐兵衛	208石8斗
	小　森次兵衛	111石6斗
	同　上	131石4斗
	長瀬屋弥兵衛	146石4斗
	荒木屋平蔵	164石4斗
	細江屋伊兵衛	223石2斗
三之町村	上木屋甚兵衛	223石2斗
	杉崎屋甚三郎	120石

表5-6　1843（天保14）年の高山町の酒屋と酒造高

出典:田中貢太郎編（1970）:『飛騨国大野郡史中巻（復刻版）』大衆書房,pp.1037-1046.をもとに作成。
備考:七日町村之内高山町方彦兵衛は外している。

代ですべてを管理できる鑑札を与えた。ほかに不取り締まりの原因としては、元来酒造は米価と関係が深く、それがまた世の気風にも影響し、相手を選ばずにやたらに酒株を譲渡したためであった。こののち譲渡は高山町の年番が評議のうえで、その可否を決することと定められた。また、酒造りについての通達はまず高山町の年番で受け、これを伝馬会所から駅継ぎで国中の酒屋へまわすようにされた。酒の値段については、昔から酒１升代は玄米１升８合の時価としたものであるから今後もこれを基準とし、この価格については毎年10月上旬、国中のすべての酒屋が協議して決定することなどが定められた。この請書によると、町年寄の矢嶋家、屋貝家、川上家の３家の順で、さらに大野郡高山町名主、同郡一之宿村名主、益田・吉城郡の村々の名主の名前がみられる。これらのことからも、天領だからこそ厳しい取り締まりが行われていたとも言えよう。しかし一方では、この通達が出るまでは高山町の有力商人が自由に酒造りを展開していたとも考えられる。米経済と関わる酒造業に対する政策の難しさ、あるいはそれを逆手に対応した高山町の有力商人のしたたかさを感じさせる。

１８６６（慶応２）年には3分の2の減石が言い渡され、不用桶には封印がなされた。同年10月高山町の年番からの届書によると、高山町の酒屋は25軒、その酒造米高４，１２９石２斗（3分の１は１，１６９石５斗）で（表５－７）、酒屋が１７９５（寛政７）年の28軒から減少していたことがわかる。この表でも、加賀屋（二木家）と平瀬屋（平瀬家）の上位もみてとれる。さらに、酒屋以外で多角経営に携わっていた高山の有力商人＝旦那衆が浮かび上がってくる（第６章参照）。つまり、近世における高山町の酒造業が、有力商人の商業経営のなかで重

酒造屋名	鑑札高
吉島　休兵衛	306.2
加賀屋長右衛門	245.8
小森　治兵衛	243.0
細工屋　伊兵衛●	223.2
上木屋　甚兵衛	223.2
永田吉右衛門	208.8
大坂屋　佐兵衛	208.8
平瀬　市兵衛	175.8
水間屋彦右衛門	175.4
荒木屋　平蔵	164.4
上木屋　徳次郎	162.0
吉野屋　清三郎	162.0
上木屋　甚四郎●	156.0
白鳥屋　七兵衛	154.4
松木屋　平兵衛●	150.4
大坂屋太右衛門	149.8
長瀬屋　弥兵衛	146.4
谷屋　彦兵衛	144.6
吉島屋　和吉	138.0
杉崎屋　甚三郎	120.0
川尻屋　弥兵衛	111.6
吉島屋　清兵衛	101.6
千虎屋　甚六	90.0
桐山屋勘右衛門	87.6
天木屋　源次郎	80.2
酒造鑑札高合計	4,129.2
本年(3分1)酒造高合計	1,169.5

表5-7　1866(慶応2)年の高山町の酒屋と鑑札高

出典:岐阜県編(1972):『岐阜県史 通史編 近世下』岐阜県,p.652をもとに作成。
備考:単位は石。また、●は本年酒造休のものである。

要な位置を占めていたからであった（佐治編、1944：菱村、1962：田中編、1970a：葛谷、1977：高山市編、1981a、b：岐阜県編、1969、1972：神岡町編、1976：古川町編、1984：飛騨市教育委員会編、2009：飛騨市総務部古川町史編纂室編、2010）。

第3節　明治時代の酒造政策

幕府は酒株改めと称し、造石高の調査を何度も実施した狙いには課税の強化と幕府の財政改善があった。このような江戸時代の酒造政策に対して、明治新政府はどのような酒造政策を展開したのであろうか。

政府は政治体制の統一とともに、1868（慶応4）年5月に「商法大意」を公布し、政府の意図する商工政策の概要を明示した。この公布によって江戸時代の株仲間の特権と独占を排除して営業の自由の原則を打ち出した。しかし、酒造業については例外として取り扱い、改めて同年同月に「酒造規則五ヶ条」を定めた。このなかで旧酒株の書替えをもって酒造鑑札とし、旧酒株鑑札制度をそのまま踏襲することとした。その際に株書替料（一時冥加）として、旧株鑑札高100石につき金20両を賦課することを命じた。当時の灘三郷を中心とする地域の酒株高を約5万5，000石余とすると、株書替料は実に1万1，000両となった。酒屋は家業存続のために莫大な出金を強要され支払った理由には、政府によって江戸時代からの酒造営業特権を「永世之家産」として保証されることを期待したからであった。

政府は、1869（明治2）年12月に「酒造並びに濁酒酒造株鑑札方並び年々冥加上納方」を公布し、一時冥加（営業税）として100石につき金10両、年々冥加（醸造税）として金10両を定め、酒造税を営業税と醸造税の2本立てとした。ところが、従来の酒造に関わる法令が、なお依然として近畿・関東諸県のみにしか実効されなかった。そのため政府は、法令の徹底化を図る目的で、畿内・南海道・山陽道・山陰道・西海道の38ヶ国は大坂出張通商司へ、東海道・東山道・北陸道の35ヶ国は東京通商司を通して、全国的に酒造業の掌握をつとめたのである。しかし、これらの法令は酒屋を江戸時代以来の酒株所有者のみに限定し、新規営業はつとめて抑制するといった旧来の酒株＝鑑札制度を踏襲したものにすぎなかった。このように明治時代に入ってからもしばらくの間は江戸時代の制度が効力を持ち続け、この時期に酒造りを比較的スムーズに取り組めたのは酒株を保有する者のみであった。

１８７１（明治４）年の廃藩置県が実施されるに及んで、新たに酒造業に関する法令が交布された。ここにおいてようやく従来まちまちになされていた政府の酒造政策は全国的に統一された。この発令により酒造政策の基本路線が提示され、酒株制度は大きく変化することになった。内容の第1は、従来の旧鑑札を廃止し新鑑札を交付する。第2は、新規免許料として金10両、また免許料として造石高に関係なく酒屋1軒につき毎年金5両を徴収する。第3は、醸造税として売価の5％を課税するであった。ここで注目されるのは免許料が造石高に関係なく一律に課税され、醸造税が従価税方式に準じた点であろう。この点は従来の政策との根本的な差異を示すものであった。この法令によって旧来の営業特権が廃止されて営業の自由の原則が貫かれ、この免許を受ければ誰でも酒造りに参入できるようになった。発令の結果、酒造政策の全国一元化と新規営業者の続出をもたらした。しかし酒造税は江戸時代に引き続いて重税であり、税金の支払いは酒屋にとって極めて大きな負担となった。

１８７４（明治７）年の『府県物産表』によれば、同年全国で生産された酒は清酒３２０万石（1石＝１８０ℓ）と濁酒1万6，５００石で、金額においては全工業生産高の16・8％を占め、織物をしのぐ第1位の工業製品であった。酒はほぼ全国で生産され、地域差は比較的少なく、また濁酒造りもまだ認められていた。産業別生産量をみると、江戸時代以来の大生産地であった灘・西宮を擁する兵庫県が全体の7・4％で第1位、以下愛知県4・8％、新潟県4・3％、栃木県3・6％、京都府3・5％と続いた。やや意外なのが、「中国酒」と呼ばれた愛知県の酒が東京市場へ輸送され、その評価が高かったというのである。この時期の京都府の生産地は旧京都市内が中心で、伏見の生産量はそれほど多くなく、秋田県や広島県などはまだ上位に顔を出していない状況であった。

その後、酒造業界の動向は営業の自由化、西南戦争による需要の増加、インフレと好景気のもと新たに地方の大地主が酒造業へと参入しはじめ、酒屋数は急激に増加した。1881（明治14）年には、全国2万7，000軒で520万石を生産するという頂点に達していた。しかし以後の酒屋数は、いわゆる松方デフレと酒造税の増税策の影響もあって、1886（明治19）年にかけて激減した。翌87（明治20）年にはやや持ち直し、生産量は380万石となった。明治期に入り酒屋数は増えたが、1軒あたりの生産量は150石程度にすぎず、ほとんどが中小企業という業界の体質はその後も長く続くこととなった。政府は殖産興業政策を押し進めるなか、酒造業では近代的生産設備を有する工場はほとんどなく、広く全国に分布する国内向け産業であった。すなわち、国内で消費され輸出があまり見込めない酒造業は、他の工業とはかなり異なる産業的性格を有していたと言えよう。

酒造税に関する法令は1871（明治4）年以降、何度も改定され、そのつど税金は高くなっていき、ついには税金を払えずに廃業する酒屋が続出した。近代移行期の在来産業のなかで酒造業と織物業は、地域的に全国に広がりをみせ、かつ生産額の比重の第1・2位であった。当然政府の方針は酒造業を育成し、酒造税を地租にかわる税源として涵養することにあった。政府は1878（明治11）年9月に醸造税を清酒1石につき金1円、濁酒は30銭と定めた。1880（同13）年からは醸造税を造石税と改称し、1石につき金2円とした。造石税は1882（同15）年に4円、1898（同31）年に12円にまで引き上げられ、酒屋にとって非常に重い負担となった。

政府は1882（明治15）年12月の改正で自家用料酒にも免許鑑札を与え、自家用料酒の醸造も認める一方で、その売買については禁止し、濁酒の営業免許は10石以下とした。そして、1886（明治19）年には清酒の自家醸造を禁止とした。政府としては自家用料酒として濁酒をつくる農民が増えれば、清酒をつくる酒屋の儲けは減少し、税収も減ることが予想できたからである。この政策の狙いは、酒の価格がたとえ高かったとしても酒屋のつくる清酒を買わせることにあったと言えよう。しかし、この自家用料酒は後々まで酒屋と国の間で大きな問題となった。

明治10年代（1877~1886）の末頃から政府は各業界に産業組合をつくらせる方向で指導を強めていき、酒造業もほぼ全府県で酒造組合が設立された。政府は過酷な税を課すのと引き換えに、1899（明治32）年には農民の自家用料酒の製造を禁止し、酒屋が儲かる仕組みを整えた（柚木、1989：池上、1989：市川、1989：藤原、1999：中村、2002：松元編、2010：吉田、2013：二宮、2016）。

第4節 明治時代の飛騨高山の酒造業と酒屋の変遷

江戸時代は米経済と言われた時代であり、米を原料とした酒造りにとっては厳重に管理された時代であった。ましてや飢饉が続いた元禄・天明・天保期はとくに著しい制限がみられ、天領であった高山町では一層厳しい時期であった。しかし高山町において厳しい時期に経営を上手く発展させた酒屋があったことも確かであった。では、明治政府の酒造政策に対し、高山町の酒屋はどのように対応しつつ、現在まで引き継がれてきたのであろうか。

飛騨の大野・吉城・益田の三郡においても、1868（慶応4）年8月29日に酒造鑑札の改めが通達されており、そのときの高山町の酒屋を表5-8にした。苗字帯刀が許されていた平瀬市兵衛、永田吉右衛門、吉島休兵衛、桐山勘兵衛、小森治兵衛がみえ、合計24軒であった。1866（慶応2）年の高山町の25軒（表5-7）と比べ1軒少なくなっていた。同じ年の9月6日には三郡に対し、戦争、風水害、米価沸騰などで庶民難渋のため、酒造減石として元高3分の1の仕込みが命じられていた。1869（明治2）年の品代の記録には、高山において酒1升につき銭1貫872文と書かれている。酢1升の624文、玉味噌1升の800文、大豆1俵の842文、小麦1升の812文、白米1升の1貫428文など、ほかの値段と比べると、酒1升の代金が高額であったことがわかる。

高山町名	酒屋名
一之町村	平瀬市兵衛 永田吉右衛門 和吉 太右衛門 源次郎 甚六 徳次郎 清三郎 七兵衛
二之町村	吉島休兵衛 桐山勘兵衛 清兵衛 彦右衛門 平兵衛 甚四郎 長右衛門 弥兵衛 佐兵衛 長瀬屋弥兵衛 平蔵 伊兵衛
三之町村	小森治兵衛 甚兵衛 甚三郎

表5-8　1868（明治元）年高山町の酒造鑑札にみえる酒屋
出典：田中貢太郎編（1970）：『飛騨国大野郡史 下巻（復刻版）』大衆書房、pp.139-144.をもとに作成。

『古川酒造年番』には、1871（明治4）年7月に民部省・大蔵省から「酒造其外取締並税則」が公布され、新規免許鑑札を受けるものや免許税、免許鑑札売買などについて詳細に決められていたことが載せられていた。この内容から飛騨地方にも政府の酒造業への新法令がすぐに行き渡っていたことが読み取れる。同年9月には高山町の中売りでの平均の清酒代が上酒1升につき6匁1分、中酒1升が5匁2分、下酒が4匁2分で、上酒・中酒・下酒の3種類があったことがわかる。同年12月の飛騨国の酒造石高は5，929石で、酒屋は74軒であった。

表5‐9は、1872（明治5）年の「酒造免許鑑札相渡帳」のなかに記されている酒造石高を示したものである。現在も酒屋として続く平瀬（市兵衛）家の430石を筆頭に、老田家の300石、二木家の252石、川尻家の200石などがみえ、ほかに江戸時代から続く有力商人＝旦那衆の面々が名を連ねている。この頃から平瀬・老田・二木家が頭角を現してきたことが判明する。そのなかで現在高山二之町にて酒蔵を守る二木（長右衛門）家が、1872（明治5）年10月に酒造取締役の森佐兵衛とともに、酒造石高の増石を願い出た。二木家の酒造石高は元々200石であったが、さらに70石の増高の申請を申し出たのであった。増石の理由としては昨年の古酒が残っているが、翌々年までにはおいおい売捌く条件での願い出であった。表5‐9では252石であったところからして、52石の増石が認められたのであろう。この時期の酒造りで労働力の雇用面からみると100石が1つの分岐点とされている。高山三町では、100石をこえる酒屋が16軒

鑑札番号	酒造石高（石）	酒　屋　名
1	430	平瀬市兵衛
2	150	永田兵左衛門
3	200	三輪源次郎
4	250	森　多禄
5	32	秋田弥兵衛
6	300	老田甚六
7	140	上木徳治郎
8	190	伊東清三郎
9	180	日下部順助
10	160	吉島休兵衛
11	80	吉島清兵衛
12	30	水間彦三
13	44	松本伝平
14	70	上木勘四郎
15	252	二木長右衛門
16	200	川尻益蔵
17	180	森　佐兵衛
18	350	小森丈助
19	136	長瀬弥之助
20	48	小西平蔵
21	220	上木甚兵衛
22	200	杉崎甚三郎
23	70	日下部彦太郎
24	30	青木庄兵衛
25	30	大恙吉右衛門
26	10	後藤徳助
27	20	岩下卯八
28	10	杉崎甚六
29	8	荒崎清助
30	50	寺境小七郎
31	5	高倉助次郎

表5-9　1872（明治5）年高山町の酒屋と酒造石高

出典：佐治忠平編（1944）：『飛騨酒文献抄 完』pp.297-300.をもとに作成。

（100石以上でみると最高が430石、最低が136石）であった。この背景に多角的経営を展開していた高山の有力商人が、江戸時代から酒屋数の増減をみせつつ、酒造業に大きく関わっていたからであった。そして、このことから高山町が、岐阜県の近代的な酒造地域として形成されはじめたと捉えられよう（写真5-1）。

ところで、1873（明治6）年2月の上酒1石あたりの平均値段が6円86銭5厘、中酒が6円26銭5厘、下酒が4円66銭6厘であった。通貨単位が異なるので上述の1871（明治4）年と直接比較することはできないものの、上酒と中酒の価格差が縮まっている。そこで表5-10に1875（明治8）年の酒造石高と1石あたりの酒の価格を載せた。高山町では中酒が全体の5割ほどつくられており、次いで下酒（3割）で、上酒は全体の2割ほどであったことも判明する。飛騨地方では中酒の需要が多くあったために、中酒の値段を意図的にあげていたと推測できよう。

政府が1877（明治10）年12月には酒類税則の一部を改正し、翌78（明

写真5-1　二木酒造の玄関
出典:著者撮影

上酒	945石4斗2升4合	1石に付、代5円99銭	代金　5,669円99銭
中酒	2,363石5斗6升	1石に付、代5円22銭	代金　12,318円87銭6厘
下酒	1,418石1斗8升6合	1石に付、代4円23銭	代金　6,000円10銭3厘
計	4,727石1斗7升		代金 23,988円96銭9厘

表5-10　1875（明治8）年高山町の酒造石高と酒の価格
出典:佐治忠平編（1944）:『飛騨酒文献抄 完』pp.342-344.をもとに作成。

石　数	桶番号
17,597合	2番桶
16,388合	5番桶
9,996合	26番桶
9,529合	27番桶
6,951合	14番桶
7,617合	21番桶
4,235合	29番桶
4,182合	23番桶
4,162合	34番桶
4,204合	25番桶
4,184合	36番桶
4,199合	37番桶
4,259合	63番桶
4,298合	38番桶
101,801合	14桶

表5-11　1878（明治11）年二木家の申告時の酒造石高
出典:佐治忠平編（1944）:『飛騨酒文献抄 完』pp.366-367.をもとに作成。

治11）年9月に醸造税を清酒1石につき金1円、濁酒は30銭と定め、一層酒造石高の確認申請のチェックが厳しくなったと思われる。表5‐11は1878（明治11）年2月26日の二木家からの酒造石高の申告である。桶ごとに石高が示され、その年にどれほど製造するかの検査が行われていた。また、同年9月13日には高山町の酒屋からの清酒醸造税（焼酎と味醂含む）が高山戸長役場に納められ、その合計金額は2，830円64銭と高額であった。翌79（明治12）年12月に大蔵省の官員が、高山町の酒屋を巡回するために出張した記録がみられ、帳簿などをしっかりと検査していた。明治期に入り醸造税との問題もからみ、地方とは言え政府による厳しい眼が光っていたのであろう。

高山町の酒造石高については表5‐12に1882（明治15）年、表5‐13に1887・88・89（同20・21・22）年、および表5‐14に1894・95・96（同27・28・29）年を

酒屋名＼年次	1887	1888	1889
藤井富太郎	77石	72石	66石
平瀬市兵衛	455	562	587
秋田重太郎	83	84	76
永田吉右衛門	396	320	278
三輪源次郎	169	320	−
老田甚六	354	392	364
大滝作五郎	147	171	146
伊東清三郎	157	438	265
直井佐兵衛	234	221	341
坂口清左衛門	301	305	209
吉島休兵衛	164	193	166
谷口作五郎	312	388	419
島田弥三郎	−	236	197
田辺清九郎	321	401	413
二木長右衛門	204	264	243
川尻益蔵	238	210	279
森　正三郎	187	263	213
原田耕平	179	175	177
原田長五郎	404	280	420
小森八郎次	360	408	317
上木甚兵衛	234	258	258
杉崎六三郎	237	236	187
日下部彦三郎	209	237	214
日下部啓助	154	132	120
吉村忠次郎	143	143	119
寺境小七郎	227	316	245
羽根良蔵	129	150	113
代清茂助	144	139	134
計28名	5,747	7,232	6,380

表5-13　1887～1889年の高山町の酒屋と酒造石高
出典:佐治忠平編(1944):『飛騨酒文献抄 完』pp.420-422.をもとに作成

酒　屋　名	1882
白野啓助	104石
上木甚兵衛	286
老田甚六	338
平瀬市兵衛	472
水間寅義	155
吉島清太郎	102
秋田金太郎	84
森　佐兵衛	288
桐山和吉	376
長瀬弥兵衛	208
三輪源次郎	248
日下部順助	187
伊東清三郎	225
吉島休兵衛	232
小森文助	342
杉崎六三郎	228
青木庄三郎	103
二木長右衛門	275
足立忠二郎	132
代清茂助	186
中野武八	234
永田吉右衛門	359
新井久兵衛	190
川尻益蔵	252
原田長五郎	326
寺境小七郎	113
荒田水助	119

表5-12 1882(明治15)年の高山町の酒屋と酒造石高
出典:佐治忠平編(1944):『飛騨酒文献抄 完』pp.413-416.をもとに作成。

載せた。この時期の酒造石高の変遷からみえる酒屋の変容をみておこう。表５‐９の１８７２（明治５）年からの平瀬市兵衛家のトップは変わらない（１８９６年のみ老田家がトップ）。老田・原田家および田辺家（２０１１年２月末廃業）が３００石以上、二木・川尻家が２００石以上と、現在に続く高山町の酒屋の原型がみえる。しかし、永田家や桐山家など酒造石高において高い位置にいたにもかかわらず、現在では廃業している旦那衆もおり、近代に入り多角的経営にて家業を継続することの難しさを感じさせる。

ところで、１８９０（明治23）年６月には高山酒造営業者申合規則として全15条がつくられ、酒造業の同業者組合が設立された。このように明治前期は中小醸造家にとって発展期であり、高山町とその周辺の農村への酒の需要が高かったため、明治前期から中期にかけて酒屋が増加した（表５‐９・12・13）。高山町が山間部で地域的に限定されていたために、その周辺の市場への独占供給が幸いした結果であった。

しかし、１８９４（明治27）年以降（表５‐14）は19家に減っている。表５‐15には『高山市史』に載せられていた高山町の酒屋の所得額を示した。ここにも20家が載せられていた。所得額のトップは、表５‐９・12～14の酒造石高でみた通り平瀬市兵衛家であった。次いで老田家、小森家、原田家、田辺家などが続いており、表５‐14の酒造石

年次／酒屋名	1894	1895	1896
森　庄三郎	202石	299石	125石
伊東清三郎	352	427	378
小森あさ	337	436	339
原田長五郎	590	573	512
原田耕平	212	209	237
代清茂助	90	91	68
吉島休兵衛	266	293	293
山下茂太郎	119	140	104
二木長右衛門	277	425	362
平瀬市兵衛	770	889	736
田辺豊吉	419	568	512
上木甚兵衛	387	410	365
日下部彦三郎	177	198	176
白野啓助	136	177	178
川尻益蔵	315	401	389
日下部栄太郎	231	230	208
谷口荘三郎	599	692	715
平田篤松	480	234	338
老田甚六	629	810	826
計19名	6,588	7,502	6,861

表5-14　1894～1896年の高山町の酒造石高
出典:佐治忠平編(1944):『飛騨酒文献抄 完』pp.440-442.をもとに作成。

酒屋名	所得額	酒屋名	所得額
平瀬市兵衛	750.976	吉島休兵衛	247.581
老田甚六	689.592	永田吉右衛門	235.000
小森八郎次	537.896	川尻益蔵	232.837
原田長五郎	485.000	森　正三郎	221.662
田辺清九郎	436.460	秋田金太郎	192.000
上木甚兵衛	382.590	日下部彦三郎	180.275
谷口庄三郎	375.039	原田畊平	150.000
日下部栄太郎	316.400	山下佐助	70.000
二木長右衛門	289.000	代情茂助	40.545
伊東清三郎	285.165	平田篤松	38.000

表5-15　1895(明治28)年の酒屋の所得額
出典:高山市編(1983):『高山市 第3巻』高山市,p.77をもとに作成。 備考:単位は円。

高の上位とほぼ一致している。酒造石高の上昇度合いからしても、明治中期において専業型の酒屋経営体が、高山三町において形成されていったことが読み取れよう。それと同時に1896（明治29）年には、卸売と小売の1升あたりの代価が決められるなど酒屋の同業者組合としても成立していった時期であった。1902（明治35）年6月には岐阜県飛騨酒造組合契約書（全42条）が認可されている。高山町の酒屋が、周辺地域との協定を結びつつ販路などの協力体制を図っていたことがわかる（写真5-2）。

この協定にみえる高山町の酒屋は、平瀬市兵衛、谷口庄三郎、老田甚六、伊東清三郎、日下部健吉、平田篤松、二木長右衛門、川尻益蔵、原田長五郎、小森春雄、田辺豊吉、上木甚兵衛、吉島休兵衛、日下部彦三郎、白野啓介の15家であり、さらに減少していた。明治期の酒屋の変遷をみてくると、平瀬市兵衛家が急速に成長し、酒造石高でトップの位置を占めるようになり、かつ高山町の現在に残る酒屋の原型が一層完成していった時期であった。高山町を中心に組合ができたとは言え、高山町の酒造業は順調に展開していったわけではなかった。1904（明治37）年7月1日には飛騨地方の製造の酒類売捌き価格が大いに乱調となり、この状態を矯正し価格の平均を保つために、酒屋の営業者によって全11条の契約が決められた（佐治編、1944：田中編、1970b：伊藤、1986：石井ほか編、2000：飛騨市総務部古川町史編纂室編、2010：大豆生田編、2016：沢井ほか、2016）。

写真5-2　平瀬酒造の玄関
出典:著者撮影

第5節　大正時代以降の飛騨高山の酒造業の展開

現在高山には、平瀬酒造店、二木酒造、川尻酒造場、原田酒造場、平田酒造場、舩坂酒造店、老田酒造店の7つの酒屋（2011年2月末までは田辺酒造場も含め8家）がある。そこで、最後に大正期以降の酒屋の形成状況について確認しておこう。

表5-16には、明治後半期（1897・明治30年、1907・同40年）から大正期（1916・大正5年、1925・同14年）をへて、昭和初期（1934・昭和9年、1938・同13年）にかけての高山三町を中心とした酒造石高と酒屋の変遷を載せた。ここからは平瀬市兵衛家が群を抜いていたことと、1872（明治5）年から一時期を除いてトップの座を守り続け、1934（昭和9）年には1，000石以上の飛騨地方随一の酒屋となっていたことがみてとれる（表5-8・表5-12～14）。

しかも近年までの8つの酒屋に連なる形で、老田・原田・二木・平田・川尻家の酒造石高の高さがわかると同時に、1938（昭和13）年からは船（舩）坂家が登場していた。なお現在、飛騨市古川町にて酒屋を営業する渡辺・蒲両家の酒造石高の高さと、また飛騨市の神岡町の大坪家の存在も判明する。

表5-17には1916（大正5）年の営業税30円以上の納税者とその職業を一覧にしてみた。酒造業が上位30位以内に12家入っていることがわかる。そのほかに製糸業や呉服業も上位から中・下位にも多くみえ、この時期の地域経済力を支えた江戸時代から続く有力商人の動向も読み取れる。表5-18には1937（昭和12）年の酒屋（酒造場）を掲げ、表5-19には1934（昭和9）年の高山町の工場を載せた。酒屋は12家で、高山町の工場数ではトップであった。以上のことから高山町における在来産業のなかで酒造業が多くの資産家を生み出していたことになる（谷本、1996）。米からつくられる酒造業の経済力は、江戸時代から高山という地域社会において有力な地位を占めていたのである。

酒屋名	1897	1907	1916	1925	1934	1938
川尻益蔵	385	571	459	284	255	313
二木長右衛門	326	416	583	650	611	562
平瀬市兵衛	941	879	749	966	1,010	1,047
田辺豊吉	516	545	493	365	363	260
白野啓助	156	262	340	314	229	259
老田敬吉	866	696	740	830	687	619
原田長五郎	519	417	385	475	664	612
船坂与兵衛	—	—	—	—	—	311
平田篤松	350	475	460	523	452	439
飛騨酒造株式会社	—	—	—	666	431	412
上野田又夫	—	—	357	192	140	176
二村仁三郎	109	173	321	370	242	233
渡辺久衛	204	394	408	431	503	468
蒲　茂雄	290	429	443	435	365	382
合資会社谷口酒店	—	—	—	—	429	380
吉坪酒造株式会社	—	—	—	665	304	310
牛丸正光	389	570	518	301	139	102
大坪顯長	238	451	467	491	410	284
船津酒造株式会社	—	—	—	737	306	282
計19名（社）	5,289	6,278	6,723	8,695	7,540	7,451

表5-16　1897～1938年の高山町を中心とした酒造石高の変遷

出典：佐治忠平編（1944）：『飛騨酒文献抄 完』巻末資料をもとに作成。

納税額	納　税　者	職　　業	納税額	納　税　者	職　　業
314.84	飛騨銀行(株)	銀行業	56.57	長瀬清作	運送業・宿屋
486.44	飛騨倉庫(株)	倉庫業	56.15	杉下忠吉	製糸・石油・雑貨
400.17	吉島休兵衛	酒造業	55.78	高桑藤吉	金貸業
399.53	飛騨電灯(株)	電力業	54.43	蓑谷半助支店	蝋燭・油・小間物
149.58	谷口庄三郎	酒造業	51.13	平田篤松支店	酒造業
148.64	二木長右衛門	酒造業	49.68	尾関常次郎	呉服商
136.20	山崎清三郎	金貸業	49.52	岩下けう	料理屋
125.44	土川宗左衛門	呉服商	48.96	洲岬多都	料理屋
115.25	打保ほと	金貸業	46.60	川上平蔵	金貸業
114.98	日下部九兵衛	金貸業	46.25	上木甚兵衛支店	金物・セメント・度量衡商
105.78	石浦九郎右衛門	生糸製造	44.16	南　恒之助	製糸業
102.31	老田ふさ	酒造業	43.53	角川治七	製糸業
95.70	中田岩三郎	製糸業	42.99	前越久平	伊鯖乾物商
94.47	内山忠一郎	薬種問屋	42.38	杉山久次郎	呉服商
92.00	上木甚兵衛	酒造業	42.24	高山印刷	印刷・紙類
83.93	平瀬市兵衛	酒造業	39.57	高山精米(株)	精米業
83.91	福田吉郎兵衛	魚市場・春慶塗	39.35	田辺周次郎	製糸業
80.37	白野啓介	製糸・酒造業	37.53	平田篤松	蝋燭製造販売
79.25	田辺豊吉	酒造業	36.93	三嶋治兵衛	三島豆・砂糖
78.18	原田長五郎	酒造業	36.74	岩瀬喜助	和洋・雑貨・小間物
77.31	住山一治郎	呉服商	35.48	石川良吉	薬種商
76.93	日下部彦三郎	製糸業	34.83	飛騨木材(株)	山林売買
72.59	杉下半右衛門	製糸油・雑貨	34.18	住　徳兵衛	金貸業
72.56	中田清十郎	呉服商	34.11	松本忠兵衛	呉服商
67.66	伊東仙十郎	酒造業	34.00	垂井とう	料理業
67.41	坂田長五郎	呉服店	33.52	角井由之助	料理業
67.20	川尻益蔵	酒造業	33.17	上田甚十郎	金貸業
64.10	小森春雄	酒造業	33.05	上出吉之助	製糸業
61.87	平田政十郎	呉服商	32.49	黒木新左衛門	味噌・醤油・薬種
61.40	升重兵衛	書籍・雑貨	31.60	東　文助	金貸業
58.68	日下部宅次郎	味噌・醤油・塩	31.12	水谷亀吉	料理・芸妓置屋
57.86	富田粂蔵	製糸業	31.08	北村長之助	砂糖・釘・飴・紙類
57.19	川上しん	魚市場	30.74	飛騨肥料(資)	肥料販売
56.68	森　三郎	味噌・醤油・塩			

表5-17　1916(大正5)年の国税営業税30円以上の納税者とその職業
出典:高山市編(1983):『高山市 第3巻』高山市,p.136をもとに作成。
備考:単位は円。

商号・名称	代　表　者	所在地
平瀬酒造所	平瀬市兵衛	上一之町
老田酒造所	老田敬吉	上一之町
川尻酒造所	川尻益蔵	上二之町
平田酒造所	平田誠二	上二之町
二木酒造所	二木長右衛門	上二之町
田辺酒造所	田辺豊吉	下三之町
船坂酒造所	船坂松雄	上三之町

表5-20　1951(昭和26)年高山町の酒屋
出典:高山市編(1981):『高山市史上巻(復刻版)』高山市,pp.954−955.をもとに作成。

種　別	工場数	従業員		
		男	女	計
製　糸	5	15	179	194
織　物	2	5	16	21
裁　縫	1	10	52	62
酒醸造	10	75	—	75
印　刷	4	38	9	47
醤油醸造	2	15	—	15
新　聞	2	14	2	16
製　紙	1	3	2	5
木製洋食器	2	36	34	70
計	29	211	294	505

表5-19　1934(昭和9)年の高山町の工場
出典:高山市編(1983):『高山市 第3巻』高山市,p.205をもとに作成。

一之町	谷口酒造場
〃	老田酒造場
〃	伊東酒造場
二之町	川尻酒造場
〃	平田酒造場
〃	二木酒造場
三之町	小森酒造場
〃	原田酒造場
〃	田辺酒造場
海老坂通り	平瀬酒造場
二之新町	吉島酒造場
本町二	白野酒造場

表5-18　1937(昭和12)年高山町の酒造場
出典:高山市編(1981):『高山市 第1巻』高山市,pp.59-60.をもとに作成。

表5－20には、1951（昭和26）年の酒屋を示した。12家からさらに7家に減少していたことがわかる。原田家は戦後まもなくであったためか、何らかの理由で見当たらないが、現在でも営まれている。

飛騨地方の酒造組合については、1902（明治35）年に飛騨酒造組合として発足し、1948（昭和23）年には高山酒造組合に名称が変更された。1969（昭和44）年9月以降に再度、飛騨酒造組合に戻り、現在の組合事務所は高山市上一之町に置かれている。とくに高度成長期以降は、飛騨地方における地酒の需要新興のため「共存共栄」を原則とする組合活動が、飛騨の地酒の消費率を高めることに貢献してきたことは言うまでもない。この背景にはかつて旦那衆と呼ばれた酒屋の存在が大きかった。その彼らが、明治期以降に製糸業をはじめとした多角的経営へ進出して没落する旦那衆と比べて、酒造業のみに専念し伝統を守ってきた。高山町は江戸時代から在来産業として発展してきた清酒の町であり、それらの酒屋が資産家として高山の町を支え、現在では酒屋自体を観光資源の一つと積極的に提供・展開している。このことは高く評価しなければならない。今回、酒造業の歴史を探ってきたことは、高山町の経済産業的な発展過程を辿ることにも繋がった。銘酒の産地としては京都の伏見や兵庫の灘、広島の西条、東北、北陸あるいは九州では福岡、熊本などが知られている。これらの地域に対し高山町は海がない山間部であるものの、江戸時代から見事に伝統を守り続けて発展してきた「天領の酒造地」として、これからも輝き続けることであろう（近藤編、1967：桜井、1982：高山市編、1982：伊藤、1986：青木、2003：飛騨地域地場産業振興センター、2014：二宮、2016）。

◆引用文献

1．青木隆浩（2003）：『近代酒造業の地域的展開』吉川弘文館。
2．池上和夫（1989）：「明治期の酒造政策」『社会経済史学』第55巻第2号、pp．69－92。

3．石井寛治・武田晴人・原朗編（2000）：『日本経済史1 幕末維新期』東京大学出版会。
4．市川孝正（1989）：「近世から近代への酒造業の展開―在来産業論の立場から―」『社会経済史学』第55巻第2号、pp．122-131。
5．伊藤康雄（1986）：「地方清酒製造業界の現状と課題―主として飛騨（岐阜）地域を中心として―」中京大学『中小企業研究』第8号pp．96-143。
6．大豆生田稔編（2016）：『近江商人の酒造経営と北関東の地域社会―真岡市辻善兵衛家文書からみた近世・近代―』岩田書院。
7．神岡町編（1976）：『神岡町史 史料編 下巻』神岡町。
8．岐阜県編（1969）：『岐阜県史 史料編 近世六』岐阜県。
9．岐阜県編（1972）：『岐阜県史 通史編 近世下』岐阜県。
10．葛谷鮎彦（1977）：「飛騨における日本酒の歴史―高原郷を中心に―（1）（2）―」『飛騨春秋』第228・229号、（1）：pp．15-18、（2）：pp．11-14。
11．近藤康男編（1967）：『酒造業の経済構造』東京大学出版会。
12．佐治忠平編（1944）：『飛騨酒文献抄 完』。
13．桜井宏年（1982）：『清酒業の歴史と産業組織の研究』中央公論事業出版。
14．沢井実・谷本雅之（2016）：『日本経済史―近世から現代まで―』有斐閣。
15．篠田壽夫（1989）：「知多酒造業の盛衰」『社会経済史学』第55巻第2号、pp．32-68。
16．鈴木芳行（2015）：『日本酒の近現代史―酒造地の誕生―』吉川弘文館。
17．高山市編（1981a）：『高山市史 上巻（復刻版）』高山市。
18．高山市編（1981b）：『高山市史 下巻（復刻版）』高山市。
19．高山市編（1981c）：『高山市史 第1巻』高山市。
20．高山市編（1982）：『高山市史 第2巻』高山市。
21．高山市編（1983）：『高山市史 第3巻』高山市。

22. 田中貢太郎編（1970a）：『飛騨国大野郡史 下巻（復刻版）』大衆書房。
23. 田中貢太郎編（1970b）：『飛騨国大野郡史 中巻（復刻版）』大衆書房。
24. 谷本雅之（1996）：「醸造業」西川俊作・尾高煌之助・斎藤修編著『日本経済の200年』日本評論社、pp. 255-280。
25. 中村隆英（2002）：「酒造業の数量史―明治〜昭和初期―」中村隆英・藤井信幸編著『都市化と在来産業』日本経済評論社、pp. 179-209。
26. 二宮麻里（2016）：『酒類流通システムのダイナミズム』有斐閣。
27. 菱村正文（1962）：「高山町の人別米（3）」『飛騨春秋』第67号、pp. 9-11。
28. 飛騨市教育委員会編（2009）：『神岡町史 通史編I』飛騨市教育委員会。
29. 飛騨市総務部古川町史編纂室編（2010）：『古川町歴史探訪』飛騨市。
30. 飛騨地域地場産業振興センター編（2014）：『寒き國には美味し酒あり 飛騨の酒』飛騨地域地場産業振興センター。
31. 藤原隆男（1999）：『近代日本酒造業史』ミネルヴァ書房。
32. 古川町編（1984）：『古川町史 史料編2』古川町。
33. 松元宏編（2010）：『近江日野商人の研究―山中兵右衛門家の経営と事業―』日本経済評論社。
34. 宮本又郎・粕谷誠編著（2009）：『講座・日本経営史第1巻 経営史・江戸の経験―1600〜1882―』ミネルヴァ書房。
35. 柚木学（1987）：『酒造りの歴史』雄山閣出版。
36. 柚木学（1989）：「日本における酒造業の展開―近世から近代へ―（問題提起）」『社会経済史学』第55巻第2号、pp. 1-11。
37. 柚木学（1998）：『酒造経済史の研究』有斐閣。
38. 吉田元（1997）：『江戸の酒―その技術・経済・文化―』朝日新聞社。
39. 吉田元（2013）：『近代日本の酒づくり―美酒探求の技術史―』岩波書店。

コラム5
column

地元産の食文化とのつきあい方

衣食住のどれも地域性や風土と無関係なものはない。地域性や風土というと地方や田舎に固有なものと思われがちであるが、現代都市でもその都市を特徴づける生活スタイルやファッション、デザインといったものがある。一見すると、都市で暮らす人々は独自に衣服を選び、個人的に好きな家を住まいとしているように思われる。しかしこれとて、実際のところはマスメディアが流す情報に無意識にしたがいながら、限られた選択肢の中から選んでいるのではないか。流れる情報に満ち溢れた空間それ自体が、現代的な都市的風土をかたちづくっている。そこには土着的イメージはあまり感じられないが、都市で暮らす人々が共有する暗黙的雰囲気といったものがある。こうした雰囲気は固定的ではなく、時間的に移り変わっていく。ファッション、スタイル、デザインなどは移ろいやすい性質をもっており、ブームが去れば忘れられていく。雰囲気が変わりやすいというのもひとつの地域性であり、都市にも風土はある。

衣食住の中でも食すなわち食べたり飲んだりするものは、直接、身体の中に入っていくため、衣服や住宅以上に微妙な存在といえる。口の中に入れたものすべてがその人自身にほかならないといわれるように、食と身体は一体的関係にある。何を食べ何を飲むかによって、少なくとも身体的、肉体的には個人の特徴が決まる。そのように考えると、同じ食べ物を摂取する人はどこかに共通点があると考えても不思議ではない。特定の病気の発症率が地域で違うのを風土的要因で説明することはよくある。塩分濃度の高い風土食を長年、摂取していると高血圧症になりやすいとか、茶粥を食べる地域では胃がんになる人が多いなどといわれたこともあった。幼いころに覚えた味覚は大人になってもあまり変わらない。まして生活してきた地域がずっと同じならそれが当たり前だと思ってしまう。生活習慣病の怖さはこんなところに潜んでいる。

食は基本的に生きていくために身体にエネルギーを供給することがその目的である。しかし実際はそのような意識よりも、むしろ美味しいもの旨いものを口にしたいという食欲が勝っているのではないか。とりわけ嗜好品の類はその度合いが大きく、健康維持のためというよりも満足感を優先して摂っている場合が多い。アルコールの摂取つまり飲酒はその代表例であり、日本酒、洋酒、ビール、ワインなど多種多様な酒類が酒好きな人々に満足感をもたらす。ところが近年の日本ではアルコールの年間消費量が伸び悩んでおり、少なくとも飲酒によってもたらされる日本人の満足感の総量は以前ほど大きくない。少子高齢化とくに若年人口の減少と、若い人の間で酒離れが進んでいることが、こうした傾向の背景にある。飲酒運転の厳罰化や一気飲みの禁止など、社会的風潮の変化も飲酒習慣を抑制するように作用している。

飲酒は国や地域を問わず、社会的な礼儀や習慣と深く結びついている。日本では昔から冠婚葬祭をはじめ、さまざまな機会で飲酒によって人間関係の絆を深めることが行われてきた。そのさい、同じ酒でも清酒や日本酒が特別に扱われ、ビールやワインとは違う意義付けが行われた。日本人の主食である米を原料として醸造してつくられる清酒、日本酒には、あたかも日本人固有の精神が宿っているかのような意味が与えられた。これはちょうど、フランスではワイン、イギリスではウイスキー、ロシアではウォッカ、中国ではマオタイというように、国ごとに特定の酒が対応しているのと似ている。実際、日本では大平内閣の頃、日本酒造組合中央会が清酒を日本を象徴する酒、すなわち國酒（国酒）に指定するように国に要望した。その結果、暗黙的に国家的儀式においては清酒で乾杯する習わしが生まれた。式典やパーティの席では種々のアルコールが用意されるが、最初の乾杯を清酒で行うことに誰も違和感を抱かなくなった。

近年、「乾杯条例」なるものが全国の自治体の間で広まっているのは、国酒指定の経緯をふまえながら、清酒や日本酒の消費量の減少傾向を少しでも抑えたいという関係筋の意図が働いているからである。この動きの震源が全国的な酒造産地として知られる京都・伏見であることから容易に想像できるように、酒造業のトップの間には条例の手を借りてでも清酒や日本酒の消費落ち込みを抑えたいという危機意識がある。しかし条例まで制定して会合の場で清酒による乾杯を半ば強制することに違和感を覚える人も少なくないであろう。そのような違和感をよそに、全国各地の酒造産地では京都の動きに追随する傾向がみとめられる。地元特産の焼酎やお茶による乾杯を促す自治体もあるが、なぜかビールやワインによる乾杯条例はない。やはり地元産の米や水にこだわり、地酒による乾杯に特別な意味を見出そうという思いが根底に潜んでいる。
さらに乾杯条例の発展型というか、盃も地元産の使用を優先するというところもある。提唱元の京都では、清水焼の盃に京都産の清酒や日本酒を注いで乾杯することで、出席者は一様に安心できる。地元産品を飲んだり使ったりすることが、地元に対する愛着心を確認しあい、結果的に地元産業の振興にも貢献できるという筋書きである。九州の陶磁器産地でも、これと同様なことが条例をもとに行われるようになった。陶磁器製の盃を生産しているところは多くないが、清酒や日本酒の産地はほとんどの都道府県にある。九州南部では焼酎が清酒や日本酒の代わりに生産されているため、全国のどこにいても地酒を楽しむことができる。飛騨高山でも状況は同じであり、伝統的に酒蔵を維持しながら地酒を醸造してきた事業所が15軒ほどある。ただし当地には乾杯条例はなく、地元産の陶磁器製盃の使用が奨められているということも聞かない。

地元産使用を奨励する気持ちは理解できるが、条例を制定してまで使用を促すという行為にはわだかまりを感じる人も少なくないであろう。地域における飲食の習慣は、基本的には自然発生的に生まれてきたものである。しかし習慣は恐ろしいもので、一旦、かたちが決まって定着すると、形式的なかたちだけが残り意味もなく行動を規定するようになる。条例は行動を法律的に明示したものであり、本来、食習慣の分野にはなじまない。乾杯条例には罰則はなく、あくまで努力目標にとどまる。理想はこのような決まりに頼るのではなく、人々の自然な気持ちから地元のものが選ばれ、結果的に地元産業が発展することである。

清酒や日本酒の国内での消費は、明らかに減少傾向にある。しかし、果実酒やワインなど別の酒類では消費が伸びており、アルコール全体が嫌われているのではない。最近では日本の酒が海外でも評判になり、清酒や日本酒の輸出に活路を見出そうという動きも本格化している。なかには海外で育てられた米を使って現地で醸造し、国際市場で勝負をしようという試みもある。高山でも目立つようになった海外からの旅行者の中には、日本で本場の清酒や日本酒を飲みたいという人が増えている。低迷する国内市場に気落ちするよりも、海外市場やインバウンドに目を向けて前向きに取り組むことが、新しい時代にふさわしい取り組みではないだろうか。

第6章

社会経済を主体的に担った有力商人

第1節　飛騨高山における城下町の形成と有力商人の誕生

1．金森氏による広大な町人地形成と町年寄の登場

越前国大野（福井県大野市）の城主であった金森長近は、１５８５（天正13）年に羽柴秀吉の命を受け、飛騨の三木氏攻略に成功し、そののち飛騨を一気に平定した。翌８６（天正14）年8月7日に長近は飛騨3万3千石の国主として入府し、城の建築を１５８８（天正16）年から始めた。長近は１６００（慶長5）年までの13年間で本丸と二之丸を完成させ、以後3年をかけ三之丸を築いた。

近世初頭に諸大名によって建設された城下町には、領主・武士の軍需と消費を支えるための商工業者が集められ、町人として一括りにされた。例えば、職人町としての鍛冶・紺屋・大工・木挽《こびき》・革屋・研《と》屋・塗師《ぬし》町などである。商人町としては石《こく》（穀）・呉服・塩・魚・油・茶町などの町名が、全国の城下町に存在することが多かった。しかも職人は、製作した商品を販売するなど商業活動を行っていた。

長近は城と同時に城下町の工事も行い、高山を商業経済重視の城下町として完成させる計画を立てた。長近は武家地、町人地、寺院群の3つに分け、城に近い方から一番町、二番町、三番町として南北方向に長く形作った。全国の城下町の平均が武家地7割と町人地3割であったのに対し、商人の経済力を重視した長近は町人地を武家地の１・２倍ほど広くした。まさに、長近が町人による商業活動に大きな期待をかけていた表れであろう。

高山の町屋は高山で独自に発生したものではなく、近江八幡（滋賀県近江八幡市）の商家形態が移入されたと言われている。美濃国に生まれた長近は近江国守山（滋賀県守山市金森町）に移住し、その折の縁で城下町高山に後述の矢嶋氏を町代として迎え入れた。長近は町人地形成の初期において、矢嶋氏に一番から三番町全体を仕切らせた。近江商人との密接な関係を持っていた長近が町人地形成にあたって、藩領域外において広範囲に経済的活動を展開していた近江商人のネットワークを活用したことは十分察せられる（金森公顕彰会編、２０１３：高山市教育委員会編、

2017)。

近江商人とは、江戸時代に現在の滋賀県に生活の拠点を置き、滋賀県以外の遠隔地に行商に赴いた広域志向の商人集団であった。近江商人は「売り手よし、買い手よし、世間よし」という「三方よし」の経営理念を生み出し、今日の流通業、商社、繊維関係の大企業のなかにその系譜を引くものは多い。現在では、大坂商人・伊勢商人と並ぶ江戸時代の日本三大商人としても評価が高い。近江商人には、江戸時代の初期に活躍した近江八幡を拠点とした八幡商人と呼称された集団がいる。近江八幡は豊臣秀次のときに城下町として繁栄し、その後琵琶湖に通じる八幡堀を水路として活用され、安土桃山時代から商業の町として発展してきた経済先進地であった(末永、2011)。長近が、その近江八幡を本拠地とする八幡商人と密接な関係を持っていた守山の矢嶋氏を招聘したことで、近江商人の商家形態が高山の町屋の基本となった(金森公顕彰会編、2013)。

近世初期に城下町高山は、高山に移住した近江商人の流れをくむ商人の経済力に依拠して成立した。このことが以後の高山に有力商人を生みだし、その商人気質を左右するバックグラウンドとなった。しかし、江戸幕府や諸藩が軍事・治安上の必要から五街道を中心に関所を設置することで、高山の地理的隔絶性が一層進んだ。すなわち幕藩制社会が確立した結果、周りの村々から富裕層が集まることで、高山の町人地への商人の一極集中が生じたのであろう。さらに、この一極集中が高山町において一層多数の有力商人を誕生させる大きな要因となった。

まず高山の町人において代表的存在と言えば高山の町年寄であろう。町年寄は世襲であり、一番町は矢嶋氏、二番町は川上氏、三番町は屋貝氏がそれぞれの運営を行った。

金森家支配のあと、1692(元禄5)年7月に幕府の直轄地(=御領、天領)と変わり、高山に陣屋(代官所、1777(安永6)年以降は飛騨郡代役所)が置かれた(村上、1965)。武家地は陣屋とその周辺の地役人屋敷のみとなり、高山はますます有力商人中心の町として発展した。しかし法制的には村扱いとなり、従来の一番町・二番町・三番町はそれぞれ一之町村・二之町村・三之町村となった。各「町村」には、引き続き矢嶋・川上・屋貝氏の3家による町年寄役が置かれ、1871（明治4）年まで受け継がれた。

幕府は、3家を頂点とする行政組織を上手く活用する形で高山三町を掌握し、有力商人に対してさまざまな統制を加えることができた。この背景には、町全体の運営にあたり町年寄が必ず高山陣屋の許可を受けねばならないことがあり、町年寄役は代官・郡代が新しく任命する例となっていたからである。そして町年寄は地役人と同様に、一般町人と区別して宗門人別帳を提出していた。これらの意味において3家が幕末まで町年寄役の継続が許されたことは、幕府権力との密接な繋がりを感じさせる。この町年寄としての役目以外に、矢嶋・川上・屋貝氏の3家には有力商人として活動した側面があった（金森公顕彰会編、2013：高山市教育委員会編、2017：金森、1998）。

2．一之町年寄役の矢嶋家による林業と塩商売

矢嶋家が近江国守山から招かれたことは述べたが、高山での矢嶋家の初代宗成は父祖代々の金森家との懇意により、旧恩を慕って近江より高山へ移り住んだとも言われている。宗成は一之町に居宅を構え、1614（慶長19）年に金森家臣山蔵縫殿助から「諸役一さい永代御免」の書状を与えられ、5人扶持の初代町代として町人町の行政をゆだねられるほどの人物であった（金森公顕彰会編、2013）。

初代宗茂（茂右衛門）、2代成次（茂兵衛）、3代成勝（善左衛門）が材木山稼ぎ（商人請負木）の役目を与えられ、阿多野郷・久々野郷・小坂郷山内（高山市久々野町・下呂市小坂町）の山内で各種の木品を伐採している。商人請負木とは、高山町の商人または他藩の商人に木材の伐出しを請け負わせるものであった。請負人は採材を飛騨川下原まで流送し、事前に取り決めた木役値段と前納金との差引勘定を立てたうえで、代銀の精算と引き換えに材木が引き渡されるシステムとなっていた。この制度が生まれた背景には、木材需要の増加に応じて伐採事業が活発化したことがあり、木曽山に並ぶ飛騨での林業の盛況ぶりがうかがえる（岐阜県編、1968、1969、1984）。

これらの事実から、金森が当時高山町の最有力商人であった矢嶋氏を頼っていたことと、金森時代に矢嶋氏が高山城

下きっての御用商人として栄えていったことがわかる。天領となったあとも、矢嶋家は一之町村の町年寄の役目を任せられた。本来ならば、天領となったことで家業の材木稼ぎについては差し止められても仕方がないところだが、矢嶋家は諦めずに江戸の奉行所へ願い上げて従来通り請け負うことができた。

さらに、矢嶋家は1804（文化元）年から塩売捌商いをはじめた。1840（天保11）年以降は代々の家業である林業に代わって塩商売に力を入れるようになり、富山方面からの越中塩や美濃塩を売り捌いた（金森公顕彰会編、2013）。1853（嘉永6）年6月には、塩差配人惣代であった矢嶋家と古川町の者に越中塩の売捌きの値段を決めさせて届けさせた（飛騨市教育委員会編、2009）。1854（安政元）年に高山陣屋は富山藩と交渉して塩の移入を独占した。領民に対しては、1人あたり塩7升の割合で人口に比例して割当数量を決定し、区域ごとにおいた塩差配人を通してその配給を担当させた。矢嶋家は翌55（安政2）年に飛州用塩惣取締方の1人に任じられ、定式塩制度の総元締として活動するに至っている（岐阜県編、1972：富山県編、1974）。

3．二之町年寄役の川上家による肴万問屋

1665（寛文5）年金森頼直の逝去を知らせる書状の宛名に、「川上長兵衛（光政）」の名があることから、それ以前より川上家は町代の1人であったと思われる。川上家の先祖は神岡（飛騨市）の江馬氏の流れを汲み、金森家の家臣であったとも伝えられる。頼直の側室であった「りん」が川上家へ嫁いだ際の持参品と伝えられるものが残されており、金森家とは深いつながりを持っていた。

川上家は二之町に居宅をもち、「肴万問屋」として魚類を中心とした様々な商品の取引を家業としていた。魚取引の開始については不明だが、問屋として営業を正式に免許されたのは、1688（貞享5）年3月川上家4代当主善吉の時であったとされる（金森公顕彰会編、2013）。当時の第6代金森頼旹《よりとき》は荷主と仲買人の相対売買を禁止し、川上家に売銀高の二分ずつの口銭をとることを許し、魚類の円滑な流通を図らせた。これにより飛騨入りした魚は、一旦川

上家へ収まった後に各地へ流通することになった。例えば、信州方面で「飛騨鰤」と呼ばれた越中からの塩鰤も、川上家の手を経て流通した。このことからも、川上家への独占を許した金森家による優遇策であったと考えられる（岐阜県編、1972）。

天領になったあとも、川上家は引き続き二之町村の町年寄の役目を与えられた。家業の肴万問屋の経営は、幕府権力の保証のもとに明治初期頃まで独占的に行うことができた。この理由としては、やはり川上家の資金力が豊富であったことがあげられよう（金森公顕彰会編、2013）。

例えば、1744（延享元）年に古川町の商人が同町において、魚その他の商品を取り扱う問屋開業の許可を求めて高山陣屋へ出願した。この背景には、川上家が古川町にてもそれらの商品取引を独占していたからである。川上家はすぐさま対応し、新たに肴万問屋の冥加として、魚取引の主要街道である越中街道と信州街道の往還の橋2ヶ所の普請を申し出た。川上家は営業の特権に対するみかえりを負担し、独占営業の継続を求める趣旨を出願したのであった。高山陣屋はこの願い出を認め、以後、川上家は二之町村の板橋と一之町村の錦橋の修理や掛け替えを行うようになった。

しかし町年寄役は幕府権力によって守られていたばかりではなかった。川上家は1771（明和8）年7代当主のときに大原騒動における年貢米江戸直納問題で、三之町村の町年寄であった屋貝宅とともに居宅土蔵の打ち壊しにあっている。大原騒動における3家および有力商人の動向については後述する（岐阜県編、1971：金森公顕彰会編、2013）。

4. 三之町年寄役の屋貝家による鉱山業

1761（宝暦11）年に書かれた「町年寄由緒書控」によると、延宝期（1673～80）に長谷川清兵衛に代わって屋貝権四郎が3人扶持の町代を与えられたとある。屋貝家の祖は近江国闘鶏野《つげの》に在住の山蔵家より分家してのち、武儀郡富野村西神野八神（現在の関市八神）に移住し、屋貝と改めた。さらに飛騨国川上郡（清見町三日町）に移り、その後高山三之町に居宅を持った。天領に移行しても、矢嶋家・川上家と同様に三之町村の町年寄役を勤めた。

金森時代の屋貝家の家業については判明し難く、どうやら矢嶋家や川上家のような一定の家業を持っていなかったようである。1744（延享元）年に屋貝家は、高山陣屋から北国より入り込む塩の一手販売の役を与えられた。ところが、国中の百姓の迷惑となったため中止となった。宝暦期（1751〜63）頃の屋貝家は、酒屋と田徳（田から得る利益）によって生計をなしていたと言われている（岐阜県編、1972：金森公顕彰会編、2013：浅野編、1993）。

1853（嘉永6）年2月頃には蚕種が高値となって不良品も横行するので、屋貝家は蚕種取締問屋に任じられた。屋貝家では越中八尾、信州上田、そのうえ奥州本場からも蚕種を取り寄せて上品を選び、地主改良を思案し値段を下げるように努力した。これは高山陣屋としては領内の蚕種を出来るだけ生産したいという意図が、屋貝家の一手独占の狙いと重なったと思われる。しかし屋貝家の手法が各地で反対運動にあい、同年6月に役目取り消しで終息した。この反対運動が生じたのは蚕種改良とされながらも、陰では高山陣屋と町年寄でもあった屋貝家との結託であったと見透かされたためであろう（岐阜県編、1972）。

1856（安政3）年に屋貝文次右衛門はその資力と信用を背景に、高山馬場銀吹所の請負人取締役に就き、以後鉱山業に力を入れるようになった。銀吹所とは、飛騨の諸鉱山の銅・鉱石を集めて銀の精錬を行うところであった。屋貝家がそこに多額の資金を注ぎこんだのは、町年寄としての権威が事業を成功に導くことを見越してのことであろう。

銀吹所の経営は、1855（安政2）年の発足当初から慶応期（1865〜67）まで一貫して請負人事業であった。請負人は高山陣屋への「出入町人・百姓並」とされ、飛騨一国の出来銅・鉛を買い集め、銀絞り後の銅・鉛などを自由に売却できた。屋貝家には市価よりも安価に米を購入できる権利や成果に応じた賞与、あるいは高山陣屋からもときに応じた有利な融資も受けられるなどの種々の特典が与えられた。幕府権力による干渉が強い直轄地としての重要な事業であったために、町年寄役として高山陣屋と緊密な関係を持っていた屋貝家が適任であったと言えよう。

上方筋と信州筋と北国筋との物資交流には高山町を中継することが多く、高山町に一定の中継所がなかったため取り締まりが乱れてきた。そこで高山陣屋は、1867（慶應3）年11月に屋貝家を上方・信州・北国の塩と魚を除いた諸物資の中継問屋に定めている（岐阜県編、1972：金森公顕彰会編、2013）。

5．大原騒動における領主と高山の町年寄・有力商人との密接な関係

金森時代から同家との深いつながりがあった3家は、天領となっても町年寄が続けられた。この背景には、有力商人としての重要な商品の独占権を引き替えとした高山陣屋との巧みな駆け引きがあったからであろう。

高山町にて領主と町年寄・有力商人との強い結びつきを示している出来事としては、1771（明和8）年から1789（寛政元）年までの約20年間の明和期（1764～71）と安永期（1772～80）と天明期（1781～88）に、飛騨国で断続的に生じた3つの一揆・打ちこわしの農民騒動があげられる。この騒動は、大原彦四郎代官（のち郡代に昇進）、同亀五郎郡代の治政下で、高山三町の町年寄・有力商人を挟んだ領主と農民との闘争でもあった。この一連の闘争は、その親子の名をとって大原騒動と呼ばれている。なかでも安永の一揆は、磔《はりつけ》・遠島などを含めて1万人にもおよぶ処刑者を出した大規模なものであった。

1771（明和8）年9月代官であった大原彦四郎は、高山町の有力商人に2，000両から3，000両の御用金を命じた。大原代官は、これと引き換えに町年寄3家に紋付・裃《かみしも》を与え、また有力商人に代官所への出入りを許すなどの特権を与えた。これらの特権はむろん全国の天領において先例のないことであり、しかも代官が言い付けた金額をすぐに差し出せる彼らの豪商ぶりには驚かされよう。

同年12月に幕府が前例のない年貢米3，000石を江戸へ直納するように命じ、それに関わって大きな問題が生じた。高山二之町の有力商人であった丸屋平八が飛州百姓惣代と詐称し、福島屋五右衛門および町年寄役の川上斎右衛門・屋貝権四郎らと共謀し、町年寄の役印を使用して江戸直納を勘定奉行へ願い出たのであった。丸屋ら4人は、米取

引の自由な富山・尾張方面で安い代替品を買いつけて直接納め、米穀統制下の高山で、なおかつ端境期の騰貴を見越して巨利を得ようと図ったのである。この策謀の背景には、大原代官による町年寄・有力商人に対する人心掌握術を、むしろ丸屋ら4人は逆手にとったとも言える両者の密接な関係が見え隠れする。これを機に明和騒動が起こるが、丸屋ら4人は無罪となり、実に時代劇のドラマのシーンを彷彿させる悪代官と悪徳商人の姿が目に浮かぶ事件であった。

その後に検地反対の一揆であった安永騒動が生じる。明和騒動もおさまらぬ農民の不穏な動向のなか、1774（安永3）年8月に大原代官つきの元締茂木沢右衛門を仲介し、高山町の商人が75人で2,880両を調達している。そのときに御用金を調達した商人の一覧が表6-1であり、100両が7人、50両が16人、30両が33人、20両が17人であった。どれだけの有力商人が高山三町（表6-1の73人中、一之町28人、二之町28人、三之町13人、一之新町2人、二之新町2人）に点在していたのかを想像させる

100両	二之新町	谷屋九兵衛	〃	二之町	田中屋半十郎
〃	二之町	上木屋甚四郎	〃	同上	福島屋五右衛門
〃	同上	加賀屋清三郎	〃	同上	田中屋甚兵衛
〃	同上	大坂屋半助	〃	一之町	川崎屋惣右衛門
〃	同上	大坂屋七左衛門	〃	同上	宇野屋勘右衛門
〃	同上	山田屋忠右衛門	〃	同上	打保屋平右衛門
〃	一之町	田中屋弥兵衛	〃	同上	広瀬屋源右衛門
50両	二之新町	谷屋又兵衛	〃	同上	板屋長右衛門
〃	二之町	加賀屋長右衛門	〃	同上	北澤屋孫兵衛
〃	同上	長瀬屋弥兵衛	〃	同上	光賀屋市右衛門
〃	同上	加賀屋仁右衛門	〃	同上	長瀬屋小吉
〃	同上	笹屋直吉	〃	同上	高桑屋与右衛門
〃	同上	水間屋彦右衛門	〃	二之町	松井屋源六
〃	同上	松木屋伝兵衛	〃	同上	千虎屋甚六
〃	同上	宇野屋兵右衛門	〃	同上	打保屋忠治郎
〃	同上	美濃屋権六	〃	一之町	水野屋与茂助
〃	同上	数崎屋太七	〃	同上	長瀬屋小兵衛
〃	一之町	大坂屋吉右衛門	〃	同上	能登屋半右衛門
〃	同上	和田屋忠右衛門	〃	同上	白鳥屋七平衛
〃	同上	平瀬屋六助	20両	三之町	大坂屋権兵衛
〃	同上	吉野屋清三郎	〃	同上	角竹屋市郎右衛門
〃	同上	打保屋久六	〃	同上	杉崎屋惣助
〃	同上	奥田屋兵助	〃	一之新町	川嶋屋忠兵衛
30両	三之町	戸谷屋弥兵衛	〃	二之町	益田屋市助
〃	同上	笠井屋半七	〃	同上	鍋屋喜兵衛
〃	同上	嶋田屋小三郎	〃	同上	浅野屋喜右衛門
〃	同上	岩山屋勘右衛門	〃	一之町	辻屋又兵衛
〃	同上	滑川屋長三郎	〃	同上	長瀬屋徳右衛門
〃	同上	杉崎屋甚右衛門	〃	同上	吉野屋源助
〃	同上	加賀屋与平次	〃	同上	赤田屋新右衛門
〃	同上	角屋惣左衛門	〃	同上	中田屋源右衛門
〃	二之町	土田屋彦左衛門	〃	同上	八賀屋彦右衛門
〃	同上	浅野屋久右衛門	〃	同上	大森屋十三郎
〃	同上	こん屋藤七	〃	三之町	長瀬屋与四郎
〃	一之新町	内山屋忠右衛門	〃	同上	二田村清七
〃	二之町	桐山屋勘兵衛	〃	一之町	川上屋吉右衛門
〃	同上	大瀬屋作右衛門			

表6-1　1774（安永3）年御用金調達の高山町の商人
出典：田中貢太郎編（1970）：『飛騨国大野郡史　中巻（復刻版）』大衆書房,pp.569-575.をもとに作成。
備考）町名・屋号ともに見当たらなかった前原意春（30両）と東河原町の長左衛門（20両）は除外した。

記録である。その後の天明騒動時には、郡代は江戸勘定奉行への支払い時期に町年寄・町組頭を始めとした高山商人と郡中村々に対し、総額6，128両の借用金を命じた（岐阜県編、1968：松田ほか、2000）。この背景に、田沼意次が側用人・老中として幕政の実権を握っていた1767（明和4）年から1786（天明6）年までの時期と重なっていたことがあったことは偶然の一致ではなかろう（藤田、2012）。

高山三町の町年寄とそのほかの有力商人、あるいは彼ら商人と結びついた村々の富裕農民が高山陣屋と結託していたことに、農民が反発して起こした争いが大原騒動であった。この18世紀後半は、幕府が大坂ほか全国の天領において御用金を徴発する代わりに、有力商人に対し流通の独占権を与えた時期であった。幕府は各地の特権的商人を媒介として流通統制を図ったが、確かに高山三町も同じ状況下にあったのである（桜井ほか、2002）。

第2節　旦那衆と呼ばれた高山三町の有力商人

金森時代に比べて幕府による統制が厳しくなった天領時代であったが、高山町は飛騨の中心地として各種の商業が栄え、同時に高山一之町の薬種商出自の田中大秀による国学など町人の学問・文化が花開いた。商業以外の学問・文化が興隆した背景にも、経済的に上方と繋がり資金力にものを言わせた有力商人の存在と、その彼らと高山陣屋の役人との結びつきがあった。有力商人は、代官が江戸から伝える江戸文化と上方商人の伝える上方文化を融和させて独特の文化を育てていった。しかし江戸時代は身分制度・経済統制がやはり厳しく、先の3家の町年寄やそのほかの有力商人といえども種々のことが言い付けられた（加藤、1970）。

例えば、1843（天保14）年に幕府の奢侈禁令を受けて、高山陣屋は有力商人27人に対して居宅の建築仕様の書き上げを命じ、身分不相応と考えられる部分には取り払いや変更の明示を要求した（金森公顕彰会編、2013：高山市教育委員会編、2017）。このうち25人を表6-2に示した。ここから町年寄の矢嶋家のほかに、24人の有力商人が存在したことがみてとれる。彼らは高山町の発展に貢献した有力商人であり、表6‐2は表6‐1に比べさらにメンバーが絞られている。表6‐1の100両と50両以上にみられる谷屋、上木屋、大坂屋をはじめとした表6‐2のメンバーこそが「旦那衆」と呼ばれた有力商人であった。また、両表を合わせて考えてみると二之町に旦那衆が一番多く、その次は一之町、そして三之町であったと思われる。

有力商人かつ町人の首座を「旦那衆」と表現していたことは、全国の都市では京都や金沢、博多などで確認できる（林屋、1990：武野、2000）。しかし、江戸時代から現在までその呼び名が続き、しかも当時では地理的隔絶性という最大のハンディキャップというべき山間部に限定すれば、全国でも飛騨高山とその周辺地域だけということになる。そのうえ天領であった地域に旦那衆を生み出していたことは、江戸時代の商業史・豪商史の見地からも決して見過ごせない事実である（宮本1971，2003：宮本ほか、1976：藤田ほか、1978）。

町　名	建家造作建具巨細書上帳の提出人	
一之町 計8人	大坂屋吉右衛門 矢嶋茂右衛門 和田屋忠右衛門 奥田屋兵助	権十郎 清三郎 清六 田中半十郎
二之町 計11	桐山屋勘兵衛 桐山屋源兵衛 佐兵衛（大坂屋） 加賀屋長右衛門 長瀬屋弥兵衛 細江屋三郎右衛門	上木屋甚四郎 打保屋忠次郎 新兵衛 谷屋平兵衛 坂屋清六
三之町 計6人	杉崎屋甚右衛門 杉崎屋甚三郎 長五郎（滑川屋）	宗左衛門 上木屋甚兵衛 弥兵衛

表6-2　1843（天保14）年の高山三町の有力商人
出典：金森公顕彰会編（2013）：『飛騨高山 金森氏の歴史』金森公顕彰会，p.78，高山市教育委員会編（2017）：『高山市史 金森氏領国時代編（下）』高山市教育委員会，p.285をもとに作成。

では、戦前までの旦那衆の条件とはどのようなものであったのであろうか。第1に資産家であること、第2に江戸時代にすでに財産を築いていた旧家であること、第3に飛騨高山にて何らかの経済的恩恵を施した経験を有することである。旦那衆は「地主旦那」と「商売旦那」に大別でき、旦那衆の初代は高山の城下町建設当時からきた者が多いとされる。また高山へ出てきた農民の次男、三男は小商いによって身を立てて旦那衆まで上り詰めた者もいた。これらのなかには屋号に村の名をつける者が多かった。例えば、高山において屈指の旦那衆である日下部家（谷屋）の場合は、飛騨と越中の境にある吉城郡谷村から出てきて茶の行商をしたと言われる。平田家（打保屋）の場合は、同じく吉城郡打保村から出てきて鬢《びん》つけ油の商いをしたと伝えられている。なお、他国からきた者では二木家の加賀屋、森家の大坂屋、永田家の大坂屋などのように国名をつけるのが一般に習わしであった。

これら旦那衆の初代は高山の城下町建設当時からきた者から、なかにはずっと時代の下る者もおり、戦後の頃までで平均して10代から13・14代というのがもっとも多いとされる。一代で産をなしたというのは皆無で、3代ぐらいはかかっていると言われている（桑谷、1971）。

第3節 旦那衆による大名貸しと農民貸し

1．谷屋（日下部）九兵衛の経営展開と大名貸し

日下部家の初代は吉城郡谷村出身であり、谷屋九兵衛と称し表6‐1のトップにみられる。同家において、とくに一時期を画するほどの活躍をしたのは3代目であった。1779（安永8）年の取引商品については店卸帳の記録から、茶・たばこ・鉛・釘・古かね・鍋釜・金道具・水銀・古手類・小袖類・木綿・麻布・反物・打綿・小切紙・木紙・油荏・曽代糸・絹紬縞・真綿・引立糸・蝋・米・塩硝・芋・菜種など、約30種近くのさまざまな商品であったことがわかる。これらの豊富な取扱商品だけでも金166両余りであり、高山の奥地とはいえども3代目谷屋による多角経営がうかがい知れる。もっとも商品の中心であった曽代糸など絹物関係で、1，116両余を占めていた。なお、別に富山での米買入金534両が富山渋屋長兵衛方に預けてあった。借家26軒、家9軒、田地、田地作料・家賃など604両3分、頼母子関係掛金の4，084両余などが計上され、店卸しの総額は1万3，477両余という膨大な額にのぼっている（岐阜県編、1972）。

翌80（安永9）年の店卸帳には、谷屋の家訓として理解できることが書かれている。第1には、資産が非常に大きくなりすぎて奢りが生じ、家運衰退を招きやすくなっていたために、むしろ別家を盛り立てて、いわば三井家のような同族団組織による谷家の発展を考えていたことであった。この発想や同族団組織を擁する大商家の規模から判断して

も、高山町の旦那衆のなかで一、二を争う大店であったことが想像できる。第2には、あくまで周辺の農村に対する地主的経営による米取引を経営基盤として事業存続を図ろうとしていたことである。この背景には、北国米の取引に関する利益は多額であるものの、糸取引では損失が多かったことがあった。また、谷屋は富山藩さらには金沢藩への大名貸しで、近隣の領主との関係を深くしていたことがあった。これらの関係が、やがて1781（天明元）年に富山藩から700石におよぶ米の買い付けを行い、富山藩とその家中へ2，756両ほどの膨大な金額の貸付けまで発展することになった（写真6‐1）。

米や糸の取引をしながら金融地主として成長していった谷屋は、1810（文化7）年に幕府の買上米における資金上納の命に応じ、金200両を納付している。このとき高山町全体として2，144両3分を上納したうち、200両を納付した商人はほかに加賀屋清三郎、田中屋半十郎、大坂屋彦兵衛の3人のみで、4人以外は100両以下であった。谷屋は、この時期に高山町の有力商人の四本柱の一角を担った旦那衆と言われた。さらに1847（弘化4）年の「惣括帳」では、実に4万2，190両の総額を記録するほどに大きな経営発展を遂げた（岐阜県編、1971、1972）。

谷屋九兵衛は、1853（嘉永6）年に飛騨第1の鉛山であった平湯鉛山の歩合持となって鉱山業に手を伸ばした。高山銀絞吹所が経営不振に陥ると谷屋は、1861（文久元）年に高山陣屋から「吹所取締方立会人並立入金子預り主」として経営不振の挽回につとめることを命ぜられた。この背景には吹所最大の弱点であった資金難解決のために谷屋の信用と資本に助成を求めて、高山陣屋が肩代わりさせた事情が見え隠れする。この時点で谷屋はすでに平湯鉛山の山下喜助へ大金を、吹所請負人の中嶋清左衛門へ1万9，200両をそれぞ

写真6-1　日下部家の内部
出典:著者撮影

れ貸付けていたが、返済される目途は全く立っていなかった。

谷屋は、天保～文久期（1830～63）では苗木・郡山の2藩へ数千両を調達している。鉱山業に乗り出して以来、谷屋は必ずしも順調な経営状態とは行かなかった。1865（慶応元）年7月幕府が国事多難のため軍資金献納を求める代わりに応募者に苗字帯刀を許したときに、鉱山経営の不振が響いていた谷屋は、高山において1，000両の桐山勘兵衛、700両の永田吉右衛門らに続いて、6番目の200両を納めるに過ぎなかった。この献金によって苗字は孫の代まで御免となっているので、この時点から日下部九兵衛を称したのであろう（岐阜県編、1971、1972）。

なお、表6-2の谷屋平兵衛家は大新町1丁目の谷屋九平衛の分家にあたり、1810（文化7）年には富山藩家中に、幕末には郡上藩主に対し大名貸しを行っていた（高山市教育委員会編、2014）。

現在、日下部家は日下部民藝館として高山屈指の商家建築を残している。上記で紹介した史料のほ

年号	貸主	借主
1778（安永7）年	大坂屋七左衛門	（越中）八尾・富山・千保村・大窪村・秋元村・瀬柳村・西部金屋村・太田村・金屋岩黒村・下中条村・祖先寺村
1788（天明8）年	大坂屋七左衛門	（越中）富田様・村様・滑川御勘定局・砺波郡中田組・八尾町人中・富山町方
1810（文化7）年	打保屋忠次郎、谷屋平兵衛	（越中）富山藩家中へ、江戸へ出訴
1815（文化12）年	谷屋九兵衛、坂屋清三郎	（越中）富山藩勘定所、切手米3,740石引当1,840両貸付
1834（天保5）年	打保屋市郎右衛門、谷屋平兵衛	（加賀）藩領百姓中へ、江戸へ出訴
1835（天保6）年	大坂屋七左衛門、大坂屋佐兵衛	加賀藩前田図書ほか4人、訴訟のうえ150両ずつ30ヶ年賦返金約定
1835（天保6）年	上木屋甚兵衛、上木屋甚四郎	（越中）新川郡20ヶ村百姓
1835（天保6）年	上木屋甚兵衛、上木屋甚四郎	（信州）本洗馬村ほか6ヶ村百姓、1841（天保12）年江戸へ出訴
1836（天保7）年	打保屋市良右衛門、谷屋平兵衛	（富山加州領）1837（天保8）年江戸へ出訴、1ヶ年逗留、9年返済
1836（天保7）年	打保屋市郎右衛門ほか4人	（越中）神吉村ほか47ヶ村
1836（天保7）年	打保屋市郎右衛門	越中高岡棚田屋喜兵衛（本年済）
1839（天保10）年	坂屋清六	（越中）富山松平出雲守家中小塚主殿・山田磯右衛門と訴訟
1839（天保10）年	加賀屋清三郎	（越中）富山藩家中小塚主殿
1841（天保12）年	上木屋甚兵衛、上木屋甚四郎	（越中）新川郡秋吉村
1853（嘉永6）年	上木屋徳次郎	加賀藩家中長屋右近ほか37人（本年済）
1871（明治4）年	日下部九兵衛、森多録	さきに苗木藩主遠山美濃守へ調達金をして今なお返済しないもの
1871（明治4）年	日下部九兵衛、日下部平兵衛、平田忠次郎	さきに郡上藩青山大膳亮へ調達金をして今なお返済しないもの
1871（明治4）年	日下部平兵衛、平田市次郎	さきに富山藩主前田淡路守へ調達金をして今なお返済しないもの

表6-3　江戸時代の高山町の有力商人による大名貸し

出典：桑谷正道（1971）：『飛騨の系譜』日本放送出版会,pp64-66.、後藤新三郎（1983）：『江戸時代の飛騨史』私家本,pp.95-96.をもとに作成。

か、寛政期以降の商業・金融史料が多数残されており、飛騨高山の旦那衆を紐解く重要な史料群と高く評価できる（岐阜県編、1971）。

谷屋以外に大名貸しを行っていた旦那衆については表6‐3に掲げている。表6‐1・6‐2と同様に大坂屋、打保屋、上木屋が目立ち、天領高山の御用商人としての掛屋の役割が浮き上がってこよう（富山県編、1974）。表6‐4・6‐5には明治初期の新政府への献金に関して載せた。町年寄の川上・屋貝の両家のほか日下部（谷屋）、永田（大坂屋）、打保屋（平田）、吉島屋（吉島）がみえる（飛騨市教育委員会編、2009）（写真6‐2）。なかでも表6‐5の大坂屋の両家は非常に目立ち、幕末期天領における豪商の姿が鮮明になってくるのである。この意味では、幕末期において九州地方の金融の中心的存在となった豊後国天領の日田の広瀬家、千原家などの「日田金」と称された高利貸業者と並ぶ勢いを感じさせる（楠本、1999）。

2. 旦那衆による農村地域への小作地の拡大

寛政期（1789～1800）以降になると、高山町の有力商人＝旦那衆が広瀬郷や吉城郷下方面へ経済的な進出を図り、次第に小作地を拡大していった。すなわち、当時高山町の旦那衆は隣接する（大野郡）灘郷（13ヶ村地区）・三枝郷（5ヶ村地区）・大八賀郷（11ヶ村地区）はもちろん、（吉城郡）吉城郷下組方面に対し

川上斉右衛門	桐山勘兵衛	日下部九兵衛
屋貝権四郎	桐山源兵衛	日比野甚右衛門
永田吉右衛門	土川惣左衛門	坂田長五郎
平瀬市兵衛	平田忠次郎	吉島休兵衛
上野清三郎	小森秀造	打保屋孫六

表6-4　1869（明治2）年正月14日の天朝への100両献金の町人
出典：高山市編（1981）：『高山市史 下巻（復刻版）』高山市,pp.820-821.をもとに作成
備考：但し、小森秀造は2,000両献金。

金1,500両	高山一之町	大坂屋吉右衛門
金1,200両	高山二之町	大坂屋秀蔵
金1,000両	同　上	吉島屋休兵衛
金1,000両	高山三之町	角屋惣左衛門
金　500両	同　上	滑川屋長五郎

表6-5　1869（明治2）年4月の梅村知事創設商法局への立替金
出典：高山市編（1981）：『高山市史 下巻（復刻版）』高山市,p.838をもとに作成。

写真6-2　吉島家の玄関
出典：著者撮影

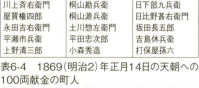

て金融活動を中心に地主的土地所有を進めた。

例えば、杉崎屋甚右衛門と打保屋忠次郎はともに高山町の旦那衆であり、杉崎は久々野郷、打保屋は灘郷西部を中心に、手代を使って金融活動・繭の仲買いなどを展開した。高山町の旦那衆が他郷に手を広げていくほとんどの場合には、その土地の有力者を田屋《たや》（小作地を管理する者）として手を結ぶか、または店の手代を田屋としてその地に住まわせた。田屋は自分名義で借りた土地を村内の小農に耕作させるか、または何人かの作男《おとこ》（住み込みまたは出入りの耕作者）を使って耕作させた。

田畑とは限らず、在地の有力農民が高山町の旦那衆から金を借りて、それを近在の小農民に又貸しした例も決して珍しいことではなかった。江戸時代後期になると、農村地域においても複雑な土地の貸借関係や金融活動がみられるようになり、飛騨地方ではその中心に高山町の旦那衆の存在があった（国府町史刊行委員会編、２０１３）。

飛騨高山における産業の特徴として林業があげられる。その山林をめぐっては利害関係があり、農村内にて村内の支配者層と一般農民層の対立が享保期（１７１６〜３５）以降とくに激化した。そして、村内の対立はそこだけにとどまるものではなかった。村内の有力層の背後には高山町の有力商人が存在しており、彼らと山方村々との対立はやがては現実化せざるをえないものであった。この頃は山方村々の慣行として飯米、米塩あるいは山道具などの仕入れを、高山町の有力商人を通じて行っていた。これらは借金買いとして行われ、のちに山林での作業賃を引き当てて支払う仕組みになっていた。しかし予定した作業などが進まなかった場合には、借金が累積し続け、結果的に山林に関わる権利や田畑を担保物件として押さえられた。最後にはそれらが抵当流れとして高山町の有力商人のもとに集中することになり、旦那衆の存在を一段と大きくしていった。例えば、この時期に大坂屋が（益田郡）阿多野郷（37ヶ村地区）に膨大な貸付を展開しており、当然返済しきれる金額ではなかった。のちに阿多野郷をはじめ益田郡の諸村に大坂屋の小作地が広がり、大坂屋が村の年貢米なども管理するようになった（岐阜県編、１９７２）。

文政期（１８１８〜２９）において、高山町の商人全体の持高は一〜三之町では３４５石余りであるのに対して、それ以外の村々に約4，700石所持していたという話が残っているほどである。とくに、1827（文政10）年の高山町の商人全体の持高は約5，000石で、飛騨5万5，000石の約1割を占めていたことになる。さらに、1860（万延元）年では持高が約6，400石となっていた。なかでも谷屋、加賀屋などの旦那衆が高い持高を示しており、江戸時代後期には有力商人を中心に高山町の周辺における多くの村々を経済的に支配していた状況がみられたのである（松田ほか、2000：上枝村史編纂委員会編、2000：大野郡丹生川村史編纂委員会編、1993）。

第4節 旦那衆と地域振興事業

旦那衆は儲けるだけではなく、吐き出すことで社会に還元するスタンスも心得ていた。貧富の格差が大きかった江戸時代において、貧しい者に対し救いの手を差し伸べる喜捨の精神を持っていた高山町の有力商人こそが旦那衆であった。そのためにも旦那衆は自分たちの生活においても質素倹約を守った。この背景には、金森時代の家作・衣服・飲食などの倹約の布令や幕府の倹約令、高屋陣屋からの布令などがあった。百姓・町人は雑穀を常食とし、食事の回数を制限、しかも魚類を食べるのは1年のうち数回であり、旦那衆とて例外ではなかったのである。

1808（文化5）年9月には、高山一之町の田中英積・景逸、二之町の二木長俊らが木賊洞村の峻険な坂路を改修した。1828（文政11）年に谷屋九兵衛が造った桐生村の茶接待所は飛騨街道を往来する旅人にくつろぎを与え、1845（弘化2）年11月に高山三之町の近藤屋勘十郎が美女峠につくった茶接待所も同様の役割を果たした。また近藤屋は40両を村に寄付し、その利息で茶の購入費と番人の手当てを賄おうとさえしたのであった。

1837（天保8）年11月に大坂屋吉右衛門が、長淀村に新規に板橋をかけるために、50両を寄付し村人から感謝されている。1848（嘉永元）年正月に谷屋九兵衛が、水害の後の余荷普請費として1，410両余を5ヶ年賦無利息で立替え、困窮者には施与している。こうした旦那衆の地域貢献・奉仕は、金銭ではとうてい換算することができないほどの余慶も受けることになったのである（桑谷、1971；高山市編、1981a）。

そこで表6・6〜6・8に幕末期の救済について有力商人による施行状況を掲げた。表6・1〜6・5に登場した旦那衆が再び浮かび上がる。とくに幕末期の旦那衆を見出すならば、表6・7にみえる永田（大坂屋吉右衛門）、日下部（谷屋）、上木屋、桐山屋、吉島屋、平田（打保屋）、森（大坂屋七左衛門）ら17家であったと思われる。

近代以降の高山の屋台組を中心とするコミュニティは、江戸時代以来、歴史的に形成された町人文化の上に成り立っており、その中心にいるのがまさしく旦那衆であった。旦那衆とは資産家として、地域に対する喜捨や社会事業への援助を惜しまなかった人々であった。彼らは、本業の商売での成功をもとに元禄以降地主化し、小作米で造酒屋を経営した。さらには、金融業を行って莫大な財産を築いた。既述のように大名貸しなどを行うことによって町人の身分でありながら、高山町において有力商人として特異な地位を確保していったのが旦那衆であった。現在、重要伝統的建造物群保存地区である下二之町・大新町地区の屋台組を支えてきた旦那衆に坂屋静六、谷屋平兵衛、谷屋九兵衛、吉島休兵衛、山下佐助らがいる。彼らは多くの使用人を抱え、職人や小間使いなどは「出入り」と呼ばれ、強い絆で結ばれてい

出金	町人名	出金	町人名
金35両	桐山屋勘兵衛	金10両	大坂屋文助
〃	打保屋忠次郎	〃	杉下屋太十郎
金25両	大坂屋吉右衛門	〃	山下屋佐助
〃	大坂屋七左衛門	〃	上木屋甚兵衛
〃	谷屋九兵衛	〃	谷屋平兵衛
〃	加賀屋清五郎	〃	坂屋清六
〃	吉島屋休兵衛	金5両	吉島屋和吉
金15両	桐山屋源兵衛	〃	上木屋徳次郎
〃	加賀屋長右衛門	〃	大賀屋清吉
〃	屋貝文次右衛門	〃	川島屋忠兵衛
金10両	平瀬屋市兵衛	〃	荒木屋平蔵
〃	和田屋忠右衛門	〃	奥田屋兵右衛門
〃	大坂屋太右衛門	〃	代情屋茂助
〃	千虎屋弥右衛門	〃	荒木屋兵助
〃	吉野屋清三郎	〃	林屋徳蔵
〃	長瀬屋弥兵衛	〃	杉崎屋甚右衛門
〃	大坂屋佐兵衛	〃	加賀屋啓助
〃	滑川屋五郎左衛門	〃	戸谷屋弥吉
〃	角屋惣左衛門	〃	荒木屋市右衛門
〃	福田屋吉郎兵衛	〃	近藤屋勘十郎
〃	西本屋治郎兵衛	〃	鷲見屋孫四郎
〃	矢島茂右衛門	〃	羽根屋宇三郎

表6-6　1852（嘉永5）年12月の窮民救方のために出金した町人

出典：高山市編（1981）：『高山市史 下巻（復刻版）』高山市,pp.857-858.をもとに作成。

備考）上記文献の記載順を高額順に変えて並び替えた。

平瀬屋市兵衛	桐　山勘兵衛
永　田吉右衛門	平　田忠次郎
上木屋徳次郎	上　野清三郎
吉野屋清三郎	大坂屋文　助
川島屋忠兵衛	森　七左衛門
福田屋吉　蔵	滑川屋長五郎
吉　島休兵衛	角屋惣左衛門
日下部九兵衛	上木屋甚兵衛
桐山屋源兵衛	

表6-7　1864（元治元）年正月21日に町会所に施米計画のために呼び出された富家17名

出典：高山市編（1981）：『高山市史 下巻（復刻版）』高山市,pp.858-859.をもとに作成。

た。その結束力は極めて強く、地域コミュニティの中心として今も機能している（高山市教育委員会編、２０１４）。

旦那衆は集積した財を地域文化の振興のために惜しみなく投入してきた。橋の架け替えや道路改修などの諸事業を行ったことは上述したが、ほかに屋台の再建、改修にも積極的に資金を提供してきた。明治前期において高山の町人が、近代化路線のもとで隆盛していた時期に造られた神輿は豪華なものである。旦那衆は京都や江戸の都市的な食文化を積極的に導入し、地域行事や日常生活に伝統工芸品を使用し、それを楽しむ地域社会を作り上げてきたのであった。

第5節　飛騨屋久兵衛による他国稼ぎとその尽力

さて高山町の有力商人ではないが、飛騨地方の旦那衆の1人に数えられながらも独特な経歴を持ち、これまで飛騨全体の商人史のなかで最も多く取り上げられてきた有力商人がいた。この人物こそが飛騨屋久兵衛であった。数多くの旦那衆が高山藩や天領において資産をなしたのに対し、武川久兵衛倍行は遠く北海道の蝦夷地に渡り、松前藩の許可を得て無尽蔵というべき蝦夷松を伐採して巨利を得ているところに特異性がある。

武川家の先祖は甲斐の武田勝頼に仕えていたが、１５８２（天正10）年に天目山の戦いに敗れると、飛騨に落ち延びて飛騨川沿いの益田郡下呂郷湯之島村に居宅を構え、久兵衛はその4代目にあたった。１６９６（元禄9）年に久兵衛は、江戸へ出ると飛騨屋と名乗って蝦夷地開発の準備を開始した。１７００（同13）年には陸奥国（青森県）下北郡大畑村に店を開き、１７０２（同15）年には蝦夷地松前地方に渡って尻別山の蝦夷檜伐採請負に成功した。立て続けに飛

100貫文	吉　島休兵衛	135貫文	日下部九兵衛
米20俵	平　瀬市兵衛	40貫文	坂　田長五郎
100貫文	吉野屋清三郎	107貫400文	日比野甚右衛門
106貫400文	土　川惣左衛門	58貫900文	坂　田長五郎
糟16俵	大坂屋太右衛門	味噌200貫目	大野屋彦兵衛

表6-8　1866（慶應2）年より翌67年正月までの極難渋者・乞食・非人等への施行状況

出典：高山市編（1981）：『高山市史 下巻（復刻版）』高山市,pp.859-860.をもとに作成。
備考）上記のほか6名がみられた。坂田長五郎は2回目と記されている。

飛騨屋は、東蝦夷地の沙流《さる》・釧路・厚岸《あっけし》・有珠《うす》や西蝦夷地の石狩・夕張・天塩《てしお》などへ進出し、蝦夷檜の伐採による事業経営は順調に発展した。

当時の松前藩では高禄の藩士に土地を与え、その場所における交易を認めていた。場所持ちと呼ばれたこれらの知行主（藩士）はアイヌや諸国の商人と交易をし、のちに商人が場所請負人として交易を代行するようになり、知行主に一定の運上金を納めた。初代飛騨屋久兵衛もその1人で、1ヶ年の運上金は825両であった。2代目久兵衛の頃になると、1737（元文2）年から3ヶ年間は尻別山の蝦夷檜を請け負って、毎年1万5，000石を伐採し1，800両の運上金を納めた。1742（寛保2）年より6ヶ年間は、毎年2，000両の運上金を納める代わりに1，800石ずつを伐採した。

3代目久兵衛は父が早く亡くなったことで、19歳の頃には1人前の山師になっており、若さと才気を売り込んだ飛騨屋の暖簾にものを言わせて事業を拡大していった。伐採した木材のすべては寸甫《すんぽ》（長さ6尺、木口9寸と1尺2寸の角材）として、1756（宝暦6）年の生産高は3万6，159丁で、代金は1万3331両にのぼった。これらは石狩川の河口に集約した廻船に積み込まれ、江戸の栖原角兵衛や大坂の飛騨屋の店で売捌かれていた。

ところが、順調満帆のようにみえた飛騨屋の事業に暗影がさしはじめた。それは大畑店の支配人嘉右衛門が3，000両を横領し、そのうえ松前藩に取り入って久兵衛の石狩山請負を取り上げさせたからであった。そこで久兵衛は、藩に対して運上金の前納7，095両、貸付金1，818両、計9，183両の返済を求めた。しかし、松前藩に支払い能力がないために2，780両を献納し、残余の引き当てとして1774（安永3）年から20年間の契約で、エトモ（室蘭）・厚岸・霧多布《きりたっぷ》・クナシリの場所請負をすることになった。飛騨屋にとって禍を転じて福となしたのであるが、ちょうどこの頃飛騨高山では大原騒動の真っ最中であった。

しかしながら、この請け負った場所にロシア人が来訪し蝦夷人と勝手に交易を開始し、これを松前藩が黙認したのである。その責任をとって3代目から4代目にバトンタッチが行われ、家業を盛り返そうとした。ところが1789（寛政元）年5月に、クナシリの請負場所で久兵衛の使用人70人が藩士1人とともに蝦夷人に殺され、貨物を奪われるという事件が起きた。松前藩はその責任のすべてを4代目久兵衛に押しつけることで請負場所を没収し、そのうえ久兵衛の持船が難破するなどの事件が重なり、故郷の湯之島村へ引き上げた。

それにもかかわらず久兵衛は故郷での幕府林の休山で就労の場を失い、生活に苦しむ地元民のために地域振興事業に取り組んだ。それと同時に彼は、家業に励み、北海道での場所請負事業および飛騨国での地域振興事業により背負った莫大な借財を返すことに専念したのであった。蝦夷地における経営の資金として、高山の有力商人であった上木屋徳次郎から1，600両、大坂屋七左衛門から400両、加賀屋長右衛門から60両、あるいは近隣の有力農民層から借用していたものの、1790（寛政2）年から1824（文政7）年に至る35年余りの歳月をかけて返済することに成功した。

このような顛末であったとはいえ、初代飛騨屋久兵衛が山国の飛騨地方から蝦夷地へ乗り出し、2・3代目の最盛時には松前藩の蝦夷交易のいくつかの場所を独占し、かつ東蝦夷地の山林開発をまかされるまでになった。しかも蝦夷材を江戸・大坂へ搬出し、蝦夷人との交易に成功して莫大な利益をあげた。そして、大坂で船を雇って長崎の海産物を取引するまでに成長し、他国の廻船商人と肩を並べて雄飛したことは飛騨高山の偉業として称えられよう。飛騨地方から遠く離れた蝦夷地・江戸・大坂・長崎などで活動し家産を海運によって財をなしたことは、地理的隔絶性をもった山間部に生まれたゆえの発想の転換ではなかったろうか。かつ久兵衛の活動は、北海道のクナシリの開発事業からも高く評価でき、近世の北海道開拓史の舞台裏がみえてくる。海に面しない濃飛両国の有力商人のなかでは全くの異色であり、むしろ近江商人のような遠隔地間の他国稼ぎ商人の諸活動に類似していよう。旦那衆としては型破りな方法で、巨万の富を得た4代にわたる飛騨屋久兵衛の墓は郷里の下呂市湯之島にあり、岐阜県文化財に指定されている（中野、1970：飛騨屋久兵衛研究会、1983：下呂町史編集委員会編、1990：平工、2016：大石、1991）。

第6節　近代化に挑戦した旦那衆

1．生糸商人の森家（大坂屋佐兵衛）と企業家への転身

1871（明治4）年5月には高山県庁から飛騨地方に対し、この地方の生糸は世界第一の名品であるので、今後も品質善良の製品づくりに励むことが伝達された。翌72（明治5）年の筑摩県調査では、飛騨地方の生糸製造人として36人の名前を掲げている。地域的な内訳は益田郡7人、大野郡高山町19人、吉城郡古川町6人、同郡船津町村4人であった。しかし、彼らのほとんどは元来自ら製糸を営むとともに、一般農家・町家が手挽きによって作った生糸を買い集め、あるいは原料繭を買い集め、彼らはこれを農家・町家に供給して賃挽きをさせる生糸商人であった。これらの方法で集めた生糸を京都の西陣や横浜に販売し、また美濃や信州等の他国から入ってくる生糸商人に地売りしていた。

高山町では1870（明治3）年3月生糸稼人として上記19人を含め121人の名をあげており、一之町45人、二之町31人、三之町45人であった。これらは屋号をもった家であったことからうかがえるように、彼らは多少とも繭・生糸売買を行い、さらにその下で多くの町家が挽子としてわずかずつの賃挽きを営んでいたのであった。

高山町の代表的な生糸商人として森佐兵衛家があげられる。森家は天正期（1573～91）に大坂から高山に移住し土着した名家で、代々大坂屋佐兵衛、俗称として大佐《だいさ》を唱える最も古くからの高山二之町に居住した有力商人の一角であった。初めは呉服商を経営し、文化期（1804～17）に生糸商に転じた。とくに横浜開港前は京都糸問屋井筒屋善右衛門と密接な取引関係をもち、自家手挽きの生糸とともに広く飛騨三郡の生糸を集荷し、西陣織の原料として主に京都へ販売していた。開港後も依然として生糸商を営み、明治に至っている。森家は、1833（天保4）年に川上屋斎衛門から酒株を譲り受け、以後は酒造業をあわせて営んだ。

1873（明治6）年に森佐兵衛（13代惇允）は、花里村字川原地内において水車運転に対する地元の了承を得て、80人繰りの洋式の器械製糸場を設置することに成功した。同じ年から運転を開始し、9月にはその製品見本を支庁に上

程し、高山町での端緒となった。1877（明治10）年には片野に蒸気を動力とする100人取りの大製糸場を開設するなど、古川町やその周辺地域へ大きな影響を与えた（岐阜県編、1970：田中編、1970b）。

1879（明治12）年の全国の器械製糸場総数は666ヶ所であった。そのなかで長野（358ヶ所）・岐阜（143ヶ所）・山梨（80ヶ所）の3県で87％という集中ぶりであった。まさしく製糸業は、高山町とその周辺において在来性が強い産業であった。高山町において江戸時代に財を成した有力商人は明治初中期に企業家への転身を図ったたのであり、森家は典型的な例であった（石井ほか、2000）。

2. 近代的な大規模製糸場を生み出した永田家（大坂屋吉右衛門）

同じ大坂屋の屋号と言えば、高山町に製糸場を生み出した永田吉右衛門家がある。永田家は江戸時代の有力商人のなかでは谷屋九兵衛と並び称された大坂屋吉右衛門家のことであった。現在の飛騨高山まちの博物館（旧高山市郷土館）の土地と建物は、永田家から寄贈を受けたものである。永田家は、延宝期（1673～80）に私財を投じ、宮川に鍛冶橋を架け、あるいは窮民救助金や慈善事業を行っている（表6-4～6-7）。「永田」という苗字は、1854（安政元）年に品川砲台の建築資金を献上したときに許されたなどの話が残されているほど、旦那衆の筆頭的な存在であった。永田家は1871（明治4）年の持高調べにおいて高山一の田地を所有し、その収納米で江戸時代から造酒屋を行っていた。

飛騨地方では江戸時代から養蚕が副業として盛んに展開され、1716（享保元）年に国産の生糸は糸問屋によって差配されることとなった。明治に入ると商法局の支配をへて自由取引となり、そのなかで1875（明治8）年に開産社、

写真6-3　永田家の玄関
出典：著者撮影

１８８０（同13）年に位山社、永昌社等の製糸場があいついで設立された。森家で既述したように製糸業は、従業員雇用数（第5章の表５‐19）に現れているように飛騨地方の産業の首位を占めることとなった（写真６‐３）。

　永田吉右衛門家の三星製糸場はそれらに遅れること１８８７（明治20）年に創立されるものの、見事な近代的大規模工場であった。工場の建物は8代目阪下甚吉を棟梁とし、翌８８（明治21）年に竣工した。工場の建築にあたり甚吉は永田吉右衛門の供をして、富岡製糸場や東京方面の洋式建築を見てまわって参考にしたと言われている。

　このように近代以降に高山町では明治初期から近代建築様式による器械製糸場が作られ、それに伴い電灯・電話の普及がみられ、産業の近代化を進めた。そして工業化とともに新しい菓子商や旅館が営まれ、商店の種類・数ともに商業地域としても栄えていった。高山町が近代化の波に乗れた背景には、社会経済を主体的に担った森家や永田家のような旦那衆の存在があったからである（金森公顕彰会編、２０１３）。

株数	金　額	氏　名	株数	金　額	氏　名
500	25,000円	高陽会社	10	500円	飯山保敬
50	2,500円	土川貫作	10	500円	井口新太郎
35	1,750円	平田篤松	10	500円	高山共栄社
30	1,500円	小森文助	8	400円	白井徳蔵
25	1,250円	永田尚次	5	250円	大坪善右衛門
25	1,250円	高倉助次郎	5	250円	二木長右衛門
20	1,000円	日下部九兵衛	5	250円	小林甚九郎
20	1,000円	山下佐助	5	250円	森　正三郎
20	1,000円	西本治郎兵衛	5	250円	吉村忠助
20	1,000円	横山小四郎	5	250円	金子東吉
20	1,000円	片桐佐太郎	5	250円	武川与右衛門
20	1,000円	佐古長三郎	5	250円	上野平蔵
19	950円	沢田要助	5	250円	沢田徳太郎
19	950円	西村兵吉	5	250円	飯野寛三
15	750円	平田鈴吉	5	250円	竹田得雄
10	500円	森　七左衛門	5	250円	中島利兵衛
10	500円	上木甚兵衛	5	250円	今井長九郎
10	500円	柿下清六	4	200円	岡村利右衛門
10	500円	平田政十郎	3	150円	黒木勘六
10	500円	直井佐兵衛	2	100円	上村一平

表6-9　1888（明治21）年10月の高山銀行株主姓名簿
出典:高山市編（1981）:『高山市史 上巻（復刻版）』高山市,pp.987-989.をもとに作成。

3. 明治時代以降の旦那衆と地域経済の発展

　城下町高山は１６９２（元禄5）年に金森氏の転封により空町にあった武家屋敷群が失われ、当初畑地等に分筆され、後に職人町へと発達していった。しかし商人は天領の時代になっても高山町にとどまり、財力と町人文化を形成した。高山の商人町は優れた町人文化を育みながら上品な町並みを温存して明治時代を迎えた。では、明治期以降の旦那衆はどのような様相をみせたのであろうか。

江戸時代の有力商人から明治時代に企業家へ転身した旦那衆についてみるために、表6-9には1888（明治21）年の高山銀行の株主、表6-10には1896（明治29）年の飛騨鉄道の株主を一覧にしてみた。さらに、1895（明治28）年の高山町の高額所得者を表6-11に掲げた。3つの表の人物たちが絡みあっていることがわかるとともに、表6-9・6-10と表6-11を比べた場合に、江戸時代における高山町の有力商人ではなかった者たちも確認できる。設立された高山銀行や飛騨鉄道が周辺の村々にも関わる事業であったことからして、江戸時代後期から高山町の有力商人と関わりながら成長してきた豪農的有力層を含んでいたと思われる。

永田吉右衛門	340株	岩佐清七郎	70株	戸崎由兵衛	20株
土川宗左衛門	170株	内山忠一郎	70株	後藤利八	20株
住　民平	170株	原　三右衛門	33株	岩佐兵一郎	20株
上木小三郎	170株	住　長三郎	70株	長尾茂助	20株
上木甚兵衛	134株	森川潔夫	70株	畠　太郎	20株
小森文助	100株	福井ゆき	70株	松本忠兵衛	20株
平田篤松	100株	高倉助次郎	50株	松岡清太郎	17株
森　七左衛門	100株	上野清五郎	20株	桐山正三郎	15株
平瀬市兵衛	100株	日下部平兵衛	30株	塩瀬忠蔵	15株
日下部九兵衛	100株	早川清次郎	30株	石浦九郎右衛門	15株
田辺清九郎	70株	代情茂助	35株	山崎清三郎	14株
村田半六	80株	松本吉助	33株	白木信夫	14株
平田政十郎	50株	山下佐助	24株	中田清十郎	13株
船坂半右衛門	13株	石浦善助	35株	住山一治郎	13株
上野平蔵	34株	四谷寅次郎	35株	石川良吉	12株
森　正三郎	70株	尾関常三郎	26株	数崎文治	10株
原田長五郎	60株	日下部彦三郎	25株	黒木勘六	10株
上木とゑ	170株	西本達郎	23株	山下藤八	10株
二木長右衛門	50株	福田吉郎兵衛	23株	長瀬清作	5株
直井佐兵衛	70株	倉手利八	21株	大野藤吉	3株

表6-10　1896（明治29）年4月の高山町の私設飛騨鉄道株主

出典：高山市編（1981）：『高山市史 上巻（復刻版）』高山市、pp.782-783.をもとに作成。

備考）早川清次郎は「代表者」と付記されている。

氏　名	所得額	氏　名	所得額
永田吉右衛門	6,210.920	原田畊平	597.000
土川宗左衛門	3,721.986	小森八郎次	572.512
吉島休兵衛	3,174.687	日下部平兵衛	563.095
日下部九兵衛	3,003.000	上木小三郎	559.000
平瀬市兵衛	2,674.093	原田長五郎	554.000
小森文助	2,037.011	東　文助	545.000
平田篤松	1,968.191	代情茂助	516.588
二木長右衛門	1,390.340	奥村喜一郎	491.000
森　七左衛門	1,296.392	内山忠一郎	482.314
老田甚吉	1,240.231	角竹市蔵	468.400
川上市九郎	1,232.233	武田万蔵	458.000
上木とゑ	967.162	長瀬清作	457.500
上木甚兵衛	958.078	川島知二	456.590
高倉助次郎	933.802	田辺清九郎	456.580
村田半六	852.200	石川良吉	409.978
平田政十郎	851.625	上野清五郎	406.902
原三右衛門	848.106	古島有慶	400.853
山下佐助	845.339	福田吉郎兵衛	393.576
森　正三郎	803.659	松本吉助	374.034
伊藤清三郎	771.086	升重兵衛	359.195
高桑藤三郎	715.300	住　民平	321.744
谷口庄三郎	708.151	川尻益蔵	303.545
直井佐兵衛	694.993	柿下清六	208.995
日比野甚右衛門	671.167		

表6-11　1895（明治28）年の高山町の高額所得者

出典：高山市編（1983）：『高山市 第3巻』高山市,p.76をもとに作成。

高山町の旦那衆と近隣の有力層の秩序が行政システムの確立を交えながら統合することで、明治中期以降一層の近代化に向けて多くの企業が設立された。さらに、昭和に入り１９３４（昭和９）年10月の高山本線開通と１９３６（昭和11）年の高山市発足の中軸として、高山町の旦那衆を中心に周りの村々の有力層との融合が必要であった。旦那衆と有力層の両者が地域社会運営に際して富裕者層として負担することで、近代高山の地域経済が大きく発展していったのである（芳賀、１９９１：高山市編、１９８１：沢井ほか、２０１６）。

明治期以降の花形産業であった繊維産業が大正末期から衰退しはじめ、高山町の旦那衆のなかに深刻な打撃を受けるものが現れた。とくに、明治期に登場した製糸業に乗り出した旦那衆の勃興と衰退が短期間で訪れたのであった。１９３４（昭和９）年に高山本線が開通すると、川西への市街地の拡大が加速し、商業の中心地は本町通り、国分寺通り、安川通りへと移動することで旧城下町地区の衰退がみえはじめた。金森時代には一番町、二番町、三番町、直轄時代には一之町村、二之町村、三之町村と呼称され、かつての大商店が集結していた商業中心地はその様子を変えていった。例えば、商店を閉めて住宅専用（仕舞屋《しもたや》）になり、出格子が多く取り付けられるようになったのである。

戦後実行された農地改革は、高山の旦那衆に大打撃を与えることとなった。地所を宅地化していなかった旦那衆は、多くの土地を失い、経済的窮地に立たされていった。ロックフェラーが日下部家住宅の建物の購入を申し入れたのは１９５２（昭和27）年のことであった。この背景には、１９４８（昭和23）年に日下部家（谷屋平兵衛）が有力商人として１８０年続いた伝統の暖簾を下ろしたことがあった。日下部家は明治維新で大名への貸付金が回収不能に陥り、大きな打撃を受けるものの、大地主としての資産をバックに危機を脱し、昭和初期の連続恐慌を跳ね除けるほどの下二之町において伝統を誇る有力な旦那衆であった。

ところで、ＧＨＱによる戦後改革のなかで最も成功したと言われる１９４７（昭和22）年から１９５２年までの農地改革が、日下部家をはじめとする旦那衆の地主的土地所有形態を基本的に解体させた。彼らは、それに伴う経済混乱をさすがに乗り切ることができなかったのである。旦那衆が最後の拠り所としていた土地を奪って、その経営基盤を根底から覆したのである。1973（昭和48）年度の高山市内の高額所得者上位10人に名を連ねていたのは日下部家（谷屋九兵衛）ただ1人で、あとは周辺農村の者たちで占められている。この範囲を上位20位から50位に広げても結果は同じで、かつての旦那衆はほかに1人も入っていなかった。いかに農地解放が徹底的に行われたかを物語ろう（表6-12）。

このように多くの旦那衆がその経済基盤を失い、また同時に地域のなかでの特権的な地位も薄れていった。しかし、完全に壊滅したわけではなく、かなりの財産が残り、旦那衆の看板に効用がみられた。それを上手く利用・運用した旦那衆は起死回生を図ることができ、そうでない者や失敗した者は急速に姿を消していった。なかには財産整理をして他郷へ出て行った旦那衆もいる。とはいえ、現在に至っても旦那衆は高山の地域社会の核であり続けている。旦那衆が中心となって育ててきた文化は今日、地域社会全体によって受け継がれ、高山文化となって観光都市高山をしっかりと支えていることは疑いようもない（山本、1976：高山市編、1982：高山市教育委員会編、2014）。

現在では江戸時代の全国における豪商にかかわる研究が進み、江戸・大坂・京都の豪商、あるいは各地の特産物に関わる藩御用の有力商人の諸活動が鮮明になってきた（京都新聞社編、2017：廣田ほか、2017）。しかし旦那衆を中心に領主権力と交わってきた高山の有力商人の経済活動の実態については、これまで全体的に明らかにされていなかった。今回、ここまでで読み解いてきた通り、彼らは地理的隔絶性という不利な条件を見事に有効活用し、大成功を収めた「天領高山の豪商」として位置づけられよう。

旧　名	現姓	種別	主な理由
大坂屋吉右衛門	永田	整理	農地解放
谷　屋九兵衛	日下部	整理	農地解放
大坂屋七左衛門	森	整理	農地解放
大坂屋佐兵衛	森	整理	死亡
大坂屋元三郎	小森	整理	農地解放
谷　屋平兵衛	日下部	整理	農地解放
加賀屋長右衛門	二木	整理	農地解放
吉島屋休兵衛	吉島	整理	農地解放
川上屋斉右衛門	川上	整理	死亡
桐山屋勘兵衛	桐山	不明	不明
打保屋市郎右衛門	平田	整理	死亡
打保屋忠次郎	平田	整理	農地解放
上　野清三郎	上野	整理	農地解放・高根鉱山
坂　屋清六	柿下	整理	農地解放
老田屋敬吉	老田	整理	農地解放
上木屋甚兵衛	上木	整理	農地解放
滑川屋長五郎	坂田	整理	製糸業
谷　屋彦三郎	日下部	整理	製糸業
山下屋佐助	山下	整理	製糸業
吉野屋仙十郎	伊東	不明	不明

表6-12　昭和40年代までの旦那衆の動向
出典:山本茂実(1976):『高山祭―この絢爛たる飛騨哀史―』朝日新聞社,p.290をもとに作成。

◆引用文献

1．浅野吉久編（1993）：『高山三町上三之町町誌』上三之町町誌刊行会。
2．石井寛治・原朗・武田晴人編（2000）：『日本経済史2 産業革命期』東京大学出版会。
3．大石慎三郎（1991）：『田沼意次の時代』岩波書店。
4．大野郡丹生川村史編纂委員会編（1993）：『丹生川村史 全（復刻版）』大野郡丹生川村。
5．加藤薫（1970）：『飛騨高山―歴史と民芸の町―』保育社。
6．金森公顕彰会編（2013）：『飛騨高山 金森氏の歴史』金森公顕彰会。
7．金森正也（1998）：『近世秋田の町人社会』無明舎出版。
8．岐阜県編（1968）：『岐阜県史 通史編 近世上』岐阜県。
9．岐阜県編（1969）：『岐阜県史 史料編 近世六』岐阜県。
10．岐阜県編（1970）：『岐阜県史 通史編 近代中』岐阜県。
11．岐阜県編（1971）：『岐阜県史 史料編 近世七』岐阜県。
12．岐阜県編（1972）：『岐阜県史 通史編 近世下』岐阜県。
13．岐阜県編（1984）：『岐阜県林業史 上巻（飛騨国編）』岐阜県山林協会。
14．京都新聞社編（2017）：『京近江の豪商列伝』サンライズ出版。
15．楠本美智子（1999）：『近世の地方金融と社会構造』九州大学出版会。
16．桑谷正道（1971）：『飛騨の系譜』日本放送出版会。
17．下呂町史編集委員会編（1990）：『飛騨下呂 通史・民俗』下呂町。
18．国府町史刊行委員会編（2013）：『国府町史 通史編Ⅰ』国府町史刊行委員会。
19．後藤新三郎（1983）：『江戸時代の飛騨史』私家本。
20．桜井英治・中西聡（2002）：『新体系日本史12 流通経済史』山川出版社。
21．沢井実・谷本雅之（2016）：『日本経済史―近世から現代まで―』有斐閣。

22.末永國紀（2011）：『近江商人 三方よし経営に学ぶ』ミネルヴァ書房。
23.高山市教育委員会編（2014）：『高山市史 建造物編（上）（下）』高山市教育委員会。
24.高山市教育委員会編（2017）：『高山市史 金森氏領国時代編（上）（下）』高山市教育委員会。
25.高山市編（1981a）：『高山市史 上巻（復刻版）』高山市。
26.高山市編（1981b）：『高山市史 下巻（復刻版）』高山市。
27.高山市編（1981c）：『高山市史 第1巻』高山市。
28.高山市編（1982）：『高山市史 第2巻』高山市。
29.高山市編（1983）：『高山市史 第3巻』高山市。
30.武野要子（2000）：『博多—町人が育てた国際都市—』岩波書店。
31.田中貢太郎編（1970a）：『飛騨国大野郡史 中巻（復刻版）』大衆書房。
32.田中貢太郎編（1970b）：『飛騨国大野郡史 下巻（復刻版）』大衆書房。
33.富山県編（1974）：『富山県史 史料編Ⅴ 近世下（富山藩）』富山県。
34.中野効四郎（1970）：『岐阜県の歴史』山川出版社。
35.芳賀登（1991）：「近代高山の発展」『飛騨史学』第12巻、pp.77-98。
36.林屋辰三郎（1990）：『町衆—京都における「市民」形成史—』中央公論社。
37.飛騨市教育委員会編（2009）：『神岡町史 通史編Ⅰ』飛騨市教育委員会。
38.飛騨屋久兵衛研究会（1983）：『飛騨屋久兵衛』下呂ロータリクラブ。
39.平工剛郎（2016）：『北の漂泊者 飛騨屋久兵衛』北海道出版企画センター。
40.廣田誠・山田雄久・木山実他編（2017）：『日本商業史—商業・流通の発展プロセスをとらえる—』有斐閣。
41.藤田覚（2012）：『日本近世の歴史4 田沼時代』吉川弘文館。
42.藤田貞一郎・宮本又郎・長谷川彰（1978）：『日本商業史』有斐閣。
43.上枝村史編纂委員会編（2000）：『上枝村史』上枝村史編纂委員会。

44. 松田之利・谷口和人・筧敏生他編（2000）：『岐阜県の歴史』山川出版社。
45. 宮本又次・小島直記・奈良本辰也（1976）：『豪商百人』平凡社。
46. 宮本又次（1971）：『概説 日本商業史』大原新生社。
47. 宮本又次（2003）：『豪商列伝』講談社。
48. 村上直（1965）：『天領』人物往来社。
49. 山本茂実（1976）：『高山祭―この絢爛たる飛騨哀史―』朝日新聞社。

コラム6
column

都市や町を貫き結ぶ軸の方向

規模の違いには関係なく、都市や町には軸のようなものがある。多くは主要な道路や街路であり、小さな町なら1本、規模が大きくなり町の範囲も広くなれば複数の軸が現れるようになる。軸の向きも最初は東西や南北などの一方向であるが、しだいに軸同士が交差したり並行したりするようになる。軸の数が増えていっても、主軸は変わることなく、都市や町を支える役割を果たし続ける。まるで焼き鳥や団子の串のように、これがなければ町や都市が構造的に成り立たないような存在である。こうした軸は基本的にはモノや人が移動するための交通路であるが、同時に家や作業所や工場などの建物の並び具合を整える役割も果たしている。街道集落や街村などは、文字通り街道に沿うように家々が建ち並んでいる集落や村のことである。街路から見える家並みは軒や庇が揃っていて美しく、ある種のリズム感を醸し出している。軸の数が増えて町が面的に広がったところでも、街路は家並みを揃える定規のような役割を果たし、統一感を演出している。

こうした軸は、そもそもどのようにして生まれたのであろうか。これは歴史的に説明するしかないが、その都市や町の規模がいまだ小さかった頃、モノや人がどの方向に動いていたかが決め手になる。移動の向きを決めるのに地形条件が深く関わっていたことは想像に難くない。歩きにくい障害物はできるだけ避け、平坦なところを歩きたいというのは、時代の違いを問わず合理的な考え方である。初期の頃、水運は大量にモノや人を運ぶのに適した移動手段であり、海岸線や川の流れの方向が軸の向きに影響を与えたことは十分考えられる。川の両側は平坦な土地が多い反面、川それ自体は歩行の障害物でもある。結果として川に沿って街路が走り、その両側に建物が建って街村が生まれるというケースもあったであろう。ただし川は水害をもたらす危険性もあるため、あえてそこは避け、台地の縁に住家が集まるという場合もある。縁の前面に広がる水田で稲を栽培し、背後の畑や里山からも作物や薪・肥料などを得ながら生活していた。

飛騨高山の場合、町の軸が基本的に南北方向であることは、誰しもみとめるところであろう。金森長近の入府以前から宮川の流れと同じ南北方向に交通路があった。飛騨国分寺とまだ厳密な位置がわかっていない飛騨国府を結ぶ線も、宮川沿いの南北方向に走っていた。金森氏による高山城下町の建設プランも、宮川の流れを意識しながら川の東側の山地に城を築き、その北側にやはり南北方向に町人地を配するというものであった。ただしこの町人地は、宮川の流路を西側に少し移動させて生まれた跡地を土砂で埋めて設けられた。宮川の位置は少し変わったが、南北の流れに変化はない。町人地の東側を台地が南北に続いているという地形条件も、軸の形成方向に影響した。町人地も東側の台地も北に向けて緩やかに傾いており、生活用の水路を設けるのに適していた。しかしやはり南北方向だけでは町中の移動は不便であり、それと交わるように東西方向にも街路が設けられた。とくに宮川を渡る橋から西側や東側に向かう街路は、周辺地域と連絡する役割を担ったため重要であった。一般に市街地は、特別な事情がなければ、格子状の街路によってモノや人を移動させることが多い。その点、飛騨高山も例外ではなかった。

飛騨高山の旧市街地を貫く南北方向の軸は、近代になって鉄道がやはり南北方向に走るようになってますます明確になった。旧市街地を迂回するように設けられた新しい国道41号も南北方向に走っている。都市や町を貫く軸は、外来者にとっては移動のさいに目安や手がかりとなる。都市や町の空間構造を理解するのにも役立つ。現在の高山の市街地を南北に貫いている高山本線や国道41号は、高山南方の下呂や美濃加茂と北側に位置する富山を結ぶ南北ラインの一部でもある。つまり飛騨高山は、基本的に南と北を結ぶ大きな軸の上に乗っている。もっといえば、太平洋側と日本海側を結ぶ軸の上にあるといえる。この南北の軸は南側の飛騨川（木曽川）と宮川（神通川）の流れによって生まれた軸であり、飛騨高山はこれら2つの軸をつなぐ位置にある。

南北軸は飛騨高山の主軸ではあるが、これだけでモノや人が自由に移動できるわけではない。主軸と交わるように東西方向にも軸があり、東は松本、西は白川へと延びる。ただし東西といっても正確な意味での東西方向ではなく、おおよその方向としての東西である。また直線的な交通路はないが、位置関係だけでいえば、高山の西方には福井県の大野がある。それゆえ高山は松本と大野を結ぶ東西軸の中間に位置しているともいえる。飛騨高山に限らず、一般に都市や町は周辺にある他の都市や町とつながっていなければ成立できない。食料、エネルギー、労働力、商業、サービス業など、互いに融通し合う関係にあるからである。周辺の都市や町との距離は平野部では一般に短い。しかし山がちな地域ではこの距離が長く、実際、高山からの距離は下呂、富山、松本、いずれに向かうにしても長い。この長い距離は高山の経済的勢力圏が広いことを意味しており、実際、高山は人口密度が希薄で広大な広がりを勢力圏下に納める。平成の大合併により、経済圏のほかに行政圏も高山の勢力圏に加わった。

東西南北のほかに、南東や南西の方向にも軸は延びている。これらの軸は近世までは飛騨高山と他地域を結ぶ街道としての役割を果たし、近代以降も国道や県道など主要な道路として位置づけられてきた。現在の主軸こそ南北の向きであるが、近世までは南東の軸は江戸街道、南西の軸は郡上街道として政治的、経済的、文化的に重要な役割を担ってきた。山並みに囲まれた盆地地形が基本の飛騨高山では、街道の途中にある峠が内側世界と外側世界を分ける意味合いをもっていた。宮峠、野麦峠、安房峠などの峠を越えれば別の世界へと入っていく、そのような思いを昔の旅人は感じた。高山本線の開通以降は高山駅が玄関となり、かつて峠がもっていた内外の世界を分ける意味は消えた。それでも道路の場合は峠越えは残り、盆地地形は意識できる。しかしこの感覚も東海北陸自動車道の開通で薄れ、意識の上では内外世界の区別は希薄になった。

高山本線の開通は旧街道上の峠ばかりでなく、旧市街地の出入口の存在も消してしまった。昔は江戸街道の出入口や越中街道の出入口などが町外れにあり、高山の玄関口としての意味をもっていた。ところがこうした分散的な玄関口は国鉄高山駅に集約され、ここが都市発展の新たな拠点として位置づけられるようになった。こうした現象は他の都市でも一般的に見られる。平野部に比べて鉄道の開通が遅れた高山では、近代的な都市の玄関の誕生も遅かった。しかしその後はモータリゼーションの時代となり、再び都市の玄関口は拡散した。高速道路のインターチェンジの出現で再度、玄関口は収斂したかにも見えるが、鉄道駅ほどには明確ではない。近世、近代、現代と都市や町を貫き結ぶ軸はその姿を変化させながら、モノや人の通り道として歴史を刻んできた。

第7章

集落・建築・住まいから見た飛騨高山

第1節 城下町高山の形成と発展

1. 飛騨高山の歴史と城下町の形成

飛騨高山は山深い地域にあり、京や江戸から距離的にも離れていた。そのような地理的条件のもと、商人のまちとして歴史を重ねていくなかで、洗練された町人文化が育まれてきた。もともと金森長近の商業重視の政策のもとでつくられた城下町であるが、幕府直轄領になってからはいっそう町人地としての性格が強まっていった。幕府直轄時代には江戸文化が導入され、これを財力のある旦那衆が質の高い独自の高山文化として育ててきた。また、京文化に精通した金森家が高山文化の成立に果たした役割も大きい。

この高山文化を象徴するものの一つが、400年の歴史と伝統をもつ町家群である。そして、この文化を築き上げたのが近江商人の流れを汲む高山商人たちである。飛騨高山の厳しい自然は人々に豊富な森林資源をもたらし、山間の盆地は狭い空間のなかで密集して暮らしていくための工夫を人々に迫った。また、近世からの厳しい建築規制とそこから解放されていく過程において高山独自の文化を生み出していった。そして、それを守

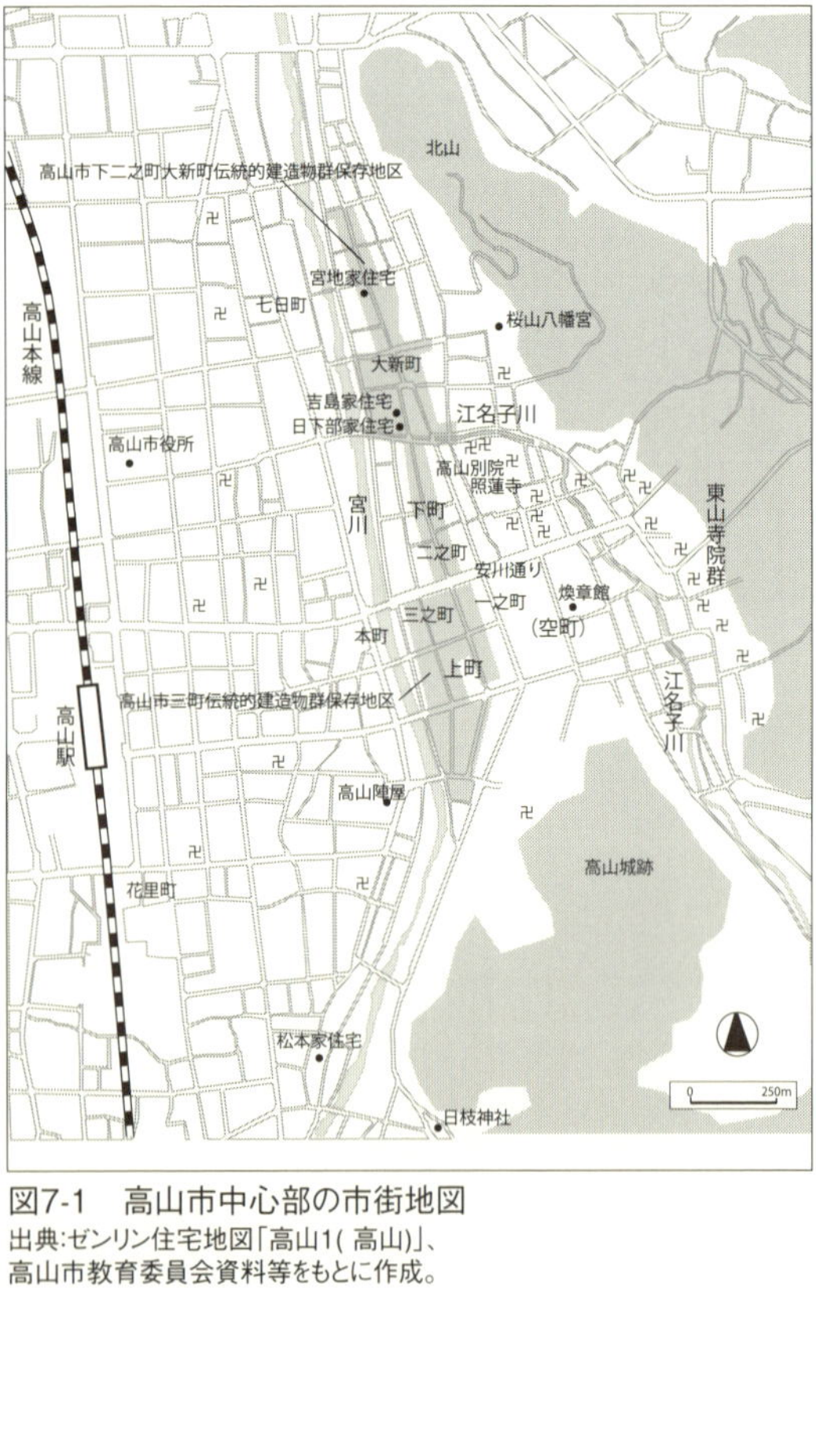

図7-1　高山市中心部の市街地図
出典:ゼンリン住宅地図「高山1(高山)」、
高山市教育委員会資料等をもとに作成。

り、後世につなげる原動力となったのが、祭りを通じてつながれた強固な地域コミュニティであった。

こうした城下町高山の町人文化を生み出す礎を築いたのが金森長近である。越前大野の城主であった金森長近は、1585（天正13）年に秀吉の命を受けて飛騨の三木氏を攻略した。翌1586（天正14）年、長近は飛騨国を拝領し、3万8千石の国主として安川村の一角において城下町の建設に着手した。当初は漆垣内町の鍋山城を居城として城下も構えたが、土地条件が整わず天神山古城に城を築くこととなった。城は1588（天正16）年から16年かけて建設され、1603（慶長8）年に完成した。

長近は城の築城とともに、宮川と江名子川に挟まれた東西約500m、南北約600mの範囲において城下町の建設に取り掛かった（図7-1）。宮川と江名子川が城下町の外郭の役割を果たした（写真7-1）。この城下町は、武家地、町人地、寺院地とから構成されている。武家地は、城の麓と空町と呼ばれる高台に配置され、その西側の低地に三つの南北の筋を設けて町人町を配置した。そこへ七日町などに住んでいた領民を移して住まわせた。武家地を挟んで高山城と相対する位置に浄土真宗の寺院照蓮寺を建立し、その付近には寺内町が発達した。戦国時代、勢力を拡大した照蓮寺を恐れた長近は、1588（天正16）年に白川郷から高山城下の現在地（鉄砲町）に移転させ、以後、照蓮寺に養子をだすなどして協調政策をとった。また、東山一帯には寺院が集められ寺院群が形成された。金森氏支配の末期の元禄期には、町人地・武家地ともに江名子川の北、宮川の西へと城下町は拡大していった。このように、城下町高山は宮川と江名子川を外郭とし、台地に武家地を、さらに低地に町人町を配置するなどして、自然地形をうまく生かしながら形成されていた。

城下町の建設が始まると、安川村一帯に三本の南北の筋が、そしてそれと直交す

写真7-1　旧城下町の縁を流れる江名子川

る横丁として安川通りが設けられた。町政は、一之町村、二之町村、三之町村という縦割りの区画に従って運営されていた。しかし、町人のコミュニティはそれとは異なっていた。日枝神社の氏子区域にあたる安川通りの南側を上町、桜山八幡神社の氏子区域にあたる北側を下町と俗称し、それぞれでコミュニティを形成していた。また、それぞれの町は春の山王祭、秋の八幡祭の主体としても結束を固めていた。

このように、町人地は縦町型の形態をとってはいるものの、町人のコミュニティは安川通りを境に南北の2つの氏子領域を基盤に形成された。そして、下町は八幡宮の氏子領域であることと、後述する屋台組というコミュニティを通じて歴史的に一体性のある独自の文化的伝統を育んできた。一方、上町においても日枝神社と山王祭を通じて歴史的一体性が育成され、この二つの町は互いに意識し合いながら発展してきた。

ところで、道路は都市構造を規定する最も重要な要素である。とくに、木造建築が中心の日本の市街地においては、町割によってまちの歴史が受け継がれていく。火災のたびに建物が焼失しても町割は残る。そのため、南北の筋と東西の通りによって構成される高山城下町の骨格は、基本的には現在に至るまで継承されている。ただし、東西の横丁については近代になり、新規開削と拡張とが行われている。また、第二次世界大戦中には防災対策として、安川通りの拡幅と、下二之町から下三之町へ抜ける横丁の拡幅、および下一之町へ抜ける横丁の新規開削が行われた。町が西方に拡大するのにともない東西道路が拡張されたり、新設されたりした。なかでも、国道158号である安川通りは交通量も多く、高山の中心市街地の主要な東西軸である。しかしその一方で、かつての南北の町筋は、新しい東西通りによって分断される結果となった。

2. 城下町高山の拡大と町人地の発展

1692（元禄5）年、第6代頼旹は出羽上山への移封を命ぜられ、ここに金森氏による飛騨統治は終わりを迎えた。その後、飛騨は幕府の直轄地となり、1695（元禄8）年に高山城と武家屋敷群は加賀藩によって取り壊された。金森氏の向屋敷には代官所（高山陣屋）が設置され、徳川幕府直轄の御領として１７７年間にわたり幕政が行われた。しかし、東山寺院群や町人町はそのまま残され、宮川以東の旧城下町全域が町人町となっていった。同時に、町人町は旦那衆と呼ばれる商人を中心とした町として発展し、町人文化を形成していった。その背景には、商業経済を重視した金森長近の政策がある。このことは、全国の城下町の平均が武家地７割、町人地３割であるのに対し、高山の城下町は、町人地の面積が武家地の１・２倍と広いことをみてもわかる。そして、この時代に春・秋の高山祭が始まり、屋台が造られたり、市も始まったりするなど、江戸文化の影響を強く受け社会的・文化的基盤が確立していった。

　武家地は町人地よりの１段高い段丘面上に形成されていたので、「空町《そらまち》」と呼ばれている（写真７-２）。武家屋敷が取り壊された後の空町は空白地帯となり、町人に払い下げられ年貢が徴収されることになった。町人たちは年貢を納めるために耕作地として利用した。明治以降は耕作地としての存在理由を失い、開発の対象となっていくが、１８７６（明治９）年、銀絞吹所の跡地に煥章学校が建設されたほかは、明治末まで大規模な開発は進められなかったようである。なお、この煥章学校の往時の姿を再現して２００４年（平成16年）に建てられたのが、高山市図書館煥章館である（写真７-３）。つまり、高山は明治期を通じて三町を中心とする近世以来

写真7-2　武家地と町人地の境にある石垣

写真7-3　煥章学校跡地に建つ高山市図書館

の都市構造にとどまっていた。見方を換えれば、旧城下町の内部に耕作地を抱えていたことで、城下町の内部に開発余地を残すこととなった。そして、城下町が拡大していくなかで、その後の土地需要の一部を旧城下町の内部で吸収していったのである。また、武家屋敷跡であったため、町人地にくらべ敷地規模は大きく、周囲を塀で囲まれた数寄屋づくり風の住宅が建てられているというこの地域の特徴を生み出した。

経済の発展とともに人口も増加し、市街地も拡大していった。城下町建設時には、大新町一帯は郭外であったが、その後、武家地、町人地ともに江名子川の北への広がり、一之新町、二之新町が形成されていった。金森時代の末期にはさらに北へと城下町が拡大し、一之新町、二之新町より北は扶持人屋敷と町家が混在する下新町となった。金森氏転封にともない武家が去った後、扶持人屋敷は一旦農地化し、その後徐々に町家化していった。なかでも越中街道沿いは、敷地が宮川に達する奥行きの深いものとなり、背後に農地をかかえた町を形成していった。一之町通り、二之町通りが江名子川の北へ延伸されて一之新町通り、二之新町通りが造られ、さらに両町の中間に越中街道が接続された。

高山の都市構造が大きく変化しはじめるのは大正期である。１９１３（大正２）年に乗合バスが開通するなど、高山と他都市との間の交通整備が進んだ。その一方で、新たな職業が生まれるなど社会構造が変動し、それに併せて都市構造も変化しはじめた。城山中腹や北山への登り口などの傾斜地の道沿いに、地主が開発主体となり新規宅地開発が行われていった。これらの場所では伝統的町家とは異なり、数寄屋風のデザインを取り入れた和風邸宅が建てられていった（写真７-４）。教師や役人といった商業以外の新しい職業の人々が住んだようである。空町一帯がほぼ宅地化を終えたのもこの時期である。

写真7-4　傾斜地に建つ塀で囲まれた和風邸宅

城下町の中へは東西南北の街道が引き込まれ、飛騨における政治、経済の中心としての機能をもたせていた。金森氏が出羽上山に移封されるまでの間は京文化、後には江戸文化との交流が図られ、今日の高山の基礎がつくられた。高山と他地域とをつなぐ街道としては、南へ益田街道、東へ平湯街道、西へ郡上街道、そして南東へは江戸街道が整備された（図7－2）。金森氏時代は京、大坂との関係が強かったため、益田街道がまず重点的に整備された。また、越中街道も北への物資輸送路として重視された。幕府直轄時代に入ると、江戸との関係が強化されたため、松本を経由して江戸に至る信濃街道が重要となり、江戸6街道として整備された。以降、1934（昭和9）年に高山本線が開通するまで、江戸街道が最重要の街道として利用されていった。

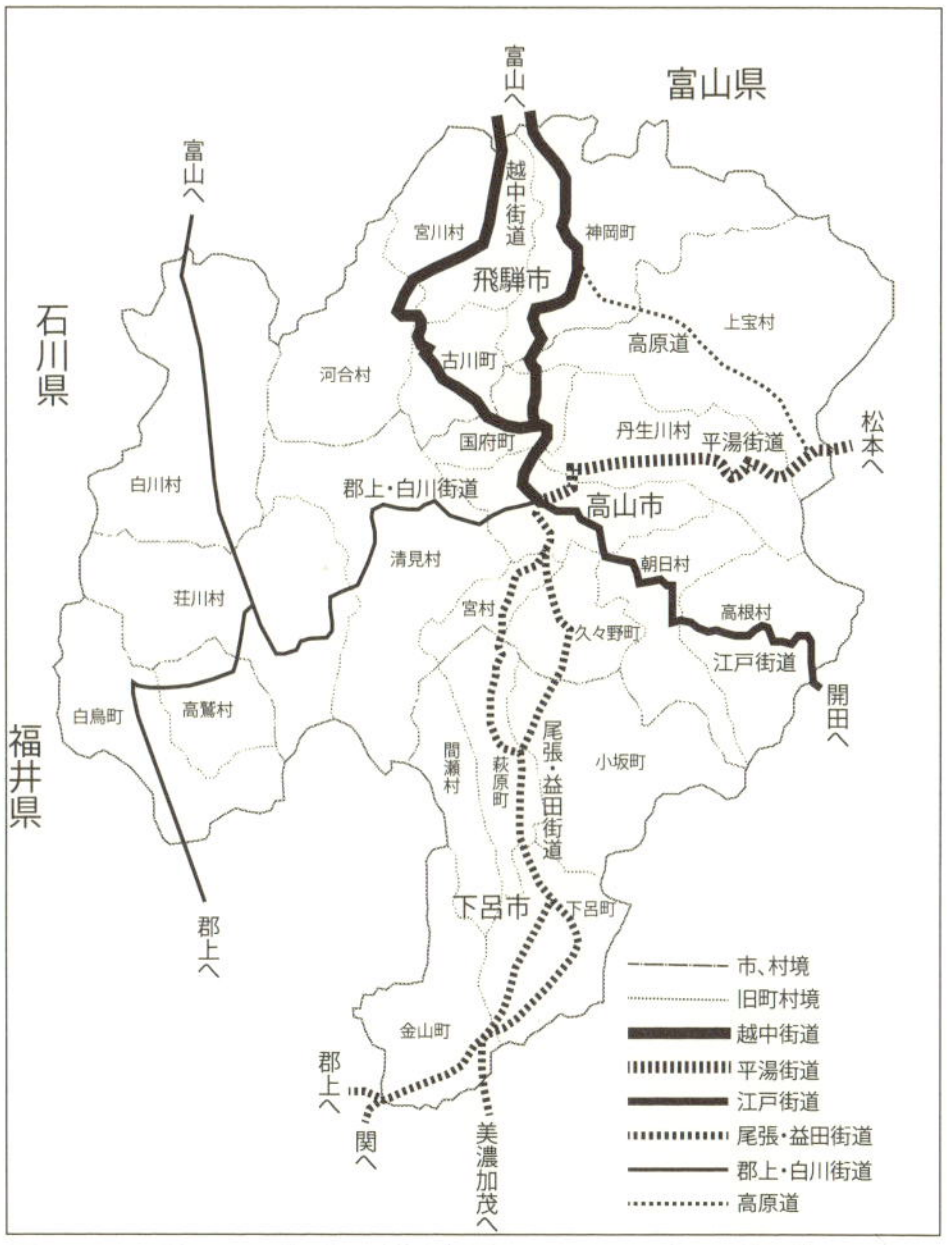

図7-2　城下町高山と他地域とをつなぐ主要街道
出典:高山市教育委員会(2015):『高山市史街道編(上)』をもとに作成。

第2節　高山本線の開通と市町村合併

1．高山本線の開通と城下町高山の近代化

25代にわたり続いた代官・郡代による飛騨国の統治は、1868（慶応4）年に明治維新とともに終わりを告げた。

明治初期の高山は、周囲の村々が貧困であったにもかかわらず豪商を中心として栄え、岐阜県下一の人口規模を誇っ

た。しかし、都市化は他の地域より大幅に遅れ、１９３４（昭和9）年の高山本線開通を機にようやく高山の近代化が始まった。

１８８９（明治22）年に新橋から神戸までを結ぶ東海道本線が開通した。ちょうどその頃から飛騨でも鉄道敷設の推進運動が始まった。しかし、請願はなかなか採択されず、そのうちに日清戦争が始まってしまった。ようやく鉄道敷設法案が衆議院を通過したのは１９１８（大正7）年のことである。工事はまず岐阜～各務原間から始まり、１９２０（大正9）年には高山本線で初めて汽車が走った。１９２８（昭和3）年には白川口から飛騨金山間が開通し、１９３０（昭和5）年には下呂駅が開業した。しかし、最大の難所宮峠トンネルは湧水が多く、工事は難航した。また、高山駅の位置について、高山町と大名田町との間でもめていた。

さまざまな障害を乗り越えて、岐阜から高山を経て富山までが開通したのは１９３２（昭和9）年7月10日のことである。そして、同年10月25日には待ちに待った高山駅が開業した。開通当時、高山から岐阜まで約3時間50分と、徒歩や駕籠、馬で通行していたときと比較すると格段の早さであった。飛騨の人たちにとっては、陸の孤島からの解放であった。しかし、高山本線の開通は飛騨の開発に大きく貢献するはずであったが、やがて戦争に突入したため、軍事目的での利用が主になっていった。鉄道を活用した経済、観光開発の飛躍は戦後を待たなければならなかった。

2. 難航した市町村合併と市域の拡大

１８７５（明治8）年1月31日、町村制が施行され、高山一之町村、二之町村、三之町村が合併して高山町が誕生した。また、片野村ほか22か村を合併して大名田村が誕生した。この時には灘村と大八賀村が大名田村に含まれていた。

１８８９（明治22）年、市町村制施行により地方自治が確立し、地方自治の権限をもった高山町と大名田村が誕生した。この大名田村の村域はたいへん広大であり、地理的、経済的に分断されており、また心情的にも折り合いが悪いなどの理由で村を3つに分けてほしいとの要望が県に出された。その結果、１８９２（明治25）年に大名田村は、大名田村、大八賀村、灘村の3村に分かれることになった。その後、旧国道41号の完成にともなう商工業の発展や鉄道建設に備えるため、大名田村は1923（大正12）年10月10日に町制を布いて大名田町となった（図7‐3）。

高山町と大名田町は、江戸時代以来合併に至るまで、幾度となく花里や七日町などの人口密集地帯の境界変更を繰り返してきた。合併の話もあったが、実現には至らなかった。大名田町の初代町長宇野増次郎と高山町の直井佐兵衛町長はともに立憲同志会に籍をおいていたが、合併問題では互いに譲ることはできない状況にあった。しかし、高山本線の開通が近づくにつれ、駅や線路の位置、名称など合併を促す要因が増加してきた。また、高山商工会、高山信用組合が両町を区域として設置されたことも合併を後押しすることとなった。そして、1933（昭和8）年、宇野町長の急逝にともない合併の話は新しい局面を迎えることとなった。しかし、大名田町側では反対の気運がまだ根強く、議会では反対と賛成の両派に分かれて紛糾していた。高山本線の全通を祝う祝賀費用の負担に対し、大名田町の七日町、花里、農村部では祝賀会の内容の中に必要でないものがあるとして、町役場から強制的に割り当てられた負担金を拒否する姿勢をみせたところもあった。

1934（昭和9）年8月12日、岐阜県知事は、高山、大名田町の商工業視察を行ったあと、高山町長、大名田町長、有力者を集めた。そこで鉄道全通を控え、飛騨の中核となって発展する大高山町の重要性を説いた。そして、同年8月28日、県内部の会議において、できれば穏健なる合併を促したいが、場合によっては強制合併もやむなしとの方針を固めた。

そうこうしているうちに、1935（昭和10）年、高山町で合併演説会が開かれ合併の気運が高まっていった。高山町側では県地方課の積極的な指導もあって合併運動を進めていった。一方、新大名田町長は、合併に向けた県の強い指導を受けると同時に、町内では反対・賛成両派の混乱の渦に巻き込まれていった。その頃、関係機関で

図7-3　旧高山市域の1923（大正12）年当時の町村
出典：飛騨・高山 天領3百年記念事業推進協議会（1992）：『明治・大正・昭和史』附図による。

は合併に関する準備が着々と進められており、合併を避けられないと悟った大名田町長は辞表を提出してしまった。町長不在のまま、町議会は合併条件の作成に入り、80余項の条件を提示した。高山町では、これを無条件には受け入れられないとしていたが、飛騨支庁の指導などでようやく話がつき、両町が合併に合意した（表7-1）。そして、１９３６（昭和11）年9月7日、市制施行についての上申書が高山町長と大名田町長代理の連名で内務大臣に出された。ここに、大名田町と高山町は合併し、高山市が誕生することになったのである。

戦後になると、我が国は高度経済成長を経て、人々の生活が豊かになる一方で、福祉や環境部門などでの行政に対するニーズが増大していった。加えて、これまでのような右肩上がりの経済成長が期待できないなかで人口減少、少子高齢化が進展し、市町村を取り巻く環境は厳しさを増してきた。そこで、１９９９（平成11）年から２００５（平成17）年まで、合併特例債や合併算定替の大幅な延長といった手厚い財政支援措置により合併が推進された。いわゆる「平成の大合併」である。高山市においても、２００５（平成17）年2月1日、近隣9町村（丹生川村、清見村、荘川村、宮村、久々野町、朝日村、高根村、国府町、上宝村）と合併し、日本一広い市域をもつ現在の高山市が誕生した。

区分		高山町	大名田町
面積（km²）		10.32	32.56
人口（人）		22,488	8,369
人口密度（人/km²）		2,179	257
世帯数（世帯）		4,889	2,040
戸数（戸）		4,507	1,603
生業別人口	商工業（人）	14,695	3,306
	その他都市的生業（人）	6,378	2,942
	農業（人）	1,305	2,038
	その他	110	83

表7-1　昭和10年当時の高山町と大名田町の状況
出典：飛騨・高山 天領3百年記念事業推進協議会（1992）『明治・大正・昭和史』附図による。

第3節　城下町高山の町並み景観と住まい

1．城下町高山の伝統的な町並み景観

町人地の建設のさいには、間口いっぱいに切妻造り平入りで、真壁造りの主屋が建てられ、その裏手を庭とし、敷地の最奥部に切妻造り平入りの土蔵が建てられた。そうして道路の両側に隙間なく主屋が建ち並ぶ町並みが形成されて

いった。

主屋は中二階ないし二階建てが多いが、軒高は低く、軒の出が深いのが高山町家の特徴である。屋根の勾配は緩やかで、軒高は建てられた時代により違いがある。しかし、屋根勾配が揃っているため、町並みに統一感が生まれている。一階と二階の間には小庇と呼ばれる小さな屋根が設けられ、そこにのれんが下げられたりしている。庇の出は少なく、高さやデザインが統一されていることによりまとまった景観が形成されている（写真7‐5）。

正面には、かつては全面開放が可能なシトミや腰付障子が入れられていたが、時代が進むにつれ、その外側に出格子が設けられるようになっていった。はめ込まれた出格子や連子には紅殻に煤を混ぜて着色してあり、高山の町並みの基礎となる黒っぽい灰色の落ち着いた町並みを創り出している。これに木口が胡粉塗りされた腕木の白色が加わり、単調な町並みにアクセントを与えている。

なお、木部が着色されているのは、江戸時代に禁令に触れる材木を使用しているのを隠すためだと言われている。

さらに、道路の両側の軒下には側溝があり、沿道の町家とともに町並みを構成する重要な要素となっている（写真7‐6）。この側溝は、1723（享保8）年に、町年寄の矢嶋氏が発起人となり、三町用水として創設された歴史をもつ用水である。宮川上流から引かれ北流し、江戸時代末期から明治時代にかけての面影を残している。かつては生活用水として利用され、融雪や防火の

写真7-6　軒下に設けられた側溝

写真7-5　高山町家の深い軒と小庇

役割も果たしていた。他にも防御のために屈曲させた道路や秋葉社、灯籠などが点在し、町並み景観のアクセントとなっている。

2．城下町高山の町並み景観の魅力

飛騨高山には平地が少なく、周囲を3，000m級の山々に囲われている。森林率は92・1％である。この豊かな森林のもとで匠の技術が生まれ、飛騨高山の優れた建築物を創り出している。旧城下町の町家は飛騨高山らしさを象徴する代表的な建築物であり、その集合体が伝統的な町並みである。

町並みには、その地域の自然や風土が色濃く映し出されている。そしてそこからは、そこに暮らし、生業を営んできた人々の伝統や文化を窺い知ることができる。だからこそ、われわれは町並みに魅力を感じるのである。視覚的に映る像が造形的に美しいのはもちろんであるが、その背後にある人々の営みと知恵が醸し出されているところに心を惹かれる。

城下町高山の町並みは、400年の歴史と伝統が受け継がれてきた場所である。地味な中にも洗練された外観の意匠、のれん、内部のしつらえなどを持ち合わせた伝統的町家は、次世代に受け継いでいくべき高山の伝統と文化がつまった貴重な遺産である。

高山の伝統的な町家には、間口の広い大店から小さな長屋まで、それぞれに高山の町人文化の美学が反映されている。金森時代には、当初は京文化が持ち込まれ、後に江戸文化が取り入れられた。さらに、代官・郡代の時代には学問や文芸活動も活発になり、町並みがその舞台となった。

ところで、町並み景観は、主に道路とその両側の町家により構成されている。沿道の建築物の意匠が町並みの特徴を決定づけることに間違いはないが、それらが面する道路も町並みを印象づける要素としては重要である。道幅と建物の高さのバランスの違いで、まちの印象は大きく変わる。とくに軒高が3m～5m程度と低い高山の上町では、ヒューマンスケールの空間が維持されている。なかでも恵比須台組、龍神台組、上二之町北半分では旧道幅が維持されており、歴史的雰囲気が感じられる高山を代表する町並みが残されている（写真7－7）。一方、上一之町や上二之町の南半分は拡幅されており、とくに上一之町は自動車が行きかう2車線道路となっている。また、下二之町・大新町地区の道路幅は5m前後で、恵比須台組の三之町通りに比べると若干広くなっている。このように、道路と軒高と軒の出の3者の関係は、ヒューマンスケールの落ち着いた空間を創り出し、これが城下町高山の大きな魅力となっている。

3．人々の暮らしと住まい

高山町家の伝統的な間取りは、奥行方向と間口方向の2つの軸に沿って各部屋が段階的に配置されている。通り土間である「ドジ」に沿って奥の方向には、商いのための「ミセ」、居住空間の入口にあたり、取り次ぎや応対がおこなわれる「オエ」、いろりがあり、家族が集まる「ダイドコロ」、ドジ側を壁で閉鎖した寝部屋である「オク」がある。正面から奥に入るにつれて生業から生活の空間へと移っていく。

他方の間口方向には、商いの空間として「コミセ」から「ミセ」、「オクミセ」が、また居室空間として「オエ」と「カズキ」がある。カズキは高山の町家に特徴的な室名で、出産にちなんだともいわれる奥向きの部屋である。さらに、ダイドコロやオクの上手には「ブツマ」と「ザシキ」がある。ザシキは一階に設けられるのが本式である。下手か

写真7-7　道幅の狭い恵比須台組の町並み

ら上手になるにつれて、より特別な空間が配置されている。これらは、間口方向の部屋数によって1列型から3列型に分類される（図7‐4）。

二階は通常、コミセ、ミセ、オクミセの上に天井高の低いミセ二階が、オク、ブツマ、ザシキ上に比較的天井高の高い部屋が数室ずつ置かれている。カズキに二階への階段が設けられ、オエ、ダイドコロおよびドジの上部は吹き抜けとなっている。この伝統的な平面形式は、大正、昭和初期に至るまで継承された。その後、戦後になると吹き抜けとドジが失われていくが、ドジは廊下へと形を変えながらその平面型が継承されていった。

飛騨高山は物流の拠点として栄え、商人の町として発展してきた。高山の町家は店舗併用住宅であり、多くの町人が商いをしながら暮らしていた。コミセ、ミセ、オクミセはそのための空間である。オクミセはミセよりもさらに踏み込んだ商談に使用する格式ばった部屋で、床を一段上げるなどしてその違いが表現されている。

明治の中頃までの町家は、商品を並べるミセの部分に出格子はほとんどなく、シトミの家ばかりであった。シトミを上げることによって、開放的な商業空間が広がる。商品の出し入れや、店を開けた時には、シトミが取り払われ、ミセの正面は開放された。通りを歩く人々は、ミセに並べられている商品をみることができた。ミセとオエの境にあたるドジには屋号を染めぬいたのれんがかかり、商いの空間と居住の空間とがこれにより区分されていた。しかし、このシトミは暗く、戸締りに手間がかかるため、明治末期から格子がはめ込まれ

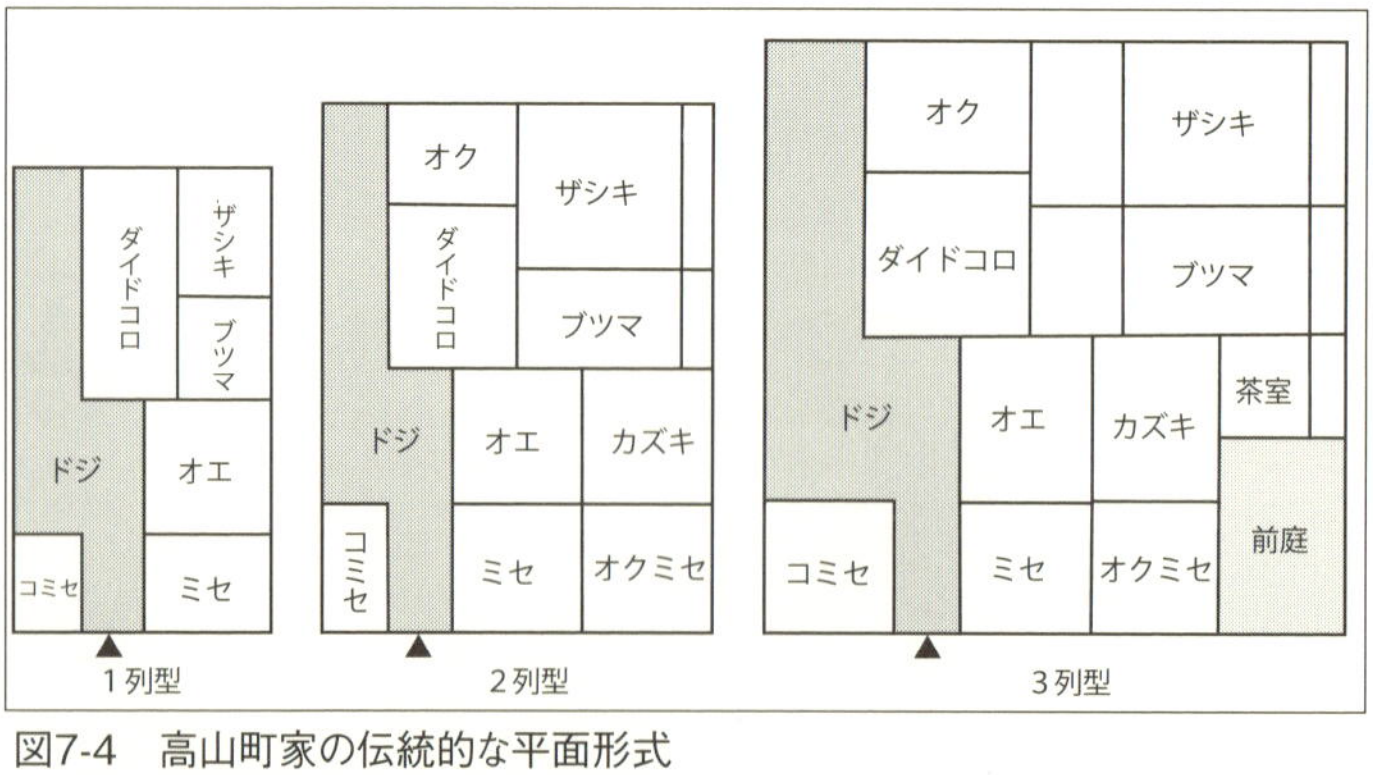

図7-4　高山町家の伝統的な平面形式
出典:高山市教育委員会(2014):『高山市史建築物編（上）』による。

るようになっていった。商売をやめて仕舞屋になると、さらに出格子が付けられるようになり、今日の高山の町家の特徴が形づくられていった。

町家の玄関を入ると脇にミセがあり、さらに奥に入るとオエがある。ドジ、オエ、ダイドコロの上部は吹き抜けになっており、高窓からは光を取り入れている。この吹き抜け空間は高山町家の特徴である。これは間口が狭く、奥行きも深いし、家が隣と接して建てられているため、中央部に外に面しない暗い部屋ができるためである。また、露出した梁組からは町家建築における豪快でかつ洗練された大工技術を見ることができ、高山町家の魅力のひとつとなっている（写真7－8）。

積雪の多い山間地にある町人地としての工夫もみられる。合掌造りの家屋など雪国の民家の屋根は急勾配であるのに対し、高山町家の屋根勾配は10分の3程度と緩やかである。勾配がきついと、屋根から雪が滑り落ちて、通りを歩く人々の通行の妨げになる。軒先には板止めが取り付けられており、セキ板として積雪の落下防止の役割を果たしている（写真7－9）。また、板止めの存在により屋根面は視野に入ってこないため、屋根葺材はほとんど景観的には

写真7-8　豪快な梁組と吹き抜け空間（吉島家）

写真7-9　緩やかな屋根勾配と軒先の板止め

問題にはならない。もう一つ、城下町高山の町並みの特徴である深い軒は雁木の役割を果たしている。しかし実際には、軒下の空間は植木鉢や看板類が置かれ、私的な空間として利用されていることが多い。

近世以来、度重なる大火にあってきた城下町高山では、町家建築においても防火対策が講じられてきた。まず、伝統的な家屋ではほとんどの家が土蔵をもっている。土蔵は元来、貯蔵のための施設であるが、大火が頻出した高山の土蔵は早くから防火目的として造られた。多くは切妻平入りの置き屋根形式で、白漆喰塗りの大壁造りである。高山では、明治に至るまでこの形式が継承された。町家の一般的な配置は、道路側に主家を置き、中庭を挟んで南側に設けられる通り土間を通して、敷地最奥部に土蔵が置かれるのが通例である。土蔵は防火性が高く、裏側の敷地との間に2列の土蔵が建ち並ぶことにより防火壁の役割をもたせている。

また、屋根葺材が不燃化されたのは大正からである。その後、1947（昭和22）年の消防法改正をきっかけに一斉に板葺からトタン葺きへと変わっていった。しかし、軒を深くし、一、二階の壁面線を揃えて中間に小庇を入れるという、町並みに連続性を与える基本的なルールは継承されていった。

第4節　時代とともに変化する城下町高山の町並み景観

1．時代の変遷にともなうファサードの変化

城下町高山の一階正面のファサードは、ほとんどが開口で土壁部分がほとんどないのが明治期の特徴である。江戸時代には二階の階高は低く抑えられていた。しかし、1868（慶応4）年に郡代が江戸に逃走し、建築規制が廃棄されると、町並みを保持する不文律も少しずつ形を変えていった。その最たるものが軒高である。明治の大火直後に再建された町家は基本的に江戸時代の軒高を守って建てられたが、その後、正面二階の居住空間を快適にするために軒高が徐々に高められ、大正期には本二階の町家が登場することとなった。それにともない正面の壁も目立つようになる。軒

高に違いがあっても屋根の勾配が統一されているので、景観的には調和がとれているように感じられる。軒の高さの違いを見て回るだけでも、どの時代に建てられた町家かがわかり面白い。まち全体で時代の変化を感じることができる。

町家の正面を構成する建具にも時代による変遷がある。入口に大戸を入れ、それ以外の部屋にはシトミを入れるのが近世の形式であった。明治中期から末期になると、高山にもようやく生活の変化がみえはじめた。暗く、戸締りに手間がかかることからシトミは次第に減り、代わって格子がはめ込まれるようになっていった。大正期になると、入口が引き違い戸になり、開口にガラス窓を入れて出格子をはめた建物が登場する。この場合、ミセに格子、オクミセに出格子と、部屋ごとに建具を変えているところが多くみられる。

大正末期から繊維工業が衰退をはじめ、三町の旦那衆の中にも深刻な影響を受けるものが現れはじめた。さらに昭和に入り、１９３４（昭和９）年に高山本線が開通すると、川西への市街地の拡大が加速した。商業活動の中心も三町筋から宮川西岸へと次第に移り、三町筋ではかつて繁栄した町の面影は薄れていった。商売をやめる家が増え、昔の店舗は住宅へと変化し、いわゆる「仕舞屋」が並ぶひっそりとした町になっていった。そして、かつて全面開放が可能なシトミが入れられていた町家の正面が、独特の形状をもつ出格子へと変化していき、高山の町並み景観を構成する重要な要素となっていった（写真７-10）。皮肉なことに、商業地が川西に移ったことで道路や地割も大きな変化はなく、旧城下町の仕舞屋化により高山の古い町並み景観を保つことになったのである。

昭和初期に高山本線が開通すると、新しい文化と生活様式が急速に高山に入ってきた。新しい生活様式は格子戸をガラス戸に変え、ガラス窓を入れた軒高の高い本二階の建物が建てられるようになっていった。そして、急激な町並みの変化がみら

写真7-10　高山町家の格子と出格子

れるようになったのは、高度経済成長が本格化する1960年代に入ってからである。全国各地で新しい都市づくりが進められ、同じような景観の都市が各地で生まれた。高山も同じ道を歩んだ。ミセにはショーウインドウが設けられ、古くからの看板も新しいものに架け替えられていった。また、伝統的な様式とは異なる、どこの町にでもみられるような近代的な店舗や住宅が建てられていった。

終戦前後に道路が各所で拡幅され、次第にアスファルト舗装に変わっていった。新しく拡幅された道路の両側には伝統的様式の町家もあったが、新しい様式の店舗が建つことが多かった。上一之町、下一之町は道路拡幅のために伝統的景観が壊され、下三之町も大半が新しくかつ伝統的でない建物に建て替えられ、景観的なまとまりがみられなくなってしまった。また、駐車場の確保ということも古い町家が壊される一因にもなった。多くの住民は、近所に駐車場を借りているようであるが、中にはシトミなどを改造し、建物内部に車を収納している町家もある。

高度経済成長期には人々の暮らしも豊かになり、全国の温泉地や観光地に多くの観光客が訪れるようになった。この時期、高山の古い町並みの良さも注目されるようになり、多くの観光客が訪れるようになっていった。そして、古い町並みのよさが外部から評価されるようになると、それらを維持しようとする気運が住民たちの間で高まっていった。

このように、時代の変化とともに城下町高山の町並み景観は変化しつつも伝統的な部分は受け継がれ、今日の町並み景観を形成していった。その一方で、高度経済成長期には、全国の諸都市と同様に近代化の波にのまれ、画一的な町へと変貌しようとした。しかし、商業中心地の移動や人々のまちづくり意識の高さといったさまざまな要因が関係し、古い町並み景観が決定的に壊されることなく、昔ながらの雰囲気を保ったのである。

2. フィールドミュージアムとしての城下町高山の町並み

城下町高山は、江戸時代から明治時代にかけて商人町として栄え、旧城下町時代の町割や地割がよく残されている。この地区には伝統的建造物が高密度に建ち並んでいる。広い町人地をもつ旧城下町には、さまざまな時代の町家のほか、塀で囲まれた和風邸宅、洋風建築、寺社建築などの建築物がある。これらは、江戸時代から今日に至るまで、それぞれの時代特有の形式で建てられており、手を加えられながらも、そのまま現地で保存されている。これは、まさに伝統的建造物のフィールドミュージアムそのものである。フィールドミュージアムとは、地域の歴史・文化・風土を、現地保存を原則とした野外博物館である。

町家に関していえば、時代的には江戸・明治期のものと大正・昭和期のものとに分けられる。これらは軒高や細部において違いがあるものの、基本的な部分は共通している。さらに、戦前と戦後の建築形式の間にも断絶がなく、連続しているのも高山の町家の特徴の一つである。高山では、戦後の建物でも伝統様式を取り入れた建築物が多くみられる。

江戸から明治・大正の古い形式の町家は、上町・下町のほか大新町の一部に集中して残っている。国の重要文化財に指定されている日下部家住宅と吉島家住宅もこの大新町に並んで建っている（写真7-11）。下二之町や大新町は、上町に比べると時代的には新しいが、時代の異なる伝統的建造物が混在しながらより良く残されている。また、上町に比べ店舗となっている建物も少なく、住民生活に密着した生活感のある町並みが残されている（写真7-12）。

空町と呼ばれる旧武家地は、近世から明治に至るまで耕地であった。その後宅地化さ

写真7-11　国指定重要文化財の日下部家住宅

写真7-12　生活感のある下二之町の町並み

れ、基本的には大正期以降の建物が建ち並んでいる。旧大手門へとつながる通り沿いには、大正期から昭和初期の和風邸宅が建ち並んでいる。大正期に宅地化されたさい、町家としてではなく、広めの敷地に塀を巡らせた郊外住宅風の開発がなされた。和風邸宅は、近世には代官所などの役人の住まいに限られていたが、江名子川沿い一帯には、旦那衆が数寄屋風の別邸を建てていた。また、大正期になって空町の開発が進むと、数寄屋風意匠を取り入れた郊外住宅風の建物が建てられていった。

寺院建築は東山一帯と別院周辺に残る。東山の寺町には、近世以来の寺社建築が数多く残っており、周辺の緑地も含めて落ち着いた歴史的景観を形成している（写真7-13）。寺社のみならず明治期の町家が比較的数多く残存するのも特徴的である。また、高山別院の周囲には旧寺内町が形成され、町人地とは異質な町並みがみられる。1947（昭和22）年の別院の火事で多くの町家が焼失したが、再建にさいしては伝統的様式と隣家との調和が守られ、高い棟高に揃った統一感のある町並みが形成された。

益田街道、江戸街道、越中街道、平湯街道などの旧街道筋には近世から町家が建ち並んでおり、現在でも明治期の建物を数多く残している。建て替えが進んでいるものの、建て替えにさいしては伝統的な様式を用い、軒高や壁面線を揃えることでまと

写真7-13　緑豊かな東山の寺院群

写真7-14　秋葉社と松の木

まった景観をみせている。

こうした高山らしい伝統的な様式をもつ町家のほか、近代以降に建てられたものの中にも、伝統的様式を意識しつつ建てられたものがいくつか点在する。多くは山間の地・飛騨にふさわしく、木造真壁造り、本二階建て、妻造り、平入りとなっている。やはり前面には木製建具を入れられることが多い。こうした建物の存在も地域の歴史を表し、また町並みの重層性を示すものとして重要である。

さらに、こうした町家や寺院などの伝統的な建築物以外にも、屋台蔵、秋葉社、灯籠、樹木、用水などが各所に点在し、城下町高山の町並み景観のアクセントとなっている。なかでも、低い二階建ての町家が並ぶなかで屋台蔵の高さが目立つ。絢爛豪華な屋台や高山祭の賑わいを想像させ、高山らしい景観を創り出す要素となっている。また、地域に点在する秋葉社は、火災の頻発した高山町において火伏の神として町民の信仰を集めたもので、現在も屋台組を中心に護持されている。秋葉社の小祠の脇には松の木が植えられることが多いが、こうした松の木も緑の少ない町に潤いのある景観を生み出している（写真7‐14）。

第5節　城下町高山の町並み景観が形成された背景

1．地理的・自然的要因と制度的要因

城下町高山の町並み景観の形成を決定づけた要因として、地理的・自然的要因、制度的要因、社会的要因、文化的要因などがある。木材が豊富な土地であること、冬の寒さが厳しく、積雪量が多いこと、山間に位置し、他地域との交流が活発とは言い難かったこと、といった自然ないし地理的要因によって、建築部材から屋根葺材に至るまでふんだんに木材が使用され、雪を滑り落とさせない緩斜面の屋根と板止めといった建築物の基本要素が決定されている。また、制度的要因も町並み景観の形成に対して決定的な役割を果たしている。町家の普請には、近世を通じて高山代官所の許可

が必要とされ、強い建築規制が布かれていた。この建築規制が、逆に高山町家の独自性を生み出している。規制はとくに建物内部に関わる部分について強く打ち出された。まず、材種が制限され、檜の使用は固く禁じられた。そのため、柱や梁などの主要材には姫小松が使われた。だが、どのような材種を使用したかは書面による自己申告であり、実際には旦那衆の町家などでは造作材等に檜が多用されていたようである。

１８４３（天保14）年に郡代から家作制限令が出された。長押、書院、塗りの框、金銀の唐紙の使用、門や玄関の設置など、手間をかけた建物は、たとえ先代の普請であっても質素な家作に改めさせられた。また同年、幕府より長押取り払いの沙汰があり、構造強化のために必要であるとの申し立ても受け入れられず、長押の撤去がなされた。これは、一種の倹約令であったが、これらの規制が逆に節度のある洗練された高山町家の形成に一役買うこととなったのである。幕府直轄時代の建築規制下で建てられた代表的な町家が松本家住宅、原田家住宅などである。このうち、19世紀初めに建てられた松本家住宅は、現存する最古の町家である（写真７‐15）。

幕末の郡代官逃亡後、近世の建築規制から町家普請は解放された。その9年後の１８７５（明治８）年に奇しくも高山を大火が襲い、新しい普請の機会が到来することとなった。町家の平面形式は明治大火後においても伝統様式が踏襲されていた。つまり、明治時代の建築技術をもって江戸時代の形式の町家が建てられているということである。ただ、建築規制により押さえつけられていた造形意欲はここから解放されていった。

大火直後に建てられた大新町一丁目の重要文化財日下部住宅は、まさにこの時代の申し子ともいうべきものである。これと隣接する１９０７（明治40）年再建の重要文化財吉島家住宅の２棟に代表される明治期の高山町家は、日本のなかで

写真7-15　江戸時代に建てられた松本家住宅のシトミ

も最も高い技術水準をもって造られた民家のうちに数えられる。外観上は質素な造りであるが、内部はその財力にものをいわせ、高価な材料をふんだんに使っている。しかし、決して華美ではなく、節度のある洗練されたものであり、高山文化の神髄とも言うべきものである。

2．不文律と強固な地域コミュニティの存在

町家の外観に関しては、規制が明文化されていなかったものの、近隣と壁面や軒高を揃えるといった町並みを意識した不文律が存在していた。城下町高山の町並みの統一感は、この「不文律」の存在によって形成され、保たれていったのである。また、町家の中には、大正、昭和以降に建て替えられた主屋も多数みられる。しかし、道路に沿った主屋が建て替えられるにしても、通り土間、庭、土蔵が残存していることが多いため、新しい主屋も伝統的な敷地利用形態に縛られることになる。結果として、伝統的な平面形式に準じることが多くなる。

高山では景観にそぐわない新しいデザインや建物の形態は、自ずから取捨選択されてきた。高山では、このような住民同士の暗黙の了解が他都市にくらべて近年まで生き続けてきた。しかし、町並み変化のスピードがゆっくりであったうちはそれで良かったが、社会の変化が激しく、不文律では町並みの維持が難しくなったときに、住民はそれまでの暗黙の了解事項を明文化し、町並保存会という組織を結成したのである。

旧城下町の地域社会は、近世以来の根強い伝統と強固なコミュニティの上に成り立っている。その精神的な拠り所が高山祭とそれを支える屋台組である。高山祭は、金森氏により京文化と江戸文化が持ち込まれ、屋台が導入されて絢爛豪華な祭礼へと発展した。屋台組は、この高山祭を支える地域単位でありながら、住民生活のあらゆる面において基盤をなしている。その前身は、近世から存在したといわれる町組である。祭りと町組とが結びつき、やがて町組ごとに屋台を所有するようになり、屋台組と呼ばれるようになっていった。現在でも、屋台組が町のコミュニティの中心となっている。その結束力はきわめて強固で、各組の人々は強い共同体意識で結ばれている。

この屋台組という強固なコミュニティの存在は、城下町高山の伝統的な建造物の残存に深く関わっている。屋台は組の誇りであり、屋台が通るにふさわしい格好のよい町並みを維持するために、屋台組単位で町並み保存に取り組んできた。城下町高山では建築物を建て替えるという行為は、明治以降になってからも、常に地域の他の建造物との関係を意識しながら行われてきたのである。そして現在も、屋台組ごとに町並保存組織がつくられ、町人町の町並み保存が行われている。

この屋台組を中心とするコミュニティは、近世以来、歴史的に形成されてきた町衆の文化の上に成り立っており、その中心にいるのが旦那衆である。旦那衆とは、資産家であることに加えて、何よりも地域や社会事業への援助を惜しまなかった人々のことである。本業の商売での成功を元に、元禄以降地主化し、小作米で造酒屋を経営したり金融業を営んだりして莫大な財産を築いていった。そして、旦那衆は蓄積した財を地域の文化のために惜しみなく投入してきた。旦那衆が中心となって育ててきた文化は、今日、地域社会全体によって受け継がれ、町衆の文化となっている。旦那衆が贅をつくして建てた大店の町家が城下町高山の核となり、町衆文化を醸成し、町並み保存にも寄与してきたのである。しかし、近年では旦那衆の影響力も弱まっており、高山の伝統的な社会構造にも変化の兆しがみえている。

生活様式が変化していくなかで、町並みも変化していく。旦那衆を中心とする地域社会も変化しているものの、町並みに対する基本的な部分は守られている。そこには、今日においても自らの伝統や文化を大切にする高山の人々の誇りと気概を感じる。

3. ピンチとチャンスは表裏一体

城下町高山の町並みは、近世以来、数度の大火に見舞われたが、その都度ほぼそのままの形で復元されてきた。たとえば、江戸末期の１８３２（天保３）年の大火は上町と下町の一部を全焼したが、伝統的な間取りや建築様式で次々と町家が再建されていった。そのさい裕福な町人たちは、蓄えた財力を惜しげもなく建物につぎ込んだ。また、下二之町・大新町地区の主屋は、すべて1875（明治8）年の大火以降に再建されたものである。ただし、敷地奥に建ち並ぶ土蔵だけは大火にも耐えて焼け残ったため、数度の大火にもあいながらも、地割は基本的には継承されていった。さらに、城下町高山は戦争による空襲の被害も受けず、また主要な道路が宮川の対岸に設けられたため、都市開発の影響をさほど受けず、往時の姿、町割をよくとどめている。

さらに、戦後実行された農地改革は、高山の旦那衆に大打撃を与えた。地所を宅地化していなかった旦那衆は多くの土地を失った。その結果、旦那衆の力は急激に弱まり、川西の発展と相まって旧城下町は衰退を余儀なくされた。仮に、戦後も旧城下町が商業の中心地であったとすれば、近代化の波が押し寄せて、旧城下町も近代的な町並みになっていたかもしれない。逆の見方をすれば、旧城下町一帯の相対的な地盤沈下は、近代化の波の影響を弱め、高山の伝統的な町並みを残す社会的要因となったともいえる。

第6節　城下町高山の町並み景観の保存と課題

1. 町並み保存活動の歩み

400年の歴史と伝統を誇る高山文化の象徴である旧城下町の町並み景観は、今を生きる人々の手で守られている。1960年代になると、高度経済成長が本格化し、高山でも観光客が目立ちはじめた。それにともない、汚くなりつつあった宮川や町を美しくしようという気運が高まった。1963（昭和38）年に子ども会は、宮川に清流を取り戻そうと月1回宮川の清掃活動を開始した（表7 - 2）。そして、清流を取り戻した子どもたちは、川に魚が泳いでいれば、ごみを捨てないだろうと考えて宮川に鯉を放流した。ちょうどその頃、1965（昭和40）年に岐阜国体が開催され、県は花いっぱい運動を推進していたこともあり、川や町を美しくする活動は市民運動へと発展し、子どもたちの活動は、1969（昭和44）年に結成された「宮川を美しくする会」の活動に引き継がれていった。宮川に注ぐ江名子川についても１９７０（昭和45）年に「江名子川を美しくする会」が結成され、同様の活動が行われていった。

川を美しくする活動と前後して、町並みの価値を再認識する動きが住民の中から起こり、町並み保存の気運が生まれた。なかでも恵比須台組町並保存会は早くから活動していた。１９５０（昭和25）年に恵比須台組の町並みを舞台に原節子主演の映画「甦る野性」のロケが行われた。これは、住民が自分たちの住む町の美しさを最発見する契機となった。１９６５（昭和40）年前後から町並み保存運動の気運が高まり、１９６６（昭和41）年には、「上三之町町並保存会」が結成された。その規約には「…会員が地域内において新築、改築する場合、前側だけでも町並みにふさわしいよう自主的に創意工夫する…」とされており、住民主導の町並み保存の姿勢が示された。そして、町並保存会は電柱の撤去や車の規制を実施してきた。恵比須台組では、１９６７（昭和42）年から68（昭和43）年にかけて電柱を撤去し、軒裏配線とした。祭りの時、屋台を曳くさいに邪魔になるからということもあった。

さらに、１９７２（昭和47）年には高山市が環境保全基本条例を、続いて市街地景観保存条例を制定し、町並み景観を積極的に保存する意向が示された。そして、１９７３（昭和48）年から74（昭和49）年にかけて、奈良国立文化財研究所により高山市三町が調査され、１９７９（昭和54）年に同町は重要伝統的建造物群保存地区に選定された。

年	保存活動の内容
1959(昭和34)	高山祭の屋台、重要民俗資料の指定をうける
1961(昭和36)	高山市、屋台保存会に援助金
1963(昭和38)	「宮川に清流を」子供会の活動始まる 『暮らしの手帖』に「山のむこうの町」として高山紹介 この頃、観光客が目立ち始める
1964(昭和39)	子ども会の手で、宮川に鯉を放流
1965(昭和40)	国体に向けて、県下で「花いっぱい」運動を展開、高山では「町をきれいに、花を植えよう」市民運動展開
1966(昭和41)	市民憲章制定 「上三之町町並保存会」結成
1967(昭和42) 1968(昭和43)	恵比須台組、電柱を撤去し軒裏配線とする
1969(昭和44)	「宮川を美しくする会」結成 観光資源保護財団、44年・45年・46年の3箇年、上三之町町並み保存会に援助金
1970(昭和45)	「宮川の鯉を守る会」結成 「江名子川を美しくする会」結成
1971(昭和46)	上三之町町並保存会、「恵比須台組町並保存会」と改称 恵比須台組内での伝統様式による新築に、市が助成金を出す
1972(昭和47)	高山市環境保全基本条例、市街地景観保存条例を制定
1973(昭和48)	上二之町、上三之町にそれぞれ町並保存会結成 龍神台組、電柱を撤去し軒裏配線とする

表7-2　町並み保存活動関係の年表
出典:高山市教育委員会(2014):『高山市史 建造物編(上)』による。

2. 町並み保存に対する市民意識の高まりと景観行政

高山市三町地区では、1979（昭和54）年に国の重要伝統的建造物群保存地区（伝建地区）の指定を受け、それ以来、文化財保護法に基づく保護措置により、町並みの保存と整備が進められてきた。その結果、電柱の撤去や伝統的な建物の保存・修景が施された。また、伝建制度の対象となっていなかった下二之町・大新町地区でも、1978（昭和53）年に豊明台組区域が高山市景観保存条例に基づく市街地景観保存区域の指定を受け、住民による自主的な町並み保存が進められた。

しかし、高山独自の美しい歴史的な景観が次第に失われていくことに対する危機感が高まり、住民による町並保存会の結成と景観保存区域の指定が相次いで行われた。旧城下町、とくに市街地北半分の下町の町並保存に対する気運はさらに高まり、2002（平成14）年3月に「町並シンポジウム」が地元有志により開催され、多くの地域住民等が参加した。

また、高山市が旧城下町を対象に伝統的建造物群保存対策調査（町並調査）を進めるなかで、住民に対して説明会を行った。その甲斐もあり、地元では伝建地区の指定に向け、越中街道町並保存会をはじめ三つの地域において町並保存会の結成が実現した。そして高山市では、住民の合意が得られたことを受け、2004（平成16）年度に三町地区に続き下二之町・大新町地区も国の重要伝統的建造物群保存地区の指定を受けることとなった。また、同時に地区決定にとっての懸案事項であった都市計画道路の変更も決定された。

このように、城下町高山では伝建地区の指定によりまとまった町並み景観の保存に努めてきた。さらに、2004年には景観法が公布され、景観行政を進めるための法的な環境整備が整えられた。そして、高山市では、この景観法に基づき、2014（平成26）年度に景観重要建造物の指定制度が導入された。これは、地域の良好な景観の形成に重要な役割を果たしている建造物について、所有者などの意見を聞いたうえで景観行政団体の長が指定を行う制度である。高山市では、地域の自然、歴史、文化などからみて景観上優れた外観を持つ建造物を景観重要建造物に指定するとともに、建造物の所有者への支援を行うことで、個性ある景観づくりの核となる建造物の保存と活用が図られることとなった。

高山市は、２０１４（平成26）年７月に５棟を指定し、２０１７年３月現在、14棟が指定されている（表７‐３）。これらの建築時期はさまざまで、明治期のものもあれば戦後のものもある。また、所在地は川東の旧城下町のものだけでなく、川西エリアのものまで含まれている。高山市の景観行政は、面的整備から点的拡大へと進んでいる。

さらに、高山市は２００１（平成13）年度からの第六次総合計画において「ウォーキングシティ構想」を提唱した。これにより旧城下町全体の大規模な都市開発を抑制し、歴史的町並保存地区の形成と拡大を行うこと、そして、設定されたゾーンごとに市民、観光客ともに歩いて楽しめるまちづくりを進める方針が示された。こうした取り組みにより、フィールドミュージアムとしての城下町高山の魅力がますます高まることを期待している。

3. 町並み景観保存の課題

雄大な自然と伝統文化を観光資源としてもつ飛騨高山は、古くから我が国有数の観光地として栄えてきた。とくに近年では、外国人観光客の増加が著しく、上町周辺を中心に多くの観光客で賑わいをみせている。しかし、他の地方都市と同様、中心市街地の居住人口は減少し、少子高

名称	用途	構造・種類	所在地	建築年
天狗総本店	精肉店	木造2階建・洋風店舗建築	本町1	昭和11年
旅館かみなか本館・土蔵	旅館	木造2階建・旅館建築	花岡町1	明治21年
旧山岸写真館 店舗兼主屋・土蔵	旧写真館	木造2階建・洋館	馬場町1	昭和初期
日下部味噌醤油醸造煉瓦館	旧醤油蔵	煉瓦造2階建・蔵	上一之町	大正11年
山桜神社火の見櫓	火の見櫓	木造・昭和7年移築	本町2	明治年代
〇五みそや	味噌醤油店	木造2階建・店舗併用住宅	馬場町2	大正前期
朝日軒	理容業	木造2階建・店舗併用住宅	天満町6	昭和27年
山長商店	生鮮食料品店	木造2階建・店舗併用住宅	大門町	明治中期
旧春日堂	雑貨店	木造4階建・洋風店舗建築	本町2	昭和9年
雨音	住宅（飲食店）	木造2階建・和風住宅	総和町2	大正後期
長瀬茂八郎商店	お茶店	木造2階建・店舗併用住宅	上一之町	大正2年直後
なべしま銘茶	お茶店	木造2階建・店舗併用住宅	下一之町	明治25年直後

表7-3　高山市の景観重要建造物の指定状況（2017年3月29日現在）

出典：高山市のウェブ掲載資料（http://www.city.takayama.lg.jp/shisei/1000061/1005212/1004120.html）をもとに作成。

齢化が著しいという問題を抱えている。中心市街地では空き家が増加し、小学校の規模も1学年1クラスという状況である。1960〜70年代に郊外住宅開発が進むにつれ、人々は生活に便利な郊外へと移り住むようになり、中心市街地の夜間人口は減少の一途を辿っていった。

旧城下町の町家では、かつては店舗併用住宅が基本であったが、夜間人口の減少と相まって、昼間だけ旧城下町の店舗に通って商売に従事する店主が増え、中心商業地では町家の店舗専用化が進んでいった。それにより商業と生活の空間が共存した伝統的な町家形態も変化を余儀なくされていった。生活様式の変化にともない伝統的な間取りが減少していくのは避けられない。しかし、かつての伝統文化の痕跡を何等かの形で残していく必要があろう。

そもそも町並み景観は、そこに住む人々の手によって守られる。店舗として利用されるだけでは十分ではない。かえって看板や貼り紙などにより景観を阻害している場合がある。やはり、そこに人が住み、生活することが重要である。住んでいれば細部にも目が行き届き、夜間の防犯や防災面からも何かと心強い。しかし、古い町並み地域は、昼間は賑やかでも夜になると、ひっそりとした生活感ない寂しいまちになりつつある。夜間人口が減少し、旧城下町の防災・防犯体制の弱体化が進んでいるとすれば、これへの対応は、町並み景観を保存していくうえでも重要な課題である。

さらに、観光による経済発展にともなう課題もある。バブル経済崩壊以降、低下を続けていた中心市街地の地価は、ここ1〜2年（2016年以降）急激な上昇に転じ、旧城下町では建物の取引価格も上昇している。そのため、地元資本ではなかなか売り物件には手が出せず、旧城下町においては、地元以外の外部資本の流入がみられるようになっている。また、上一之町では、2020年の開業を目指して外資系の高級ホテルの建設が計画されている。東京オリンピックを見込んだ外国人観光客の誘客を狙ったものである。

かつて、飛騨高山は隔離された山間の地であった。しかし今日では、中部地方の広域観光周遊ルートである「昇龍道」のへそにあたり、乗鞍・上高地、白川郷・五箇山、金沢、その他温泉地などの観光地への名古屋方面からのアクセス拠点として、優位な地理的条件を有するようになっている。このように外部資本が流入し、旧城下町周辺において開発が進められていくと、地域コミュニティにも変化が生じ、これまでの屋台組を中心として維持されてきた高山の伝統的な町並みにも何らかの影響が及ぼされる可能性がある。変化のスピードがゆっくりで、その規模が小さければこれまでの規範に基づいて町並み景観も守られていくであろう。しかし、そのスピードが速く規模が大きければ、これまでの規範や組織では、伝統的な町並み景観を守っていくには限界がある。

城下町高山では、伝統文化を保存することにより地域の価値を創造し、それが観光資源となり、経済の活性化に結び付けてきた。しかし一方では、経済の活性化が進展すればするほど、伝統文化が失われるのではないかという恐れも生まれている。観光客が増えれば、それをビジネスチャンスとして捉え、市場原理に基づいてまちが変容していく。高山を訪れる観光客が、真に高山の伝統文化に興味・関心をもった人たちであれば、伝統文化は守られるであろう。しかし、逆にグルメやショッピングといった短時間の立ち寄り型観光を望む観光客が多ければ、開発者側も伝統文化を守ることよりも目先の利益を追求するようになる。そうなると、町並み景観が崩れる可能性も出てくる。つまり、限りある伝統文化という資源を守ることによって、城下町高山の持続的発展も可能になるということである。

これまで高山の町並みは屋台組という強固なコミュニティにより維持されてきたが、そうさせてきたのは高山文化を育んできた人々の誇りである。世界各国からの観光客が伝統的な高山文化に魅力を感じて称賛すれば、住民たちの町並みの保存に対する意識もまた高まるであろう。伝統的な町並み景観を壊すのは外部からの経済的な圧力であるが、それを守るための住民の内発的な行動を呼び起こすのもまた、外部からの高山文化に対する人々の評価である。

◆引用文献

1．高山市教育委員会編（２００３）：『高山　旧城下町の町並み―下二之町・大新町地区伝統的建造物群保存対策調査報告』。
2．高山市教育委員会編（２０１４）：『高山市史　建造物編（上）』。
3．高山市教育委員会編（２０１５）：『高山市史　街道編（上）』。
4．飛騨・高山　天領三百年記念事業推進協議会編（１９９２）：『飛騨高山　明治・大正・昭和史』。

※本章の写真は、すべて著者の撮影による。

コラム 7
column

建物の建て方を左右する地域性

国から伝統的建造物群保存の指定を受けている飛騨高山の町並みは、建物の軒高が見事に揃っている。江戸時代に厳格に定められた民家の建築基準を遵守してきた賜物である。このことが背景となり、結果的に統一感のある建築様式が残され、訪れた観光客の目を惹きつけている。江戸時代とは異なり身分社会ではない現代の日本でも、家の建て方を規制する決まりはある。１９５０（昭和25）年に定められた建築基準法がそれであり、国民の生命・健康・財産の保護のため、建築物の敷地・設備・構造・用途について最低基準を定めている。これから建てようとする住宅に対して、構造的安全性が保証されているか、隣家に悪い影響は及ぼさないか、あるいは住宅前面の道路は緊急車両などが通れるだけの幅があるかなど、建物としての適合性をチェックする決まりである。けっして建物のデザインやスタイルを規制するためのものではない。あくまで建物使用時の安全性確保という観点から定められた規則である。建築基準法は新規に建設される建物に対して適用されるため、歴史的建造物の中にはこの基準に合わないものもある。既存不適格と呼ばれる建物がそれで、現在の決まりに照らせば違法ではあるがやむを得ないとされる。

建築基準法は全国一律である。気候や風土には関係なく、敷地と建物の面積的割合や接続する通路との関係、あるいは隣接建物との関係など、どこに家を建てても生ずる状況をコントロールするための決まりである。現代の建物はこうした制約を一律に受けるが、それ以外はまったく自由である。しかし、己の姿をなにものにも縛られずにつくることは、意外に難しい。とりわけ建物は、一度建てたら四六時中、衆人の目に触れ続ける存在である。好意的に受け入れられればよいが、そうでなければ建築主の心境は複雑である。野原の上に建つ一軒家ならまだしも、人口密集地域に建つ建物であれば近隣地区との調和性が暗黙裡に求められる。調和性を乱すような建物であれば、社会的なつきあい方にも支障が出る。建物とそこに暮らす人は一体として見られることが多いため、建物の外観のせいで居住者が苦しむこともありうる。

個々の建物と周辺との間の調和性のあり方は、歴史的に変化してきた。飛騨高山の商家の場合は幕府の役所が定めた明確な基準があった。しかしそのような基準をうんぬんする以前の前提として、厳しい冬の寒さに耐えられるような家の構造でなければならなかった。雪の少ない地方なら立派な瓦屋根を葺いて家に威厳をもたせることもできよう。しかし、瓦の間に染み込んだ水が凍結・膨張して瓦が割れる恐れのある豪雪地域ではそれはできない。鉄骨やコンクリートのない時代、強い構造を保つためには、地元で産する強固な木材を組み合わせて耐久性を確保する必要があった。そのような必要性から各種の優れた建築技法が考案され、居住だけでなく鑑賞にも十分耐えられる見事な家屋が建設された。今日とは違い、当時は建築資材を遠方から運ぶ交通手段もなく、自ずと地元で調達できる材料に頼らなければならなかったことはいうまでもない。

建物の素材となる建築資材だけでなく、建物を設計し実際に建築する職人の考え方や技術にも地域的特徴がある。地域性を熟知した職人がその地方に適した材料を吟味し、手慣れた技術を駆使して建物を建てる。その結果、互いに似たようなデザインやスタイルの建物が集まる地域が生まれることになる。建物の間取りや様式に施主の意図が反映されるのは当然であるが、専門的知識が求められるところでは、専門の職人に任せる部分が多い。施主と職人による共同作業の結果、その地域にあってもおかしくない建物が建設されていく。施主と職人は地域共同体の中の同じメンバーであり、共同体意識を共有している。共同体の中で生活する一員として、何が好ましく何が好ましくないのか、暗黙の了解があった。今日のように、住宅会社のパンフレットやハウジングセンターのモデルルームを見て家のデザインやスタイルが決まる時代とは大きく異なる。

歴史的建造物に統一性が見られるのは、人為的決まりもさることながら自然環境的な条件ゆえに、そのようにせざるを得なかったという側面もある。たとえば屋根の場合、瓦屋根があったりなかったり、瓦を葺く場合も色は灰色であったり赤色であったり、地域ごとに違う。赤色の瓦屋根は全国的には珍しいが、豪雪に見舞われる山陰地方で焼かれた石州瓦は、耐寒性に優れた特性をもつ来待《きまち》という釉薬を瓦の表面に施したため赤色が基調となった。山陽新幹線の車窓から赤瓦の家々が目に飛び込んできたら、そこは石州瓦で屋根を葺くのが一般的な地域と思って間違いはない。集団的な家の景観は、その地域が居住に関してどのような制約を受けているか考えるきっかけを与える。

寒冷地以外でも、たとえば塩害が心配される海岸地方では建物の耐久性を高めるために工夫を凝らす必要があった。こうした地方では鉄骨の使用が全国的に広まった時代になっても、海からの影響を避けて鉄骨はあまり使用されない。潮風に強い黒いタール性の塗装を外壁に施して建物の持続性を高めている地方もある。こうしたいわば自然に適応した人間の住まい方や暮らし方のスタイルが、地域の建物に個性を与える。しかもそのような建物が複数、同じ地域に集まっていれば自ずと目立つ存在になる。当初は住むための必要性から始められたが、やがて時代が変わりその地域性が観光資源として評価されるようになったことが、各地に歴史的町並み保存地区を生み出す背景になっている。

気候や地形などの自然条件は昔と比べて大きく変わっていないが、交通・通信が発達した結果、建物のデザインやスタイルを規制する条件は緩やかになったといえる。資金に恵まれ経済的条件が許せば、希望する建設資材を遠方から取り寄せることもできるからである。コスト要因を理由に住宅会社が海外から割安な資材を輸入し家屋の建材として使っているのはごく一般的である。建築工法の標準化も進み、施主が気に入った住宅がカタログ通りにどこでも建てられる時代である。プレハブ住宅のように、工業品として製造した住宅を現場に据え付けて短期間で完成させるインスタントな住宅とて、特別なことではない。しかし皮肉にも、住宅の工業生産化が進めば進むほど、歴史的建築物に対する関心が高まっているように思われる。近年の古民家ブームもそのような流れの中にある。忘れられた地域的制約性や、平準化して希薄になった土地や場所の個性に対する憧憬が、限られた地域資源を用いて建てられた建物に目を向かわせている。しかし考えてみれば、人口減にともなって各地で湧くように生まれている大量の空き家も、時代が過ぎれば古民家になる。そのとき、第二、第三の古民家ブームは起こるのか、誰もよくわからない。

第8章

地域社会と祭礼・信仰・食文化の歴史

第1節　歴史観光都市の伝統を支える人々が暮らす社会空間

1．歴史観光都市の伝統的風習・祭事を支える人と社会

日本を代表する国際的な歴史観光都市として国内外から多くの観光客を集めている飛騨高山の観光資源は、伝統的な町並みや春と秋に開催される高山祭だけではない。観光客が買い物に行く朝市や口にする料理、あるいは目で見、肌で感ずる宮川の清流やそよ風なども、また観光客を楽しませる資源である（写真8－1）。いわば飛騨高山という都市空間そのものが、ここを訪れた人々の心をつかみ魅了する大きな要素といえる。こうした空間はテーマパークのように人為的に設計して生まれたものではなく、そこに暮らす人々の生活の場そのものであり、それがたまたま観光資源として評価されているのである。人々がそこに住んでいなければ、たとえ建物は残ったとしても単なる過去の遺物としてしか評価されない。歴史的に生活が続けられ、現在もなお生きている空間であることが、歴史的な遺跡巡りとは異なる魅力を来訪者に与えている。

人が暮らしているかぎり、どこにでも生活の匂いのする空間は存在する。しかし、日常的な生活空間が内外から多くの観光客を呼び寄せるほどの魅力をもつということは、どこにでもあるものではない。観光目的を多少意識したとしても、昨日や今日にわかに準備して生み出せるようなものでもない。よほどの歴史的積み重ねがあり、他地域では真似のできない文化的特性をそなえた趣がなければ、多くの観光客

写真8-1　鍛冶橋付近の宮川の清流
出典：著者撮影

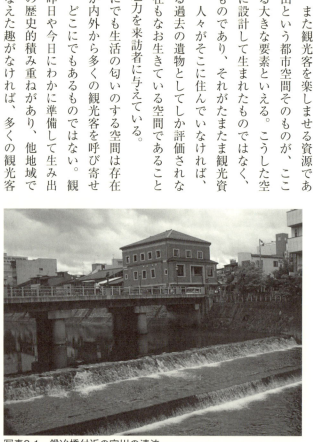

を満足させることはできない。かつては多くの地域で行われていたが、時代とともに廃れて継承されなくなった習慣やしきたり、あるいは他地域では生まれそうにない文化的レベルの高い催事や祭りが、現在もなお存在しているということそれ自体に希少価値がある。飛騨高山にはそのような風習や祭事が残され、現在も連綿として維持されている。

重要なことは、風習や祭事を維持する人間的なつながりや社会的組織が現存しているという事実であり、単に神社仏閣やお城や古い建物が残されているだけではないということである。伝統的に受け継がれてきた風習や祭事を現代の暮らしの中で守り続けられる人間集団や社会組織が維持されている点に目を向けなければならない。当然、なぜ他の地域では廃れてしまったのに飛騨高山にだけ残っているのか、あるいはなぜこのように文化度の高い習慣や祭事が生まれたのかという疑問が湧いてくる。それに答えるひとつの鍵は、飛騨高山の地理的隔絶性と、文化的雰囲気に満ちた生活を好む土地柄である。中央から遠く離れ、移ろいやすい流行とは無縁な隔絶的環境の中にありながら、豊かな森林資源をもとに蓄積された経済的富の消費対象として豪華な祭事が生み出された。それを実現するために、ここでは結束力の強い社会組織が形成され維持されてきた。観光客が目にする豪華絢爛な祭り屋台や軒先の揃った伝統的町並みの背後にある人や社会のあり方に目を向ける必要がある。

2. 観光資源だけでなく地元愛や誇りに結びつく伝統的な社会空間

飛騨高山で暮らす人々が長い歴史を通して維持してきた風習や祭事などは、単に観光資源として価値があるだけではない。地元で暮らす人々にとっても心地よい風物であり、なによりも地元愛や誇りに結びつく必須の習慣である。祖先から後を託すと贈られ引き継がれてきた数々のしきたりや約束事は、煩わしさを超えて自分自身を確認するための行動規範なのである。英語では institution と表現される制度、とりわけ文化的、社会的制度を日々意識しながら、われわれは毎日を送っている。普段は目に見えず意識することも少ないが、年間のスケジュールや月間のリズムにしたがって日々を過ごしている。そのようなスケジュールの中に、可視的に表現される各種の行事やイベントがある。正月やお盆の行事はその代表例であろう。飛騨高山ではそれらを含め、古くからの生活習慣がかなり厳格に維持されてきた。維持するのが苦痛であれば自然に廃れたであろうが、実際には維持することに喜びがあり、消えることなく今日まで引き継がれてきた。

産業や人口の過度な集中で種々の都市問題を抱えている地域で暮らしている人々にとって、飛騨高山のように昔ながらの風習や祭事が現在もなお維持されている空間は心癒される場所である。近年は日本人ばかりでなく、欧米、アジア、イスラム圏などからも飛騨高山を観光で訪れる人々が増えている。異国趣味を求めてという通俗的な表現ではカバーしきれない、現代世界でありながら現代とは異なる次元の空間がここに息づいていると思われている。国の内か外かという区別が意味をなさない人類全体にとって価値のある生活空間が守り残されてきたことに対し、自然に感謝の念が沸き起こってくる、そのような空間に多くの人々が吸い寄せられている。

ただ惜しむらくは、観光客の目が飛騨高山の中心市街地にある歴史的町並みにばかり向けられている点である。たしかにここには古い民家や近世の役所（陣屋）や古刹・名刹が集まっている。時間的余裕のない観光客にとっては、中心市街地の外にまで足を伸ばすのは難しいかもしれない。これは地域論の常識であるが、密度の高い中心的な商業空間が成立するには、周囲に広大な商圏が存在していなければならない。観光客が集中する中心部はかつての商業空間であるが、その隣接地域や周辺地域にも古くからの伝統を引き継ぐ習慣や祭事がある。歴史的、伝統的な商業空間が小売業の近代化・大規模化で空洞化に追い込まれた事例は各地にある。高山は歴史的建造物を維持することで空洞化を防ごうとし、他地域とは違う進化モデルを示すことに成功した。現在の商業機能は地元の需要よりはむしろ観光客を相手としたものである。歴史的建造物は中心商業地に限らず、その周辺部にもある。地域社会の伝統に根付く習慣や祭事は周辺部にもあるため、観光対象を中心部だけに限るのは惜しい。

第2節 旧城下町の時代から続くまちづくりと防火の伝統

1．戦国末に築かれた城下町と江戸期天領の行政支配組織

飛騨高山で歴史的町並みが維持・保存されてきた主な地域は、高山城跡の北側一帯で宮川に沿って南北方向に連なっている旧町家地域である。戦国末期に豊臣秀吉の命を受けた越前・大野城主の金森長近《ながちか》が三木《みつき》氏を破って当地一帯を支配するようになり、その拠点として天神山城跡に新たに高山城を築いた。他の城下町と同様、武家地と町人地と寺社地が区分けして設けられた。基準になったのは地形条件の違いで、丘陵部の城に続いて北側に伸びる台地上に武士、それより一段低い宮川沿いに町人が住んだ（図8-1）。寺社は台地の東側に南北に連なる丘陵地の縁に建てられた。金森氏は当時の都に近い近江などから商人を呼び寄せ、城下町での商いに当たらせた。林業や鉱山の経営で高山に経済的繁栄をもたらした金森氏は107年後に突然、江戸幕府から国替えを命ぜられ、以後、高山は幕府の直轄地となった。そのため高山城は不要となり、加賀藩が暫定的に管理したあと破却された。武家地もなくなり、ここは町人に払い下げられ耕作地になった。幕府は行政支配の拠点となる陣屋を金森氏の下屋敷（向屋敷）に定

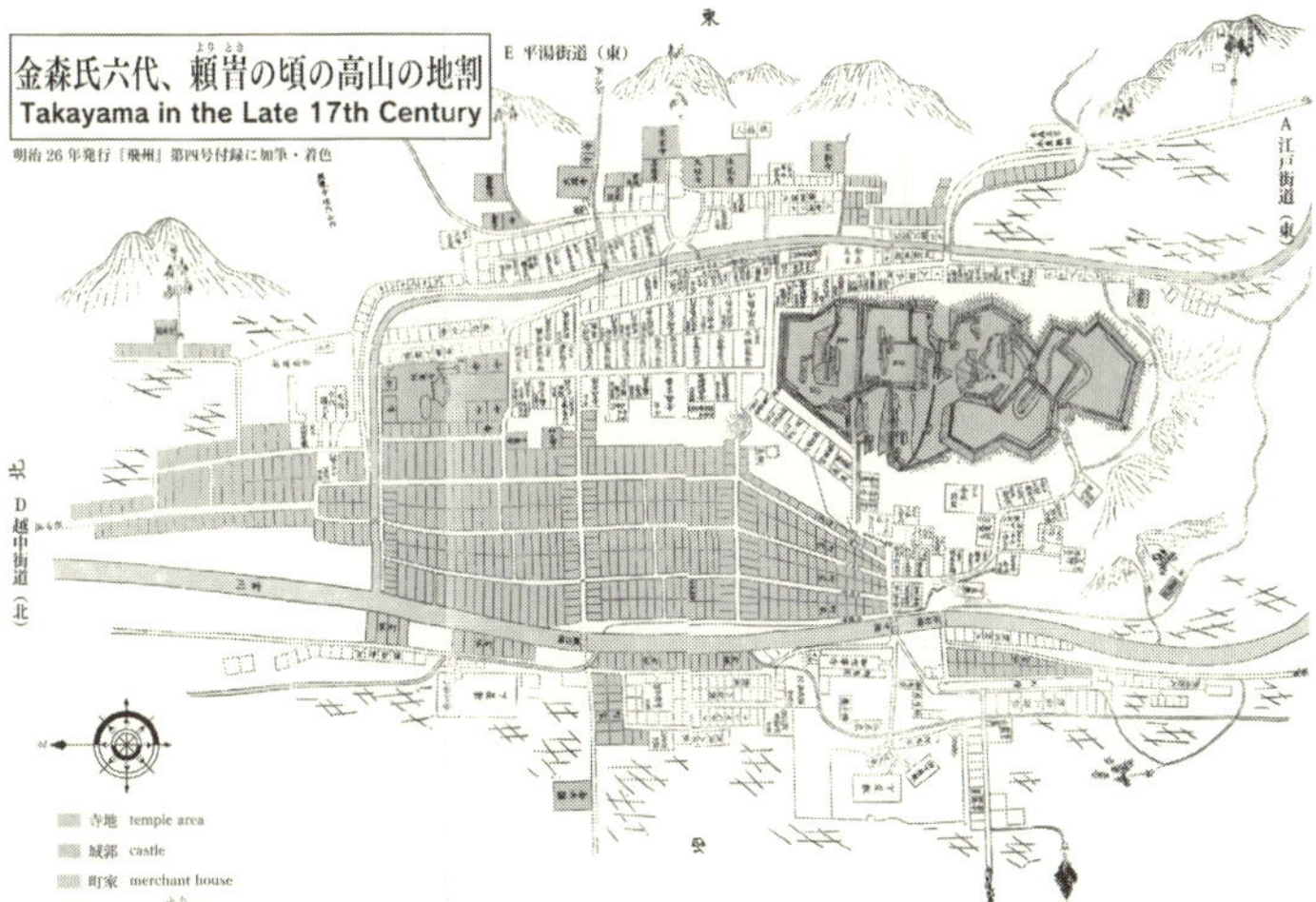

図8-1　17世紀後半,藩主金森頼時の頃の高山の地割
出典:高山市商工観光部観光課発行の「東山遊歩道」パンフレットによる。

め、以後、江戸から派遣された代官が、1777（安永6）年以降は郡代が行政を司った。戦国末期に基礎が築かれ、江戸期を通して町人が暮らした歴史の上に近代の飛騨高山があり、さらに現代へと引き継がれてきた。現代の生活の中にも息づく地元の習慣、風習、しきたり、祭事を理解するには、その基層的な社会構造にまで遡って考える必要がある。

集落がまだ小さかった金森時代の城下町では、一番町、二番町、三番町にそれぞれ町代《ちょうだい》と呼ばれる代表がおり、彼らは高山藩主の配下にあった町奉行のもとで町内における行政全般を取り仕切った（図8-2）。町代は世襲制で矢島家、川上家、屋貝家が一番町〜三番町の代表を努め、町会所で執務を担当した。それぞれの町代の下には組頭と呼ばれる責任者が10〜15人おり、各組頭は近隣で暮らす組下や町人をまとめる役割を果たした。1724（享保9）年当時、組頭は一番町に10人、二番町に15人、三番町に12人、全部で37人いた。幕府直轄以降、町代は町年寄と呼ばれるようになったが、城下町時代は藩主—町奉行—町代、また天領時代は代官（郡代）—町会所—町年寄という階層的な指揮系統のもとで町人は支配された。町会所は広さが4〜8畳の間が5〜6集まって構成されていた（図8-3）。

飛騨高山には城下町の中心部で生活する人々以外に、周辺の農

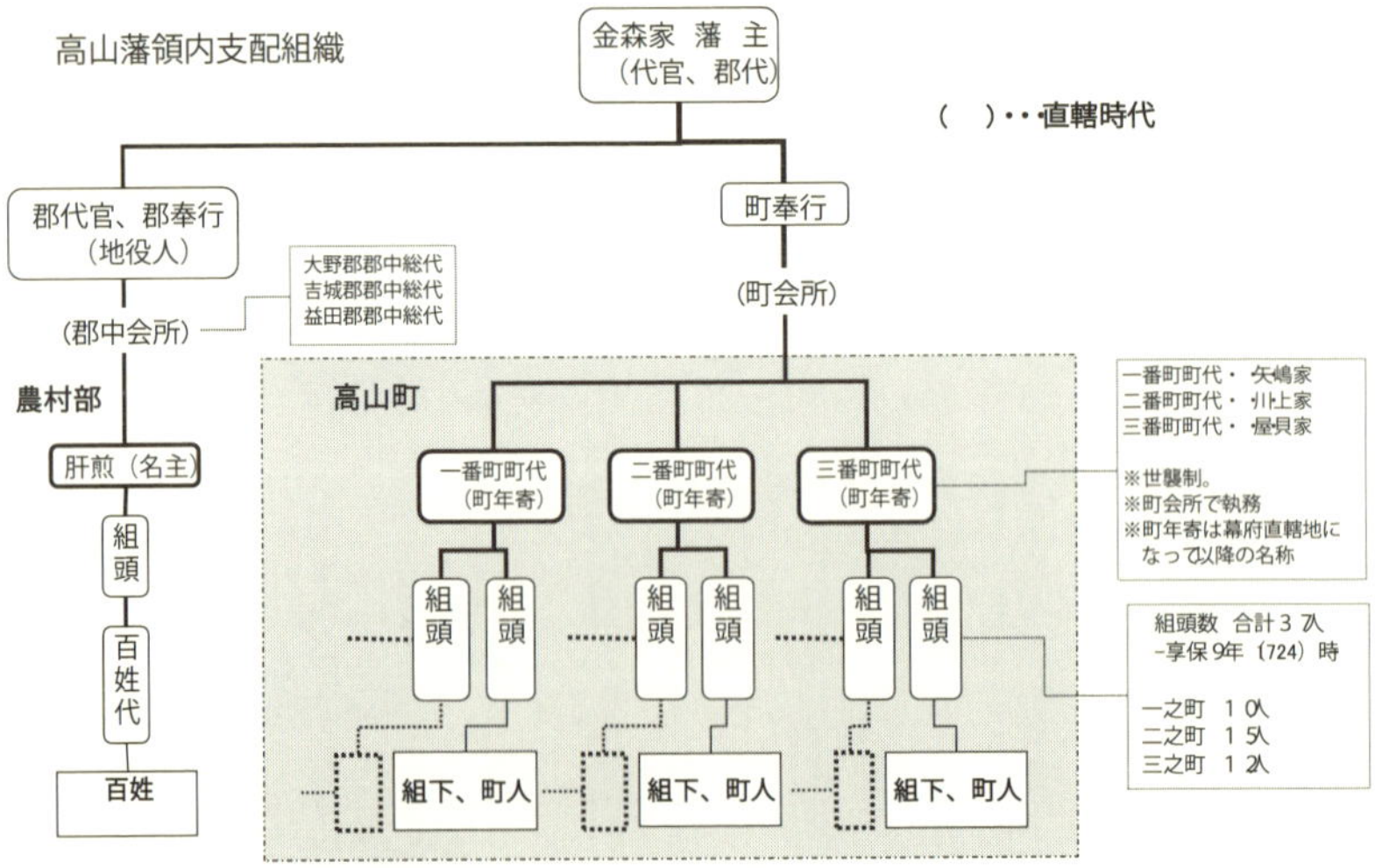

図8-2　高山藩領内の支配組織図
出典:高山市編(2015):『高山市歴史的風致維持向上計画』高山市,p.9をもとに作成。

村部で暮らす人々もいた。そこでも人々を束ねる組織が必要であり、やはり階層的な仕組みがあった。金森時代は藩主の下に郡代官、郡奉行が置かれその下に肝煎《きもいり》と呼ばれる名主がいて、実質的に農村部の取りまとめ役を果たした。名主は配下の頭取やさらにその下の百姓代から上がってくる農民の声を藩に伝える仲介役でもあった。天領以降は郡代官、郡奉行はなくなり、代官（郡代）に仕える地役人が農村部の行政一般に目を配るようになった。地役人が差配する農村部は広大で、大野郡、吉城郡、益田郡の代表者である郡中総代が集まる郡中会所を行政拠点とした。

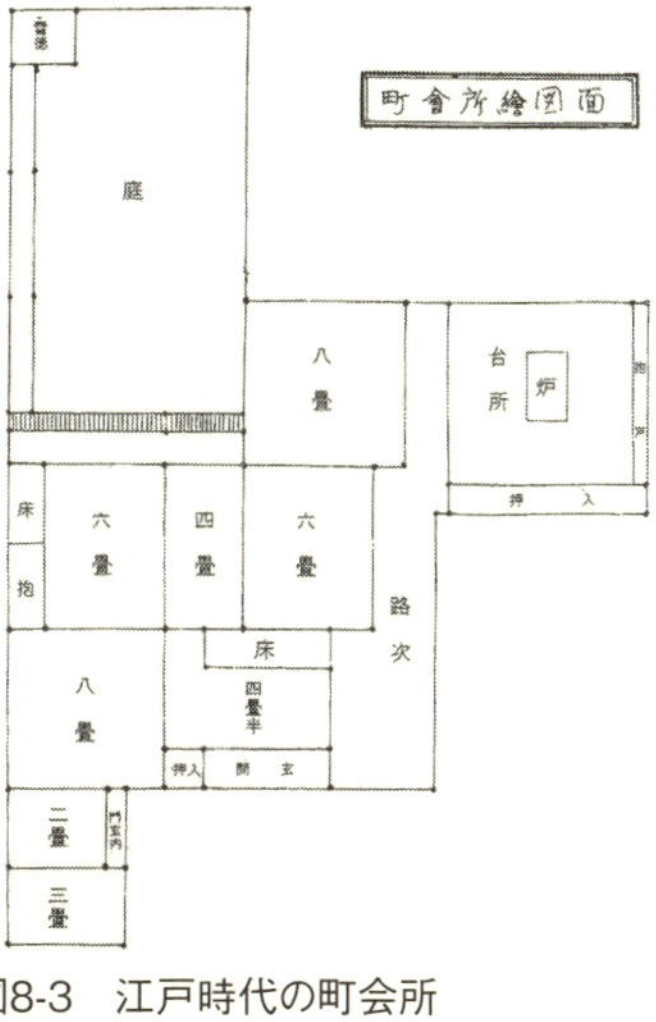

図8-3　江戸時代の町会所
出典:高山市教育委員会編（1999）:『高山の文化財』高山市国民健康保険をもとに作成。

2. 住民の行動に影響を及ぼす地域組織と高山の景観・町並保存組織

市役所の窓口で何でも相談できる現在、行政組織のトップと一般市民との距離は近世の頃と比べると大きく縮まったといえる。しかし、地域住民がまとまって何ごとかを行おうとすると、そこには目に見えない社会組織や人間関係という制度的枠組みがある。こうした組織や関係をうまく取り込まなければ、思うように動くことができない。時代や場所などには関係なく、人は組織に属し、その組織のルールにしたがわなければ、社会的にうまく生きていくことはできない。封建時代の飛騨高山も現在の飛騨高山も、この点では何ら変わるところがない。注目すべきは、地域組織の構成員が近世から今日までほとんど変わっていない地域が飛騨高山にはあるという事実である。

日本では通常、住民は近隣の班や組などに属し、それらが集まって町内会や自治会などが成り立っている。町内会や自治会の上には地区連合町内会といったものがあり、これは市全体の町内会連絡協議会に属する。飛騨高山の場合、地区連合町内会は市内全体で21を数える。ちなみに21という数字は、旧高山市内にある学校区に、新たに合併した旧町村を加えた数である。地区連合町内会の単位は社会教育協議会の単位でもある。社会教育協議会とは、地域において社会、文化、体育、青少年育成などの活動を組織的に推進する組織のことである。各町内から選ばれた役員が社会教育協議会の運営に関わり、専門部会に分かれて市内の社会教育振興に励んでいる。このように、飛騨高山の町内会組織と社会教育組織は、住民の行政的、社会的、文化的な要望を吸い上げる制度的仕組みとして機能している。

上で述べた2つの組織は日本の社会であればどこにでも見られるもので、標準的組織といえる。ただし組織それ自体は標準的であっても、そこで何がどのように行われるかは地域によって異なる。組織に加わり活動する人々の意識、目的、思想、信条などの違いにより活動の内容は違ってくる。企業、学校、職場など地域組織とは別のタイプの組織にも属している現代人は、これらの組織が求める規制にもしたがわねばならない。われわれは、生活の場では標準的社会組織の枠組みに、また生産や教育などの場ではその組織に固有の制度的枠組みに囲まれながら日々を送っている。住まいや働く場所が空間的に大きく制約されていた近世以前の社会では、藩や幕府が定めた強固な組織のもとでしか行動できなかった。現代社会と比べれば自由度は小さかったかもしれないが、その社会なりの安定した日々の暮らしが成り立っていた。

現在、高山市内には全部で20の町並・景観保存会がある。これらの保

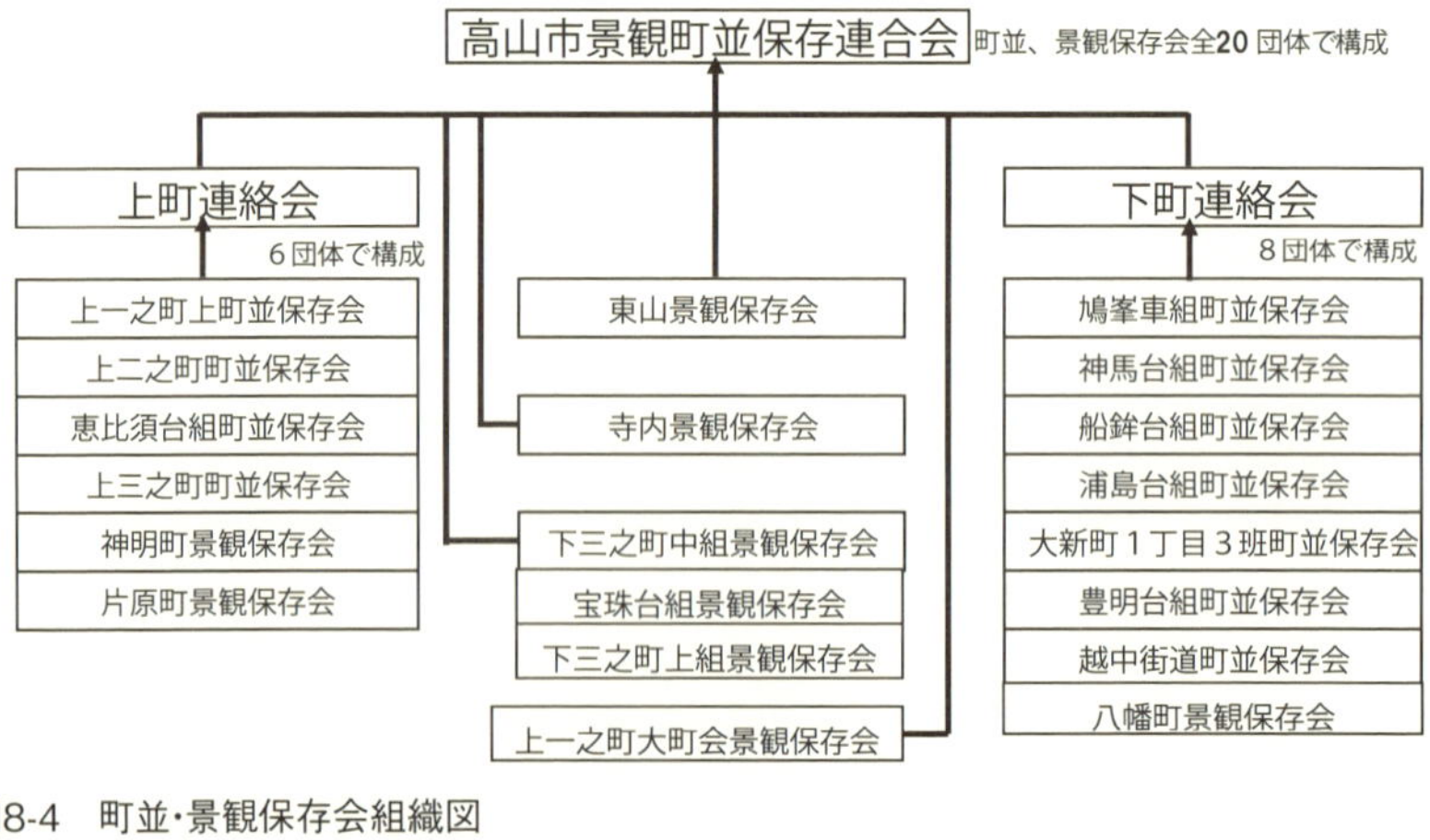

図8-4　町並・景観保存会組織図

出典:高山市編(2015):『高山市歴史的風致維持向上計画』高山市,p.9をもとに作成。

存会は高山市景観町並保存連合会としてまとめられているが、大きくは上町連絡会、下町連絡会、その他の3つに分かれている（図8-4）。上町連絡会は、旧城下町の城跡に一番近い町人地に相当する地区の住人によって組織されている。全部で6つの保存会が集まって上町連絡会を組織している。一方、下町連絡会は、その名称から判断できるように、上町に続く北側の地区の住民が組織する8つの保存会の集まりである。ここは城下町の発展とともに生まれた地区であるため、歴史は上町よりも新しい。その他は下三之町、上一之町、東山、寺内などの景観保存会である。

景観町並保存連合会は、町内会連絡協議会や社会教育協議会とは性質が異なる。地区に残されてきた歴史的建造物や祭事の継承・保存を目的とする組織であり、基本的にはボランタリーすなわち自主的組織である。しかし、町並や祭事が近世以前からの伝統に則って行われてきたことを考えると、この保存連合会が城下町時代に形成された共同体的な地域組織を基層として成り立っていることは容易に想像できる。飛騨高山では、城下町時代に由来する地域共同体が今日まで変わることなく存続してきた。時代を超えた永続性は驚くべきものであり、こうした共同体を基盤とする景観町並保存会の努力によって歴史的観光資源は維持されてきた。

3. 木造密集家屋ゆえの火難除け秋葉神社に対する篤い信仰

お正月に神社を参拝して家内安全を祈願しても、交通事故に遭ったり病気になったりするかもしれない。自動車保険や生命保険こそが頼りなのに、人々は神社にお参りしようとする。保険制度のなかった頃は神仏に頼るしかなく、そうした習慣が現在も続けられている。習慣やしきたりとはそういうものであり、たとえ実効性は期待できなくても、事故に遭わないように心がけたり、病気にならないように健康に注意したりするという己の決意を神仏の前で誓うのである。信仰をともなう昔からの風習がどれほど地域に根づき継続されてきたか、その程度には地域差がある。なぜそのような風習が生まれたのか、またなぜ今日まで続いているのか、その理由は地域によって違っている。

飛騨高山では秋葉信仰が非常に盛んである。秋葉信仰とは、根本社《ねほんしゃ》が遠州浜松の春野の秋葉山頂に鎮座する祭神を祀ることで、剣難、水難、火難から逃れられると昔から伝えられてきた信仰である。飛騨高山ではとくに火難除けの霊験あらたかな守り神として城下町誕生以来、篤く信仰されてきた。信仰の拠点は社、鳥居、石灯籠などを集めた遥拝所であり、高山盆地にはこのような場所が70か所近くもある（図8-5）。とくに数が多いのは旧城下町の中心部であり、さまざまな様式の秋葉様が街角のあちらこちらで祀られている。場所の確保が難しい場合は、建物の屋根の上に秋葉様が祀られている。これほどまでに町中に防火のための祭祀所が多い理由として容易に想像されるのは、木造密集家屋は火災に弱く、現在のような消火設備のなかった時代、一度出火したら大火になりやすかったためである。事実、飛騨高山では江戸期以降、10軒以上の家屋を焼失した火災が27回も起こっている。とくに大火が続いたのは18世紀初頭の享保の頃であり、一度に200軒、400軒もの家屋を失う火災が頻発した。大火は明治以降にも起こっており、1875（明治8）年に1，032軒、1924（大正13）年に231軒が焼け落ちる火災に見舞われている（図8-6）。

秋葉様の数がもっとも増えたのは大火災が頻発した享保

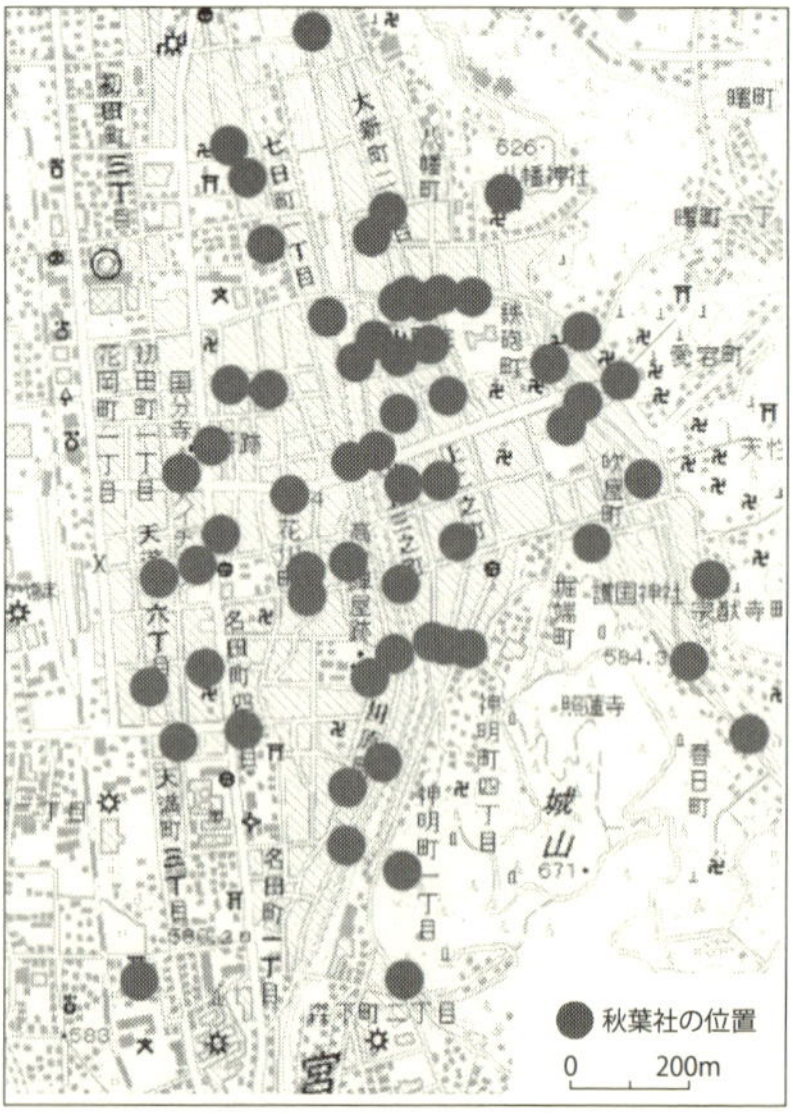

図8-5　高山市中心部における秋葉社の分布
出典：高山市編（2015）：『高山市歴史的風致維持向上計画』高山市，p.13による。

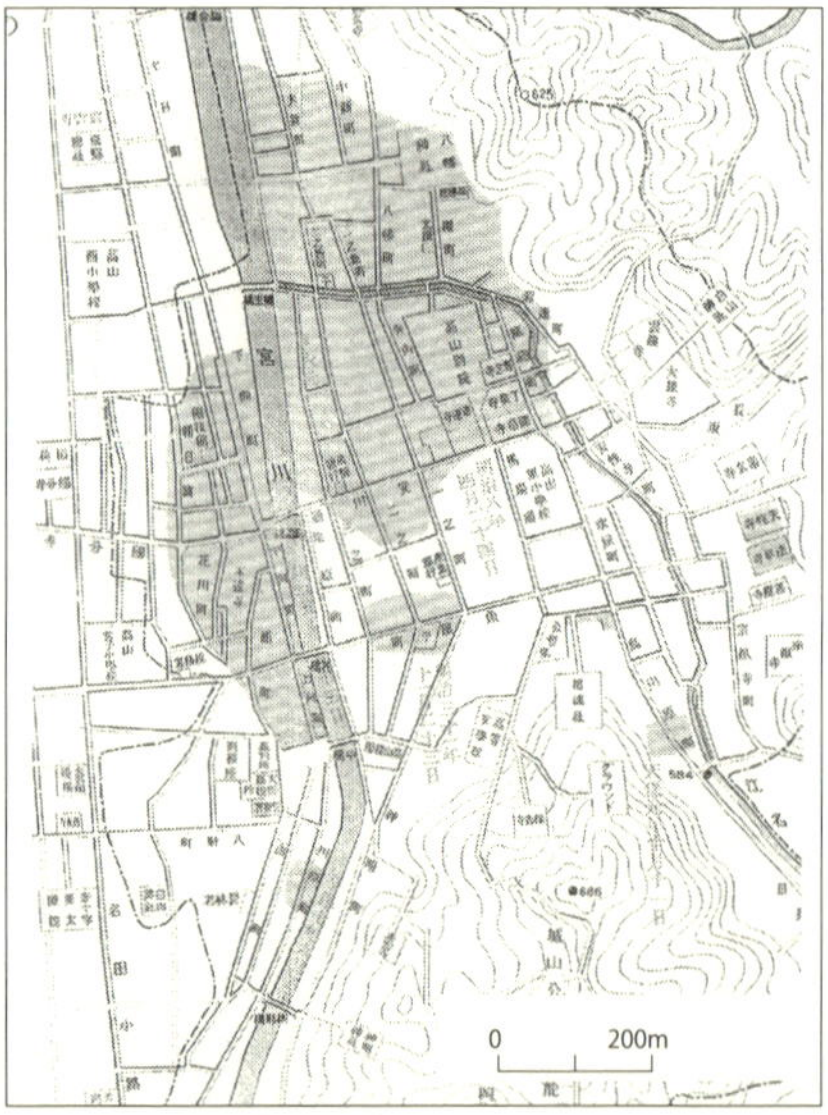

図8-6　1875（明治8）年の大火による焼失区域
出典：高山市教育委員会文化課編（1996）：『高山の町並』高山市教育委員会による。

の頃で、恐ろしい火事を出さないように人々は秋葉神社に対する信仰心をより深めていった。木造家屋はたしかに火に弱いという弱点があるが、密集していなければ類焼の恐れはない。しかし農村部とは異なり、狭い路地に面して家屋が連続的に建ち並んでいたのが江戸期の都市集落の特徴であった。当時の家屋の屋根は簡単な板葺きで、火の粉が飛んでくればひとたまりもない。満足な消火設備はなく、焼けていない家屋を先に壊して防火帯を設ける程度しか火の手を遮る方法はなかった。家屋の密集は隣近所が互いに助け合うには理想の居住形態であるが、それにはリスクもともなった。せめて日頃から火の取り扱いには十分注意するよう、秋葉神社の御札を釜戸の近くに貼って用心をした。細い通路の両側に軒先の揃った家屋が連なる商家や民家の中に入っていくと、奥庭には土蔵がこれも列をなして建っていた（写真8-2）。理由は、たとえ火事に遭っても大切な調度品だけは災難を逃れられるようにと工夫した結果である。通りに面した建物は借家形式が多く、建物は焼け落ちても重要な道具類は土蔵に保管されているため、実質的な被害は少なかった。

享保の頃に大火が頻発したのは、飛騨高山の町の中心部に人口が集中したことが背景にある。現在は当時の頃以上に家屋や人口が集中しているが、幸いなことに大きな火災はない。それでも町内各所で秋葉様が維持され、ここが地域コミュニティの拠り所のひとつになっているのは、火難除けというかつての目的とは別に、住民親睦の場所としての意味があるからである。風雪に耐える社の修繕や日々の清掃は秋葉信仰を共有する町の住民自らの手によって行われ

写真8-2　敷地裏側に並び建つ土蔵群
出典:高山市編（2015）:『高山市歴史的風致維持向上計画』高山市,p.21による。

ている（写真8‐3）。他国への移動が自由でなかった近世、遠州秋葉山への参詣は咎められることのない楽しい旅行であった。秋葉信仰の講仲間の代表が参詣して持ち帰った御札は、火難避けの大切なお守りであった。失火したら隣近所に迷惑をかけることが明白な地域共同体は、濃密な人間関係によって支えられていた。

4．土蔵・防火用水や火消しの講の伝統を頑なに守る地域共同体

秋葉信仰は、火事を出さないように、普段から注意を喚起するための精神的戒めであった。しかしこうした戒めも虚しく火事になった場合、手をこまねいているだけでは能がない。精神的戒めに加えて、火事場で役に立つ設備や道具をあらかじめ準備しておけば、被害を最小限に食い止めることができる。しかし、設備も道具も人間が直に扱わなければ本来の機能を発揮することができない。人と設備・道具が一体となり火事などの災難に対処することで効果がでる。飛騨高山では近世の頃から今日でいう自主消防組織が形成されていた。火消しの講と当時呼ばれた組織がそれであり、派手な火消し纏や火消装束が講ごとに揃えられていた。近代になると消防団や自主消防隊へと組織が変わり、一部は市役所消防署の民間下部組織として組み入れられていった。

もっぱら青年から壮年にかけての男性が担う消防組織は、ジェンダー的視点からとらえることもできる。秋葉信仰が家事全般を分担する女性や信仰心の厚い高齢者の関心を呼びやすいのに対し、火災の現場で危険を顧みず活躍するのは男性である。例えは少し違うが、戦争の現場で戦う男性兵士と銃後の守りにつく女性の関係に似ている。ただし火事の現場は海外ではなく、日々の暮らしの現場である。防火のための準備として、旧城下町中心部では帯状に土蔵が設けら

写真8-3　秋葉様信仰
出典：高山市編（2015）：『高山市歴史的風致維持向上計画』高山市，p.13による。

れていたことはすでに述べた。このほか、三町用水と呼ばれる防火用水も住民の手によって設けられた。この用水は現在でも防火用に使われているが、普段は町中を散策する観光客の目を楽しませる役割を果たしている（写真８-４）。

他の多くの都市では現代的な消防車が各所の消防署に配置され、緊急事態に備えている。飛騨高山でもそのような体制は整えられている。それ以外に旧城下町の歴史的地区では、防火用水や貯水槽の維持・管理体制や、自衛消防隊のエンジンポンプ設置の備えがある。さらに、５～８軒の家屋を回線で結んで火災を監視するシステムの配備もなされている。役目が失われたように思われる土蔵も、２００年以上が経過した現在もなお修理しながら使われている。こうした事実は、設備や建物が当初とは違う目的で使われていることを物語る。消防団のメンバーが祭りの行列に伝統的ないでたちで加わったり、正月の出初式に伝統走法を披露したりするのは、これまで引き継がれてきた習慣を守り続けたいという強い意志の現れである（写真８-５）。地域共同体としての精神を確固として維持しようという姿勢を、ここにも読み取ることができる。

写真8-4　三町用水を用いた防火訓練
出典:高山市編（2015）:『高山市歴史的風致維持向上計画』高山市,p.21による。

写真8-5　消防団による出初式での伝統走法
出典:高山市編（2015）:『高山市歴史的風致維持向上計画』高山市,p.21による。

第3節 旧城下町地区の祭礼空間と東山寺院群の宗教空間

1. 旧城下町地区の祭礼を支えてきた地域共同体の結束力

飛騨高山の旧城下町で春と夏に繰り広げられる屋台祭礼は高山祭としてよく知られている。２０１６（平成28）年に青森県から大分県に至る18府県の山・鉾・屋台行事、計33件がユネスコの無形文化遺産に指定されたが、その中に高山の屋台行事も含まれている。季節ごとの祭礼は日本中で広く行われており、また飛騨高山の祭礼は高山祭だけではない。しかし高山祭は歴史的伝統を厳格にふまえた豪華さや華麗さにおいて出色の祭事であり、今日では内外から多数の観光客を引きつけるイベントとして位置づけられている。この祭礼も、他地域の類似の祭礼と同様、本来は神社の氏子が共同で神を迎え入れる神事である。神を象徴する神輿やそれに従う屋台の隊列を路上空間で人々に披露することにより、神の恩恵が共有される。屋台を彩る粧飾の出来栄えは目を見張るばかりであり、地元・飛騨高山で歴史的に積み重ねられ磨かれてきた匠の

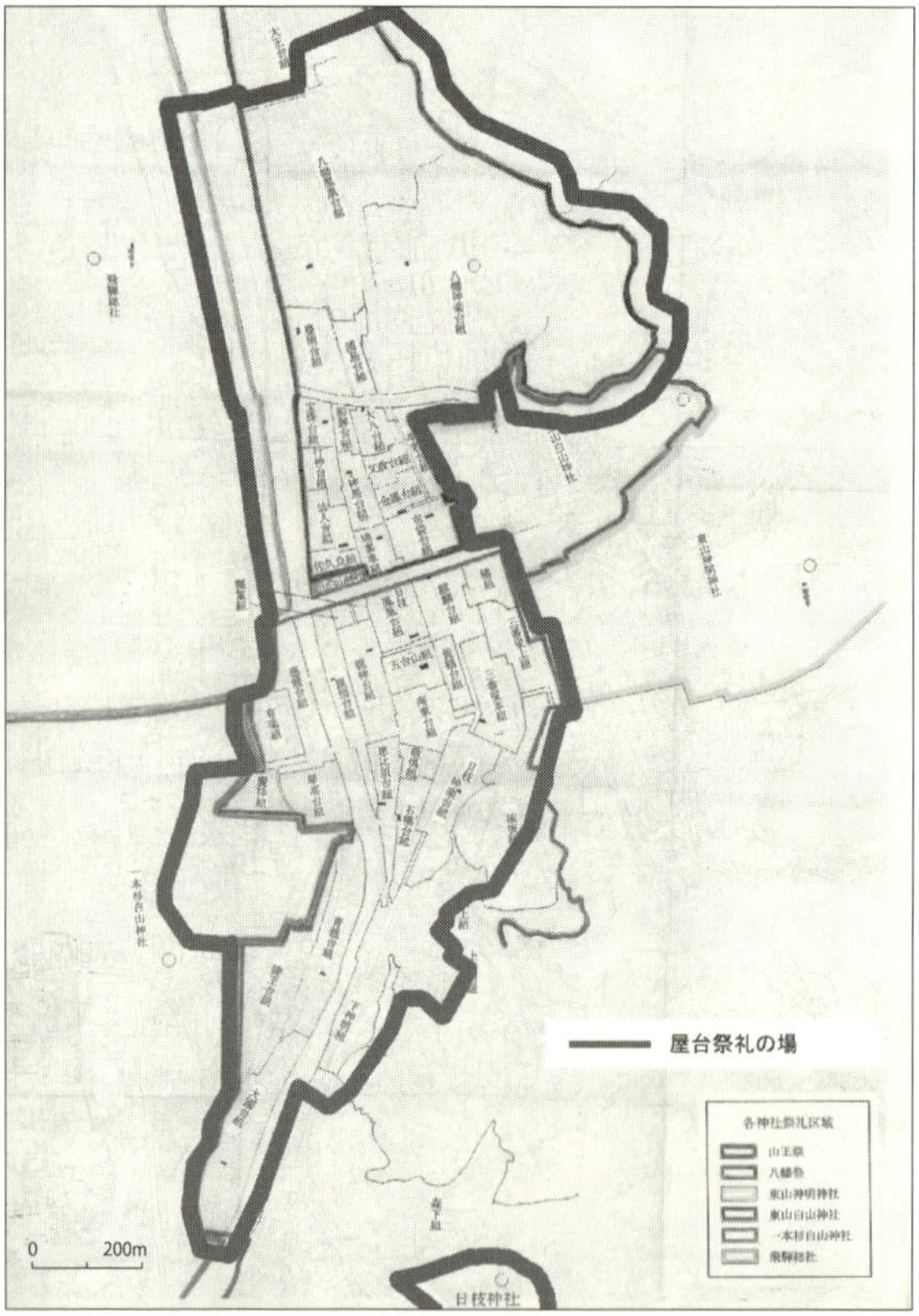

図8-7　高山市中心部の屋台祭礼空間
出典:高山市編(2015):『高山市歴史的風致維持向上計画』高山市,p.36による。

技の結晶が見る者を深く感動させる。

こうした屋台祭礼がどのような経緯で成立したか、また今日までいかに維持・継承されてきたかを探ることは、旧城下町の地域共同体の歴史と特質を明らかにすることにほかならない。屋台祭礼は、旧城下に近い日枝神社を御神体とする春の祭礼（山王祭）と、城下北側の桜山八幡宮をご神体とする秋の祭礼（八幡祭）からなる。両者の祭礼空間は明確に区別されており、重なることはない。また旧城下町には、これら2つの神社による祭礼空間のほかに東山神明神社、東山白山神社、一本杉白山神社、飛騨総社の各祭礼空間がある。これらの空間は互いに独立しており、交わることはない（図8‐7）。南側の山王祭と北側の八幡祭の祭礼空間は南北2つの歴史的市街地に対応しており、金森時代以降、住み着いてきた人々の日常的な生活空間に一致している。

屋台祭礼は江戸期に設けられた組組織をベースとして実施される。組は隣近所の共同体であり、町並保存、相互扶助、共同作業、交流活動などを通して強い結束力をもっている。同じ組に属するメンバーは組内《くみうち》と呼ばれており、組が所有する豪華絢爛な屋台は全国屈指の有形民俗文化財として誇るべき財産価値がある。自慢の屋台を曳いて練り歩く空間は年に一度の祭礼の場であり、屋台文化を沿道に集まった多くの人々に理解してもらう晴れの場でもある。この日を迎えるために、春の山王祭の場合は前年の6月上旬から準備に取り掛かる。日枝神社の宮司の下に氏子総代がおり、さらにその下に組総代がいて16の屋台組と12の神輿組を束ねる。宮本と呼ばれる祭礼全体の指揮を執る統括者が年ごとに選ばれ、このもとで祭礼が執り行われる。屋台組は16あるが、現在もなお屋台を所有しているのは12組である。宮本が主催する会議が祭礼直前まで日枝神社で3回開かれ、祭礼の打ち合わせが行われる。

日枝神社が金森氏の鎮護神であるのに対し、桜山八幡宮は仁徳天皇の頃、飛騨に入った難波根子武振熊命《なにわのねこたけふるくまのみこと》が凶族退治のため祈願したことがその創祀とされる。秋の八幡祭では年行司と呼ばれる統括者が祭礼全体の指揮を執ることになっている。8月から始まる八幡社での打ち合わせを皮切りに、祭礼に関する諸事をこなしていく。宮司の下に13名の責任役員、その下に44名の総代がおり、これらの支配下で18組の氏子が屋台の準備に取り掛かる。18組の氏子のうち実際に屋台を所有するのは12組であり、4組はかつて屋台を所有していたが現在はない。秋祭りでは、鳳輦《ほうれん》、獅子舞、大太《だいだい》神楽《かぐら》、雅楽、闘鶏楽《とうけいがく》、裃姿《かみしもすがた》の警固などが列を組み、御旅所《おたびしょ》、氏子町内を巡回して八幡社へ帰還することで祭りは終了する。屋台の曳き揃えは神社境内と表参道で行われ、初日の昼は「下廻り」といって4台の屋台が神社北側を曳き廻される。この日の「宵まつり」では提灯のついた屋台が祭礼区域を曳かれ、最後に別れて蔵へ戻るとき、屋台囃子の「高い山」が唄われる。

いわゆる高山祭は春と秋の2回限りであるが、この限られた時間に祭りに関わる人々のエネルギーが集中的に注がれる。南北2つの神社の氏子が家族や共同体の幸せを願って催行する祭礼を一目見ようと集まった観光客も、豪華絢爛な屋台の美しさに感動するだけでなく、自ら祭礼に加わることで喜びを共有する。もともと祭礼は主催側と参加者の相互交流を通して盛り上げられるものである。外からの観光客は、歴史的、文化的に第一級の屋台を自ら守り続けた旧城下町の町衆の共同体意識の強固さに触れ、自らの祖先もその一員であったかもしれない日本固有の地域共同体に思いを馳せる。

2. 東山寺院群地区で繰り広げられる祭礼と人々の宗教的活動

一般に高山祭と呼ばれているのは、日枝神社と桜山八幡宮のいずれも神道系の祭礼で、これを支えているのは氏子衆である。人の精神的内面に関わる部分は微妙な領域であり、宗教的に何を信ずるかは自由である。神社の氏子であれば神に仕える身として、その神社のしきたりに従うのは当然であろう。しきたりは日常生活においても人の行動を規制し、非日常的な祭礼の場では外部からも見えるかたちで表出する。飛騨高山の旧城下町地区には、日枝神社や桜山八幡宮とは別の神道系の祭礼がある。また神道系とは別に、寺院を拠点とする仏教系の祭礼も季節ごとに繰り広げられている。つまり、異なる神社、寺院がこの地区の人々の精神的拠り所となっており、それぞれ氏子や檀家のメンバーとして日々の暮らし方に影響を与えている。

旧城下町を空間構造の視点から考えた場合、城郭に近い台地上に金森時代の武家地が定められた。初代藩主・金森長近の菩提寺は武家地の東側に連なる丘陵地に建立された。前後して多くの寺院がこの丘陵斜面一帯に建立されていったため、現在は東山寺院群と呼ばれる（図8‐8）。建っているのは寺院だけでなく、東山神明社、東山白山神社といった神社も設けられている。江戸時代までは神仏混淆で、寺院と神社が対の関係で信仰の対象になっていた。たとえば雲龍寺と東山白山神社、天照寺と東山神明社はそのような関係にあった。これらの寺社は距離的に近い関係にあり、祭礼の空間は重なっている。つまり、神道系の祭礼空間同士が重なることはないが、神道系と仏教系の祭礼空間が重なることはある。

　飛騨高山が天領になって武家地はなくなり、跡地は町人に払い下げられた。通称、空町《そらまち》と呼ばれたこの地域の南側が東山神明社、北側が東山白山神社の祭礼空間である。東山白山神社の祭礼は5月5日と決められており、豪華絢爛な行列が江戸時代から行われてきた（写真8‐6）。この祭礼でも神楽台と呼ばれる屋台が5人の楽人を乗せて神輿行列の先頭を行く。供をする神輿は町人衆に勢いがあった明治前期につくられた豪華なもので、神輿の中でも最も複雑なかたちといわれる八角形をしている。屋蓋《やね》露盤上《ろばんじょう》に鳳凰を、また蕨手《わらびて》には飛龍を乗せ、一木造りの欅材の欄間には形態の異なる鳳凰の彫

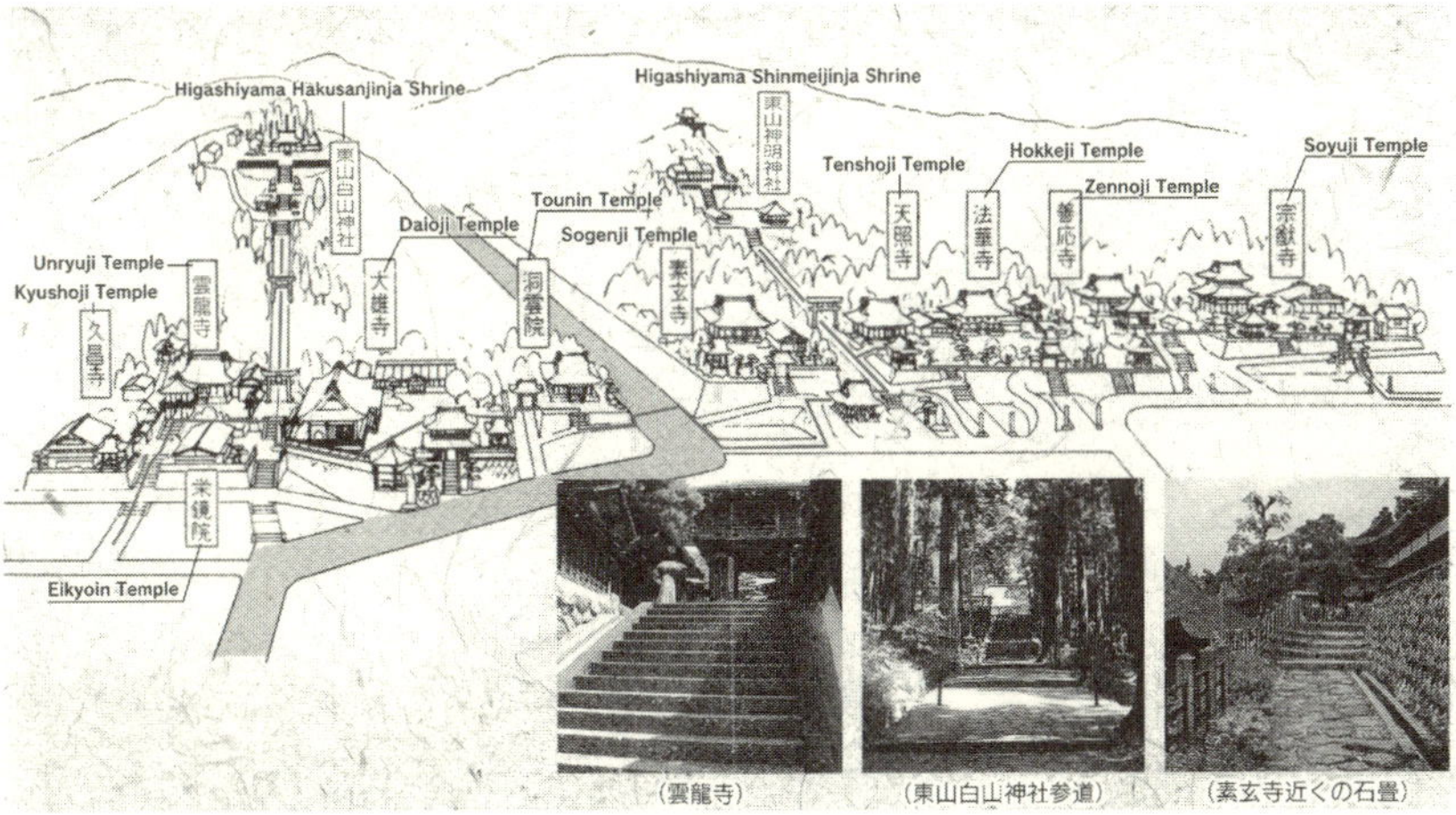

図8-8　東山寺院群（東山遊歩道）
出典:高山市商工観光部観光課発行の「東山遊歩道」パンフレットによる。

刻、さらに桧作りの下段には彩色を施した牡丹を配置するといった手の凝りようである。神輿を収納する神輿庫とあわせて市の有形民俗文化財に指定されており、地域共同体の重要な構成要素になっている。

東山寺院群の各寺院では、檀家の人以外に地区の住民も参加して年中行事が行われている。中核となる素玄寺《そげんじ》は初代藩主・金森長近の菩提寺であり、春と秋の彼岸日には一般の法要とあわせて長近公の法要も行われる。毎年8月10日には「松倉観音の絵馬市」が開かれ、多くの参詣者で賑わう（写真8-7）。この市は松倉紙という絵馬を販売する民俗行事であり、素玄寺下の観音堂で注文に応じて手書きされた絵馬は、家内安全・諸祈願を託して購入した住民によって持ち帰られ玄関先に貼られる。さらに毎年1月17日と10月17日には火伏の尊像である「秋葉尊」に空町や東山寺院群周辺の住民が参加し、持ち帰ったお札《ふだ》をカマド（台所）に貼るという風習も続いている。

宗猷寺《そうゆうじ》は金森氏3代重頼の菩提寺であり、境内には山岡鉄舟父母の墓もある。8月の山岡鉄舟の命日には鉄舟翁の法要が行われ、参加した関係者が鉄舟を偲ぶ。3代重頼の兄は茶人として知られる金森宗和であり、そ

写真8-6　東山白山神社の祭礼行事

出典：高山市編（2015）：『高山市歴史的風致維持向上計画』高山市,p.19による。

写真8-7　松倉観音の絵馬市（素玄寺観音堂）

出典：高山市編（2015）：『高山市歴史的風致の維持向上計画』高山市, p.15による。

の関係で宗猷寺裏庭にある宗和流庭園は市の文化財に指定されている。庭園を見ながら茶会が催され、茶道家の活動の場となっている。宗猷寺では、宗和流茶道の社中である「四常社」以外に他の社中も茶会を開いている。毎年2月11日には仏教の守護神のひとりといわれる大黒天の法要があり、新年宴会を兼ねて盛大な行事が行われる。また、この寺を拠点に御詠歌の練習が毎週行なわれており、宗猷寺の檀家や他の寺院の檀家、それに一般の女性たちによって構成されるグループが東山寺院の諸行事において御詠歌を披露している。

城下町建設時に地形の違いを意識して定められた身分的、社会的な住み分けの名残は、近世、近代を経て現在に至るまで継承されてきた祭礼空間にも見ることができる。封建制度はすでになく、自由な活動が保証されている現代という時代においても、歴史的、文化的、宗教的な痕跡は人々に過去を思い起こさせる。とりわけ東山寺院群のように多くの寺が市街地を見下ろすような位置にあれば、逆に寺々を見上げることで、宗教的意識が喚起される。ここにもまた、飛騨高山の人々の日々の暮らしと歴史性との深い繋がりが垣間見られる。

3. 地元食材を生かす多様な食文化と食を盛る陶器づくりの伝統

衣食住の中身は、時代とともに変化してゆく。飛騨高山では、住すなわち建築物では旧城下町以来の伝統を重んじた商家や民家が町並みとして保存されてきた。後世に伝え残していくべき貴重な建築物的価値が評価され、国による指定も行われている。衣はさすがに守るのは難しく、生活様式の洋風化にともない押され気味で、古くからの伝統的衣装を身にまとう機会は限られている。それでも新年、成人式、卒業式、結婚式、葬式など女性を中心として伝統的な民族衣装ともいえる和服で身を包むこともある。これは飛騨高山に限られたことではなく、日本の他地域でも広く行われている。女性が民族的衣装をまとうかたちで国や地域のアイデンティティの維持に貢献する傾向は世界的であり、ジェンダー的に興味深いテーマである。

食の分野は衣とは異なり、ジェンダー的要素が現れることは少ない。むしろ住の世界と似ており、素材がその土地の条件に制約されやすいので、地域性が反映される。海からも遠く離れた標高の高い山間地であることは、食の素材が豊富に手に入る地域的条件とはいえない。山地や川からの恵みさえ利用する限られた条件下での調理が、素朴ではあるが彩りに満ちた多様な食に結びついた。身分制の厳しい近世社会では、武士、町人、農民などの食の習慣にも違いがあった。旦那衆と呼ばれた経済的に富を蓄積した町人と、耕作条件に恵まれない農村部で土地を耕したり、山地に分け入って林業に従事したりする人々の間では、自ずと食するものにも違いがあった。旧城下の高級料理の店で贅を尽くした洗練された食が出された一方、限られた食材に手を加えて独特の風味や趣を引き出した素朴な食が空腹を満たした。

金森家2代可重《ありしげ》の長男の重近は家督を継がず京都へ出て茶の湯の世界に入った。飛騨高山と京都との文化的関係は祭礼に曳き出される屋台の飾りに表れているが、名を宗和と名乗った金森重近の茶道が出身地の飛騨高山に伝えられ、この地に都風の茶道が広まったことからもわかる。宗和流茶道に付随する本膳料理は宗和が自らの好みを取り入れて創案したもので、室町時代にはじまる会食を風雅な趣の料理として結実させたものである（写真8‐8）。宗和は飛騨高山で産する木と漆の工芸品である春慶塗の指導にもあたり、献立を支えるお膳として透明感があり木肌が浮かび上がるようなこの塗り物を愛用した。

料理の品を入れて揃える春慶塗の漆器もさることながら、料理それ自体を盛り付ける陶器や磁器の食器もまた、食を構成する重要な要素である。日本には各地に陶器や磁器の産地があり、地元産の器を使って郷土料理を仕上げるところも少なくない。飛騨高山でも、他国から持ち込まれた器を使用していた時代もあるが、独自に器を生み出す動きが金森氏3代目の重頼の頃から

写真8-8　宗和流の料理を伝える料亭の献立
出典:高山市編(2015):『高山市歴史的風致維持向上計画』高山市,p.30による。

始まった。重頼は茶匠である兄から周旋された京都の陶工に西の丘陵地の小糸坂で陶器を焼かせた。これが小糸焼の始まりであるが、ここでの試みは長続きしなかった。天領時代になると三福寺焼や山田焼が興され、藩直営の御用窯とは異なる民窯が始まった。木材資源に恵まれていた飛騨高山では、木製の食器で用がたせたため、陶器や磁器の食器を必要としなかった。これが窯業の発展が遅れた理由のひとつと考えられるが、陶磁器製食器に対する需要は高まっていった。とくに旦那衆と呼ばれた有力商人は上質な器を求めるようになり、有田や京都から高級陶磁器を買い求める一方で、自ら窯業に投資する者も現れた。これが一度は廃れた三福寺焼の再興で、京都から招いた陶工による高級食器の生産が始まった。さらに江戸末期になると、酒造業・油商人が開窯した第二期小糸焼、飛騨郡代官・豊田藤之進が産業振興で始めさせた渋草焼が現れてきた。渋草焼は、小糸焼では実現できなかった磁器を神岡の巣山村で産する陶石を使用することで実現させた。

食の文化的奥行きの深さは、素材、料理法、器、作法など組み合わせの多様さからも推し量ることができる。山間高冷地の飛騨高山では、限られた地元産の農産物を主体に日本海側から移入される海産物を加え、さまざまな工夫を凝らした料理が生み出されてきた。木製や陶磁器製の入れ物や食器にも郷土色が溢れており、食文化の地域性には見るべきものがある。同時に食の社会性にも注目すべきであり、京都や江戸などの先進文化に傾倒する有力町人による高級食指向がある一方で、庶民・農民による郷土料理への深い愛着もあった（写真8－9）。朴葉味噌、寒干し大根、しな漬け、こも豆腐、あぶらえなど、数多くの郷土料理が現在も普段食として食べられている。食をめぐる地域間交流と郷土的特性もまた、飛騨高山の文化を理解する上で欠かせない要素である。

写真8-9　飛騨高山の祭りのご馳走

出典:高山市編(2015):『高山市歴史的風致維持向上計画』高山市,p.34による。

第4節　日用品の組み合わせで見せる飾り物の世界

1．道具・食器などの日用品が表す抽象世界

　飛騨高山には「飾り物」の伝統文化がある。一般の人には何のことか理解できないと思われるが、普段、生活の中で使用している小物を複数、組み合わせて何か別のものを表現し、それを地域の人々に披露して出来栄えを競う遊び心満点の行事である。歴史的起源は大原騒動で有名な高山陣屋の郡代を務めた大原紹正・正純親子の頃で、大原正純が崇敬していた陣屋稲荷の初午祭にさいして、「二十四孝」の飾り物を奉納したのが最初と伝えられる。二十四孝とは、中国で後世の模範として数え上げられた24人の賢人のことである。このとき以来、高山の人々は茶道具、食器、酒器、大工道具など同系統のものを組み合わせて飾り物に仕立てる風流を楽しむようになった。ただしこのような風習が見られるのは旧市街地の限られた空間であり、高山祭で屋台曳行が行われる空間とほぼ一致している（図8-9）。現在は毎年1月、その年の干支と宮中歌会始のお題をテーマに、高山市民に限って作品を募り、高山市民会館で公開展示するのが習わしになっている。

　1978（昭和53）年に「暮しの手帖」で紹介されたのをきっかけに、飛騨高山の飾り物の文化は世の中でその存在が知られるようになった。しかし、このような行事は他地域では行われておらず、認知度は高くないと思

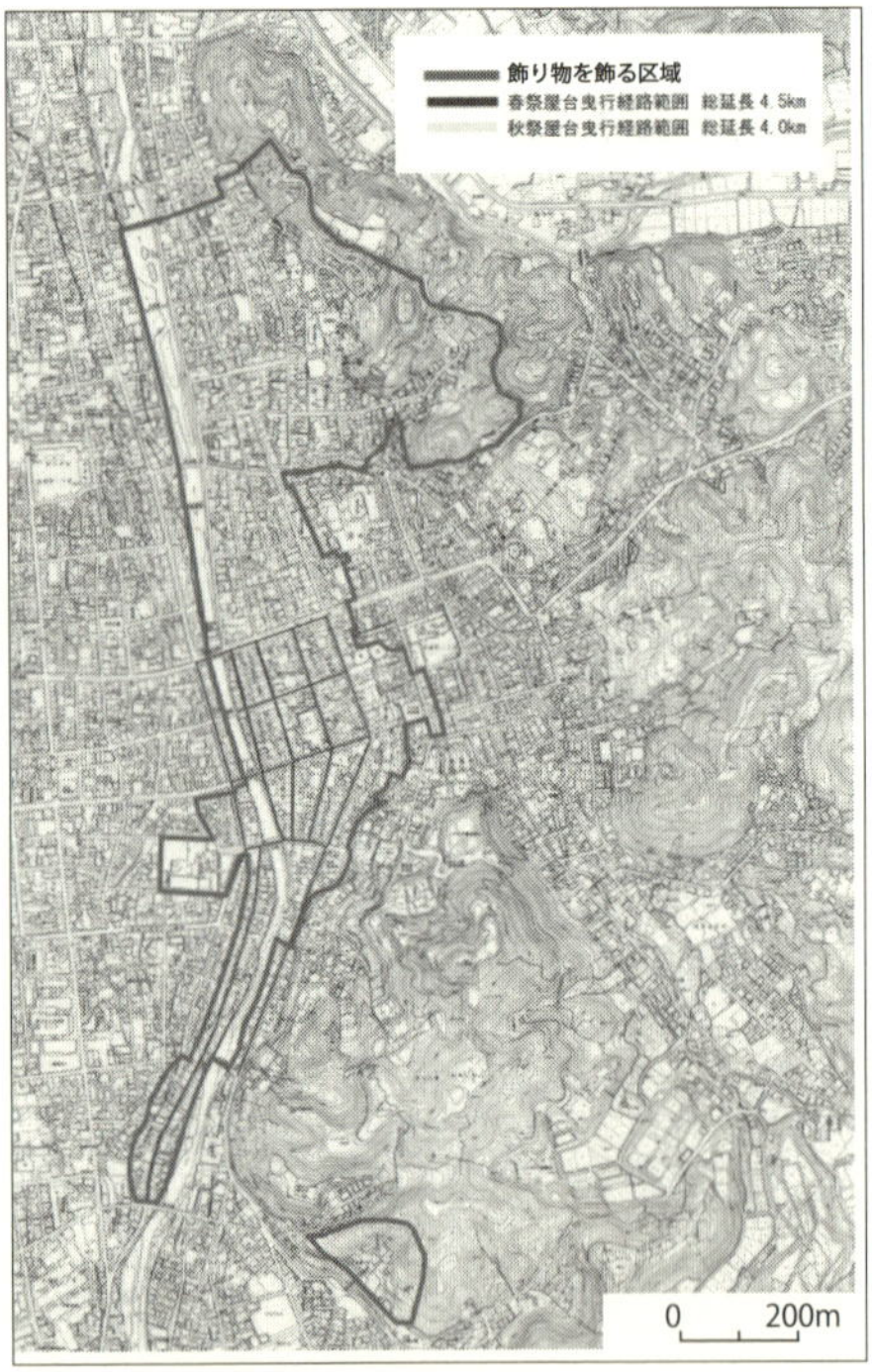

図8-9　飾り物を飾る区域
出典:高山市編(2015):『高山市歴史的風致維持向上計画』高山市,p.14をもとに作成。

われる。町家の玄関横に飾り物を展示するスペースがあり、通りを行く人は窓越しにその作品を見ることができる（写真８‐10）。町家の建築洋式の変化とともにそのようなスペースは消えていき、現在は市民会館など公共施設で公開展示するかたちへと変わってきた。応募者が市民に限られているのは、この風習が地域で生まれ地域の中で楽しまれているものであることを物語る。とくに観光客に見てもらうことを目的としたものではなく、あくまでも地元住民の間で粋な遊びとして楽しみながら代々、引き継がれてきたものである。

　飾り物に使われる食器や大工道具は、もともと料理を盛ったり木材を加工したりするなど本来の役目をもっている。しかしこれらのものは、その役目とはまったく異なるひとつの「部品」としてテーマを表現するための素材として扱われている。テーマは花鳥風月に類するものが多いが、過去には旅順陥落、高山本線開業、市制施行など時事的テーマが選ばれたこともあった。要は飾り物を見た人が製作者の意図したテーマがどれくらい類推できるかがポイントであり、その適合性で展示作品の評価が決まる。和紙が厚く綴じられた既成の覚え帳を広げて大地に見立て、その上に立てて置いた印鑑１本で、一人歩く芭蕉を表現するといった作品もある。発想の奇抜さや大胆さ、意表を突くアイデアが勝負であり、作り手はうまく表現できれば内心してやったりという気分になる。

　飛騨高山の飾り物文化は、ひねりの精神や遊び心・ユーモアに満ちた伝統の一種である。普通、飾り物といえば、木、花、布、粘土などを材料として用い、あるテーマを表現したものをいう。手先が器用とかセンスが良いとか、製作するにはあ

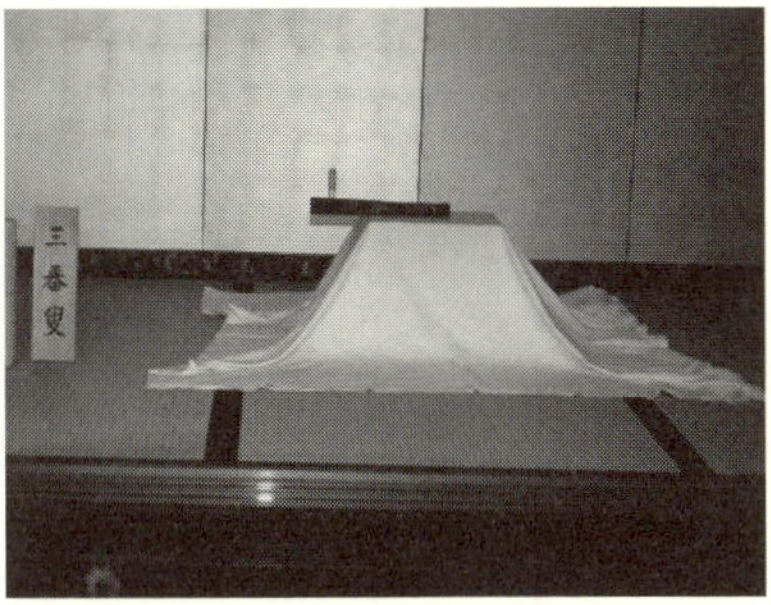

写真8-10　飾り物の一例
出典:高山市編(2015):『高山市歴史的風致維持向上計画』高山市,p.14による。

る程度の能力が必要である。本当に良い装飾品やアクセサリーが欲しければ、専門家がつくったものを購入すればよい。ところが飛騨高山の飾り物はそのようなものとはまったく異なる。素材を加工してつくるのではなく、あくまで身近にある既成のものを組み合わせて並べるだけである。異なる小物の組み合わせ方に妙があり、製作者は家の中にあるものを手当たり次第に並べたり積み上げたりして、何かを表そうとする。特別手先が器用でなくても、誰でもやることができる。金屏風を背景にそれらの小物を並べれば、たちどころに想像もしなかった世界が現れる。その意外性に見る人は面白さを感じ取る。

この飾り物には、言葉を並べ替えて短歌や俳句をつくるのと似たところがある。言葉はどこにでもあり、本来は意思を伝えるために使われる。言葉は道具の一種であり誰でも普通に使っている。それが短歌や俳句になると、選ばれた言葉が素材となり、ひとつの世界が表現される。出来栄えの良し悪しは同好の集まりの中で評価される。飛騨高山の飾り物も、誰もが普段から使っている食器や大工道具などを使って世界を表現しようとした結果である。それを作品と見るかどうかは判断が分かれるところもあるが、同好の集まりともいえる地元の人々の間では支持されている。短歌や俳句に興味のない人にとっては縁遠い世界であるのと同様、飾り物の文化も部外者にとっては遠い世界かもしれない。

2. 地元産工芸品の飾り物を見せ合う地域社会

飛騨高山の飾り物の風習は、いくつか興味深いことをわれわれに伝えている。第一は、当初は高山陣屋の郡代が行った儀礼だったとはいえ、それが町人の間で普及し、200年以上もの間引き継がれているという事実である。時代による盛衰はあったであろうが、現在まで引き継がれていることにまず驚かされる。中高生が消しゴム、三角条規、ハサミなどを組み合わせて催しに参加するコーナーもあり、若い年代層にまで広がっていることは驚異でもある。地元高校の教諭から飛騨高山の子どもたちは純朴な性格で、一昔前の日本の高校生のようだと聞いたことがある。まさに忘れかけたか、あるいはまったく忘れてしまった日本人の心性がどのようであったかを思い起こさせる文化的遺産を生きたかたちで見る思いがする。表面的には情報化や国際化で日本全体が覆われてしまったかのように思われるが、文化的基層の部分では根強く維持されているものがある。

第二は、現在では少なくなったといわれるが、通りに面した町家や民家の一角に、飾り物を外に向けて披露する空間があったという事実である。現代建築では洒落た出窓を設けて置物を並べるということもあるが、それは外からよりもむしろ家の中から楽しむものという考えで設計されている。一間丸ごと外部から見えるような空間を用意しておくことは、通常では考えにくい。こうした民家様式が伝統的に守られてきた社会というのは、やはり特異性があるといってよいであろう。内と外との間で人間的交流があり、しかも飾り物という、日用品ではあるが上品なつくりで他人に見せても恥ずかしくないものを通して気持ちを通わせようとする。家宝とまではいわないが、代々、その家で大切にしてきた道具類をさりげなく見せることが、あるいは自慢であったかもしれない。いずれにしても、飾り物という習慣を通して地域住民が社会的に交流できる住宅様式が維持されてきたことは、非常に興味深いことである。

第三は、飾り物に使われている食器や道具類のすべてではないであろうが、その多くが地元の資源を用いてつくられたものであるという点である。木工品、和紙、絹織物、陶磁器、金属製品など、飛騨高山でその原料が調達でき、それらを素材として精巧な技術でつくられた伝統の品々が惜しげもなく用いられている。いくら資源に恵まれていても、それを使えるものに仕上げる技術がなければ資源は本当に生かされたとはいえない。製作技術を磨き上げるには、歴史的に積み上げられてきた伝統と、それを継承しながらも、さらに新たに加えた技術が融合しなければならない。たとえ小さなものでも、あるいは小さいがゆえに一層、技術力が試される。そうした技術の結晶が日用雑貨品として普段使いされ、飾り物の素材として用いられる。本来の使用目的とは違う場面とはいえ、他人の目に触れることを意識すれば、いいかげんな物は出展できないかもしれない。飾り物は、飛騨高山特産工芸品の別種の展示会と考えることもできる。

第5節　飛騨高山の社会と文化をどうとらえるか

「歴史文化を今に伝える生きた博物館」、これが飛騨高山の現在の姿ではないだろうか。いささか観光キャンペーンのキャッチフレーズのようにも思われるが、飛騨高山の社会と文化の現在を考えると、このような言葉しか浮かんでこない。人が集まるから観光地なのか、あるいは観光地だから人が集まるのかという議論はあろう。統計数字から見れば、飛騨高山は文句なく国際的な歴史文化観光都市といえる。しかし観光客数を表す統計数字の大きさに惑わされることなく、飛騨高山の社会と文化の歴史を客観的に探っていくと、この地域で生まれた数々の出来事が、人々が集まってつくる社会とそこで育まれた文化的生活様式の結晶であることがわかる。社会から生まれる文化はどこの世界にもあり、特別なものではない。ところが飛騨高山では、そのようにして生まれた結晶が半ば生きたかたちで保存され、現在も進行形で継承されている。これこそが内外から多くの観光客を引きつけている要因なのではないか。

文化は一人ひとりの人間がつくりあげるものである。しかし人間は、人間集団である社会にそなわる行動規範にしたがわなければ文化に関わることができない。祭礼、信仰、防火、食事、催事など、どれをとってみても社会組織の一員としての行動が求められる。これらの起源は多様で、城下町時代の儀式、密集家屋の防災、地元食材の料理法などに由来するが、根底に飛騨高山の地理的、自然的条件があるという点は共通している。身分制の厳しい武士中心の社会の中で、商人や町人は生きるためにどのような工夫をしたか。高い標高と寒冷気候、限られた可耕地という逆境条件が、いやがうえでも仕事や生活に工夫を迫ったことであろう。厳しい環境ゆえに工夫のしがいがあり、知恵や技術も生まれた。深められた知恵や磨かれた技術は、祭礼、建物、生活のための品々の中で生かされてきた。逆境ゆえに高いレベルの文化様式にまで到達したのではないか。

文化はどの社会にもあり、また時代とともに変化していくのを常とする。変化に抗うことは容易ではなく、気がつけば以前とは随分はかけ離れた位置にある文化の中で暮らす自分がいる。便利な社会の恩恵に十分浴するようにはなったが、何かしら違和感も感ずる。そのように思う現代人にとって、一昔前あるいはもっと以前の日本の町や社会はどのようであったか、それを伝えるような場所があれば、訪れたいと思うであろう。地理的隔絶性が飛騨高山にそのように古い時代の社会と文化を残させた。もちろん現代的な生活様式はこの地にも及んでいるが、地域社会の基層的部分は揺らいでいない。大都市化した歴史的観光地では、伝統的祭事を地元民の手で催行するのは困難になってしまった。しかし、地方都市・飛騨高山ではそのような条件はまだ失われてはいない。そのような本当の歴史文化を直に感じ取りたいと願う人々が、「歴史文化を今に伝える生きた博物館」飛騨高山を訪れる。

◆引用文献

1．高山市編（2015）：『高山市歴史的風致維持向上計画』高山市。
2．高山市教育委員会編（1999）：『高山の文化財』高山市国民健康保険。
3．高山市教育委員会文化課編（1996）：『高山の町並』高山市教育委員会。

コラム8
column

定期市にみる時間と空間の交差

飛騨高山の朝市は、その名のように早朝から正午まで時間を決めて、野菜・花卉・果物・漬物などが毎日、売られている市場である。ただしスーパーや青果店・八百屋などのように常設的な店舗を構えての営業ではなく、宮川沿いと陣屋前に即席に設けられた売り場での商いである。その歴史は江戸時代にまで遡ることができ、かつては米市、桑市などの名前で呼ばれていた。商いの場所は時代とともに変化し、当初は高山別院前や安川通沿いで、大正期になると陣屋前でも市が開かれるようになった。戦前昭和期は陣屋前で夜市、安川通沿いで朝市が開かれたほか、国技館横でも市が立った。市はこれら3か所に限らず、本町、国分寺、中橋などでも開かれていたというから、高山の町の人にとっては近所にある日常的な買物場所であったと思われる。基本的には高山近在で収穫された農産物が市場に並べられたが、他地域から仕入れられた海産物や雑貨品も販売された。

昭和後期すなわち戦後間もない頃に闇市の性格が加わったのは、時代のせいである。多くの買物客で賑わいを見せたが、品不足のため午前中で売り切れとなり、午後は買い出しに走らねばならなかった。もともと開設場所が恒久的に定まっていない市場であるため、そのときどきの社会的影響を受けやすい。陣屋前で開いていた市に対して立ち退き命令が出たため安川通に移転したのもつかのま、ここからも追い出されることになった。理由は市が立ち並んでいた道路が国道に編入されたためである。新たに見つけた移転先は現在の宮川沿いであったが、そこは河川の堤防であったため県の土木局から河川敷の専用許可を取らなければならなかった。出店者の間で組合をつくり立場を強くしようという動きが現れたのは、市開催の不安定さを取り除くためである。一時は廃止に追い込まれた陣屋前の市も復活し隆盛を取り戻した。

こうして今日の姿に近い市場の様相が見えてきたが、時間とともにさらに大きな社会経済的うねりが現れた。小売業近代化の波や交通渋滞・ごみ問題など一連の都市問題がそれである。生鮮食品を専門に販売するスーパーの登場や自動車の普及にともない、路肩で細々と営業する露天市は迷惑な存在とみなされるようになった。時代は東京オリンピックや大阪万博を開催することで、敗戦国・日本がいかに経済的に復興を遂げたかを世界中に知らしめようと躍起になっていた頃である。しかしその一方で、経済的に豊かになった日本人が観光に目覚め、歴史的風情の残る高山など地方都市にも足を運ぶようになった頃でもある。社会経済の近代化と歴史的資源を生かした観光化という2つの動きの狭間にあって、高山の市は存続への道を選ぶことができた。高山観光の波はしだいに大きくなり、観光客の目を楽しませる伝統的な市場は、高山祭と並びいまやなくてはならない存在になった。

飛騨高山の朝市のように、ある決められた日にちや時間帯に商人が集まって商いをする市場は一般には定期市と呼ばれる。英語ではweekly market あるいは periodical market というが、これは週のうちの特定の日や時間を決めて開かれる市のことである。週といっても7日ごとに繰り返す週とは限らない。キリスト教が優勢な地域では1週間は7日であるが、これとは違う周期をもつ地域が世界にはある。中国やその影響を受けた地域では十干十二支の暦、すなわち10日や12日あるいはその約数である6日、5日、4日、3日などを周期の単位として市を開く日にち、すなわち市日が決められた。10日間隔で開けば一月《ひとつき》に3回、5日間隔なら6回、4日間隔なら7回、市が開かれる。当初は交通が不便で所得も少なく需要も少なかったため、市の開催数も少なかった。しかし経済の発展とともに市に対する需要が高まり、市日の間隔は縮まっていった。最終的に市は毎日、開かれるようになった。これが現在、われわれが当たり前のように思っている常設市である。人間の長い歴史の中で考えれば常設市の歴史はごく浅く、大半は定期市システムのように、限られた日時に集まって取引が行われる不安定な市であった。

市日間隔に地域性があるのは採用している暦が異なり、日にちや時間の決め方が地域によって違っていたからである。現在ではグレゴリオ暦が大半で1週間を7日とする習慣が広く定着している。それゆえ毎週同じ曜日にという決め方が一般的であるが、過去には10日置き、5日置きが普通という時代や地域があった。たとえば四日市は、4のつく日すなわち4日、14日、24日に市が開かれたことからこのように呼ばれるようになった。五日市、八日市、十日市など市場が起源で興った都市や町は少なくない。日本では一月に6回市が開かれる場合が多く、六斎市と呼ばれた。たとえば5と10、あるいは3と8など5日置きに立つ市であり、それぞれ五十《ごとう》の市、三八市などと呼ばれた。

市が立つ場所と市開催の周期を結びつけるという発想は非常に興味深い。場所すなわち空間と周期すなわち時間をシンクロナイズ、すなわち同調させる考えである。飛騨高山にも七日町という町があるが、やはり町名の起源は市日である。飛騨総社、国分寺、医王山国分密寺の集まる宮川左岸の細長い土地で、農村の一部が発展して町場になったと伝えられる。町として発展した背景に市の開催があったのは間違いない。ほかに八日町というところが2か所ある。ひとつは宮川支流の川上川左岸で、松倉山に城があった頃、毎月8の日に城内の夫役を務めたことが町名の由来といわれる。ひとつは、旧国府町で宮川支流の荒城《あらき》川と十三墓《じゅうさんぼ》岐《ぎ》川が合流する付近である。ここは8の日に市が立つ三斎市に由来する。さらに三日町も2か所あるが、興味深いことに、これらは八日町のすぐ近くに位置している。ということは、これらの町の近くに住んでいる人々は3の日と8の日つまり5日置きに2つの市を交互に利用することができた。

定期市で農産物や特産品などを販売する商人の立場に立てば、市は毎日開かれるのが望ましい。それだけ多くの売上が期待でき収入も多いからである。しかし需要がなければ市は開かれないため、複数の市に出向いて売上を確保しようとする。今日は四日市、明日は五日市、そのつぎは六日市という具合である。このように複数の市の間を移動して商いをする商人を移動商人、英語ではmoving merchantという。移動商人は世界各地に見られる小売業の初歩的形態であり、現在でも発展途上の国や地域に存在する。さきほど述べた旧国府町の三日町と八日町の場合も、商人が掛け持ちして出店していた可能性がある。

一方、農民が自前の農産物を市に持ち込んで売る場合は、商人とは少し事情が異なる。田畑をもつ農民は午前中は市場で農産物を売るが、午後は農作業をして作物を育てなければならない。高山の朝市は同じ定期市でも午前中だけ開かれる毎日市である。午後、市場は休みで、その間に農作業の時間を確保することができる。朝市だけで十分な収入が得られれば、昔の移動商人のように市を巡回することもない。いまは毎日開いて多くの観光客の目を楽しませているが、買物客が少なかった昔は市を毎日開くことはできなかった。宮川沿いの朝市をぶらつきながら、時間と空間のめぐり合わせの妙について思いを馳せるのもまた一興である。

第9章

文化資本としての高山祭

第1節 高山祭の概観と山車・山鉾・屋台巡幸の由来

1. 高山祭の概観

高山祭は、京都祇園祭、秩父夜祭と並ぶ日本三大美祭の一つに数えられ、春祭りの山王祭（日枝神社の例祭4月14日-15日）と秋祭りの八幡祭（桜山八幡宮の例祭10月9日-10日）に分かれる。この二つの祭りの領域は、江戸時代の町屋を南北（今日の安川通りを境界）に二分しており、上町である南側は山王祭の神域、一方、下町である北側は八幡祭の神域とされる（図9-1）。それぞれの神域を、山王祭においては12台、八幡祭では11台の屋台が巡幸する。なお、これらの屋台は現存するものであり、過去において大火や経済的事情によって廃台になってしまった屋台組（町組と表すこともある）の屋台は、臺銘旗をもって巡幸行列に加わることになっている。

巡幸行列のはじまりを確認できるのは、春の山王祭が1716（正徳6）年、屋台の出現は、秋の八幡祭の1718（享保3）年といわれている。なお、当初より「動く陽明門」と表される絢爛豪華かつ幽玄さを併せ持つような屋台が曳かれていたわけではなく、江戸時代における町屋の旦那衆（商人）の商業資本・金融資本の蓄積を背景に、彼らの流通ネットワークを生かした懸装品（主に人形や幕）・御所車などの購入や町屋の各種職人との固い絆によって、次第に屋台とその巡幸行列の規模

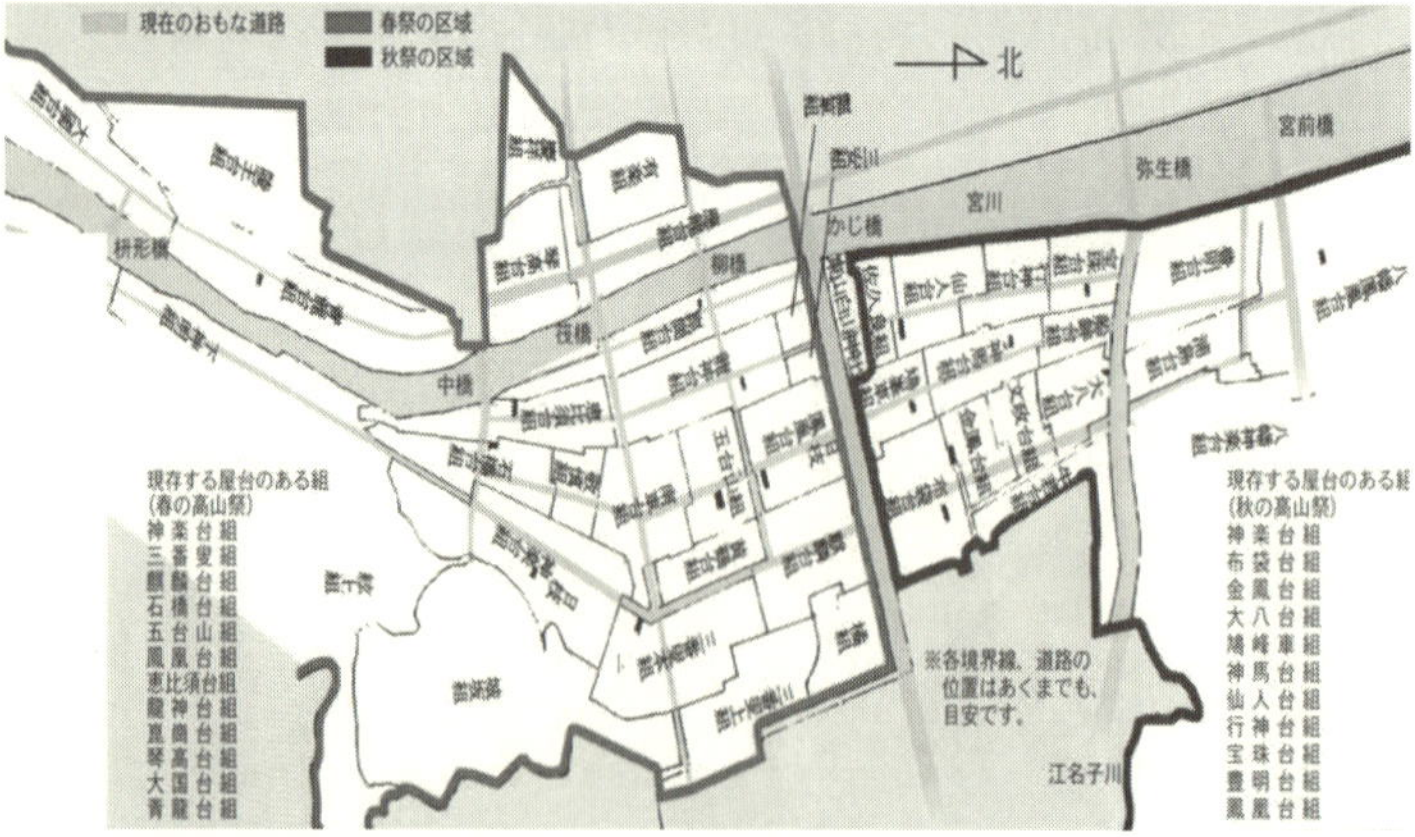

図9-1　高山祭屋台組区域図
出典:（社）飛騨高山観光協会編（2008）:「新年特集号」による

と優美さが拡充されていったことは間違いない。そこには、自らの町組を象徴する屋台を最高のものにしたいという各町組間の競争心がはたらいた。当時の旦那衆は、流通ネットワークや武家との交流などによって情報を蓄積し、「学識のある新しいもの好き」とでもいえる存在であり、新たな知識や文化的財を受け入れて変革していくクリエータでもあった。こうした継承と創造によって高山祭の文化的価値が高められ、今日まで受け継がれてきたことが評価され、1960（昭和35）年、祭屋台が国指定重要有形民俗文化財となり、続いて1979（昭和54）年、祭りの屋台行事が国指定重要無形民俗文化財となった。また、2016（平成28）年に高山祭の屋台行事を含む33の祭りがユネスコ無形文化遺産に登録された。

さて、現代に至っては、歴史的に蓄積された高山祭という有形・無形の文化が、観光資源として大きな経済的価値を発生させている。それは、先人によって継承されながら、創造的変革をともなった文化資本（第2節で説く）の力である。特に、高山市のような文化都市において観光を語る場合、歴史的にどのように文化が蓄積されてきたのか、また過去から現在に至るまでどのような人々のネットワークの中でそれが成し遂げられてきたのかを明らかにする必要がある。それをやらないと観光の本質が見えない。見えないものは軽んじる（価値を感じないし、地元への愛着もわかない）。昨今の観光学の内実は、観光産業のおもてなし論や旅行業者の養成に重点をおいている場合が珍しくない。観光地には人が来るということを前提にしているが、なぜ来るのかという観光客のニーズの本源たる観光地の特質を顕在化することの方が重要なのではないか。

本章では、高山祭における蓄積されてきた文化と人々の絆を、第2節で述べる文化資本とソーシャル・キャピタル（社会関係資本ともいう）の概念を用いながら記述したい。また、今日的な高山祭の継承課題へのアプローチも試みる。ただし、紙面が限られているので、山田浩之編（2016）：『都市祭礼文化の継承と変容を考える』（第4章筆者担当）を参照されたい。

2. 山車・山鉾・屋台巡幸の由来

全国には、お社から御旅所へ神輿（神様）が渡御し、神輿・山車・山鉾・屋台が、神域としての町内を巡行して還御される祭行事が数多く存在する。高山祭もその一つであるが、このような祭礼形態は、わが国固有のものではなく、古代インドから伝来した（近藤２０１１：文化政策セミナー）。ここでは、その概要を捉えながら、飛騨国まで伝来した経緯について考察したい。

京都八坂神社（明治の神仏分離〈廃仏毀釈〉によって祇園社〈祇園感心院〉から八坂神社となる）の祭神の一つである「牛頭天王《ごずてんのう》」は、疫病を防ぐ神である。京都「平安京」では、人口が増加すると疫病が流行した。それは夏季における水の汚染によるものであった（高橋２０１４：第2章、山田編２０１６：48）。しかしながら、医学が発達していない当時において、衛生上の問題であるという認識は低く、怨霊や疫神の仕業であると考えた。そこで、怨霊を鎮め、疫神を祓う目的で８６３（貞観５）年「御霊会」がはじまった。その後、祇園社の社壇が設けられ、９７０（天禄元）年から祇園御霊会が毎年定例化した（島田２０１２：１２８、山田編２０１６：48、web page祇園祭山鉾連合会について）。やがて、平安時代末には、御旅所祭礼形態をとるようになり（植木２００１：第2章）、室町時代（応仁の乱）前には、60基の山鉾があったと伝わる（現在は33基）。それでは、「牛頭天王」や御旅所祭礼は、どこから渡来し、祭神は異なっていても山車御旅式は、なぜ全国に広がることとなったのか。飛騨高山への伝来を中心に考えてみたい。

古代インドのコーサラ国首都、シュラーヴァスティー（舎衛城）の旦那（ダーナ：豪商）に須達多（スダッタ）という者がいた。彼は、マガダ国のラージギル（王舎城）へ行った時、釈尊を招待しようと決意し、コーサラ国の王子ジェーダ（祇陀）太子の理解もあって、王子のマンゴー樹林に祇園精舎を建立した（近藤２０１１：文化政策セミナー）。その東北門から数百メートルのところに舎衛城南門（ソーバナート門）があり、そこを入った東側が牛頭天王を安置する神殿跡（ジャイナ教寺院跡）である（図９-２）。

マガダ国ラージギル（王舎城）出身の法道和尚は、孝徳天皇大化元年（６４５）に、中国、朝鮮半島を経て日本に入国、播州広峰（現在の兵庫県）に法華山一乗寺や祇園精舎の鎮守神である牛頭天王社（祇園社）の祠を建立し、庶民の治療を行った。その名声は、朝廷の知るところとなり、６４９（大化５）年５月に参内、孝徳天皇の治療をして、宮中にて７日間無遮会を修法した。６５１（白雉２）年３月には一切経会を指導している。また、インド舎衛城の大祭であった祇園祭儀や山車御旅式（ダシ・ヤートラ）を伝授した（前田１９９８：１８０-１８１）。

その後、遣唐使であった吉備真備は、７１７（養老元）年に入唐、７３５（天平５）年に帰国し、播磨国の飾磨湾に入港した。彼は、聖武天皇に法道和尚が建立した牛頭天王社（祇園社）を造替することを進言し、白幣山にそれを実現するが、９７２年には、広峰神社に移された。この間、陰陽師によって疫病神である牛頭天王の祭りが重視されるようになり、平安京八坂への勧請が行われたと考えられる。ちなみに、高山祭（春の山王祭）の應龍臺（屋台は明治の大火で焼失）の祭神人形は吉備真備であり、現在、山桜神社（本町２丁目）のご神体の一つになっており、当時の旦那衆は、吉備真備の功績をしっかり学んでいたと思われる。また、この像は、高山城主三代金森重頼（１５９６-１６５０年）が守護神として崇敬していたと伝わっており、彼が祭礼を恒例として行う事を下知している。

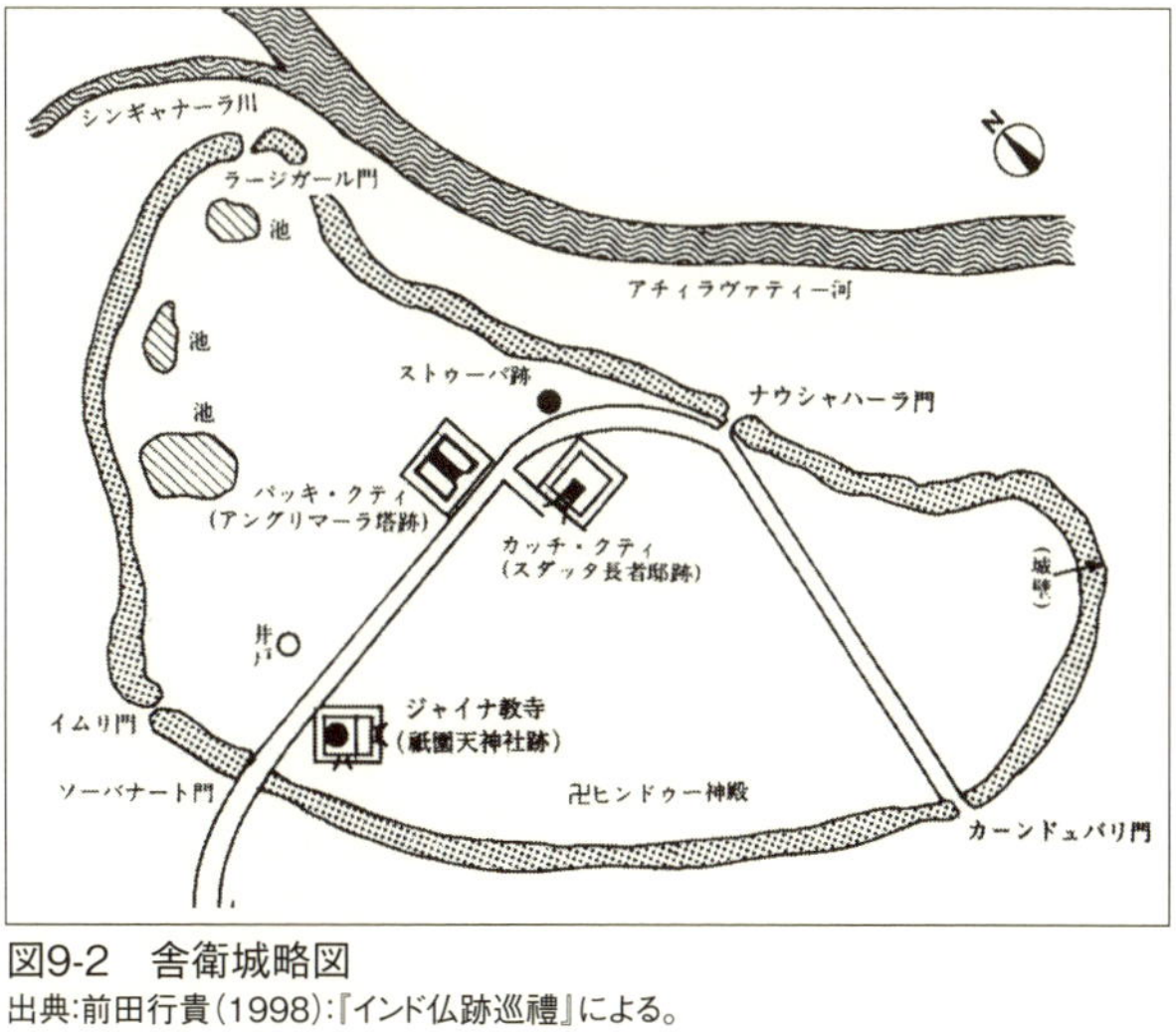

図9-2　舎衛城略図
出典：前田行貴（1998）：『インド仏跡巡禮』による。

さて、全国には祇園祭と称する祭が多く存在する。また、祭神が異なっていても、御旅所祭礼式をとる祭りは、全国的に普及している。高山祭の場合は、先にも述べたように屋台が巡幸するが、このような祭りの形態は、文化の中心たる京都の祇園祭から伝播し、各地で受容される過程において、それぞれの祭りの多様性が生まれたと考えられる。受容される素地としては、元来疫病の除去という要因が大きかった。疫病は、飢饉とも隣り合わせであり、それらを取り除くことは、五穀豊穣につながる。高山祭を議論するとき、祭屋台の建造・改修、あるいは祭りが華やかになる背景として、飢饉やそれによる経済的な停滞を補う旦那衆による公共事業、あるいは一揆を回避するための支配階級の人心掌握が取り上げられることがあるが、民衆の根源的要求としては、身体健全が維持され、生業を継続できる（やすらぎがある）ことを求めていたということを見落としてはならない。祭りは、個人ひいては社会の持続可能性を願う精神的拠り所ではなかったのか。現代においては、医学薬学の進歩ならびに生活水準の向上によって、わが国の平均寿命は、男性80・98歳・女性87・14歳（２０１６年：男女とも世界第2位）となっている。しかしながら、江戸時代の高山市（弍の町：１７７３‐１８７０年）の平均寿命は、男37・9歳・女36・2歳（竹内・市川２００４：34、鬼頭２０００：１７８）、全国的には、地域によって差があるものの、30歳代から40歳代である。現代人は生きていることがあたりまえだと思っているが、過去においては生と死は隣り合わせであり、人々の心には哀愁とともに支え合い助け合う気持ちが強かったのではないか。あるいは、仏教でいえば慈悲（苦を抜き楽を与える相互の結びつき）を渇望していたともいえる。これこそが祇園祭儀や屋台巡幸（山車御旅式：ダシ・ヤートラ）を受け入れる根源的な動機であったように思う。

なお、祭りは、当初「神事」が中心であり、神様に喜んでいただくための神賑芸能と一体であった。やがてそこから「祭礼」（祝祭）が分化し、庶民が楽しむ祭りへと変化していく。この変化の過程は、祭りの発展過程であって、祭りに奉仕する者が楽しむところから、観光客の需要の対象物となって大きな経済的価値を発生させるに至るケースも出てくる。

第2節　観光資源としての高山祭

1. 文化資本とはなにか

経済学では、市場において取引される財の市場価格、いわゆる経済的価値がどのように決定され、資源配分が行われるのか。また、企業・消費者・政府といった経済主体の取引行動の集計額でマクロ経済を捉えるので、その規模がどのように変化しているのかは大きな関心事である。なお、非市場財については「支払意思額」、すなわち、その財を手に入れるために支払ってもよいとする価格を取り入れて、従来の経済学の枠組みに取り込むようにしている。

しかし、文化経済学は、その枠組みを乗り越えた理論的枠組みに挑んでいる。D.スロスビーは、文化的価値の概念を用いて、経済学が避けてきた文化の領域に踏み込んでいる。筆者は、岐阜県内の文化都市（高山市・飛騨市・郡上市・美濃市・揖斐川町ほか）の調査（紅谷2007：第3章・第4章）を経て、文化政策やまちづくり等の問題を考えるとき、文化的価値と経済的価値の関係について深く理解すること。また、地域の多様な文化が人々の絆を醸成し、それが結果として有徳な市民を形成し、寛容性と潤いをもたらしている実態から、文化を毀損することは、大きな厚生的経済的損失につながるという確信をもつようになった。これらは、D. スロスビーやR. D. パットナム（ソーシャル・キャピタルで記述）の著作から、筆者の脳裏に深く刻まれた問題意識となった。

さて、D. スロスビーは、文化資本を「経済的価値に加え、文化的価値を具体化し、蓄積し、供給する資産」と定義し、それは2つの形態で存在するとしている。第1は、有形のもので「建物や様々な規模・単位の土地、絵画や彫刻のような芸術作品、工芸品などの形」、第2は、無形のもので「集団によって共有されている観念や慣習、信念や価値といった形式をとる知的資本、（中略）公共財として成立するような音楽や文学のような芸術作品」である（D.Throsby［中谷・後藤監訳］2002：81-81）。

また、有形・無形の文化資本について、次のような検討を加えている。歴史的建造物のような有形の文化資本は、建造物そのものから単純に引き出される経済的価値（物質的な実体だけの金額）があるが、その経済的価値は、文化的価値のおかげで高められることがある。これは、文化的価値が経済的価値を生み出していることにほかならない。一方、無形の文化資本は、文化的価値と経済的価値との間に異なる関係をもっており、サービスとしてのフローとなったときに経済的価値を発生させるとする（D.Throsby［中谷・後藤監訳］2002：83‐84）。

こうしてみると、祭りの屋台や衣装、神賑芸能に用いられる祭具などは、有形の文化資本であり、祭りに奉仕するための知識や技能は、町屋の人々の中に埋め込まれていて、無形の文化資本といえるが、祭礼に奉仕し、いわゆるサービスとして供給（観光資源として供給）されることによって、経済的価値を発生させると見ることができる。また、町組の象徴たる屋台の継承（創造的に改修されてきた）と、祭りへの奉仕によって順次次世代へとノウハウが引き継がれる構造は、結果として町組や町屋の結い、あるいは絆の醸成につながった。このような祭りを支える人々の心やつながりも文化的価値の中に埋め込まれている。このようなところを源泉にして経済的価値が生じるとすれば、当然文化の毀損は、厚生的経済的損失を招くことになる。

さて、D．スロスビーは、文化的価値を次のような構成要素に分解している（D.Throsby［中谷・後藤監訳］2002：56‐57）。

（1）美学的価値：美・調和・形式などの美学的な性質としての価値。
（2）精神的価値：宗教的信仰、部族など文化的な集団にとって、独特の重要性をもつ価値。
（3）社会的価値：他者との連帯感をもたらし、われわれが生きている社会の本質を理解したり、アイデンティティをもったりすることに貢献する価値。
（4）歴史的価値：過去との連帯感を与える価値であり、歴史とのつながりを与える価値。
（5）象徴的価値：文化的な意味の貯蔵庫としての価値。
（6）本物の価値：本物であり、唯一のものであるという価値。

かくして、文化資本は、次に取り扱うソーシャル・キャピタル（社会関係資本ともいう）の概念と結びつくことになる。文化的価値の構成要素から導き出せるのは、文化はソーシャル・キャピタルを醸成し、またソーシャル・キャピタルによって文化が継承（創造的に継承）されるという相補的関係である。あるいは、文化は、ソーシャル・キャピタルを包摂しているという考え方もできるのかもしれない。

2. ソーシャル・キャピタル〈社会関係資本〉とはなにか

人々の絆には、信頼やお互いさまの規範が同居している。これを大切な資源として捉え、社会科学のなかで表現されているのが、ソーシャル・キャピタルである。この議論が盛んになったのは、20世紀末頃からであり、政治学、社会学、さらには、経済学、教育学などにも波及している。それは、人間の社会生活そのものにかかわる重要なファクターであるからだ。このところ、真にお互いを思い合う人間関係が希薄になってきたことによって、様々な分野で負の効果が明らかにされるようになってきた。かつての地縁的な絆を現代的にどのように再構築するのか。あるいは新しい関係性はどうあるべきなのかは、実践的に検討されるべき課題となっている。

さて、ソーシャル・キャピタルは、ハーバード大学の政治学者R.D.パットナムが：『Making Democracy Work』で論じて以来、注目されるところとなった。彼は、イタリアの州制度改革が民主的政府の成功（民主主義が円滑に機能すること）に結実するのか解き明かす上で、ソーシャル・キャピタルのレベルが影響し、それは歴史的に培われてきたものであるとする。レベルが低かったイタリア南部は、権威を持つ者との関係に終始する恩顧庇護主義的特質をもっており、一方、イタリア北中部は、信頼・互酬的（お互い様の規範）関係・結社的構造（人々が目的に応じて連帯、団結する）といった市民性を有しているとする。このような検証は、経済史を学んでいた筆者にとっては、衝撃的に受けとめられた。仮説の域を脱しているとはいえないが、わが国の場合、江戸時代の城下町のように、町人が町組単位で自治していたような都市においては、イタリア北中部のような市民的特質が育まれ、都市間のネットワークも商人の流通活動を中心に発達していた。このような都市とその都市間ネットワークの間においては、開かれた信頼関係・互酬性（お互い様）の規範という市民的資質を手に入れた。一方、多くの農村地域においては、トップダウンによる恩顧庇護的特質（権威的関係）が強化され（農作業の協働規範も影響した）、都市とは異なる独特な結束をもつようになった。これらの特質は、歴史的耐久性をもって影響してきたと思われるが、従来もっていたはずの都市部の市民的特質は、様々な要因によって毀損後退してしまったのではないだろうか。なお、城下の町屋を町人が自治するということは、一定の民主的な手続きが必要になる。もちろん自分たちの持てる資金を、町組や町屋という公共空間において、何にいくら振り向けるかという議論も相当なされたに違いない（実際それに基づいて各組毎に屋台講〈組費〉や頼母子〈積立金〉を集金していた）。自治的な都市では、町人（特に旦那衆）は皆現代でいう市民であり、公務員でもあり、合意に基づいた施策の実行は、町組や町屋の生活から大きく乖離することはなかったと考えられる。しかしながら、近代に入って国民国家が形成され、市場セクターと公的セクターが分化したことによって、むしろ民主主義が形骸化する道筋を敷いてしまったともいえる。だからこそ、地域社会においては、共通認識を育むことができる絆としてのソーシャル・キャピタルが、民主主義の機能不全を避けるための資源として重要なのではないだろうか。これは、ソーシャル・キャピタルの外部性（どのような影響をもつか）ということになるが、他にも地域社会の安心・安全を提供する、健康や教育に寄与する、企業市民として経済活動に寄与するなどがある。

岐阜県高山市という内陸の城下町都市（町屋地域）においては、今日においても江戸時代の情緒を残しつつ、結束と開放を併せ持つ豊かな人間関係を育んでいる。それを醸成している装置（インキュベータ）は、高山祭をはじめとする蓄積されてきた多様な文化にある。

ここで、パットナムのソーシャル・キャピタルの定義を確認にしておきたい。先に記した著作において、「協調性を活発にすることによって社会の効率性を改善できる、信頼、規範、ネットワークといった社会組織の特徴をいう」（R.D.Putnam[河田訳]２００４：２２０）としている。なお、ソーシャル・キャピタルを論じるとき、「結束型」（ボンディング）と「橋渡し型」（ブリッジング）といわれるタイプがある。前者は、閉じたネットワークに対応し、後者は、開いたネットワークに対応していると考えられる。

高山祭に奉仕する単位は町組である。この町組毎に屋台や神輿を所有しており、それらは組内衆の象徴でもあり、「結束型」（閉じたネットワーク）の組織である。しかしながら、祭りへの奉仕を通じて町組間の連携が図られ、「橋渡し型」（開いたネットワーク）となり、町組という特定の人々との間の信頼関係だけでなく、一般的信頼（町屋全体の信頼）としてのソーシャル・キャピタルも醸成すると考えられる。

なお、ソーシャル・キャピタルについては、日本大学の稲葉陽二氏の著書が詳しいので参照されたい。

3．観光都市高山の特質と観光資源としての祭り

高山市来訪の観光客の志向性としては、自然資源と文化資源という両者の方向に大別される（表9‐1）。ただし、現実には複合的に多様な観光資源を楽しめるというのが、高山市観光の大きな魅力となっている。ここでは、後者における高山祭のウエイトを明らかにする。

さて、飛騨高山には、歴史的に蓄積された多様な有形・無形の文化が存在する。年輪のように蓄積された文化資本の意味するところは何であろう。過去から現代までの文化が同居していることは、人間の様々な生き方（生活様式、生業）を認め、また過去の文化を容易に損壊させていないということだ。現代においては、経済的価値を追い求めるがあまり、ビジネスとして短

単位:(%)

分類	目的	2007	2008	2009	2010	2011	2012	2013	平均値	分類比率
自然資源	温泉・保養	29	28	28	27	31	25	23	27	51
	自然風景	13	12	13	14	13	12	11	13	
	ドライブ	7	3	7	6	6	6	6	6	
	登山・ハイキング	3	2	2	4	3	2	2	3	
	スキー	2	1	2	3	3	2	3	2	
文化資源	文化・歴史（町並）	16	20	17	15	15	18	18	17	43
	名所・旧跡	16	19	17	16	14	18	17	17	
	祭・行事	5	5	4	5	5	6	7	5	
	食べ物	4	5	5	5	4	5	4	4	
有効回答数（人）		4,092	3,102	3,562	3,069	2,937	2,152	2,022		

表9-1　観光目的の分類

出典:高山市（2007−2013）:「観光統計」の集計による。山田浩之編（2016）:『都市祭礼文化の継承と変容を考える』（第4章掲載）。

注）:低い比率（概ね1%未満）の目的は除外している

期的な創造と変化、それにともなう量的な供給と需要が繰り返され、その進みゆく辺縁部に追従することが求められる。このような生き方は、大きな疲労とストレス、および閉塞感をもたらす。一方で、市場における単一的な価値観の衣装を「脱ぐこともできる」「多様な生き方がある」と教えてくれるのが、高山市のような文化都市である。新しい価値観を人々のネットワークの中でゆっくり取り入れながら伝統にしていく姿は、結束と適度な開放というソーシャル・キャピタルのなかで展開される。経済的価値のみを追い求めるのであれば、機会費用（収益を得るチャンスを逃している）がきわめて多いといわざるをえない。筆者のようにストレンジャーからインサイダーとなった者にとっては、このような姿勢に対して疑義を抱くことが多いものの、「文化の空洞化」を避け、市場の単一的な価値観から身を守るには適しているといえる。むしろ、このような都市であるから観光都市として成り立っている。すなわち、多様な文化資本が観光資源として供給・需要されることによって、大きな経済的価値を発生させる特質をもった都市であるということだ。

高山市の特質として、今一つ述べなければならないことがある。歴史的に蓄積された文化資本の一つ一つをみてみると、そのものの文化的価値から生じる経済的価値は、大きなものからほとんど価値を感じないものまである。しかしながら、風情として一体化することによって、総体として大きな文化的価値とともに経済的価値を発生させる。町屋を流れる宮川の流れとそこに架かるいくつかの橋、鯉が泳ぎ鴨が戯れる情景、宮川沿いの朝市、町屋の伝統的建造物、祭屋台を保管する屋台蔵、町屋に点在する火除けの神様である秋葉神社、町屋を巡幸する屋台と祭りに奉仕する人々の装束や神賑芸能など無数の有形・無形の文化が一体化することによって、この世に無駄なものは何もないことを教えてくれるという教育的価値がある。足元に落ちている枯葉でさえ

単位:（千人）

	2005	2006	2007	2008	2009	2010	2011	2012	2013	平 均
年間観光客数	4,257	4,194	4,345	4,261	4,040	3,812	3,481	3,769	3,945	4,012
高山祭総人出数	465	437	441	416	344	348	370	411	363	399
高山祭比率%	10.9%	10.4%	10.1%	9.8%	8.5%	9.1%	10.6%	10.9%	9.2%	10.0%

表9-2　高山市観光入込客数と高山祭総人出数

出典:高山市（2006−2013）:「観光統計」の集計による。山田浩之編（2016）:『都市祭礼文化の継承と変容を考える』（第4章掲載）。

総体としての文化資本の一翼を担っていることになる。

高山祭は、多様な文化資本のなかにあって、ひときわ輝く存在となって人々を魅了する。表9‐2は、高山市の年間観光入込客数に対する高山祭総人出数（春祭・秋祭の総数）を表しており、年間観光客数に対してコンスタントに約1割のウエイトを占めている。それだけの観光客を引きつけられる文化的な要素を、祭りに奉仕する人々のつながりも含めて提示しなければならない。

第3節 江戸時代の町屋システムと高山祭 ― 商業文化経済の構造

1．黎明期の高山祭

安土桃山時代、飛騨国を平定したのは、金森長近である。彼は、織田信長、豊臣秀吉、徳川家康と三英傑に仕えた戦国大名であり、秀吉の命により、天正13（1585）年〈秀吉・関白就任の年であり、豊臣姓を賜るのは翌年〉、三木自綱《よりつな》を討ち、翌年に飛騨国国主として飛騨高山の地に入った。高山の城下町は、初代金森長近から可重《ありしげ》、重頼まで3代にわたって築かれた（加藤1977：116）。彼らのまちづくりは、京風志向であった。また、町屋の旦那衆も京都との太い流通ネットワークをもっていた。18世紀の屋台出現以降においても、その改修や建造において、幕や見送り・祭神人形（からくり人形）・御所車の購入は、ほとんど京都からであった。なお、高山城主金森氏の時代は、第6代頼旹《よりとき》までであり、1692（元禄5）年に出羽へ転封、その後飛騨国は幕府直轄領となる。これによって、江戸との交流も盛んになり、高山祭は、主に江戸（山王・神田の二大祭）と京都（祇園祭）の影響を受けながら、高山型という独自の発展を遂げる。

さて、屋台巡幸行列がはじまる前の高山祭はどのようなものであったのだろう。それは、「神事」から「祭礼」が分化し、庶民の祭りとなりはじめた頃のことである。ここでは、春の山王祭の日枝神社、および秋の八幡祭の桜山八幡宮の歴史を還りみたうえで、山王祭の祭礼のはじまりについて記述する。

高山の日枝神社は1141（永治元）年、飛騨守平時輔の代に、近江国日吉大神（山王権現・日枝大山咋神）を勧請したことにはじまる（片野坂口石光山鎮座）。1181（養和元）年、飛騨守平景家の代に源義仲勢の兵火にかかり、片野杉ヶ平に奉遷。一方、八幡大神の勧請は、1336-1339（延元年間）であり、石清水八幡神勧請が有力説となっている（室町時代に荒廃）。なお、5世紀初頭（仁徳天皇時代）、朝廷に抵抗した宿儺《すくな》追討のため、和珥《わに》臣の難波《なにわの》根《ね》子《こ》武振熊《たけふるくま》が飛騨国入りし、先帝の応神天皇を祭祀したという歴史的背景もある。やがて山王社は、1588（天正16）年、金森長近の代において、現在地（城山156番地）に奉遷。桜山八幡宮は1623（元和9）年、金森重頼によって再興された。この頃までは神事が中心であったと思われるが、徳川の泰平の世となって、庶民の祭りとしての祭礼が芽生える。

第3代高山城主金森重頼の時代（1596-1650年：1615〔元和元〕年高山城主となる）、神明神社下の枡形橋周辺の町民が神輿を奉じ、一之町の町民が神楽を奏して高山城内に担ぎ入れた。この時、城主はことのほか喜ばれ、「毎年恒例として神輿の巡幸を行うべし」との命があり、東川原町に「宮本」の称号を与えたという（日枝神社史編集委員会1996：86、97-98）。こうして後の川原町「青龍臺組」が山王祭を統括する元締めとしての永代宮本を務めることになった。また、一之町の神楽を奏する組と力を合わせることになり、この役割を「加役」というようになる。おそらく、これ以前に京都の祇園祭儀の情報が、金森3代のうちに伝わっていたものと推察できる（第4節廃台となった屋台の頁で述べる）。なお、宮本は、祭礼の一切の行事を統括する立場にあり、他の町組（屋台組）と交代して務めるものではなかった。この山王祭執行の方式は、縦の権威的性格と横の協力関係（町組間の連携）が、実にシンプルな関係で構成される。これは、祭りの継承、あるいは永続性という観点からも合理的であったと考えられる。

さて、今一つ山王祭を表す記録が存在する。それは、1692（元禄5）年8月29日（金森頼旹転封の年）、板坂平内より加賀藩士永井織部宛に高山城下について報じた文書から、1652（承応元）年第4代高山城主金森頼直の時代には、3年に一度ずつ山王祭礼があったことが認識できる（高山市編1981上巻：613、岐阜県博物館編2001：26）。ただし、屋台の存在については明らかではない。

2．町屋システムの確立と屋台巡幸型祭礼のはじまり―商業文化経済の構造

高山祭は、徳川の泰平の世におけるスモール江戸版の町屋システム、経済システムを反映した象徴である。徳川の泰平の世を築いた構造、あるいは制度とはいかなるものであったのか。

歴史学者津田左右吉は、戦国時代の割拠主義、武士本位主義といった特色を活かしながら、領土を動揺させないように、幕府の権力で固定させたとする（津田1977〔四〕：69‐74、94‐118）。豊臣秀吉が行った「惣無事令」は、領土を固定させるための基本姿勢であり、同様の立場をとりながら、武家法度や参勤交代による統制が加わり、平和政策を実現した。しかしながら、その根底には歴史的に培った戦国的精神がある。

一方、城下町における町屋の自治についても、領主と幕府の関係に類似する方式で町人を中心に自治させているところが興味深い。いわゆる町組は、一つの小領地であり、その連合体によって町屋が形成される。それを統制するのは、町組の町名主（町組頭）、一定の町組を統率する町年寄、その上に武士という構造である。武士を除いてこの中に埋め込まれた町人は、市場の中で利益を得ながら、公的機能を受け持ち、インフラ整備、文化資本の蓄積、セーフティーネットの役割を果たす。いつ誰がそれを発案し実行したのかについては、十分な研究成果があるとはいえない。ただし、江戸時代における町屋のみならず農村の自治形態は、近代以降においてもわが国のコミュニティの結束基盤になっていたように思われる。しかしながら、国民国家の形成によって市場セクターと公的セクターが分け隔てられ、町屋や農村の結束的な組織に埋め込まれていた公的な機能を移譲する（手放す）過程で地縁的な結束は煩わしくなり、そこからの離脱が顕著になる。とりわけ人々は資本主義市場経済の中に身を投じ、所得を得ることによってあらゆる財（有形財やサービス）との交換を実現し、生活を支えるようになる（市場経済による資源配分が中心になる）と、所得を得る

ことが第一義となり、そのプレッシャーも大きくなる。こうなれば、過去のようなメリットを失ってしまった地縁的な絆は、人々にとって煩わしいだけになる。筆者は、このような背景が、ソーシャル・キャピタルを毀損させている要因の一つになっているのではないかと考えている。さらに、皮肉にも経済格差の拡がりは、社会の分断を進行させ、それもソーシャル・キャピタルを毀損させているとして研究がなされている。

ところで、高山におけるスモール江戸版の町屋システムは、天和・貞享年間（1681‐1687年）に矢島善右衛門、川上善吉、屋貝権四郎が町代、いわゆる町年寄として第6代金森頼旹《よりとき》の御目見えにあずかっていることから確認できる。町屋には3筋の通りが南北に延び、それぞれの通り沿いの町を一之町、二之町、三之町と呼んでいたが、これらをいくつもの町組に分けて、各組に町組頭（町名主）を置いた。もちろんこの町組頭は、旦那衆（有力な商人）である。また、各町組では、五人組を組織し、家族的な協同・連帯が図られ、セーフティーネットの機能を果たした（高山市編1981上巻：299‐312）。ちなみに、1695（元禄8）年における各町の商家の比率は、一之町54・7%、二之町92・8%、三之町61・9%、全体平均は約70%である（高山市編1981上巻：85‐115）。このような町組単位をベースにした破れのない自治システムそのものに、ソーシャル・キャピタル醸成の仕掛けがあったことは容易に理解できよう。

さらに、この町屋システムを基盤に行われているのが高山祭であり、各町組内の絆の象徴が屋台である。また、例祭執行において、町組を越えた連携が必要になり、町屋全体の信頼、互酬性の規範、ネットワーク（結い・絆）を助長させる。高山祭という有形・無形の文化は、町組の旦那衆と人々のつながりがもたらしているものであり、まさにソーシャル・キャピタルから生み出された文化である。毎年繰り返される例祭としての文化がソーシャル・キャピタルを醸成し、このソーシャル・キャピタルによって有形・無形の文化である祭が創造的に継承される。そのサイクルに動力を与えていたのが、旦那衆による商業資本、あるいは金融資本であったといえる。ただし、後述することになるが、現実には屋台講（現在でいう各町組の自治会費のようなもの）や頼母子《たのもし》（特定の目的のための積立金であり、屋台講のなかに設定される）によって、各戸毎に集金を行っていた。

かくして、町屋システムの確立と旦那衆による資本蓄積の構造が定着し始めた頃、すなわち、天和・貞享年間までには、屋台巡幸型の高山祭へ移行する基盤ができていたのだろう。屋台行列が確認できるのは、秋の八幡祭が１７１８（享保３）年である。一方、春の山王祭については、１７１６（正徳６）年といわれる。

旦那衆たる商人は、祭礼という永続的かつ神聖な装置を用いて、祭屋台の建造や修繕という各種職人能力の結合と継承を保障するしくみを整え、町衆全体で神事と祭礼に奉仕する構造をつくりあげた。これは、商人経済資本による文化資本の創造と継承、ソーシャル・キャピタルの醸成を定着させたといえる。高山祭は、このような３つの資本の循環構造を表す象徴であり、このような構造が、共に生き、共に創造・継承する空間として都市に持続可能性を付与していた。

ちなみに、旦那衆は、さまざまな創造的主体者（職人、文芸、芸能など）を育てることが、自己の流通機能を生かし、文化資本の蓄積によって人々の心を豊かにしながら、信頼と互酬性の規範、絆を深めることを心得ていた。それは、町衆に生業をもたらし、都市の安定に寄与するものであった。いわゆる、利潤追求と公的機能を併せ持った旦那衆（ダーナ＝施主）の使命でもある。現代の企業においては、「見識ある自己利益」Enlightened Self-Interest（出口１９９３：63‐64）、あるいは「企業市民」Corporate Citizenship（企業メセナ協議会編２０００：12）としての企業の社会的責任ＣＳＲ（Corporate Social Responsibility）という概念と結びつくと思われる。

こうして、高山という町には、複雑なネットワークが張り巡らされ、それが都市全体のソーシャル・キャピタルを醸成したと考えられる。高山祭一つを見ても、屋台を保有する結束型（ボンディング）の町組（屋台組）が基盤となっているが、神事と祭礼への奉仕によって連携が図られ、橋渡し型（ブリッジング）となり、一般的信頼、一般的互酬性としてのソーシャル・キャピタルを醸成する。なお、祭りによるソーシャル・キャピタル醸成の構造は、日常の町屋システムとしてのネットワークの上に築かれた二重構造となっている。加えて、町屋の中には、文芸、芸能の師匠を中心に、文化的な結束型のネットワークが多数存在し、しかも、それぞれの結束型の閉じたネットワークは、完全に閉じているわけではなく、ある組織の成員は、他の組織の成員であったりして、他の組織とネットワークをもっていることがある。高山祭をはじめとして、このような組織間に縦横に張り巡らされる織布のようなネットワークは、町屋全体に顔の見える情報流をもたらし、R．パットナムが指摘した市民共同体としての気風を生み出したに違いない。今日においても、江戸時代からの文化的ネットワークが継承され、残存しながら、現代的ネットワークが補完することにより、一般的信頼、一般的互酬性としてのソーシャル・キャピタルが醸成されていると考えられる。

第4節　文化資本としての高山祭

既に第2節において、文化資本、ソーシャル・キャピタルの定義について述べた。文化資本が地域の人々の心を一つにしたり、あるいは結びつけたりする。その仕掛けが多重に埋め込まれているほど、一般的信頼、一般的互酬性、としてのソーシャル・キャピタルが醸成される。また、文化資本によって来訪者に驚きや感動、癒しを与え、また彼らをその虜にすることによって、地域経済にプラスの効果をもたらす。ここでは、人々を結びつけるインキュベータ（孵卵器：仕掛け・装置）としての高山祭についていくつか紹介したい。

1．屋台構造

高山祭の屋台構造は、下段・中段・上段の3段からなるが、図9－3を基に概観を説く。下段は、屋台の基礎となる台輪と車輪、その上部には、彫刻などが施されている。また、下段後方には、小さな引き違い戸が設けてあって、そこから囃子方数名が入り、演奏を行う空間がある。台輪は、一部の屋台を除いて欅材が用いられている。車輪は四輪が多く、丈夫な合板（大板車）になっている。ただし、木の輪は巡幸による摩耗を伴うため、外周を鉄の輪で締める「輪締め」、もしくは、「鎹《かすがい》」を打ち並べる方式が採られている。他には、御所車を採用しているものもある。車輪が大きくなれば、屋台を曳くために大きな力が必要でなくなる。中には三輪のものもあり、方向転換も容易であるといわれている。四輪の場合は、「戻し車」が格納されており、それを引き出して三輪状態にして方向転換する。町屋の狭い道幅において、円滑に方向転換を行うことができる。

中段は、周囲を黒漆塗の勾欄《こうらん》（高欄）が廻っており，幕（猩々《しょうじょう》緋幕）が張られて、前には御簾、後ろには「見送り」と呼ばれる幕が吊るされる。また、中段の四隅には、黒漆塗の柱が見受けられるが、通し柱になって屋台を支えるようなものではなく、伊達柱と呼ばれる。このような構造が、屋台をしなやかな柔構造にしており、巡幸時に適度に揺れることによって、屋台を美しく見せているともいえる。なお、勾欄や伊達柱など随所に餝金具が取り付けられ、黒漆塗と餝金具の金が屋台全体を優美に引き締めている。

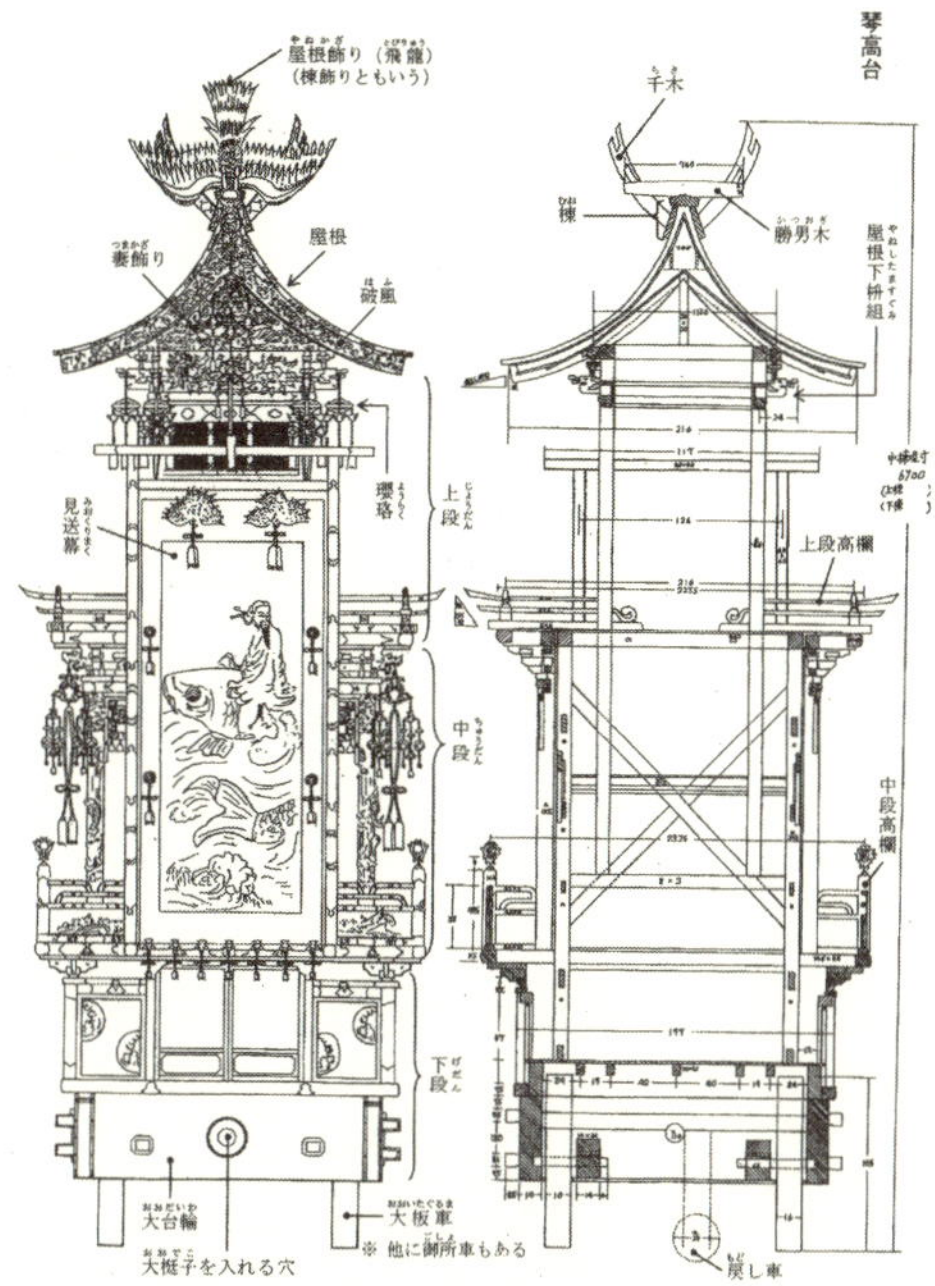

図9-3　屋台構造（春の山王祭・琴高台を例に）
出典：飛騨高山まちの博物館（2017）：平成29年度春季特別展「山・鉾・屋台行事」ユネスコ無形文化遺産登録記念「高山祭 祭の華とひと」資料による。

写真9-1　屋台蔵の麒麟臺（春の山王祭）
筆者撮影
説明：上段が下げられた状態で屋台蔵に収納されている。

最後に、上段であるが、上段も周囲に勾欄を廻らせている。屋根の形態は、山王祭の青龍臺が入母屋造り、八幡祭の仙人臺が唐破風造りであるが、それ以外は切妻造りである。屋根の上には、屋根飾りが取り付けられている。なお、屋根を支える朱塗りの柱ごと上下に伸縮できるようになっており、屋台蔵に収納するときは、屋根を下げる（写真9-1）。

2. 屋台芸術

表9-3は、現存する屋台の創建期をまとめたものである。創建期は、18世紀半ば過ぎまでが多く、その後の改修によって、多くの屋台でからくりが行われた。それは、一つのブームであったと思われるが、町屋の人々を橋渡しする（町組を越えた絆を醸成する）実演芸術でもあった。ただし、江戸末期から明治初期に、からくりを廃止し、祭神を祀る屋台へと変化していった。おそらくその頃に、唐破風が多かった屋根が切妻に変わっていったと考えられる。

なお、屋台名には由緒があり、これを決めるにも組内で相当議論がなされたであろうと想像され、町屋の人々には、博学な文化人が多かったと考えられる。また、創建期から改称して今日に至っているものが多く、それは屋台改修の歴史でもある。

ここでは、現在でもからくり奉納がある屋台、また、あえて廃台になった屋台の文化的価値を検討したい。

山王祭屋台名	創建期	八幡祭屋台名	創建期
神楽臺	文化年間 1804-1817	神楽臺	宝永5(1708)
三番叟	宝暦年間 1751-1763	布袋臺	天明年間1781-1788
麒麟臺	元禄年間 1688-1703	金鳳臺	不明・天明年間記録
石橋臺	天明年間 1781-1788	大八臺	文政元(1818)
五臺山	宝暦年間 1751-1763	鳩峰車	延享4(1747)以前
鳳凰臺	寛政11(1799)には記録	神馬臺	不明・享保3(1718)記録
恵比須臺	明和年間 1764-1771	仙人臺	享保3(1718)
龍神臺	不詳・文化4(1807)記録	行神臺	不詳・文政6幕購入
崑崗臺	不詳・安永3(1774)以前	宝珠臺	不明・文政10(1827)改造
琴高臺	不詳・文化4(1807)記録	豊明臺	不明・天保8(1837)改造
青龍臺	不詳・明和3(1766)現存	鳳凰台	不詳・文政元(1818)?
大國臺	寛政8(1796)		

表9-3　屋台の創建期
出典:高山市編(1981):『高山市史』上巻による。山田浩之編(2016):『都市祭礼文化の継承と変容を考える』(第4章掲載)。
説明:現存している屋台の創建期であり、屋台名を変えながら今日に至っているものもある。

(1) からくり〈操り〉のある屋台

現在からくりが行われているのは、山王祭の「三番叟」「龍神臺」「石橋臺」、八幡祭の「布袋臺」である。

①山王祭・三番叟

創建は宝暦年間（1751‐1763年）とされ、「恩雀」と呼んでいたが、天明年間（1781‐1789年）に「翁」のからくり人形（写真9‐2）を取り入れて「翁臺」と称していた。その後，1806（文化3）年の曳順記録には「三番叟」となっている（長倉1981：62、高山市教育委員会編1984：27）。この屋台は，謡曲浦島に合わせたからくりを持っており（写真9‐3）、行列順では神楽臺に次いで巡幸する。現在の人形は五代目であり，四代目の人形は1913（大正2）年の火災で焼失している。ちなみに、それを保管していたのが平瀬家（平瀬酒造）であったので、京都の丸平人形店に注文して、大正5年に寄贈している。

現在の屋台のベースは、天保初年であり，工匠は、琴高臺・鳩峰車を作った牧野屋忠三郎、牧野屋彦三郎である。その後大正年間に大修理1966（昭和41）年に改修、近年においても約3，300万円を要する大修理を行っている。

写真9-2　「翁」のからくり人形
出典:高山市教育委員会編(1984):『高山祭屋台の人形』による。

写真9-3　三番叟
筆者撮影

②山王祭・龍神臺

1775（安永4）年，能姿の弁財天に猿楽を舞わせたと伝わる。1815（文化12）年に改造（文化15年完成）この時「竹生島」という屋台名になったが、1820（文政3）年には「龍神」に戻っている（長倉1981：86）。なお、竹生島弁財天は、祭神として祀られている（写真9・4）。からくりは、能の「竹生島」を題材にしており、唐子が運んできた壺の中から大きな龍神が現れ、紙吹雪を散らして激しく舞う（写真9・5）。

1880（明治13）年には、屋台棟梁谷口与三郎宗之（谷口家最後の工匠）によって改修が行われた。塗師は小谷正三郎、金具は京都の野崎卯助に注文しているが、彼は高山（三之町三丁目）に移住した。中段欄間は、白木彫の波に飛龍12匹が入っている。屋台後方に吊り下げる本見送りは、久邇宮朝彦親王殿下による筆で、「天地《あめつち》与《と》相左可延牟《あいさかえむ》等《と》大和《おおみや》乎《を》都可倍麻都礼婆《つかえまつれば》貴久《とうとく》宇礼之伎《うれしき》」と歌われる。替見送りは、望月玉泉の墨絵金彩雲龍図となっている。

1966（昭和41）年、組内の岩佐利一の寄贈によって、下段の半丸窓の上に、5匹の白木龍彫刻を入れている。長倉三郎下絵、村山群鳳作である。

写真9-4　竹生島弁財天

出典:高山市教育委員会編(1984):『高山祭屋台の人形』による。

写真9-5　龍神臺

筆者撮影

③山王祭・石橋臺

天明年間（1781‐1788）創建と伝えられるが、明確な資料はない。現在の屋台は、文久から1866（慶応2）年にかけて造られた。下段には、村山陸奥勘四郎訓縄《ひろずみ》による精細な「牡丹に狂う玉取り獅子」の彫刻。また、中段の勾欄に、浅井一之（谷口与鹿の高弟）の白彫の龍が配置されている。さらに、中段および上段欄間を美しい牡丹彫刻が彩り、全体として獅子と牡丹という意匠によって統一されていることがわかる。

からくりは、赤と白の牡丹の花を持って踊っている扇笠姿の美女の打ち掛けがめくれたかと思うと、中から獅子が現れ、長唄「英執着獅子」を舞って元の姿に戻るというものである（写真9‐6）。

④八幡祭・布袋臺

屋台の創建は、天明年間（1781‐1788）と伝えられており、八幡祭において、唯一からくりが継承されている屋台である。現在の屋台は、1811（文化8）年の記録がある。

布袋臺のからくりは、高山祭のからくりの中でも、最も複雑なものであると思われる。〝京都西之条台所町七条西一丁入る〟の人形師・川崎屋大江卯蔵作（文政12年）である。上段下部に樋があり、その先端に布袋が居る。上段屋根の下には、樋とブランコ（〝あや〟と呼ばれる）5つが設けてあって、これを2体の唐子が回転しながら渡って、布袋の肩に乗り移る。その後布袋が軍配を振ると、「和光同塵」と書かれたのぼりが出てくるというものである（写真9‐7）。筆者もからくりの練習を見学したことがあるが、綾方の相当な熟練が必要である。

写真9-6　石橋臺
筆者撮影

写真9-7　布袋臺からくり
出典:平凡社(2004):『飛騨高山 匠の里』による。

（2）廃台となった屋台

ここでは過去に存在していたが、大火や経済的事情などによって、廃台となった町組の屋台（表9・4）のうち、筆者が注目した屋台を取りあげたい。

①山王祭・黄鶴臺

「1807（文化4）年には〝鉢ノ木〟として曳いている。〝黄鶴臺〟と呼ぶようになったのは、1816（文化13）年であるが、〝最明寺〟または〝貴宮臺〟と呼んでいる年もある。」（長倉1981：65）

「鉢ノ木」という能がある。雪の降る夜に、一夜の宿を求めてやってきた旅の僧（北条時頼）がいた。貧しい御家人であった佐野源左衛門常世は、大切にしていた盆栽を薪にして、この旅の僧をもてなしたことが縁で、時頼から領地を与えられるというものである。忠義というよりも、仁もしくは慈悲（互いに苦を抜き楽を与える）の精神を説いた傑作であろう。これが、からくりとして行われ

【春の山王祭】

屋台名	旧屋台名	創建年代	廃台年代	祭神人形
黄鶴臺 上一之町中組	鉢ノ木（文化4〈1807〉年曳いた記録） 最明寺、貴宮臺	不明（寛政10〈1798〉年より後）	安政6〈1859〉年、飛騨古川町の青龍臺に譲る（注;太平楽）	鉢ノ木（からくり）、西明寺時頼（祭神人形）
太平楽 上一之町上組		文化10〈1813〉年、屋台雑考では文化8年、神楽台組から分かれる	明治26〈1893〉年（神楽臺組へ合同）、黄鶴臺組へ23円で売却	舞楽太平楽のからくりがあったと考えられる
南車臺 上二之町中組	指南車（文化4〈1807〉年記録）、文化13〈1816〉年には南車臺	天明8〈1788〉年	明治31〈1898〉年頃、郡上八幡町へ50～60円で売却	南を指す唐子人形 磁石が入っていた
應龍臺 本町2丁目	おとり（文化3〈1806〉年）から恭岳山（文化12年）まで6回変更	寛政年間〈1789-1800〉嘉永年間改修	明治5〈1872〉年焼失	華蕚櫻戯（からくり）、吉備真備（祭神人形）
陵王臺 西町組		不明（安政4〈1857〉年曳いた記録）	不明	不明

【秋の八幡祭】

屋台名	旧屋台名	創建年代	廃台年代	祭神人形
浦島臺 一之新町組		文化5〈1808〉年に曳いた記録	明治8〈1875〉年焼失	浦島太郎（からくり）
牛若臺 寺内町組	橋弁慶	享和2〈1802〉年～文政元〈1818〉年	明治8〈1875〉年焼失	牛若丸（源義経）と弁慶
文政臺 下一之町中組	猩々	享保3〈1718〉年に曳いた記録、文政元年復活	明治8〈1875〉年焼失	大瓶猩々
舟鉾臺 下二之町下組	京都祇園祭の舟鉾を模した	文政元〈1818〉年	明治8〈1875〉年焼失	

表9-4　廃台となった屋台一覧

出典:高山市編（1981）:『高山市史』上巻による。長倉三郎（1981）:『高山祭屋台雑考』にて補足。

ていたかは不明であるが、現在も北条時頼公（鎌倉幕府5代執権）の人形は現存している（写真9‐8）。

なお筆者は、北条時頼と聴いてもう一つの接点があるのではないかと推察した。1812（文化9）年、飛騨郡代榊原小兵衛は、京都の心学者脇坂義堂を招聘し、心学講話を民衆に聴かせている（高山市編1981下巻：51）。その中に北条時頼に関わる講話がある。第1に〝商人の道を問うの段〟において北条時頼の幕臣、青砥左衛門藤綱の例が語られる。彼は（公金である）十銭を川に落とした時、人夫を五十銭で雇って拾わせるのである。国全体のためにお金（税）を粗末にしない気持ちを理解しなければならないとする（倹約の方針にもかなう）（加藤1984：196）。第2は、〝或学者、商人の学問をそしるの段〟で下記のような時頼の遺徳が語られる。

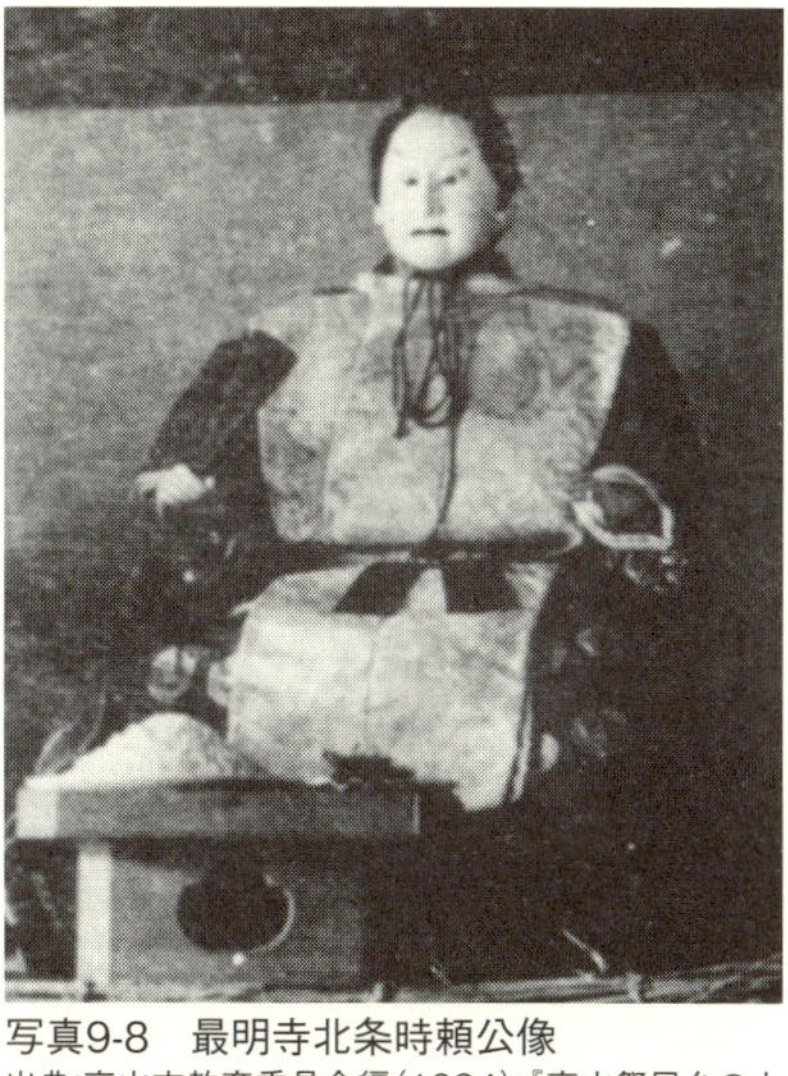

写真9-8　最明寺北条時頼公像

出典:高山市教育委員会編（1984）:『高山祭屋台の人形』による。

「北条時頼が執権職を北条時宗にゆずって諸国をめぐり歩いたのは、国中の不正を正そうとするためでした。これは下の訴えが上に通じないことを嘆かれたからです。上に仁心があれば下に正義がないということはありません。」（加藤1984：232）

さらに、時宗の譜代の御家人と荘園役人とが争っていて、時宗の御家人側の道理が通っていなかった時、青砥左衛門尉誠堅《さえもんのじょうさねかた》は、鎌倉での裁判において、荘園側に理があると裁定した。荘園側の役人は大いに喜んで青砥に大金を送ったが、青砥は、それを送り返して「執権時宗のほうからこそ褒美をもらってよいところです。（中略）世の中の道理と不道理とが正しく裁かれることは、時宗殿の喜んでしかるべきことである。」（加藤1984：232）と語る。

以上の規範は、聖徳太子の憲法十七条にも表現されるところで、上に立つ者の心得として当時の武家や町人にあらためて大きなインパクトを与えたであろうし、現代人から見ても普遍性を享受できるのではなかろうか。
心学は、石田梅岩（1685‐1744：『都鄙問答』）を祖とし、儒教・神道・仏教習合の規範を具体的に説き、また実践するというところに特徴があった。士農工商あらゆる職業に共通する規範、即ち「天の道は一つ」であり、知性を得た後の、正直・誠実で、倹約をしながら慈悲ある（お互いが苦を抜き楽を与える）実践が大切であるとする。これは自立した後の人としてのあるべき姿を的確に説き（現代教育の最も欠けているところ）、江戸時代（吉宗時代以降）に持続性を付与した一つの精神的支柱であったといえる。〝鉢ノ木〟（黄鶴臺）が曳かれた頃は、心学が流行した頃で、二木長嘯のような心学に熱心な町人もいた。

現代において観光客は、祭屋台の絢爛豪華さに目を奪われるが、その優美さの中には、各屋台のテーマが包含されており、町組や町屋の人々の心を洗う精神的な美しさ（規範）が、屋台の美しさにつながっていることを忘れてはならない。文化は、住まう人々や都市に品格を与え、美しい規範がソーシャル・キャピタルの好循環を促す。

②山王祭・應龍臺

應龍臺に注目したのは、この祭神人形が「吉備大臣」（吉備真備：写真9‐9）というところにある。すなわち、第1節でも述べたが、マガダ国ラージギル（王舎城）出身の法道和尚が、わが国に牛頭天王を勧請し、祇園祭儀や山車御旅式（ダシ・ヤートラ）を伝授した。その後、遣唐使であった吉備真備がその遺業を継承し、文化の中心たる京都では、八坂神社（祇園社）にて古くから例祭として行われるようになる。ただし、全国的に普及するのは、徳川の泰平の世になってからであろう。高山においては、第3代高山城主金森重頼が、吉備真備

写真9-9　吉備大臣像
出典：高山市教育委員会編（1984）：『高山祭屋台の人形』による。

を守護神として崇敬しており、彼が町人に対して恒例として神輿の巡幸を指示するところが、まさに高山祭の始発点として捉えられる。「吉備大臣」の祭神人形は、組内（本町2丁目）の山桜神社に祀られている。またこの神社には、第4代金森頼直の愛馬「山桜」も馬頭様と親しまれ祀られている。1657（明暦3）年、江戸の大火の防火において、火に包まれた頼直を乗せて主君の危急を救ったと伝えられている。

さて、長倉三郎によると、この屋台の車輪は三輪で、前方二輪は、列車の車輪のようになっていて、人々を驚かせたという。車を発案した押上六兵衛は、長崎へ行った時、外国の汽車の車輪についての情報を得たらしい（長倉1981：91-92）。想像が膨らむところであるが、はしごのような木製の軌道を、進行方向に渡して行けば、進行方向の微調整は不要になる。そのようなことをやって見せたのだろうか。

③八幡祭・牛若臺

弁慶と牛若丸（源義経）の祭神人形があったと伝えられる。1875（明治8）年の大火で焼失してしまったが、弁慶の人形が持っていた長刀をはじめ、若干の懸装品が残っている。

京都祇園祭には、「橋弁慶山」（中京区蛸薬師通室町東入橋弁慶町）という山があり、謡曲の橋弁慶により、五条橋に見立てた山の上で、弁慶と牛若丸の人形が戦う姿を表す。さらに、岐阜県飛騨市の古川祭においても白虎臺という屋台において、現在も橋弁慶の子ども歌舞伎が行われている。

3．神賑芸能

神社の例祭では、神殿において神職による厳粛な神事が行われ、続いて神様に喜んでいただくための神賑が行われた。元来、神事と一対のものとして神前で奉納されるものであったが、神殿から神様が旅立たれる（巡幸する）ようになると、神賑はそこに付随して次第に盛大なものとなり、祭りに奉仕する人々も楽しむ祭礼となる。また、観客が増えるにしたがって、見せる祭りとして創造的に継承される。ここでは、神前奉納、屋台巡幸にともなう神賑芸能について述べるが、これらは、高山祭を構成する無形の文化であり、祭りは有形・無形の多様な文化が埋め込まれており、それらに対応する町屋の人々の絆も存在していることを理解する必要がある。

（1）囃子

現在からくりを行っている屋台では、龍神臺が雅楽の蘭陵王崩し、石橋臺が石橋崩し、三番叟が翁崩しである。布袋臺は、京都祇園の芸妓から教わった六段を崩したもので、笛・太鼓・三味線を用いる。

神馬臺は、篳篥や笙を用いて雅楽の越天楽を奏で、麒麟臺や宝珠臺は蘭陵王崩し、仙人臺は大太崩しである。大八臺には大八曲があるが、参考にした楽曲は不明である。なお、他の屋台組も大八曲を崩して用いるようになった。囃子は、屋台組の人々にとって屋台と一対の愛着がある。

祭りの最後には、巡幸行列から曳き別れ、屋台蔵へ帰って行くが、「高い山」という曲があり、哀愁漂う曳き別れ詩を歌う。

（2）獅子舞

山王祭の獅子舞は、通常下記の16種類が舞われる。1949（昭和24）年までは、市内江名子町の兵助獅子が奉納されていたが、それ以降は、同町の兀下徳之助（徳兵衛）考案のものが広まった。なお、山王祭では、森下組が獅子舞を担当しており、囃子や太鼓の芸能をともなう。

1．道行き　2．場ならし　3．吹き切り　4．ざいふり　5．大神楽　6．きよし　7．はち　8．一つ上げ　9．二つ上げ　10．まむしとり　11．かけあい　12．太々神楽　13．小神楽　14．おちゃえ　15．玉そばえ　16．高い山

この中で1～5は、巡幸以外に神前奉納においても行われる。16．高い山は、最後の曳き別れである。

八幡祭の獅子舞は、左京獅子と呼ばれ、延宝年間（1673‐1681年）に始まった。氏子獅子連によって、12曲が伝えられている。

（3）闘鶏楽

鉦を叩いて舞を行う芸能で（写真9-10）、地元では「カンカコカン」と呼ばれている。山王祭では、片野町が担当している。起源については、市内国府町にある安国寺にて、鎌倉時代に地頭に任ぜられた多好方《あをのよしかた》（鶴岡八幡宮の神事に奉仕した楽人）が伝えたという話を聴いたことがあるが、これが有力説となっている。

なお、京都祇園囃子においても「コンチキチン」の鉦が用いられる。昔は、鯨のひげの棒の先に鹿の角で作られた小さなハンマーが取り付けてあり、これで叩いていたと京都の「都のまつり文化研究会」において説明があった。鉦の形状は、高山のものと似ているものの、高山祭では、木槌のようなもので叩く。筆者は、闘鶏楽について、京都から鎌倉、鎌倉から高山へと文化伝播の過程で変容したものではないかと考えている。

（4）太々神楽

太々神楽の構成は、大太鼓1人、小太鼓1人、笛4人である。かつては、神賑芸能の序列があり、「闘鶏楽を覚え、そのあと選ばれて神楽笛を習い、ついで小太鼓・大太鼓へと進んだといわれている。」（日枝神社史編集委員会1996：276）なお、太々神楽の起源については定かでない。

写真9-10　闘鶏楽
筆者撮影

（5）雅楽

山王祭（日枝神社）の雅楽については、大正に入って「雅楽会」が組織されたことに始まっている。この頃は、京都の平安神宮や名古屋の熱田神宮の楽師の指導を受けた。1958（昭和33）年には、宮内庁楽部の指導を受け、「海松《みる》装束」の着用を許可されている。なお、雅楽の組織は、それぞれの神社で異なっている。

4. 屋台職人とその心意気

江戸時代においては、各町組の旦那衆が屋台職人に資金を提供して、競って豪華な屋台を建造した。現代においても屋台は町組の所有であり、町組の人々の屋台への思い入れは、屋台の修繕において職人の心意気に反映している。

(1) 屋台建造技術の継承

江戸時代の屋台職人には、大工・彫刻師・塗師・金具師・鍛冶屋・簾職人などがいた。今日もこれらの職種について大きな変化はないが、簾職人は不在であり、幕も含めて京都へ注文している。

なお、屋台を建造・修理する者は、高山市の「屋台修理技術者認定」(1981〔昭和56〕年創設)を受けていなければならない。この制度の目的は、屋台修理を行う技術者を育成、確保することにある。同年、「高山祭屋台保存技術共同組合」を設立し、木工部・漆部・錺部・彫刻部・鍛冶部の職人24人で構成されている。彼らは、高山祭の屋台のみでなく、各地の屋台修理にも携わっている。

(2) 職人の心意気

NHK「新日本紀行ふたたび」で放映された「屋台組と匠の春」における一刀彫の村山群鳳氏の声を記したい。

「比較されるでしょ。あいつは腕が悪いな。その先祖はよかった。昔の人は立派なものを彫った。こんなことをいわれたくないので、そして笑われたくもない。だから笑われたくないということだけが執念になってくる。何かどっしりしたものが肩にかかってくる。」(NHK(2006):『新日本紀行ふたたび』「屋台組と匠の春」)

一刀彫職人村山群鳳氏の声は、どの屋台職人にも共通するものなのだろう。先代の創作物より悪いものは作れない。むしろそれを超えなければという代々蓄積された文化資本の重みが大きな動機付けになっているように感じられる。

今一つ、山本茂実の:『飛騨高山祭』に記される大工川尻治助の話は、精魂を込めてものづくりに勤しむ職人の生きざまを伝える。彼は、観光客が頻繁に訪れる国の重要有形文化財である日下部邸(明治12年:川尻30歳の時)を建築した大工である。この仕事の後、川尻は、高山市丹生川町の田上邸の完成に12年の歳月を費やした。職人というものは、最高のものを目指して集中して腕を振るうものである。ある仕事の最中に別の仕事を手掛けたり、注意をそらされたりするのを最も嫌ったと思われる。職人的に仕事をする人は理解できると思うが、一度注意をそらされると、元の思索、あるいは集中力を取り戻すために余分な時間がかかるからだ。なお、昔の職人は、出来高払いであったようで、進捗状況にしたがって給金が出されており、貧乏をしていた者が多かった。しかしながら、一度集中して仕事をはじめると、需要がありそうな（儲かりそうな）仕事があっても手を出さないので、ますます生活は苦しくなる。名工川尻治助も年末に餅を買う金もなく、女房や子供に責め立てられ、やむなく需要があるこたつやぐらを作って売り、年越しをした。

ちなみに、時間軸を超えて文化資本となりうるのは、その場の需要があるこたつやぐらではなく、職人が精魂込めて作った重厚な構造美をもつ建築物であったり、祭屋台であったりする。昔の職人は、自分の腕を信頼してくれる人間関係の中で仕事を果たした。無心で最高のものを目指し、喜んでもらえることが生きがいだったように思う。

5．例祭の次第と統括組織

高山祭の次第（準備を含む日程）と巡幸行列図（図9－4・図9－5：神賑芸能の配置についても注目）を示し、併せて例祭を統括する組織について述べることによって、祭りを支える人々のつながりをイメージできるようにしたい。

(1) 高山祭の次第

例祭の次第については、わかりやすくするために春の山王祭は表9－5、秋の八幡祭は表9－6として以下に表すことにした（高山市 2015：41－44）。

(2) 春の山王祭の統括組織

高山祭の黎明期で述べたが、第3代高山城主金森重頼によって「毎年恒例として神輿の巡幸を行うべし」との命があり、東川原町（現在の川原町、青龍臺組）に「宮本」の称号を与えた。こうして青龍臺組が、山王祭を統括する元締めとしての永代宮本を務めることになった。また、一之町の神楽を奏する組は、「加役」として宮本をサポートすることになった。なお、祭礼の一切の行事を統括する宮本は、他の屋台組と交代して務めるものではなかったことはもちろん、宮本の権限は絶対で、祭行事について他の組から口出ししないことになっていた。祭礼の執行そのものは、シンプルかつ定型化した方が、継承しやすく、町組間の連携もとりやすかったともいえる。現在も巡幸行列の最後尾には『須督祭事賡先例』と書かれた旗がある。これは、「須《すべか》らく祭事を督するには先例を賡《つ》ぐべし」と読む。

山王祭の統括組織は、金森時代に設けられ、幕府直轄領時代に屋台の数が増え、絢爛豪華なものへと創造的に改修されていった。幕府直轄領になってからは、「祭奉行」が設けられ、祭礼次第、巡幸行列についての指図や風紀の乱れに関する注意喚起があった。なお、通常は祭奉行から宮本へ通達されたが、3

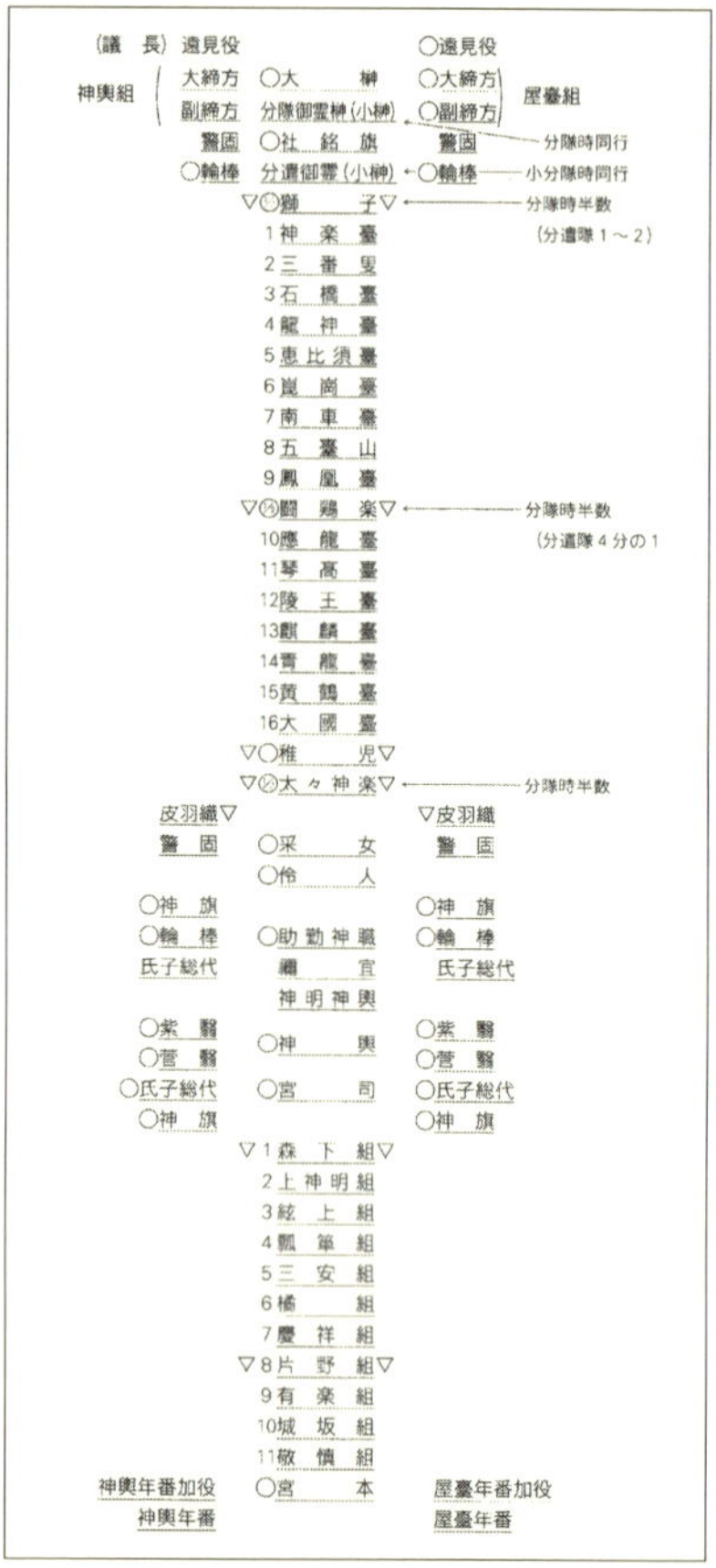

図9-4　平成26年日枝神社例大祭の行列順序〈春の山王祭〉
出典:平成26年日枝神社例大祭次第(2014)による。

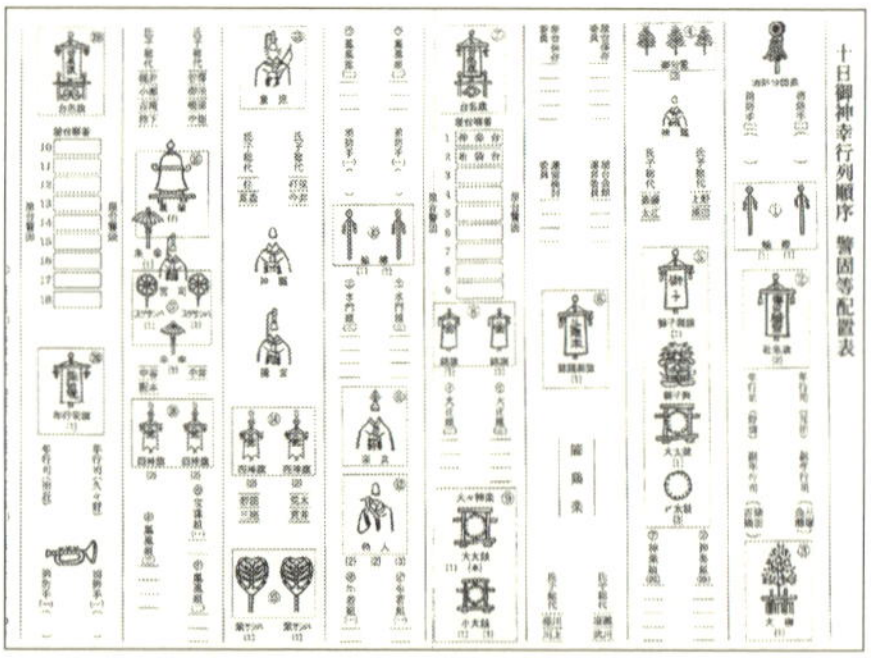

図9-5　桜山八幡宮例祭御神幸行列順序〈秋の八幡祭〉
出典:平成26年桜山八幡宮例祭次第(2014)による。

名の町年寄を経て町組へ通達されたこともあった。

宮本は、祭礼行事を周知させるため回章《かいじょう》を回して組総代を招き、祭礼次第について協議した。この宮本回章は、1945（昭和20）年まで続いていたが、今日においても、表9-5で示したように、宮本会議によって立案された祭礼行事について例大祭斎行合同会議（日枝議会）が承認して、宮本が責任をもって執行している。

さて、徳川の治世終焉は、旦那衆の時代にも変化をもたらし、1890（明治23）年、青龍臺組から永代宮本の権限と、その務めを返納したいという申し出があった。それ以降、表9-7にある屋台組・神輿組それぞれから「準加役」→「加役」→「年番」（宮本）の順で、毎年交代しながら務めている。

（3）秋の八幡祭の統括組織

八幡祭の宮本（年番）に当たる祭りを統括する組織を「年行司」といっている。八幡祭

月日	時間	内容	場所
6月上旬	宮本引継	新旧宮本による引き継ぎ。	日枝神社
8月中旬	第1回宮本会議	全体計画、役割分担、巡幸順路、屋台位置の概要を検討。	身障会館
9月下旬	宮本・神社打ち合わせ会議	全体計画、役割分担、祭礼次第書等を検討。	日枝神社
2月上旬	関係行政機関への挨拶	警察・消防等への挨拶。	
2月上旬	第2回宮本会議	全体スケジュールの最終確認。抽籤祭の準備。	身障会館
2月中旬	例大祭斎行合同会議	祭礼次第書、全体計画案の承認を得る。	日枝神社
3月上旬	抽籤祭	屋台の曳行順番を決定する（表下参照）。	日枝神社
3月下旬	巡幸路コース巡回	架線、路面状況の確認。警察・消防等同伴。	
3月下旬～4月上旬	屋台やわい	屋台組毎に曳行の準備。	各屋台蔵
4月上旬	第3回宮本会議	最終の打ち合わせ。	日枝神社
4月14日	獅子舞・闘鶏楽奉納 神事（祭典）	神賑芸能奉納。	日枝神社
4月14日	屋台曳き揃え	各屋台を所定の場所に曳き揃える。	曳揃位置
4月14日	御巡幸	御分霊奉遷後、行列をなし祭礼区域を巡り、御旅所へ渡御（図9-4）。	巡幸順路図のとおり
4月14日	夜祭	献灯の準備をし、各屋台は祭礼区域を巡り、曳き別れて各屋台蔵へ戻る。	曳行順路図のとおり
4月15日	屋台曳き揃え	各屋台を所定の場所に曳き揃える。	曳揃位置
4月15日	御巡幸	御旅所から行列をなし、祭礼区域を巡り、御分霊は本社へ還御（図12―1）。	巡幸順路図のとおり
4月15日	屋台曳き別れ	御巡幸通過後に各屋台は蔵へ戻る。	

表9-5　春の山王祭の次第〈秋の八幡祭〉

出典：高山市（2015）：「高山市歴史的風致維持向上計画」41頁を簡素化。

注）：抽籤祭においては、先頭の神楽臺の他、からくりを行う三番叟・石橋臺・龍神臺の順序は固定されており、後続が抽籤対象になる。

の神域としての町屋には、表9-8のように18の屋台組がある。

屋台巡幸の順番を決める屋台曳行順番抽籤祭とは別に、原則4年毎に4つの屋台組で構成される「副年行司」を抽籤祭によって4組決定する。それによって、副年行司が翌年に年行司を務めるというサイクルができあがる（表9-9）。

次に、八幡祭に奉仕する町名と屋台組の関係は、表9-10のとおりである。これを基に表9-6の八幡祭の次第を見ると、出仕役員の役割を捉えることができる。神社に関わる役員としては、各町に責任役員、屋台組毎に氏子総代が年配者を中心に構成される。また、屋台組毎に当番主任（山王祭でいう町組総代〔組長〕に当た

月日	時間	内容	場所
8月1日	祭事始祭	神社から例大祭執行依頼。関係者参集し、役職決定。前年の副年行司が年行司に、新副年行司はこの日から祭礼に携わる。	八幡宮
9月1日	責任役員打合せ	御神幸順路等について、年行事から説明。	八幡宮
9月1日	氏子総代会	例大祭次第、御神幸等の説明。	八幡宮
9月上旬	御神幸順路下見	順路の危険個所、障害物等の事前確認対策を検討。	
9月上旬	祭礼関係合同会議	行政関係者、地元子供会、婦人会等関係者に年行司から例大祭全般の説明、協力依頼。	八幡宮
9月中旬	当番主任会議	例大祭次第、順道場行事説明、当番飾り等の諸依頼。	八幡宮
9月下旬	警察署・消防署・観光課合同会議	関係官庁の連携にかかる打合せ。	八幡宮
9月下旬～10月上旬	屋台やわい	屋台組毎に曳行の準備。	各屋台蔵
10月7日	試楽祭 抽籤祭	舞の奉納。 屋台曳行順番を抽籤で決定（表下参照）。	八幡宮
10月9日	屋台曳き揃え	各屋台を所定の場所に曳き揃える。	曳揃位置
10月9日	神事（祭典）		
10月9日	御神幸	御分霊奉遷後、副年行司の指図のもと行列をなし祭礼区域を巡り、神社へ還御。	御神幸順序 順路図
10月9日	屋台曳き廻し	祭礼地区内を4台の屋台を曳き廻す。	曳行順路
10月9日	宵祭	献灯の準備をし、各屋台は祭礼地区内を巡り、桜橋詰にて曳き別れる。	曳行順路
10月10日	御神幸	神社から行列をなし、終日祭礼区域を巡り、午後5時頃御分霊を還御（図9-5）。	御神幸順序 順路図
10月10日	屋台曳き揃え	各屋台を所定の場所に曳き揃える。	曳揃位置
10月10日	屋台曳き別れ	各屋台は蔵へ戻る。	
10月下旬	年行司引き継ぎ	年行司の引き継ぎを行う。副年行司が、次年度の祭礼の年行司となる。	八幡宮

表9-6　秋の八幡祭の次第

出典:高山市(2015):「高山市歴史的風致維持向上計画」43－44頁を簡素化。

注):抽籤祭においては、先頭の神楽臺の他、からくりを行う布袋臺は固定されており、後続が抽籤対象となる。

る）が設けられており、祭りに関わる集金や配布物を担当する神社係を兼ねることが多い。

さて、9月1日に責任役員は、年行司から御神幸順路等について説明を受け、同日氏子総代に対しても例大祭次第や御神幸順路についての説明が行われる。また、9月15日前後に、当番主任会議において、年行司から例大祭次第、順道場行事説明、当番飾り等の諸依頼がある。その1週間後、略式次第が当番主任から屋台組の氏子に配布され、各屋台組の「祭寄合」にてそれらの周知と

屋台組		神輿組	
1.青龍臺組	9.鳳凰臺組	1.片野組	9.紘上組
2.大國臺組	10.五臺山組	2.森下組	10.敬慎組
3.陵王臺組	11.南車臺組	3.慶祥組	11.上神明組
4.琴高臺組	12.石橋臺組	4.有楽組	
5.應龍臺組	13.三番叟組	5.瓢箪組	
6.崑崗臺組	14.黄鶴臺組	6.三安組	
7.恵比須臺組	15.麒麟臺組	7.橘組	
8.龍神臺組		8.城坂組	

表9-7　屋台組と神輿組

出典：山田浩之編（2016）：『都市祭礼文化の継承と変容を考える』（第4章掲載）による。

説明：（1）屋台組は、15組で準加役→加役→宮本のローテーションを行う。なお、神楽臺組は、このローテーションから除外されている。

（2）神輿組は11組あるが、9組でローテーションする。なお、片野組は闘鶏楽、森下組は獅子舞を担当している。

屋台が現存する組	屋台を失っている組（1）
神楽臺組 布袋臺組（3） 金鳳臺組 大八臺組 鳩峯車組 神馬臺組 仙人臺組 行神臺組 宝珠臺組 豊明臺組 鳳凰台組	牛若臺組 文政臺組 船鉾臺組 佐久良臺組（2） 浦島臺組 大正臺組（2） 水門臺組（2）

表9-8　桜山八幡祭の屋台組

出典：山田浩之編（2016）：『都市祭礼文化の継承と変容を考える』（第4章掲載）による。

説明：（1）1875（明治8）年の大火で焼失。

（2）元から屋台が無かったといわれる。

（3）からくりあり。

27年度	年行司	仙人臺・宝珠臺・行神臺・文政臺
	副年行司	豊明臺・神楽臺・大八臺・船鉾臺
26年度	年行司	浦島臺・牛若臺・神馬臺・大正臺
	副年行司	仙人臺・宝珠臺・行神臺・文政臺
25年度	年行司	鳳凰臺・布袋臺・水門臺・鳩峰車
	副年行司	浦島臺・牛若臺・神馬臺・大正臺
24年度	年行司	金鳳臺・船鉾臺・豊明臺・神楽臺
	副年行司	鳳凰臺・布袋臺・水門臺・鳩峰車

表9-9　桜山八幡祭の統括組織（平成23年副年行司抽籤による順番表）

出典：山田浩之編（2016）：『都市祭礼文化の継承と変容を考える』（第4章掲載）による。

説明：年行司を補佐する副年行司が、翌年年行司を務めるというサイクルになっている。年行司の中に年行司長が設けられている。

町名	屋台組	町名	屋台組
桜・左京	神楽	大新一	浦島
八幡			豊明
下一之	牛若		鳳凰
	大八	大新二	
	文政	大新三	
	金鳳	大新四	大正
	布袋	大新五	水門
下二之	鳩峯		
	神馬		
	船鉾		
下三之	佐久良		
	仙人		
	行神		
	宝珠		

表9-10　町名と屋台組

出典：山田浩之編（2016）：『都市祭礼文化の継承と変容を考える』（第4章掲載）による。

役割分担を決定する。

このように、年行司から責任役員（町毎）、年行司から氏子総代（屋台組毎）、年行司から当番主任（屋台組毎の組長）に対して例祭執行の説明が行われ、周知徹底される組織構造になっている。

第5節 祭りの資金調達

この節では、例祭執行費用や祭屋台の修繕・改修費用について、江戸時代から現代に至るまでどのように用立ててきたのかの変遷を踏まえながら、資金面から見た高山祭の継承について考察を行う。なお、2節の2や3節の2でも述べているが、江戸時代においては、町組で集めた資金を、町組や町組間（町屋）でどのように活用するかを検討しており、そういう意味において町人レベルでは、民主的なシステムが浸透していたといえる。町人によるガバナンスや市場経済のレベルは高かったが、武士による政治手法は旧態依然で、両者の間に大きな乖離があったという意味においては、現代とどこか似通っているのかもしれない。

1．江戸時代の資金調達

17世紀末の町屋（一之町、二之町、三之町）における商家比率は、約70％であり、その中でも大旦那と呼ばれるような資金力を持つ者が、屋台建造に大金を注ぎ込むという事例も認められる。しかしながら、毎年の例祭への奉仕や屋台の修繕・改修の費用を考えれば、中長期的な展望が必要になる。したがって、どこの屋台組も「屋台講」や「頼母子《たのもし》」によって、組内衆から資金を集めていた。

春の山王祭の神域では、町組が屋台を持っているのだから屋台組ともいっており、その屋台組が戸毎に組の入用金を集めることを「屋台講」といっていた。現在でいえば、自治会費ということになろうが、江戸時代の町システムは、セーフティーネットも含む町の自治を行う相互扶助組織でもあったわけだから、〝講〟という表現は理に適っている。〝講〟の本来の意味は、「仏典を講義」することである。これは、仏教によって人々のネットワークを育むことにつながり、やがて、神仏を祀って参詣する団体や相互扶助組織、金融組織なども〝講〟と呼ぶようになった。

屋台講は、町組（屋台組）の信頼と互酬性（お互い様）の規範、ネットワーク（絆・結い）としてのソーシャル・キャピタルに基づく資金収集のしくみであり、それが屋台をはじめとする資産や祭礼費用に投下されて文化資本が維持・拡大する。また、神事・祭礼への奉仕、即ち、祭りの執行が町屋のソーシャル・キャピタルを醸成させる。これら経済資本・文化資本・社会関係《ソーシャル》資本《キャピタル》の循環構造は、実に見事なもので、当時の旦那衆を中心とする町屋の人々は、さまざまな創造的主体者を育てる（生業を持てるようにする）ことによって、文化資本を蓄積しながら、人々の絆を醸成させることを心得ていたといえる。それが、都市の安定と発展につながるのであり、江戸時代の商業文化経済の特徴をなす。

さて、組内集金の詳細は、『都市祭礼文化の継承と変容を考える』（筆者記述第4章）や『琴高台組諸事記』を参照してほしい。概要を述べると、毎月屋台講を組内衆から集金しており、屋台講の中に、目的別の頼母子（積立金）が設定されていた。したがって、屋台改修やインフラ整備など頼母子の項目が多くなると集金額は増加し、少なくなれば減少する傾向があったように見受けられる。ただし、各戸の集金額は、応能負担となっており、その基準は定かでないが、間口（持ち家の幅）が基準になっていたともいわれており、現在でも町組によっては、班費集金において、それが残存しているところもあるとのことである。また、結束力と相互扶助意識の高い江戸時代の町組においては、各戸の事情は、おおよそ掌握されていたと考えられる。

なお、屋台講の剰余金については、次のような記述がある。

「屋台講の剰余金を、他町内の「頼母子」に流用、組内では「備蓄貯金」をするほど金が出来たのに、また1880（明治13）年5月には、新しく「屋台雨幕新調並ニ土蔵破損修理」のための「頼母子」を開始している。一つはお互いの融通資金に利用したことも否めぬが、何故こうも幾つかの方法で備蓄、貯蓄したか、その理由は不明。」（長尾

1990：143）

こうしてみると、江戸時代の町屋においては、町組間を結ぶ金融ネットワークが張り巡らされていたと考えられる（図9‐6）。現代でいうと、銀行間で資金の融通を行うコール市場のプリミティブ（原初的）なスタイルとも考えられる。特に、町屋全体、あるいはいくつかの町組に関わる事業、例えば橋の架橋工事（『高山市史』にも記述されている）や大火の際の復興などにおいては、町年寄り・各町組頭（組惣代）による会所における合議に基づいて、町屋の金融ネットワークが機能したのではないだろうか。

2．明治から昭和の資金調達

明治時代も中頃になると、旦那衆の資本は消耗していったのだろう。それは、山王祭地区の永代宮本の務めを青龍臺組が返上したことにも象徴されている。前年の組の支出を翌年の取立額にする方式が定着する（長尾1990：145‐153）。これは、近代化によって、公的機能が役所へ移譲されはじめたことを意味していると思われる。ただし、各戸への割当額は、組惣代と各5人組が集まって決定した。

昭和に入っても、各戸割当額は異なっており、間口が一定の基準になっていた。1945（昭和20）年の終戦後からは、予算・決算という形になった。琴高臺がある本町1丁目では、1966（昭和41）年に本町1丁目振興組合が結成され、従来の「屋台講」「組費」は、「班費」となった。それでも、1965（昭和40）年から1975（昭和50）年の収入・支出表を見ると「頼母子講」が1969（昭和44）年まで見受けられる（長尾1990：156綴込み資料）。

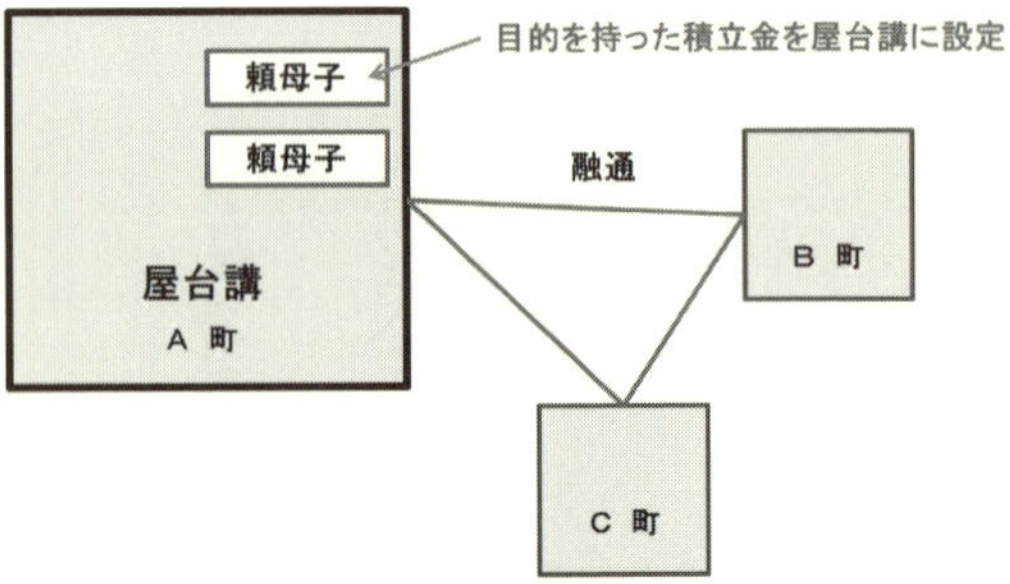

図9-6　町組資金融通の概念図

昭和に入ると町組で屋台を維持・修理するだけの財力はない。ましてや戦中、戦後の混乱期を経て経済的な消耗は激しく、屋台修理を手掛けることは不可能であった。先祖から代々創造と継承を繰り返してきた屋台と祭りを失うわけにはいかない。日枝神社、桜山八幡宮の屋台組総代や氏子総代の尽力、また各屋台組の理解もあって、1951（昭和26）年、高山市は屋台維持の補助金交付を行うことになった。同年、両神社の屋台組代表を構成員として、さらなる公的補助が受けられるよう「高山屋台保存会」を発足した。また、公的支援を行う対象として、1956（昭和31）年、高山祭の屋台を高山市文化財に指定、1960（昭和35）年には、国指定重要有形民俗文化財となる。高山市（現在文化財課が担当）は、屋台の管理団体として屋台修理補助金（文化財維持管理費）を取りまとめる立場となった。こうして、1964（昭和39）年以降、屋台の修理については、国50％、県10％、市30％の比率で公的補助が行われるようになった。したがって、各屋台組（屋台所有者）の負担率は、10％となったのである。なお、1979（昭和54）年には、祭りの屋台行事が国指定重要無形民俗文化財となっている。

一方、毎年行われる例祭については、高山市より文化財維持管理費として屋台1台当たり単価と企業協賛金が「高山屋台保存会」に入金され、ここから屋台1台当たりの補助と神社への例祭補助が行われる。なお、企業協賛金の源泉の多くは、来訪観光客の消費に依拠していると考えられ、それによる企業収益の一部が、メセナ（芸術文化支援）となっている現状を見れば、やはり観光の基盤となっている多様な文化資本とそれに基づく人々のソーシャル・キャピタルに目を向ける必要がある。

第6節　祭りを構成する3つの資本と継承課題の解決

観光客を魅了しているものは何か。屋台や神輿が巡幸する古い町並み（伝統的建造物保存地区）、各家の献灯提灯と巡幸路の各家に取り付けられる簾や幕、神賑芸能、氏子の裃姿などの装束。これらすべてが融合された祭礼全体としての文化的価値に観客は魅了される。ここでは、多様な文化資本が寄り添いながら文化的価値の共演が展開されていることに気づく。また、それは観光資源として経済的価値を発生させていることも確かである。祭りが行われることによって、観光関連産業において得られた経済資本は、直接・間接に祭りに投下され、祭りに永続性が付与される。

高山祭という文化資本は、ソーシャル・キャピタルを醸成し、また、ソーシャル・キャピタルが文化資本を継承、リニューアルする。江戸時代から明治の初期まで、この循環構造に動力を与えていたのは、エージェントとしての旦那衆であり、匠としての職人を屋台職人として再結集し、職人能力の再生産を可能にした。こうして、3つの資本の循環構造が構築されたと考えられる。ただし、各町組は、屋台講・頼母子という形で、組内衆から集めた資金を保有しており、それを屋台の改修や例祭の執行に用いることによって、屋台は組内衆の象徴としてより意識されるようになったと思われる。なお、現在では、観光客の消費と公的補助が、高山祭という文化資本とソーシャル・キャピタルの循環を支えているといえよう（図9‐7）。

さらに、高山祭という文化資本とソーシャル・キャピタルは、観光資源でもあり、需要と期待が大きければ、祭りに奉仕する者は、それに応えられるように供給（継承）し続ける動機がはたらくことも確かである。文化資本とソーシャル・キャピタルの循環動力として、経済資本以外にも観光客の需要と期待、いわゆる祭りに向けられる〝まなざし〟も重要な要素として認められる。

さて、高山祭は、江戸時代の町屋自治のシステムと一体となった伝統文化であるがゆえに、課題を包含していることも確かである。ここでは、2点に絞って課題点と解決策を提案しておきたい。

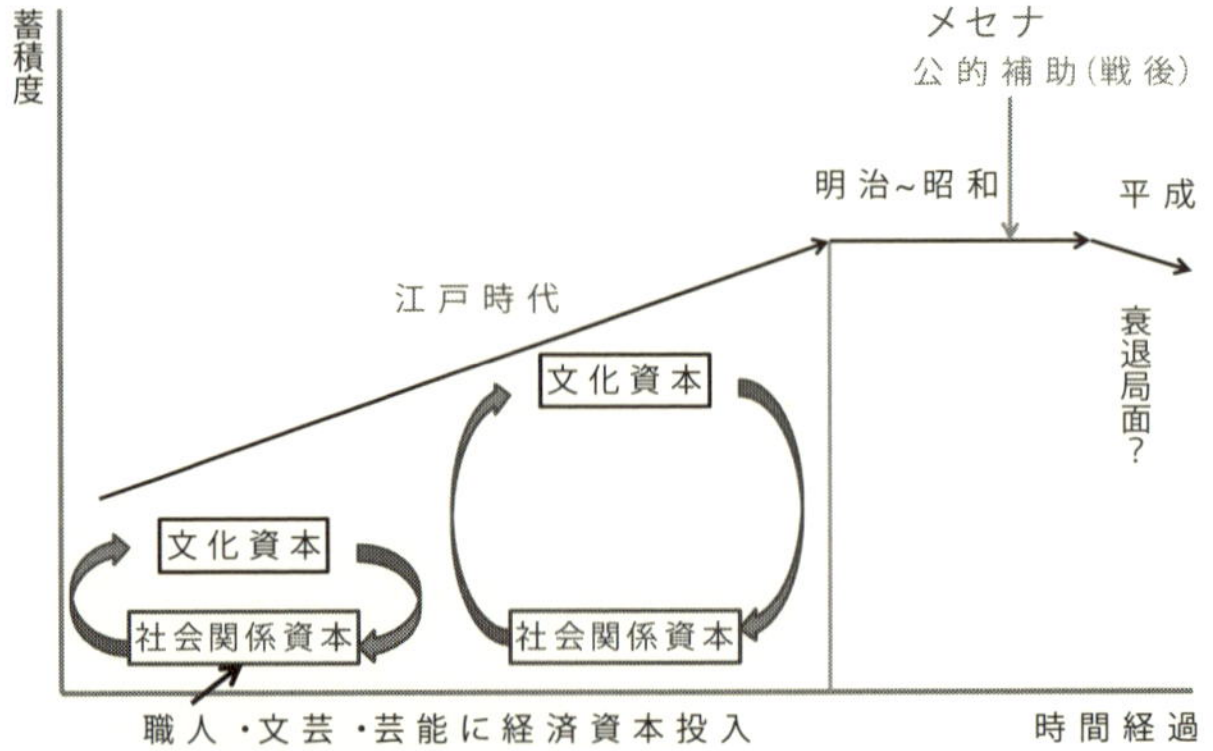

図9-7　3つの資本の循環構造

第1は、江戸時代の町屋を中心とした中心市街地空洞化（スプロール化）の問題である。これは、高齢者比率の増加、あるいは後継者問題に直結しており、人的側面の課題である。この解決策について、事情は異なるものの京都祇園祭の事例が参考になる。京都祇園祭は、第2次大戦頃まで町衆（町組）が中心となって執行する「祭縁コミュニティ」によって支えられていたが、戦後、職住分離と企業立地の増加により、町内に住んでいない「通い町衆」が増加した。こうして従来の地縁関係は希薄になり、祭りの担い手の多くは町外に依拠する「祭縁ネットワーク」と呼ぶべき関係性へ変化した。そこで重要な役割を果たしているのが、ボランティアを統括する「京都・祇園祭ボランティア21」である（山田浩之編２０１６：56-60）。高山祭は、組内で担い手を賄えるところ、そうでないところの温度差があり、変革の過渡期にある複雑な局面であるものの、現実を真摯に受けとめ、将来的なことも考えておく必要がある。図９-８は、筆者が高山市まちの博物館における講演会（ユネスコ無形文化遺産登録記念講演会「高山祭」祭の華とひと２０１７・６・18）で述べたことであるが、関係者の間で議論を深めてほしい。

第2は、祭礼への奉仕や屋台修理の資金負担は、前節でも述べたように、公的補助が充実したとはいえ、第1の問題がかかわって厳しい状況になっている実情がある。筆者は、岐阜県立飛騨高山高等学校における商品開発の件で、飛騨信用組合の古里圭史氏（当時経営企画部長）とクラウドファンディング活用について助言をいただく機会があった。その折、高山祭こそ伝統文化の継承と創造的発展のためにクラウドファンディングを活用すべきではないかという話に及んだ。また、「江戸時代においては、町組間で資金を融通

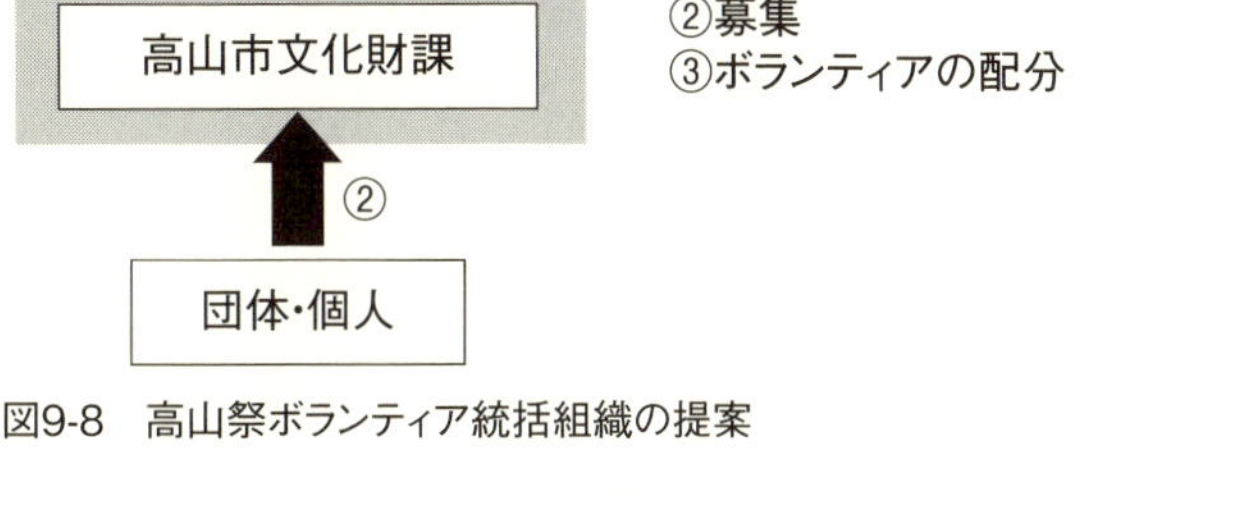

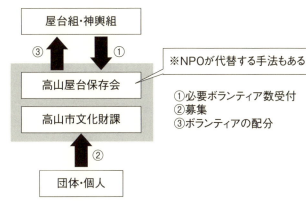

図9-8　高山祭ボランティア統括組織の提案

し合うことをやっていたわけだから、現代の町屋の人々は、昔自分たちがやっていたことさえ忘れ去ってしまったということなのか。結局クラウドだってインターネットを介しているだけで、同じようなことをしているのだが…。」という議論になった。江戸時代は、町屋のソーシャル・キャピタル（信頼、互酬性〈お互いさま〉の規範、絆）が町屋の経済と一体となった姿であり、人々が互いに支え合って生きるための血の通った経済であったともいえる。

　クラウドファンディングは、図9‐9のように資金を必要とする側が、そのプロジェクトをインターネット上に公開し、それに賛同する支援者が資金を提供するものである。なお、これによって必要な資金を得た側は、何らかの返礼を行うが、①屋台巡幸の警固ができる、②屋台を曳くことができるなどの特典を返礼にするならば、ボランティアの確保も可能になる。

　高山祭は、現在大きな変革期をむかえているといえる。ただし、町組内はもちろん、町組間の関係においても、結束の強さ、あるいは一体感の強さから、江戸時代から続く伝統文化の現状変更を内部から唱えることは難しいと思われる。それは、ソーシャル・キャピタルのもう一つの側面でもある。しかしながら、京都祇園祭は、都市化のなかでコミュニティが希薄化する過程において直面する諸課題を解決してきた経緯がある。それは、結束力が緩む過程で、外部の智恵を巧みに取り込んできた成果ともいえる。そのようなしたたかさが、高山祭に求められているのかもしれない。

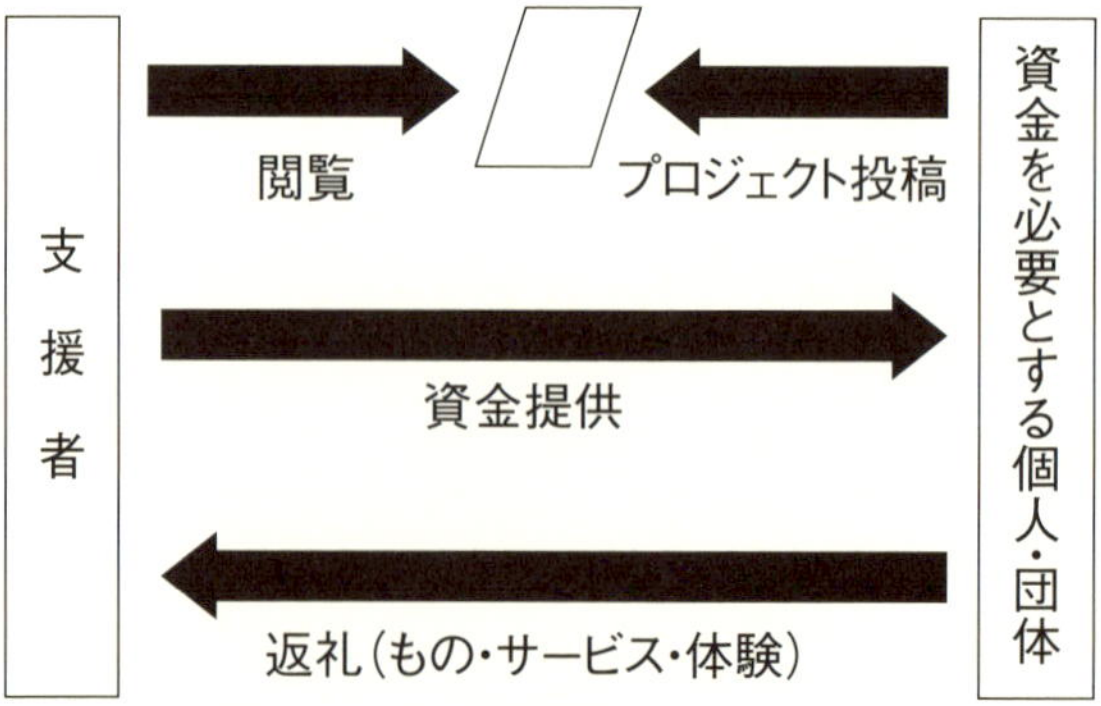

図9-9　クラウドファンディングの活用

◆引用文献

1．池上惇（2017）：『文化資本論入門』京都大学学術出版会。
2．池上惇・植木浩・福原義春編（1998）：『文化経済学』有斐閣。
3．稲葉陽二（2011）：『ソーシャル・キャピタル入門』中央公論新社。
4．稲葉陽二・吉野諒三（2016）：『ソーシャル・キャピタルの世界』ミネルヴァ書房。
5．井上光貞・永原慶二・児玉幸多・大久保利謙編（1996）：『幕藩体制の成立と構造（上）』山川出版社。
6．植木行宣（2001）：『山・鉾・屋台の祭り 風流の開花』白水社。
7．加藤蕙（1977）：『飛騨歴史散歩・下下の国の誇り高き系譜』創元社。
8．加藤周一編（1984）：『日本の名著18 富永仲基・石田梅岩』中央公論社。
9．角山紘一・熊倉純子・荻原康子編（2000）：『企業はなぜメセナをするのか』社団法人企業メセナ協議会。
10．鬼頭 宏（2000）：『人口から読む日本の歴史』講談社。
11．岐阜県博物館編（2001）：『飛騨の匠』岐阜県博物館友の会。
12．日下部省三編（1981）：『桜山八幡神社史』桜山八幡神社。
13．近藤太一（文化政策セミナー：2011・9・9）「京都八坂神社の祭神（牛頭天王）と祇園御霊会の現代的意義」国際文化政策研究教育学会。
14．島田崇志（2012）：『切り絵・細密画で楽しむ 京のまつり・年中行事』京のまつり研究会。
15．高橋昌明（2014）：『京都〈千年の都〉の歴史』岩波書店。
16．高山市編（2015）：「高山市歴史的風致維持向上計画」高山市。
17．高山市編（1981）：『高山市史上巻』高山印刷。
18．高山市編（1981）：『高山市史下巻』高山印刷。
19．高山市教育委員会編（1984）：『高山祭屋台の人形』飛驒印刷。
20．高山市商工観光部観光課（2007-2014）「平成18-25観光統計」高山市商工観光部観光課。

21. 高山屋台保存会編（2005）：『高山祭屋台とその沿革』：『高山祭り屋台の祖形について』復刻版、祭屋台等製作修理技術者会。
22. 竹内　誠監・市川寛明編（2005）：『一目でわかる江戸時代』小学館。
23. 津田左右吉（1978）：『文学に現はれたる我が国民思想の研究（四）』岩波書店。
24. 出口正之（1993）：『フィランソロピー』丸善。
25. 長尾量平（1990）：『琴高台組諸事記』芸社。
26. 長倉三郎（1981）：『高山祭屋台雑考』慶友社。
27. 日枝神社史編集委員会（1996）：『飛騨山王宮日枝神社史』日枝神社。
28. 古川町教育委員会編（1991）：『平成元年の古川祭』古川町教育委員会。
29. 紅谷正勝（2007）「市民活動と社会関係資本・文化資本に関する歴史的考察」修士論文、名古屋学院大学大学院。
30. 紅谷正勝（2011）「高山祭の魅力と課題・山王祭〈春の高山祭〉を中心として」国際文化政策編集委員会：『国際文化政策』第2号、国際文化政策研究教育学会、9‐16頁。
31. 前田行貴（1998）：『インド仏跡巡礼』東方出版。
32. 山田浩之編（2016）：『都市祭礼文化の継承と変容を考える』ミネルヴァ書房。
33. 山本茂実（1986）：『飛騨高山祭・絢爛たる民衆哀歌』朝日新聞社。
34. 湯原公浩（2004）：『飛騨高山　匠の里』平凡社。
35. Throsby.D.（2001）：Economics and Culture, Cambridge University Press, 中谷武雄・後藤和子監訳（2002）：『文化経済学入門』日本経済新聞社。
36. Putnam.R.D.（1993）：Making Democracy Work, Princeton University Press, 河田潤一訳（2014）：『哲学する民主主義』NTT出版。
37. Ronald.S.Burt（1992）：Structual Holes, Harvard University Press, 安田雪訳（2006）：『競争の社会的構造』新曜社。

コラム 9
column

場所・地域の表象とアイデンティティ

飛騨高山が城下町と思って訪れたが城がないことに気づき、慌てて観光ガイドブックで確認するという観光客も少なくない。厳密にいえば、江戸初期までは城下町であったが、途中で幕府直轄の天領となり、そのまま明治維新まで続いた旧城下町である。天領になったさい、城は加賀藩がしばらく預かっていたが、やがて維持が困難になり打ち壊された。城の破却というかなりショッキングな出来事を経て、以後はそれまでの城主であった金森氏の下屋敷のひとつにすぎなかった建物が行政・支配の役所すなわち陣屋になった。城下町で暮らしてきた人々にとって、城郭がことごとく壊されてなくなってしまったという事実は大きな出来事であったと推察される。町を象徴するシンボルが抹殺されたということは、支配の体制が大きく変わったことを意味する。目に見えるかたちで旧城下の人々に知らしめる効果があった。これと似たようなことは明治維新期に各地の城を壊し、徳川封建体制の象徴を一掃することで、新体制の誕生を目に見えるかたちで示したときにもあった。いずれの場合も、城は支配者の象徴であり、統治システムのシンボルとみなされていた。

城下町の中でも一段高いところにある城は、庶民からは見上げる対象である。愛着の気持ちを抱かせる一方、常に監視されているという意識をもたせる装置でもあった。秀麗な姿で多くの人を魅了している姫路城が並外れて豪華なのは、徳川幕府が西国大名に対して自らの権威を誇示するためであったともいわれる。西日本に対して江戸の幕府が姫路城で監視の目を光らせる、そのような役割を果たしたのであろうか。権力者は往々にして統治や支配の装置として建造物を構築し、そのイメージをシンボル化して広めようとする。日々、そのようなシンボルを目にする庶民は、知らず知らずのうちにそのイメージを染み込まされ、抗しがたい気持ちにさせられる。内面に隠されたものとは違い、表に現れているものは無視することができない。たとえ権力者や統治者にそのような意図はなくても、解釈次第でどのようにでも受け止められる。極端な場合は建造物それ自体が崇拝の対象となり、人々の精神や行動を束縛する。

人々の思いをある方向に向かわせるシンボルや表象は、人工的な建物だけではない。自然が生み出した山や川、滝や岩なども、特定の時代や場所において象徴的存在になることがある。人がそれらに意味をもたせ、集団としてその意味を共有することで、その存在は固有のイメージを獲得する。たとえば高山市郊外の上野町にある縄文時代中期の垣内遺跡三ツ岩は、触れると祟《たたり》があるといわれてきた。真偽のほどは不明であるが、その地域で暮らす人々にとっては特別な岩として認識されてきた。岩にまつわる伝承の内容はよく知らなくても、三ツ岩のある場所やその地名は時代を越えて歴史的に継承されてきた。これと類似の岩や洞窟、祠などに関する伝承は各地にあり、良きにつけ悪しきにつけ、その地域で生活する人々によって共有されてきた。

建造物はその場所に固定されたものであり、とくになにもなければ動くことはない。まして自然の山や岩などは昔からそのままの状態で動かしようがない。こうした場所に固着的なものとは異なり、場所と密接な関係はもつが動いたり取引の対象になったりするシンボルもある。たとえば高山祭の豪華絢爛な屋台は、日枝神社や桜山八幡宮の氏子衆によって町中を巡行する。由緒ある神社を表象する複数の屋台が町中を練り歩くことで、神社と町民の一体感は強まる。動かないいまでは外から訪れる見物人や観光客をも巻き込むことで、高山の町全体が祭り気分一色に染め上げられる。動かない神社の代わりに飾り立てられた屋台が動くことで、祭りのイメージが広がり多くの人々の間で高揚した気分が共有される。種々の趣向を凝らした各地区自慢の屋台は、高山祭のシンボルとして新聞、テレビ、雑誌、パンフレットなどで紹介される。屋台の多くはそれ自体、建物のイメージをもっている。本来は場所に固定されているはずの建物が、祭りの日にだけ市中に繰り出されたと考えることもできる。

取引の対象となったシンボルとは、特定の場所や地域で生まれた日用雑貨品にそなわるシンボルのことである。高山祭の屋台は鑑賞の対象であるが、観光客が土産品として買い求めるたとえば「さるぼぼ」の人形は、れっきとした商品である。ぼぼとはこの地方で赤子をさしており、猿の赤ん坊のデザインでつくられた赤色の人形は、家内安全や安産・魔除けなど守り神のシンボルである。単純ではあるが個性のある雰囲気をもったこの人形は、飛騨地方のイメージを表すアイテムとして人気がある。単に見るだけでなく、自ら買い求め家の中に飾っておくことで、このイメージはより濃厚になる。さるぼぼのようなデザインや形状ではなく、仕上げの色調や風合から他産地品と区別できるのが飛騨春慶である。木目や生地の特徴が浮き出るように仕上げられた独特の漆塗りから、産地・飛騨高山の名が思い浮かぶ。

人形や容器をはじめ日常生活の多くの場面で使用される雑貨品の市場での競争は激しい。生産者は消費者の目にとまるように種々の工夫を凝らすが、シンボルやイメージの威力はことのほか大きい。価格や機能に大きな違いがなければ、消費者にこだわりの気持ちを抱かせる何かが決め手になる。その何かとして場所や地域の特徴や個性を商品の中に忍び込ませるのは、マーケティング戦略としてはありそうなことである。デザイナーの名前や企業名を前面に押し出すブランドと並んで、場所や地域のイメージにつながるブランドが消費者の気持ちを惹きつける。近年、酒類の原産地呼称や食品の地域ブランドがマスコミなどで盛んに取り上げられている背景には、場所性や地域性に対する人々のこだわりの気持がある。商品を通してその場所や地域に関わりたいという潜在的意識がある。

特定の場所や地域に対する人々のこだわりは、グローバル化していく現代社会の中にあって、一見すると時代に逆行した現象のように思われる。しかし事実はむしろ逆で、１９８０年代末から１９９０年代にかけて東西冷戦体制が終わり、資本主義か社会主義かというイデオロギーで差異を論ずる時代ではなくなった。代わって台頭してきたのが民族や宗教など文化の違いを強調する動きである。違いを強調するあまり、各地で無益な紛争も多発した。この間、多国籍企業による世界市場化が進み、国際的な標準化、画一化の動きも強くなった。インターネットの普及が情報拡散化に及ぼした影響も大きい。流動化が加速する世界の中にあって、人々は自分がどこから来てどこに向かおうとしているのか、不安な気持ちを拭いきれない。そのような中にあるからこそ、溢れかえる商品群の中に場所性や地域性を思い起こさせるものがあれば、懐かしさとともにアイデンティティを確認するアイテムとして惹かれるものを感じる。各地で祭りや伝統的行事を復活させようという動きがあるのは、流動化する社会の中にあって何かにしがみつきたいという潜在的意識を人々が抱いているからである。

第10章

飛騨の鉱山師茂住宗貞と、京・大津の豪商打它公軌

はじめに

飛騨においては、茂住宗貞の名前は広く知られている。神岡鉱山、和佐保鉱山を掘り出した鉱山師で、金森長近の側近くにいて、金森の姓まで与えられた人物として、その名前は鳴り響いている。「神や仏の真似やなるけれど糸屋宗貞の真似やならぬ」などという俗謡にもなっている。茂住宗貞は打它宗貞とも糸屋宗貞とも金森宗貞ともいう。本稿では、周知の名前である茂住宗貞を用いるが、息である豪商は打它公軌の名前で統一する。打它公軌も別名は糸屋十右衛門あるいは糸屋十兵衛という。（図10‐1）

ただ全国的に見たら、茂住宗貞の名前はごく一部の人しか知り得ていないのではなかろうか。むしろその息である打它公軌の方が、近世初期に米を商った豪商として、あるいは京都妙光寺鷲月庵における木下長嘯子を中心とする文化サロンのパトロンとして、あるいは有名な茶道具「味噌屋肩衝」（「栄仁肩衝」）の持ち主として、その名は鳴り響いているのである。

本稿では、謎に包まれた茂住宗貞の履歴を再検討し、今までも問題にされてきた次の各点について論じ、いつどのようにして飛騨の鉱山師宗貞の息打它公軌が、京都、大津に店を構える豪商となっていっていったかという事を中心に考察してみたい。本章は以下の5節から成る。

第1節　茂住宗貞はどこから来たか
第2節　茂住宗貞はいつ高山を離れたか
第3節　敦賀移住後の茂住宗貞と息打它公軌の米問屋をつなぐもの
第4節　茂住宗貞の実子打它公軌の資産が窺えるもの

図10-1　茂住宗貞画像
出典:高山市制五十周年・金森公領国四百年記念行事推進協議会編(1986):『飛騨金森史』による。

第1節　茂住宗貞はどこから来たか

まずは茂住宗貞はどこから来たかという事について考えてみたい。これについては、次の二説がある。一説は茂住出身、もう一説は越前の出身という説である。茂住説の根拠となっているのは、柿下広業「茂住宗貞略伝」である（神岡町史、1975）。そこには、次のように書かれている。「飛騨国東茂住ノ豪民ニシテ糸屋彦次郎宗貞ト云、天正十七年乙丑年国主金森長近侯ニ仕へ、姓ヲ賜リ、金森宗貞ト云」。この説は、もともと東茂住に住んでいた豪民であった茂住宗貞を天正十七年に高山藩初代藩主金森長近が雇ったとする説である。これを受けているのが、小高敏郎氏の『近世初期文壇の研究』である（小高、1964）。小高氏は「越前より来住説などの異説を伝えるが、これは柿下氏の説くごとく信ずるに足らぬ」と述べる。ただ、これに関しては、特に越前説を完全に否定するだけの根拠がある訳ではない。また、『敦賀郡誌』も「モト飛騨国東茂住ノ豪民」とし、出生を東茂住の豪民であるとする（敦賀郡、1985）。しかし、多賀秋五郎氏は金龍寺が宗貞の祖先の開基という史料的裏付けがない事から、宗貞がもともと東茂住の豪民であったとする説を否定し、越前出身説を支持する。小高氏は打它家の記録から宗貞の母「慈光院涼照清大姉」が滋賀県高島郡安曇町曹洞宗正法寺の中興開基であり、宗貞の母の位牌がある事を調査し、「（宗貞の母が）おそらくこの地に出で、子春軌（宗貞）が産をなしたので、郷里の正法寺を中興したのであろう」としている。しかし、これは多賀秋五郎氏も述べるように、むしろ宗貞の越前出身説に有利な資料となるであろう。ただ、後年敦賀に移り住んだ事は諸資料より明らかである。宗貞の母が中興開基である高島郡の正法寺は、高山における金龍寺や、後に息打它公軌が中興開基になっている京都の妙光寺などから推して、宗貞が敦賀とともに、高島郡安曇町を一つの拠点にしていた事を指し示している。宗貞がどこから来たのかという説については、多賀秋五郎氏が論じているように、『飛州志』

「金龍寺」の項目に「大永中開基、開山始祖未詳、中興通山林達和尚」とあるように、古くは宗貞の先祖と関わりがない以上、越前から金森長近が来た頃に、一緒に鉱山師打它宗貞を連れて来たとする説の方が妥当であろうと考える。『高原旧事』にも「始め金森法印に陪従して当国に来り」とある（飛騨叢書、１９１４）。前田耕一氏が、「中竜選鉱工場」（福井県大野郡和泉村上大納）に関する解説に「天正年間には大野藩主金森長近が家臣糸屋宗兵衛（茂住宗貞）を金山奉行として経営したといわれている」としている事も、この『高原旧事』の言説を裏付けているものと考えられる。

第2節　茂住宗貞はいつ高山を離れたか

宗貞がいつ飛騨を離れたかという事についても、いくつかの説がある。これも『高原旧事』の「宗貞は元和年中より寛永年中まで天道平といふ所にて銀山切流を成す。始め金森法印に陪従して当国に来り。後雲州候と不和にして天和年中越前大野に帰り病死す」というのがさまざまな問題を含みながらも、おおよその宗貞の履歴を描き出しているものと考えられる。この中で、まず年代を元和から寛永としている部分に問題がある。宗貞は１６４３（寛永20）年には亡くなっており、飛騨に残る文献として確認出来る最後の資料は「宗貞遺書」の１５９９（慶長４）年12月９日の日付だからである。この資料は高原郷横山村古田氏蔵とされ、「慶長四年十二月九日牛役之件に付、宗貞より横山村年寄中へ遺したる真筆なり」とされる。ここから考えると『敦賀郡誌』に示される、１６００（慶長５）～１６０１（慶長６）年頃には既に敦賀に移ったとしている説が妥当であろうかと考えられる。『敦賀誌』にも「東浜町　打它氏始ハ射場町ニ住リ。此町に移れるハ慶長五六年の事成べし」とある。続けて『敦賀誌』には「初代宗貞ハ飛騨国ノ豪士成しが慶長の頃敦賀に来往す。其後越前家ヨリハ船橋新村内にて地方百石を賜り御代々の黒印所蔵せり。京極家よりハ三百石の黒印有。当酒井御家の初ハ三百石賜り当町御代官たり」とある。ここには、敦賀に移ってから、京極家や、酒井家から三百石扶持を賜り、敦賀代官を勤めていた事が記されている。この『敦賀誌』などには「飛騨国ノ豪士成し」とある事から、前節における飛騨国東茂住の豪士たる説を生んだものとも考えられる。確かに、敦賀側からの資料から言えば、宗貞は慶長の頃敦賀に流れて来た東茂住の豪士なのである。なぜ飛騨を離れたのかという説については、先の『高原旧事』の「後雲州候と不和にして天和年中越前大野に帰り病死す」という説が興味深い。もちろん、天和年中は全く年号の誤りである。宗貞の忌日は１６４３（寛永20）年８月22日に85歳で亡くなっている事は息打它公軌に木下長嘯子や松永貞徳が送っている追悼歌などから明白だからである。高山藩初代長近から鉱山師としての才能を買われ重用されていた宗貞が、金森長近の養子である可重《ありしげ》と不和となり、国外に逃れたとする説は、長近の没後、飛騨から宗貞がいなくなっている様子からも逆に類推出来る部分がある。この時期については、１６０８（慶長13）年とする説が多い。すなわち金森長近が８月12日に亡くなると、それを知った宗貞は茂住のわが家に火をつけ、自身は即刻越中へ逃げ、能登へ退いた（『飛騨国中案内』）とする説や、８月24日に邸を発して敦賀に逃げたなどとする説がある。柿下広業「茂住宗貞略伝」も「先是宗貞為法躰、於国主ト隙ヲ生ジ、終ニ禍ノ己ガ身ニ及バン事ヲ察シ、慶長十三年戌申八月廿四日、金百万圓ヲ携へ当地ヲ発シ、越前国敦賀ニ退去ス」とある。１６０８（慶長13）年８月24日、長近の亡くなった直後に、金森可重と「隙ヲ生ジ」た事から逃げ出したという事であろう。多賀秋五郎氏は宗貞の飛騨退去を、１６０８（慶長13）年戌申８月24日とするのは、長近が亡くなった１６０８（慶長13）年という年と、宗貞の命日８月22日（実は８月24日）を複合してこのような説をたてたものかとしている。１７４６（延享３）年に自らの序文を有する上村木曽右衛門満義の『飛騨国中案内』には「宗貞は越前金森という所から来た銀山師で、壮大な屋敷を構え栄華なくらしをしたが、これは金森長近が格別に取り立てたお陰であり、この贅沢な生活を二代可重は深く憎んだため、長近死去をいち早く知るや、屋敷に火をかけ越中を経て能登国へ逃亡した」とする。

後述するが、越中と敦賀とあるが、どちらも正しいのではないかと考える。つまり、まず宗貞は神通川伝いに越中に逃げ、船で能登周りで敦賀に逃げたものと考える。つまり、宗貞は飛騨を逃れる際には、船を使っていたものと考えられるからである。彼が東茂住から持ち出して、息公軌に与えたとされる4万8，000貫（銀1貫125万の計算で600億）のお金は、もともとは東茂住の屋敷に毎日のように積まれたとされる馬7頭分36貫（135kg）の銀であり、馬7頭分で1，333日分、つまり9，333頭分もの銀なのである。つまりまともに考えて一夜で持ち出せる類のものではない。また、この事は後述する息公軌の財力の部分とも合致してくる。それまでに、少なくともこれらの東茂住の宗貞屋敷に積まれた日に馬7頭分の銀は、3年半ぐらいの年月をかけて国外に持ち出されていたものと考えられる。おそらく、1605（慶長10）年に美濃の小倉山城に長近が隠居し、高山藩の実権を可重が握る事になったタイミングか、あるいは1600（慶長5）年の関ヶ原の戦いのタイミングで、宗貞は敦賀に逃れ、代々の小浜・敦賀の為政者に仕え、敦賀代官に収まっていったのである。これについては茂住修史氏も、宗貞が飛騨へ来たのは、早くて1586（天正14）年、遅くても1588（天正16）年、可重との関係から飛騨を退去するのは、早ければ、関ヶ原の戦の後金森家2代目可重が飛騨支配の実権を握る1601（慶長6）年、遅くても長近が死去する1608（慶長13）年とし、宗貞の飛騨滞在は13～22年間という短い期間であった事を指摘している（茂住修史、2016）。茂住氏は1587（天正15）年から1605（慶長10）年までの18年間なのではないかと考えている。私は後述するように、退去の時期を1600（慶長5）年頃とし、それ以前に実子打它公軌の米問屋の仕事を軌道に乗せる為、船で越前や東北の米を仕入れ京都大津で売る為のルートを確立していたものと考えている。

第3節　敦賀移住後の茂住宗貞と息打它公軌の米問屋をつなぐもの

『衆臣家譜』に記されているように、宗貞の実子打它公軌が木下長嘯子とともに中院通勝の弟子にもなっているとしたら、通勝は1620（慶長15）年には亡くなっている訳であるから、1618（慶長13）年頃までには、敦賀に逃れ、公軌を京都に歌道修行に行かせていなくてはならない。長近が養子可重に高山城を与えて隠居をするのは、

1605（慶長10）年の事である。関ヶ原の戦いを一つの節目と考え、才覚のある商人として今後の時勢を見極めるつもりで故郷に帰ったと考えると1600（慶長5）年には敦賀に逃れたとも考えられる。

公軌が1639（寛永16）年に再興した妙光寺には、公軌自身の庵鷲月庵があった。養子可重に勘当された息子金森宗和が推挙して、仁和寺の前に開窯した野々村仁清の墓も、この妙光寺にある。妙光寺は1650（慶安3）年までは存在した金森長近の京都御所南の別荘にも近い。またそこから少し西、二条城の北にあり聚楽第跡地に建てられたとされる公軌の住宅にも近いのである。宗貞は長近の元を離れたものの、必ずしも長近とは悪い関係にはなっていなかったのではないかと考えられる。

さてここで、先の茂住修史氏の論文で指摘されている次の事実が着目される。1598（慶長3）年の豊臣氏の検地帳で確認出来る秋田の蔵入米が、金山経営の食料として、また産金を買い上げる原資として、一部では城下町で売り払われ全て換金の上運上されたと茂住氏は指摘している。この東北の米は、この当時までに作られていた航路（秋田～敦賀、小浜）を通して敦賀にもたらされ、小湊で陸揚げし、琵琶湖から舟で大津に送り、また陸送して京阪に送られた。そして、江戸には、さらに大坂から舟で運ばれた。そして、その際には、敦賀、小浜を経由して、京都、大坂に米が運ばれた。この輸送形態が、1598（慶長3）年の豊臣氏の検地帳で確認出来る豊臣政権時代から、1672（寛文12）年、河村瑞賢によって西廻海運が確立されるまで少なくとも74年ほどの間は続くのである。これは、打它公軌が米商人として大津や京都で大豪商として成功を収め、公軌の息景軌が、妙光寺内に印金堂や、人丸堂などを建てる期間とも合致している。河村瑞賢の西廻海運が確立されて以後は、敦賀から大津を経て、京阪へというルートは廃れていく事になる。打它公軌は明らかにこのルートにより財をなした富商であり、それは、その子景軌が1670（寛文10）年に没するまでは続く。ただ、景軌も妙光寺に「印金堂」を建てた頃までは良いものの、『町人考見録』によると公軌が亡くなった1647（正保4）年から程なく、島津細川両家への大名貸しへの貸金が滞り、家産が傾くと小高氏『近世初期文壇の研究』は考察している。しかし、景軌の息打它光軌が、相馬中村藩にその後歌学方として雇われている所を見ると、景軌が没するまでに家産が傾いた事を示す資料はこの『町人考見録』の記述以外には見いだせない。『図説福井県史』というウェブサイトには次のように記されている。

江戸時代を通じて敦賀で第一の家格を保持した家である打它氏は、飛騨の金森氏に仕え、茂住銀山を支配する金山奉行を務めた宗貞が江戸時代の初め敦賀に来住し、秋田藩の蔵宿を務め年貢米の輸送や売払いにあたり、また幕府が秋田藩に賦課した軍役板を出羽能代から敦賀まで運んでいます。さらに加賀藩が能登で行った塩の専売を一手に引き受け、また福井藩ついで小浜藩の敦賀代官にもなりました。

つまり、これによると、茂住宗貞は初めの内は、秋田藩の年貢米を蔵宿として扱ったという事である。すなわち、豊臣時代、産金の為の蔵入米が市場で売られていた事に宗貞は早い内から目をつけており、豊臣秀吉が亡くなった1598（慶長3）年8月18日以後、関ヶ原の戦いがあった1600（慶長5）年9月15日までの政治的空白期間に、秋田の蔵入米を敦賀において蔵宿として扱う所まで持って行ったものと考えられる。

さて、このように考えてくると、さまざまなキーワードがつながって一本の線となる事に気づく。つまり、東北→敦賀・小浜→大津→京都という海運の道筋と、茂住宗貞が関わるその意味が見えてくるのである。

①豊臣時代、産金の為の秋田の蔵入米（東北の米）、宗貞が産金の為扱った北陸の米
②敦賀代官としての打它宗貞
③打它宗貞の養子打它伊兵衛の実父であり、大津代官や畿内各地の幕府領の支配をしていた小野宗左衛門
④大津では糸屋十兵衛、京都では糸屋十右衛門として日本海側の米を大津や京都で売る米問屋として豪商となった宗貞の実子打它公軌

更にここに次のようなキーワードをも加える時、点と点がつながり、一つの線となってしまうのである。

⑤木下長嘯子の高弟でありパトロンである宗貞の実子打它公軌
⑥小浜後瀬山城主としての木下長嘯子と米の輸送経路としての秋田〜敦賀・小浜

敦賀時代以後の茂住宗貞の方法から考えると気がつく事がある。それは明らかに京極家や酒井家など小浜藩の為政者と結びついた政商であるという事である。木下長嘯子は、1600(慶長5)年に伏見城を放棄して家康を怒らせるまでは、若狭小浜後瀬山城8万1，500石の城主だったのである。この後茂住宗貞が、長嘯子の跡を継いで小浜城の主となった京極高次や、更にその後を継いだ酒井忠勝にそれぞれ三百石取で仕えている様子から逆に類推すると、宗貞は長嘯子が若狭侍従の時代からつながりがあったのではあるまいか。豊臣秀吉の甥であり、聚楽第の歌人だった時代から、金森長近の関係で面識を持っていた可能性がある。金森長近の伏見城時代の隣人は、長嘯子の実弟小早川秀秋だった。宗貞は、長近に気に入られ、金森姓まで名乗る事を許されていた事から、秋田において金山経営の原資となっていた蔵入米の存在の事を、自ら飛騨の金山奉行としての役割の上からも知っていた事であろう。そして、豊臣時代の内に確立されていた北前船の航路(秋田・酒田~敦賀・若狭)により、東北北陸の米を敦賀、小浜まで運び、小湊で陸揚げして、大津まで運び、京阪で売るという、後の息子公軌の米問屋のシステムを既に確立していたものと考えられる。それは、自らが敦賀代官におさまった意味からも逆に類推出来る。ただ、後にあげる1682(天和2)年における打它家の敦賀での米商売の中には、秋田米は入っておらず、越前勝山、越前福井、越前村上、越前長岡など宗貞が出身であったと考えられる越前国が大半を占め、それに他の人と共同で最上山形や羽州庄内にも関わっているという事業のあり方が見えてくる。つまり、秋田の蔵入米が金を掘り出す為の資金に使っていたという情報は、この米商売を確立する上での参考になったものと考えられるのである。また、北前船の里資料館編の『日本海の商船、北前船とそのふる里』に拠ると、当時の封建制度は、年貢の米だけで武士達の生活は成り立つものではなく、米の大消費地(京・大坂・江戸)で金に換え、その金で武器や衣服、その他の必要な物資を手に入れていた(加賀市教育委員会、1991)。その為諸大名は大坂に蔵屋敷を置き、各地からここに米を回送したとしている。『難挙白集』にも「(公軌の)父(宗貞)は越前敦賀住人彦次郎といひて、いやしき民の幸ありて、とみさかへ商人となりしよねや(米屋)」とあり、『町人考見録』にも「越前敦賀の津の者にて、元来かの湊にて商売致し(一本作米商売)、大坂廻しの米にて年々仕合し」とある。つまり、これらの記述からも、茂住宗貞の頃から米屋の商売の基礎を確立していたという事が見えてくるのである。これらの資料を受けて、小高敏郎氏は、「かくて旧稿では、打它家は、春軌（宗貞）のころから交通の要地たる敦賀という地の利を得て、裏日本方面の米を大坂に回して産をなした、慶長頃の成上がり富商の一典型と考えた」としている（小高、1964）。

後に長嘯子のパトロンとなった打它公軌が、鳴瀧妙光寺を再興した時に、長嘯子を招く為に鷲月庵を建てる（図10‐2）。その鷲月庵に集う当時の文化人の中には、先述したように長近の後を継いだ二代目可重から勘当された金森宗和（金森重近）に推挙され御室仁和寺前に開窯した野々村仁清の墓もこの妙光寺内にある。宗和が父可重から勘当されたのは、1614（慶長19）年、三十歳の時、大坂冬の陣があり、宗和も父について豊臣秀頼を討つ為出陣しなければならない所、参戦を拒否した事がきっかけとされる。金森宗和は、1614（慶長19）年以後、京都に出て小堀遠州と交流する事から、姫宗和という独自の茶道の流派を開いた。小堀遠州と木下長嘯子とは親しい関係にある。

このように考えてみると、徳川時代に家康を怒らせて領地を召し上げられてしまった後の長嘯子の生活面をパトロンとして支え、長嘯子の家集まで出版した打它公軌の行動の裏には、政商としての父茂住宗貞が豊臣時代の内に受けた恩が関係していたのではないかと考えられるのである。すなわち、豊臣時代には既に東北から敦賀・

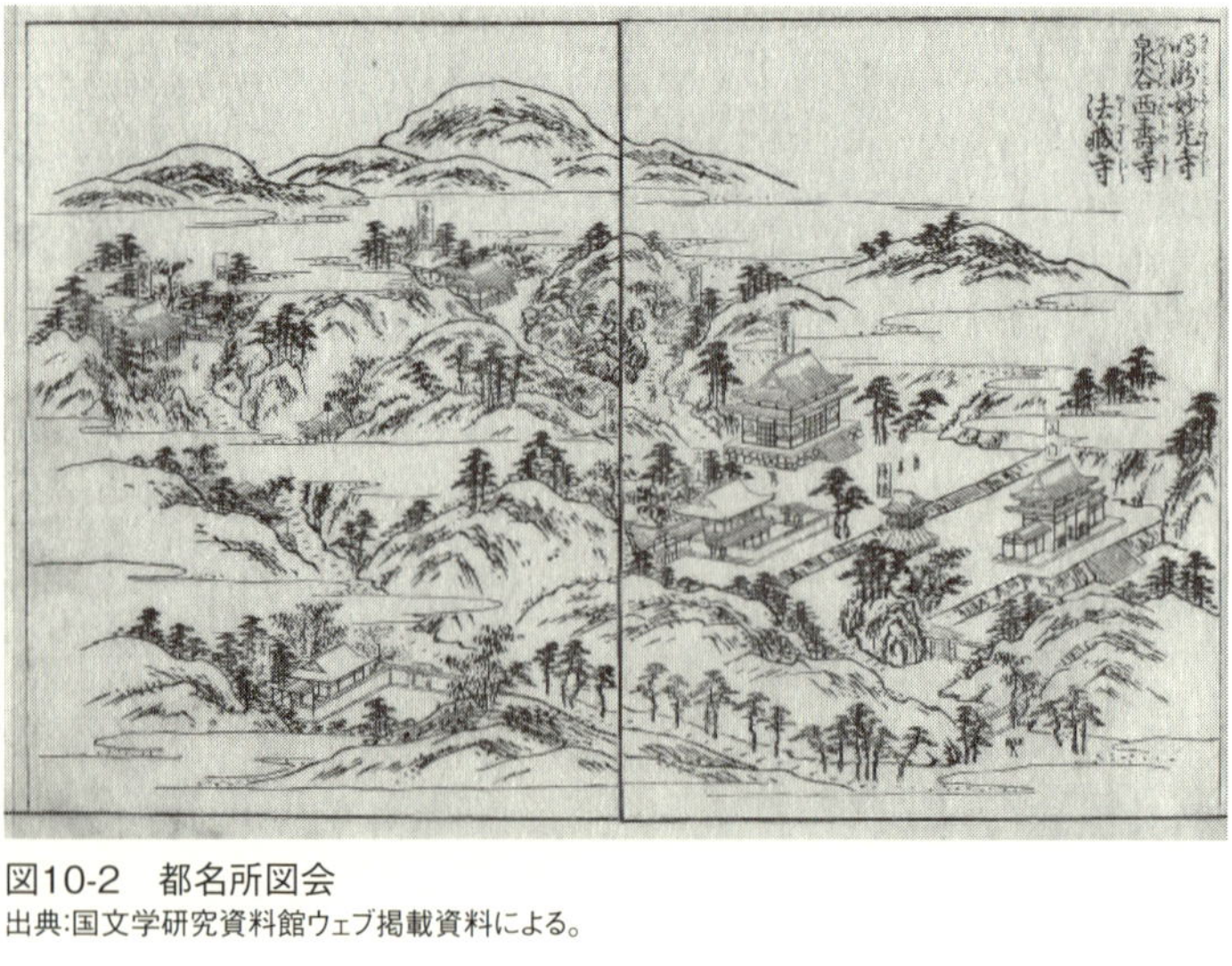

図10-2　都名所図会
出典:国文学研究資料館ウェブ掲載資料による。

小浜への船のルートは確立されており、そのルートを使って宗貞が米問屋の商売の基礎を確立した事は、時間を逆に遡って考えると確実に言える事である。金森可重と不仲であった為に、家に火を放って逃げたとか、茂住宗貞の人生はさまざまな逸話に彩られている。実際にその後京都に出て長嘯子門の文化人として、あるいは米を商う豪商として活躍している実子公軌の姿を見るにつけ、茂住修史氏が紹介している豊臣時代に秋田の蔵入米が金山経営の原資として市場に売られていた事が気になるのである。1599（慶長4）年12月までは、飛騨に牛請状が残っていて、宗貞も飛騨で活躍していたと考えられるが、その後1600（慶長5）年に関ヶ原の戦いがあってから、河村瑞賢により西廻航路が確立される1674（寛文12）年までの約74年間、結果的にいえば打它家が、東北地方や北陸の米を仕入れ、宗貞自らが敦賀代官として敦賀を通過させ、その養子の実父である小野宗左衛門が大津代官として更に大津でこれを通過させ、大津や京都で宗貞の息公軌が店を構え、米の商売をしていたという事になるのである。秋田で金山経営の資金として米が使われていたように、宗貞も銀山経営の為に、米などの物資を越中から運んでいたのであり、米を金に換えるためには、他の大名がやっていたように、京都、大坂、江戸で米を売らなければならなかった。つまり、鉱山経営の延長線上に米問屋としての商売はあり、実際に息打它公軌は京、大津で米問屋としての商いを成功させている訳である。先述した通り『衆臣家譜』に記される、宗貞が、息公軌に渡したとされる白銀4万8，000貫目は、銀一貫を125万円として現代のお金に換算して、600億円にあたる。少なくともこれを原資にして、東北や北陸の米を買い付ければ、大津、京都、大坂などで大商いが出来る訳である。この元になったのは、やはり『茂住宗貞略伝』に記載されている神岡鉱山の茂住宗貞の屋敷に毎日積まれていた七駄（馬7頭分）の銀であろう。この近くには銀の精錬所があったとされるから、庭に積まれていたのは、精錬された白銀七駄であったものと考えられる。一駄は135kgであり、一貫は3・75kgである。つまり毎日252貫分（945kg）の白銀が邸宅に積まれていたものと考えられる。また先述した銀一貫125万円という計算から言えば毎日のように3億1500万円相当の銀が宗貞の家の庭に積まれていたという事である。宗貞の邸の下には、神通川につながる流れの急な高原川があり、高山藩のある高山からはかなりの距離が隔たった山中であった（写真10‐1）。

宗貞邸の前に流れる高原川は、神通川の水系であり、富山湾に流れ込んでいる（写真10‐2）。『神岡町史　史料篇下』には、宗貞がこの高原川の東岸を利用し、様々な物資を運んでいた事が記されている。（写真10‐3）『神岡町史』には、以下のように記されている（神岡町、1975）。「牛ヶ増・東猪谷は神通川すなわち高原川の東岸の村々であり、飛騨へ入るには東猪谷から千貫桟を経て横山へ出て、荒田口番所を通り、東茂住（江戸時代銀山村という）・東漆山を経て船津町村へ出る街道で、文禄から慶長にかけては、神通川東岸の交通路がさかんに利用されていたことがわかる。これは茂住銀山・和佐保銀山がさかんに稼業、金森長近に重用された稀代の鉱山経営者茂住宗貞の活躍した時代であるから、鉱山で消費する物資として越中から米・塩・肴・酒・雑貨・鉄物類が牛の背に積まれ、この街道を経て多量に輸入されたことであろう」。この記述を見ると、東茂住から越中までは、牛の背を利用し、物資が運

写真10-1　茂住宗貞邸
出典:著者撮影

写真10-2　茂住宗貞邸前を流れる高原川
出典:著者撮影

ばれていた様子が描かれている。この事から推して考えると、宗貞の庭にうずたかく積み上げられた白銀は、普段から越中との間をやりとりしている牛を用い、あるいはもう少し下流からならば、船を用いればそれを持ち出すのはたやすい事であろう。宗貞がもし、後の米問屋の商売で使う船を１５９８（慶長３）年の時点で手に入れ、秋田で豊臣家の金山を掘り出す為の蔵入米の事を知っていて、自らも産銀の為として、東北の米や、近郊の越中や越前の米を扱い、そして、後にパトロンとなる木下長嘯子と、小浜後瀬山城主時代から面識があったとすると、秋田→小浜→高島→大津→京都→大坂というルートで米の商売が出来る訳である。敦賀じたいは木下長嘯子が若狭侍従時代はまだ小浜藩の領地ではない。小浜藩の領地となるのは、京極家二代目の京極忠高の時代である。しかし、小浜から琵琶湖へ抜けるもう一つのルートである琵琶湖沿いの町高島には、先に見たように宗貞の母が中興開基になっている正法寺があるのだ。宗貞が小浜から琵琶湖へと通じた先、琵琶湖畔にある高島をも一つの拠点としていた事はほぼ間違いあるまい。

　宗貞が可重との関係が悪くなり、家に火をつけ逃げたとする逸話がある程度真実だったとしても、一晩で宗貞が公軌に渡したとされるだけの量の銀4万8，０００貫（１８０トン）を持ち出す事は不可能である。その後の商売のシステムを考え、木下長嘯子のパトロンとなった関係を考えると、豊臣時代から、金を掘り出す原資として東北の米や越中、越前の米に宗貞は目をつけており、小浜後瀬山城主時代の長嘯子に近づいていたのではなかろうか。そして、越前や越中の米を中心に、若狭や、正法寺のある高島を経由して、大津京都大坂

写真10-3　対岸から茂住宗貞邸を臨む。山の中腹に茂住宗貞邸跡が見える。
出典:著者撮影

で売るというシステムを豊臣時代の内に確立していたものと考えられる。先の『衆臣家譜』の記述の中で、息公軌は4万8，000貫の白銀を渡され、長嘯子や中院通勝の弟子になったと書かれている直後に気になる記述がある。それは、次の箇所である。「居住聚洛城之旧地於又嵯峨鳴滝正覚山妙光禅寺」。この部分の記述で、「聚洛城之旧地」に住んだというのは、小高氏の述べるように没落してから聚楽の地に移ったのではなく、豊臣時代の内にこの地に移り住んだという事を指し示しているのではないだろうか。聚楽第は1586（天正十四）年から1595（文禄4）年まで、わずか10年ほど建っていた城であり、豊臣秀次滅亡後は破却されてしまう。打它公軌は聚楽城破却直後である1595（文禄5）年から二条城の建つ1603（慶長8）年までの間に、この地に住居を持ったと考えるのが妥当であろうと考えられる。小高氏は、没落してからここに移り住んだというが、それは、打它公軌が1647（正保4）年に亡くなった後であり、打它景軌が島津家や細川家への大名貸しを焦げ付かせてしまった後という事になる。しかし、その景軌の長男光軌は中院通茂の高弟として、その後相馬中村藩に歌学方として雇われていく事を考え併せると、景軌が没落した後に聚楽城跡に移り住むという想定は年代的にも考えられない。また、徳川時代になって月日もたつその頃、「二条城」をも含むその地を「聚洛城之旧地」とは呼ばないのではないだろうか。やはり、『衆臣家譜』が、その地をそのような表現で示すのは、1595（文禄4）年の聚楽城破却から、さほど時間を置かない時期だったと考えるのが妥当であろう。すると、聚楽城跡に打它公軌の住居があったのは、1600（慶長5）年以前、豊臣時代の内の事であったものと考えられるのである。この頃、主人である金森長近の御所南の別荘地に程近い場所に、茂住宗貞も別荘を構え、東北北陸から敦賀、小浜を結ぶ航路を使い、若狭小浜城主であった木下長嘯子（当時の名前は木下勝俊）に近づき、あまる銀を用いて、敦賀、高島、大津、京都に米問屋の商売の為の拠点を作り、後の大豪商となる米問屋糸屋十右衛門（大津では糸屋十兵衛）の礎を確立したと考える方が理にかなっている。そのように考えると、公軌が1599（慶長4）年に丹後国舞鶴から正親町天皇の勅勘から帰ってきた中院通勝の弟子になる事との整合性もあうし、また木下長嘯子との接点がもう少し早い時期からではなかったかという事も見えてくる。直接的ではなく、間接的にしても、秀吉が亡くなった1598（慶長3）年8月から、1600（慶長5）年までの政治的空白期に、茂住宗貞にとっては、小浜という日本海における交易の拠点になる場所を政治的にも掴んでおきたかったのではないだろうか。中院通勝は1610（慶長15）年には亡くなってしまう訳であるから、打它公軌が、京都において中院通勝と木下長嘯子の弟子になったという『衆臣家譜』の記述通りだったとすれば、1599（慶長4）年から1610（慶長15）年頃までの間という特定が出来るのである。その上で、先の「聚洛城之旧地」という事を考え併せ、茂住宗貞が飛騨の地を離れ、敦賀の地に移るという事との関連で考えると、1599（慶長4）年12月以後、聚楽城跡地に二条城が作られる前、1603（慶長8）年より前の年に、少なくとも「聚洛城之旧地」に打它公軌の屋敷は作られ、その頃には、『稚狭《わかさ》考《こう》』に従えば「中立売新町」、『町人考見録』に従えば、「烏丸三条下ル町」にあったとされる京都の店も作られていたものと考えられる。「中立売新町」は、御所の西隣、公軌の別荘があったとされる「聚洛城之旧地」の東隣、金森長近の京都の屋敷の北西の地を占めており説得力がある。また、『町人考見録』にある、「烏丸三条下ル町」に店があったという可能性も捨てきれない。この地だと公軌の屋敷があったとされる二条城からは南東、御所南の金森長近の別荘からは南隣の地にあたる。こちらの方が鴨川に近く、東北の米を敦賀・小浜、大津経由で京都に運んでいる事を考えると、この「烏丸三条下ル町」の店の方にも説得力がある。あるいはその両方に店をもっていたという事も、打它公軌の豪商ぶりから考えれば、充分に考え得る。『敦賀誌』には、「宗貞実子良亭は京大津等に居を占めて家をつがず」とだけある。宗貞は金森長近に、金鉱山を掘り出す為の原資にするという秋田の蔵入米の例を出して、飛騨の鉱山を掘り出す為にも原資が必要だと説明したのではなかろうか。あるいは他の諸大名もやっていたように年貢の米を金森の許可のもとで京大坂で売っていた可能性もある。そこで豊臣時代以前には既に確立されていた北前船の航路を用いて、市場で売られていた東北の米、あるいは北陸の米を、敦賀、若狭を経由して大津、京都で店を構えている公軌に商売をさせて売らせたのだとすると辻褄があうのである。その為、大津代官であり、畿内各地の幕府領の支配をしていた小野宗左衛門の息子を自らの養子にして、敦賀代官を嗣がせたという事なのであろう。その事により、宗貞は、息公軌の米商売の為の拠点である敦賀、大津をおさえる事にもなったはずである。すると、おそらく東北や北陸の米を買う為の原資として利用されていた神岡鉱山の銀が、茂住宗貞が立ち去った後には見る陰もなかった事とも整合性が取れるのである。

第4節　打它宗貞の子打它公軌の資産が窺えるもの

以上の事は、宗貞の息打它公軌の資産内容からも十分に裏付ける事が出来る。公軌の資産の片鱗は以下のような資料から窺い知る事が出来る。まずは、木下長嘯子が打它公軌に再興を依頼したとされる鳴瀧妙光寺とその傍らに建てた鶩月庵である。『敦賀誌』には「慶金一万両と云つたふ」とある。慶長小判で1万両というと、慶長金1両10万円として、現在のお金に換算して10億円である。この妙光寺を再興した時の記念として公軌が俵屋宗達に描かせたのが「風神雷神図屏風」である。その為、江戸中期までは、この屏風はこの寺にあったのである。すると、この宗達の「風神雷神図屏風」の模写をした尾形光琳は、妙光寺においてこの宗達の屏風を敷き写ししたのであろう。尾形光琳の弟乾山に陶芸技法を教えた野々村仁清の墓はこの妙光寺内にある。宗達に描かせた代金も含め「慶金一万両」の内という事なのであろう。これに関連して、『稚狭考《わかさこう》』には、「東山の藻虫庵、鳴瀧の鶩月庵、皆長嘯子の為に打它氏の建たるなり」とあるから、公軌はこれだけではなく、長嘯子の為に東山に「藻虫庵」という庵も建てていたようである。また、『敦賀誌』には、大津西宮石鳥居も打它公軌の寄付であると記される。

公軌はまた茶道具に関しても良いものを持っていた。松永貞徳の家集『逍遙集』には、家隆の軸、人麿像を公軌が所持していた事を伝えている。この人麿像とは人麿影供の為のものであると考えられ、公軌の息景軌はこの人麿像を安置する為に妙光寺に人麿堂を建立している。この人麿像は三重県津市にある石水博物館も所蔵している。伝頓阿作とされるものであり、全国でも数体は確認出来る（写真10‐4）。白河市歴史民俗資料館保管になる人麿像の説明には「鎌倉末期に、和歌三神の一つとして崇められている摂津一の宮住吉大社に、百体あるいは三百体の柿本人麻呂像を彫り奉納したと伝えられている。それらの像は、杉の白木で長さ5寸5分といわれ、その特徴はすべて頭部を差込式として首が抜けるものであるが、現在は京都知恩院蔵ほか全国で数体しか確認されていない」としている。たしかに写真を掲載させていただいた石水博物館蔵の人丸蔵も長さ16・5糎（5寸5分）であった。また、松平定信編『集古十種』（古画肖像三の部）に、「柿本人麿像陸奥國白川鹿嶋社蔵」として、鹿島神社にもこの人麿像が収蔵されている事について触れられている。『玩貨名物記』（石水博物館蔵）という茶道具の名品が収録されているものにも、公軌が「家隆の懐紙」を持っている事は伝えられている。貞徳の『逍遙集』の記述をも併せ考えると、この懐紙は軸装されていたのであろう。

『玩貨名物記』には、「家隆懐紙　九品和歌の内と云々　糸屋良亭」の他、「ゑんにん肩つき　京糸屋良亭」とあり、それらも所持していた事が記されている。これについては、『古今名物類聚』の唐物肩衝の茶入の部にも「ゑいにむ肩衝　糸屋良亭」として公軌が持っていた事が記されている。この唐物肩衝は『敦賀誌』に見える「味噌や肩衝の茶入」の事であろう。この「味噌屋肩衝」は一時「亀屋栄仁」という人が所持していた為、「栄仁肩衝」とも呼ばれる。この肩衝の伝来は、味噌屋某から徳川秀忠に渡り、家康と近く、関ヶ原の合戦以後、京都の町方支配をした亀屋栄仁の手に渡った後、公軌の手に渡った。その後大坂の鴻池善右衛門所持となって現在に至っているのである。『敦賀誌』には「味噌や肩衝の茶入を金千枚にて買得せり。其より糸屋肩衝と数奇者流に云伝ふ」と書かれている。「金千枚」とは慶長金千両の事と考えられ、現在のお金に換算するとおよそ1億円である。『町人考見録』巻上「糸屋十右衛門」には「二代重（ママ）右衛門能道具共を持事数多也」とあり、公軌が亀屋何某（長崎問屋亀屋栄仁）の味噌屋肩衝茶入を金千枚で購入した時、この

写真10-4　石水博物館蔵 伝頓阿作 人麿像
出典:著者撮影

代金を車に積んで白昼引き廻り受取りに行った事が批判的に書かれている。この話は井原西鶴『日本永代蔵』巻6の5「智恵をはかる八十八の升掻」にも「都の長者は、金銀の外、世の宝となる諸道具を持ち伝へたり」として「亀屋といへる家の茶入ひとつを銀三百貫に糸屋へもらふ事あり」と描かれている。ここでは亀屋が「三百貫」（銀1貫125万円で、3億7500万円）で「栄仁肩衝」を「糸屋」に譲り渡した事が記されている。『町人考見録』の3・7倍の値段になっているが、銀で支払われている辺り、西鶴の記述の方がリアリティがある。この事は京都故実研究会のホームページ「江戸時代の貨幣価値と物価表」において「数奇者絲屋十右衛門　お茶入」として「5，000両」すなわち3億3，000万円の値が記されているので、この『日本永代蔵』の記述と近いという事が出来よう。

また、鶴見大学所蔵の伝後京極良経筆『和漢朗詠集』（巻子二巻　鎌倉時代写）には、「承応二暦三月上旬古筆了佐（琴山）（花押）打它十右衛門殿」という琴山の打它公軌に宛てた極書がある。これも打它公軌所蔵であったものであろう。これに加えて、打它公軌が1647（正保4）年に亡くなるまで、編集に関与し、後を自分と関わりの深い山本春正と息打它景軌に任せた木下長嘯子の1649（慶安2）年刊の家集『挙白集』もやはり公軌が出資したものと考えられる。ただし、『挙白集』は山本春正の花押がある私家版の1649（慶安2）年版だけが本物であり、1650（慶安3）年版は、紙の質の悪い覆刻の海賊版である。1650（慶安3）年刊の『難挙白集』には「門人敦賀の打它父子、諸国に尋ねて記しける集なりとぞ」と記される。『難挙白集』の覆面の作者は事情に詳しい人物らしいので、この記述は参考になる。「門人敦賀の打它父子」というのは、公軌、景軌親子の事ではなく、茂住宗貞、打它公軌父子の事であろう。つまり茂住宗貞も面識があっただけではなく、長嘯子の門人という形を取っていたものと考えられる。また、かなり早い時期から、詠み散らしていろいろな人に与えていたであろう長嘯子の和歌を諸国に訪ね歩いて収集していたものである事もわかるのである。1643（寛永20）年序刊の『惺窩文集』の版下は能筆だった打它公軌によるものである事が、惺窩の息冷泉為景の『惺窩先生倭歌集』（宝永20年9月）の序文から知られる。『惺窩文集』は、漢詩は林羅山、和歌和文は木下長嘯子の編である。この版下書を公軌がなしているという事は、この本に関しても出資者は公軌と考えて良いであろう。

木下長嘯子も二つの有名な茶道具を持っている。大名物の靫《うつぼ》肩衝と木下丸壺である。靫肩衝は足利義政から細川家代々が受け継ぎ、細川三斎が豊臣秀吉に献上したものが長嘯子に下賜されたもので、長嘯子はそれを家臣堤半弥に譲り、尾張徳川家に献上した事から現在徳川美術館に伝わっている。また、中興名物の木下丸壺は木下長嘯子から土屋政直に渡り、後は若狭酒井家代々が所有して、伯爵酒井忠道へ渡ったとされるものである。土屋政直については次節で触れるが、木下長嘯子と土屋政直の間には、時間的開きが大きすぎ、この間に一人挟まないと、この伝来はおかしいものと考える。これが可能なのは、長嘯子が自ら制作させたものをパトロンである打它公軌に譲り、公軌が次男治軌に譲り、後にそれを治軌が自らが仕えた老中土屋政直に献上したというのが、最も説得力のある伝来であるものと考えられる。

第5節 打它宗貞の子孫と老中土屋政直の周辺 ―資金の逃避と幕府の追跡―

さて、この茂住宗貞が掘り出し、その後持ち出したものと考えられる神岡銀山、和佐保鉱山の白銀などはその後幕府に目をつけられなかったのだろうか。その持ち出した金額は諸説あるにせよ、家に火をつけて一夜にして逃げたという逸話のあるように、その宗貞が白銀を持ち出して飛騨から逃げ出したとすれば、その後幕府の追手が来ても良さそうなものである。宗貞が掘りあてた時代には、東茂住の山中には数千人の人が集まり遊郭もあった賑やかな町であったとされるから、隆盛だった事を知っている人々から噂は伝わり、後々探索の対象とされないはずはない。また前節末尾において触れたように、これを探索したと考えられるのは、老中土屋政直と、その親族久留里土屋家であるものと考えられる。すると、木下丸壺を打它治軌から渡されることにより、打它家の資産に関する情報の一端に土屋政直は既にふれていた事になるのである。

茂住宗貞の資産の逃避はある意味では、時代の間隙をついたものではなかったろうか。1598（慶長3）年8月18

日に豊臣秀吉が亡くなり、1600（慶長5）年には、天下分け目の関ヶ原の戦いがあった。そして確実に宗貞が茂住にいた事がわかる資料は、1599（慶長4）年12月9日の『宗貞遺書』「牛役之件に付、宗貞より横山村年寄中へ遺したる真筆なり」とされる資料である。ここから、先述の通り、1600（慶長5）年には、既に敦賀に移ったとする説もある。少なくとも、養子金森可重が実権を握る1605（慶長10）年には、敦賀に移っていたものと考えられる。筆者は先に書いた通り、1600（慶長5）年には、既に敦賀に移っていたものと考えている。これは先述した通り、打它公軌が京都の「聚洛城之旧地」がに別荘を持っていたのは、二条城が建設される1608（慶長8）年以前と考えられるからである。つまり、金森長近の全幅の信頼を得ている内に、次世代の公軌の米問屋の為の拠点作りを着々と進めていたものと考えるのである。それは、1600（慶長5）年以前の「聚洛之旧地」金森長近別邸にほど近い場所に屋敷を持つ行為であり、後の公軌との関係から類推される小浜後瀬山城主木下長嘯子とのつながりを持つ行為である。そして、それはすなわち東北地方や北陸地方の米を、小浜、高島を経由して大津に船便で運び込むルートの確立にもつながる。金を掘り出す資金としての秋田の蔵入米の存在を知る事が出来た事に関しても、越中から神岡鉱山への米を含む物資を運ぶ高原川東岸のルートの確立などを考えても、この事業を軌道にのせる事が出来たのは、打它公軌自身ではなく、父親の茂住宗貞であるものと考えられる。

1682（天和2）年成立の古記録『遠目鏡』（福井県郷土誌研究会、1959）に、「諸大名登米高附」として、敦賀の蔵宿や登米高が記されている。ここに蔵宿名として打它伊兵衛の名前が見える。これはもちろん宗貞の養子で敦賀打它家を継いだ人物であろうが、これにより米を扱っていた国名と登米高を窺い知る事が出来る。打它伊兵衛が関わってたのは、越前勝山30，000石、越前福井10，000石、越前村上10，000石、越前長岡10，000石、最上山形3，000石、羽州庄内10，000石である。この内越前勝山と越前福井の40，000石に関しては、打它伊兵衛が独占的に取引を行っている。最上山形3，000石をともに蔵宿として商売をしているのは、『おくのほそ道』の旅の折、芭蕉を「種の浜」に案内した人物天屋五郎右衛門（俳号玄流）である事は注目に値する。1石1

両（10万円）で計算すると、打它伊兵衛が独占的に取引をしている分だけで４０億分の取引となる。ただ、その商売の石高から見えてくるのは、米商売だけでは、宗貞が公軌に渡したとされる６００億には到底及ばないのである。つまり、宗貞が公軌に渡したお金の内の多くは、実際の所神岡鉱山や和佐保鉱山から持ち出した白銀だったものと考えられる。

公軌が編集した『挙白集』の中には、長嘯子自身が茂住宗貞と接触があり、宗貞の事を詠んだ次の歌が掲載されている。

こしの国なりける公軌の父にかきてつかはしける
時々は磯こす波のおとづれて浦路しづかに月ぞふけ行
（『挙白集』１０２７番歌）

この歌は、宗貞に対する挨拶歌であり、敦賀にいる公軌の父宗貞に時々は訪れて下さいよという事を、宗貞が使うであろう敦賀や琵琶湖の船路にかこつけて詠んだものと考えられる。この歌については『難挙白集』では次のように批難されている。「是こそ前にいへるつるがの彦二郎なれ。一世しづかにはなき者にてありし。翁不案内の故にや」。『難挙白集』の覆面の作者尋旧坊はどうやら、茂住宗貞の事を知っていたようである。宗貞はやはり京でも有名な人物であったのだろう。それは、この歌には似つかわしくなく、豪快な人物であったものと考えられる。それを長嘯子は知らないのだろうかなどと批判しているのである。『難挙白集』には、これ以前に公軌を紹介する箇所で、次のように宗貞を紹介している。「越前敦賀住人彦次郎といひて、いやしき民の幸ありて、とみにさかへ、商人となりしとかや」。ここでも宗貞は「商人」として描かれ「鉱山師」として記されていない事は着目に値する。長嘯子は、宗貞が１６４３（寛永20）年8月22日に85歳で亡くなった時にも、次の追悼歌を詠んでいる。

こしの国なりける父の身まかりける時余哀とぶらはんとて公軌がもとにつかはしける
はかなさをよそにはぬれぬ袂哉ただ老らくは身の上にして
（『挙白集』１７３０番歌）
けいの海やあとのしら波立ちわかれこぎ行く舟に世をながむらん
（『挙白集』１７３１番歌）

これも、「けいの海や」歌に見られるように、長嘯子にとっての宗貞の印象は、敦賀気比の海から、白浪を立たせながら船に乗ってこの世を旅立っていくという印象だったのであろう。松永貞徳の『逍遙集』にも宗貞への追悼歌がある。貞徳も宗貞と面識があったものと考えられる。

公軌おや宗貞、越前にて身まかりける時よみてつかはしける

みちの口たけふのこうにとどまりてながくこしぢの哀おやなし

（『逍遙集』２６１３番歌）

貞徳の歌は平安時代の『催馬楽』に「道の口武生の國府に我はありと親に申したべ心あひの風」という歌を本歌取りしたものである。『催馬楽』の方では、自分が越前の武生の國府にいる事を「心あひの風」に呼びかけて、自分の親に伝えて欲しいという意であろうが、貞徳の歌は、宗貞が越前の敦賀にとどまっていた事をかけて、本来その風によって言いかけるべき「親」がもういませんねという欠落感を込めて、哀悼の意を示しているのだろう。「みちの口」「たけふのこふ」「おや」という言葉が、この有名な『催馬楽』を思い出させるよすがになるものであり、貞徳はこれを本歌取りしている。これは藤原伊行《これゆき》の平安末期に成立した『源氏物語』の最も古い注釈書『源氏釈』にも52帖「浮舟」の注釈部分に採録されているものでもある。教養のある公軌ならこの追悼歌に、『催馬楽』あるいは『源氏物語』を匂わせている事がわかると考えたものであろう。中院通勝は『源氏物語』の注釈書『岷江入楚』の著者であり、公軌が中院通勝に教わったという『衆臣家譜』の記述が正しいならば、公軌は『源氏物語』についても講義を受けていた事であろう。越前の国府は紫式部ゆかりの地である。９９６（長徳2）年、紫式部の父藤原為時が越前守に任じられ、この時、紫式部は父に連れられて越前の国府に来た。『源氏物語』52帖や53帖に、都から遠く離れた場所として登場する「越前の国府」やその典拠となっている『催馬楽』を公軌が知っている事を前提として、松永貞徳は哀悼の歌を詠んだものと考えられる。全55巻の『岷江入楚《みんごうにっそ》』は１５９８（慶長3）年には完成しており、公軌はその講義を１６００（慶長5）年頃から聞いていたとしたら、通勝の亡くなる１６１５（慶長15）年までの十年ほどの間は教えを受ける事が出来たものと考える。公軌が『源氏物語』について通勝の教えを受けていた事を貞徳も知っていてこの歌を詠んだものとも考えられ

るのである。幽齋、通勝が丹後にいる時も、長嘯子は1596（慶長1）年5月下旬に幽斎に『伊勢物語』の書写を依頼し、同年8月15日には、長嘯子の弟木下延俊が『徒然草』の書写を依頼している。こういう関係性を考えると、茂住宗貞は、打它公軌を中院通勝と木下長嘯子の弟子にしたというのは、打它家の財力によった事と、あるいは金森長近などとの関係性を頼ってのものであろう。京都伏見城の遺跡が発掘されているが、金森長近の屋敷跡と、木下長嘯子の弟小早川秀秋の屋敷跡とは、現在の近鉄京都線桃山御陵前の駅前にあたる部分に最も隣接して存在していたのである（図10‐3）。茂住宗貞と金森長近との関係性から考えれば、金森長近の隣人である小早川秀秋や、その兄木下長嘯子と接触を持つ事はさほど難しい事ではなかったであろう。そして、小浜のルートを確保する事が金森長近にとっても金や銀を掘り出す為の大事な資金源だったとすれば、あるいは他の諸大名のやっていたように年貢の米を大坂の蔵屋敷に送る場合にも、1600（慶長5）年の関ヶ原の合戦の時までに、若狭国後瀬山城8万1，500石の城主だった木下長嘯子と関わりを持つ事は重要な事ではなかったかと考えられる。先述したように、茂住宗貞が、その後関ヶ原の論功行賞で若狭一国を与えられた京極高次や、京極忠高に仕え、更に京極家が1634（寛永11）年に出雲松江藩に転封され、酒井忠勝が入った後も、酒井家に仕えていた事実を考え併せると、茂住宗貞にとって、小浜、あるいは京極家二代の忠高の代に所領として加えられた敦賀は、自らの米問屋としての商売を確立させる上

図10-3　金森長近の屋敷と小早川秀秋の屋敷
出典：グーグルのウェブ掲載地図（https://www.google.co.jp/maps/-search/%E4%BA%AC%E9%83%BD%E5%B8%82%E6%A1%83%E5%B1%B1/@34.9335985,135.765569,19.51z?hl=ja）をもとに作成。

で重要な土地であった。そして、後に打它公軌が木下長嘯子のパトロンになっていく関係性をも考慮する時、やはり、茂住宗貞が、後々そうであったように、１６００（慶長５）年以前にも若狭国後瀬山城８万１，５００石の城主としての木下長嘯子に既に近づいていたと考える方がよほど理にかなっているものと考えるのである。どちらにしても、公軌だけではなく茂住宗貞自身も、長嘯子や貞徳と直接接触している様子が先の歌などから見て取れるからである。

さて、前節で見たように、宗貞が確立した敦賀、大津を押さえた上での北前船の航路を用いた大津、京都での米商売は、少なくとも公軌の息景軌の頃まではうまくいっていたものと考えられる。この商売の方法に最も痛手を与えたのは、１６７２（寛文12）年、河村瑞賢によって西廻海運が確立された事であろう。四代将軍家綱の時代に確立されたこの海運は、それ以前の東北→敦賀→大津→京都→大坂というルートで東北や越前の米を売って潤っていた打它家のような商売を弱体化させるものであったと考えられる。そして、それは１６７０（寛文10）年に景軌が亡くなってから、三代目の打它光軌になって商売が成り立たず、相馬中村藩の歌学方へ雇われていった事の最も大きな原因であったものであろう。

相馬中村藩への歌学方への斡旋は中院通茂によるものだったのではなかろうか。打它公軌が中院通勝の弟子になってからは、その息中院通村や、通茂の代になっても中院家との関係が密だった事が窺えるのである。中院通茂の歌論を松井幸隆が聞き書きした『渓雲問答』には、打它雲泉の号で打它光軌の事が記されている。『渓雲問答《けいうんもんどう》』には「打它雲泉を以てうかがはせ候処、雲泉より来状云」とか「雲泉語云、相公の人の歌を吟し給ふを聞にさまざま也」などと書かれていて、いかに中院通茂門下で、打它光軌が重きをなしていたかを窺い知る事が出来る記述が散見される。中には「通茂公、如斯被遊候を御みせ被成候よし、雲泉物語也」と書かれているように、中院通茂の言葉を打它光軌が代わりに松井幸隆に伝えているものもある。そういう意味では、相馬中村藩に打它光軌が歌学方として雇われていく事は極めて妥当であったと考えられる。

ただ、打它家をさまざまな形で雇っているその雇い主がある一つの家、すなわち老中土屋家に関わっているとなると少し事情が違ってくるのではないだろうか。

以前拙著『「おくのほそ道」と綱吉サロン』において、曽良は山中温泉以後、白山越えをして、高山を視察してから大垣に向かったのではないかと書いた。山中温泉で「腹を病」んで、芭蕉より先に長島に行き、その後大垣で合流したという行動に不自然さを感じた事からである。曽良が芭蕉より先に敦賀に向かい、長島に立ち寄った後、大垣に向かったとすれば、次の二点が極めて不可解なのである。

1 山中温泉から敦賀に行くまでの間に、「森岡」という「森田」と「丸岡」とをあわせた存在しない地名を作り出し、『曽良随行日記』に書き記している事。

2 「禅桃」という人物に会う為と、「長浜」から「彦根」まで船に乗ったと『曽良随行日記』において記しているが、こんな短い期間を船に乗る事が極めて不自然である事。

ここから、拙著においては、曽良が敦賀には行かず、白山越えの三ルートの内、越前馬場から、美濃馬場に抜けて、高山を視察して大垣に入ったのではないかと書いた。（図10-4）

今回の調査をしていて、曽良は金森長近が飛騨攻めをした時のコースを通ったのではないかと考え始めた。金森長近は美濃馬場から、三ルートの合流地点である頂上の白山別山を越えて、白川郷尾上郷へ入り、向牧戸城を攻めている。この向牧戸城攻めは苦戦だった様子を美濃馬場の長滝寺の社僧が次の狂歌にしている（金森公顕彰会、１９８６）。

金森と銘はうてども爪切のたつにたたれぬ飛騨の細布

図10-4　白山修験道について
出典：白山比咩神社のウェブ掲載資料（http://www.shirayama.or.jp/hakusan/belief02.html）による。

金もりは袴のまちにさも似たりこしがたたねばひだもとられず

その後金森長近は、森茂村を経て小鳥川に沿って下り、宮川の合流点から、小鷹利城を稲越の方から攻め、小島城を襲撃した後、古川城を攻め、その後広瀬・髙堂城を攻める。（図10‐5）そして、宮川の東岸に陣を張り、宮川を遡って大八賀郡鍋山城に出た。曽良は越前馬場平泉寺白山神社から、別山に登り白川郷におりて、長近の進軍経路に沿って、神岡鉱山や高山を視察したのではなかろうか。あるいは、別ルートをたどる予定だった養子金森可重《ありしげ》のコース、すなわち向牧戸城の後、荘川村六厩《むまい》、清見村三尾河《みょうご》、麦島、楢谷《ならだに》を経て、松倉城へ入るというコースの方が現実的であろうか。可重は結果的には、障害があってこのコースは取れなかったようである。金龍寺の御住職に荘川から神岡鉱山に抜けるルートを伺ったところ、この楢谷《ならだに》を越えて神岡に至るコースをご教示いただいた。このコースを抜けて荘川の方から、神岡鉱山にあった遊郭に来るという事もあったようである。曽良は別山から白川郷尾上郷へ入り、荘川村六厩《むまい》、清見村三尾河《みょうご》、麦島、楢谷《ならだに》を経て、神岡鉱山、和佐保鉱山を視察した後、当時藩主金森頼旹《よりとき》が綱吉の側用人になっていて不在であった高山を視察し、大垣に抜けたと考えるのが妥当であろうと今は考えている。このルートには、六厩《むまい》の金山、神岡の銀山、和佐保の銀銅山などがあり、その地に行かないとわからない情報があったのではなかろうか。初代飛騨代官になった伊奈半十郎忠篤が１６９２（元禄５）年８月にその職務について最初にやった仕事が、この金・銀山の確認だった事も

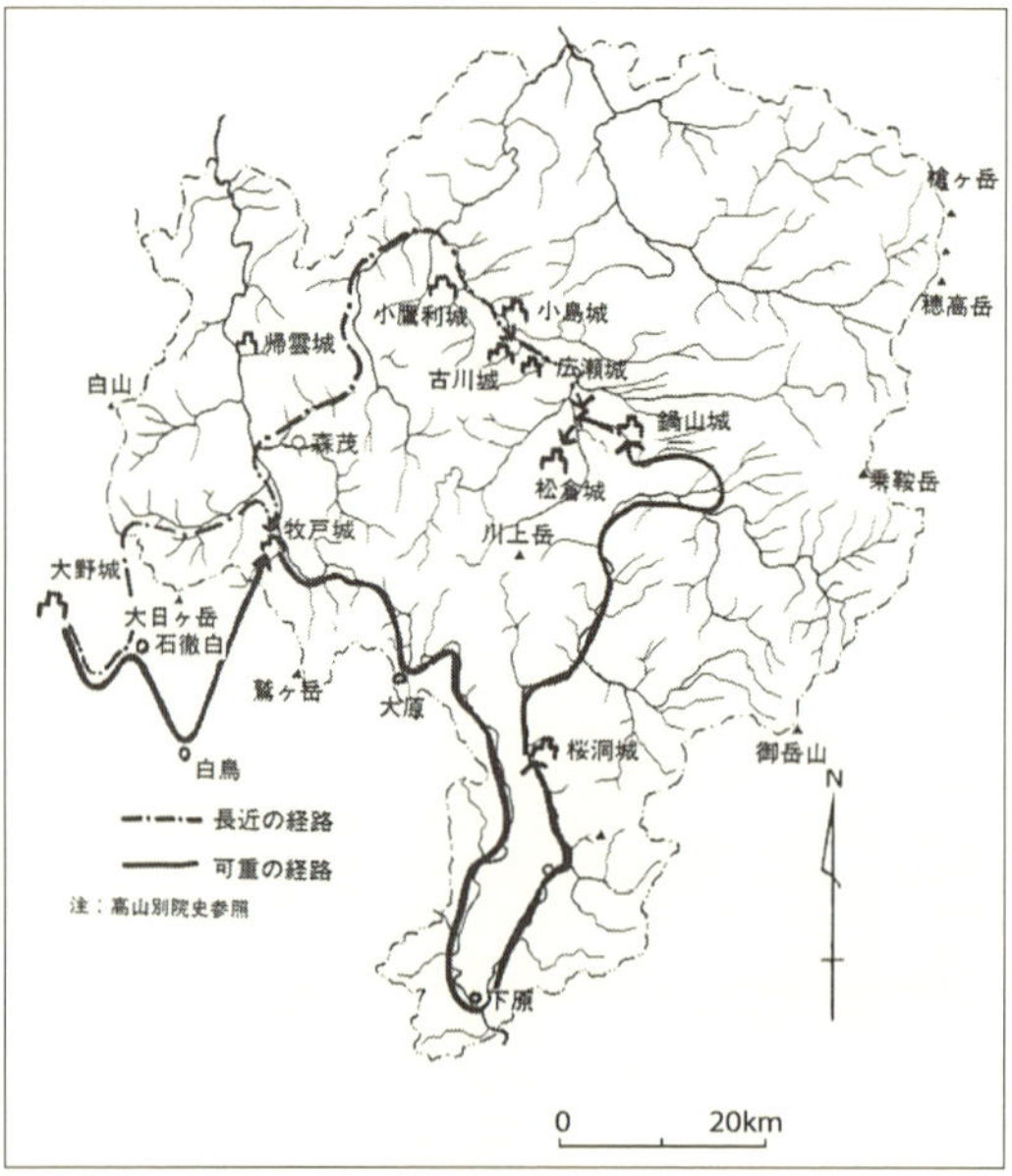

図10-5　金森長近 飛騨入りの図
出典:金森公顕彰会編(1986):『飛騨 金森史』による。

それを裏付けている。三井鉱山が出している『神岡鉱山史』には、伊奈半十郎忠篤が初代飛騨代官になった当初、御勘定所にお窺いを立てながら、金銀山に関して以下の報告をしている事が見て取れる。

一　金森家臣がいうには、飛州の金・銀山は先年は金・銀を産したが、近年は少々を出すだけである。飛騨を請取りしだい、金・銀山ともに留山としたものを吟味し、あらためてその処置を伺うことにしたい。

一　調査によると金・銀山の地山師（金・銀山に居留している山師）は近年は金・銀の産出がなく、ただわずかばかりずつ掘り出して渡世の資としているということだ。

この資料から、1692（元禄5）年には金銀ともにほとんど産出していなかったこと、金銀山に居留している山師に聞かないと、今の産出状況はわからないという事がわかる。つまり、茂住宗貞の時代には、一説には鉱山奉行も任されていたとされる茂住宗貞の裁量次第で、いかようにも報告が出来、少なくとも息公軌に4万8，000貫（約600億）を渡せるだけの白銀は、それがたとえ米商売を絡ませて作った原資であったとしても、持ち出す事が出来たし、また後に残されている公軌の財産などから推すると、かなりの資産を現実には持ち出していたものと考えられる。

さて話を戻すと、この事は芭蕉、曽良が江戸にいた時に居住していたのが、初代飛騨代官となる伊奈半十郎忠篤の隣家であったとする光田和伸氏『芭蕉めざめる』の指摘と関わりがあるものと考えられる。つまり、芭蕉、曽良の旅には、勘定奉行支配の幕府巡見使の仕事が絡んでいたのではないかと考えられるのである。幕府巡見使というのは、それぞれの大名の土地を巡見する仕事であり、芭蕉曽良の深川の隣人伊奈半十郎忠篤は、幕府の御料（後には天領という）を代々管轄してきた御料の代官頭である。光田氏は芭蕉が『おくのほそ道』の旅で船を下りた場所千住に程近い小菅は、伊奈半十郎忠篤の広大な下屋敷があった場所であるとして、ここで旅のレクチャーを受けたのではないかとする。ここは、現在東京拘置所になっている。

綱吉が亡くなった後、曽良は幕府巡見使随員に抜擢されており、その時の曽良の上司が土屋数馬である。拙著において、この土屋数馬（土屋喬直）についてもう一歩踏み込んで考察してみた。すると、老中土屋政直と土屋喬直とは右の図のような関係にある事がわかった。（図10‐6）曽良の上司土屋数馬の娘は老中土屋政直の養女となっている。この老中土屋政直の養女は1687（貞享4）年10月から11月にかけて、芭蕉が鳴海の下里知足邸に泊まった時、土屋政直も、その息女も伊右衛門宅に泊まっていた。またその期間中には伊右衛門宅で俳諧興業も行われている。土屋家と芭蕉とはそれ以前の1679（延宝7）年頃に、土屋四友邸で俳諧興業が行われ、土屋四友を芭蕉は鎌倉まで送っている。「霜をふむでちむば引まで送りけり」という芭蕉の句はその時の句である。この土屋四友という人物が具体的に誰をさすのかという事はわかっていない。ただ、土屋数直の一門、縁類であって松平出羽守家臣であった事が、永井一彰氏が紹介した『俳諧短冊手鑑』という資料からわかる。老中土屋政直は土屋数直の息であるから、土屋四友という人物もまた老中土屋政直に近い人物である事がわかる。可能性としては、土屋数直につながる系譜、つまり土浦土屋家の系譜の方で、年代的に言って、政直の家督を継いだ三男の陳直《のぶなお》ではなく、長男の昭直や次男の定直の可能性があるが、今の所松平出羽守家臣であったという裏付けが取れない。

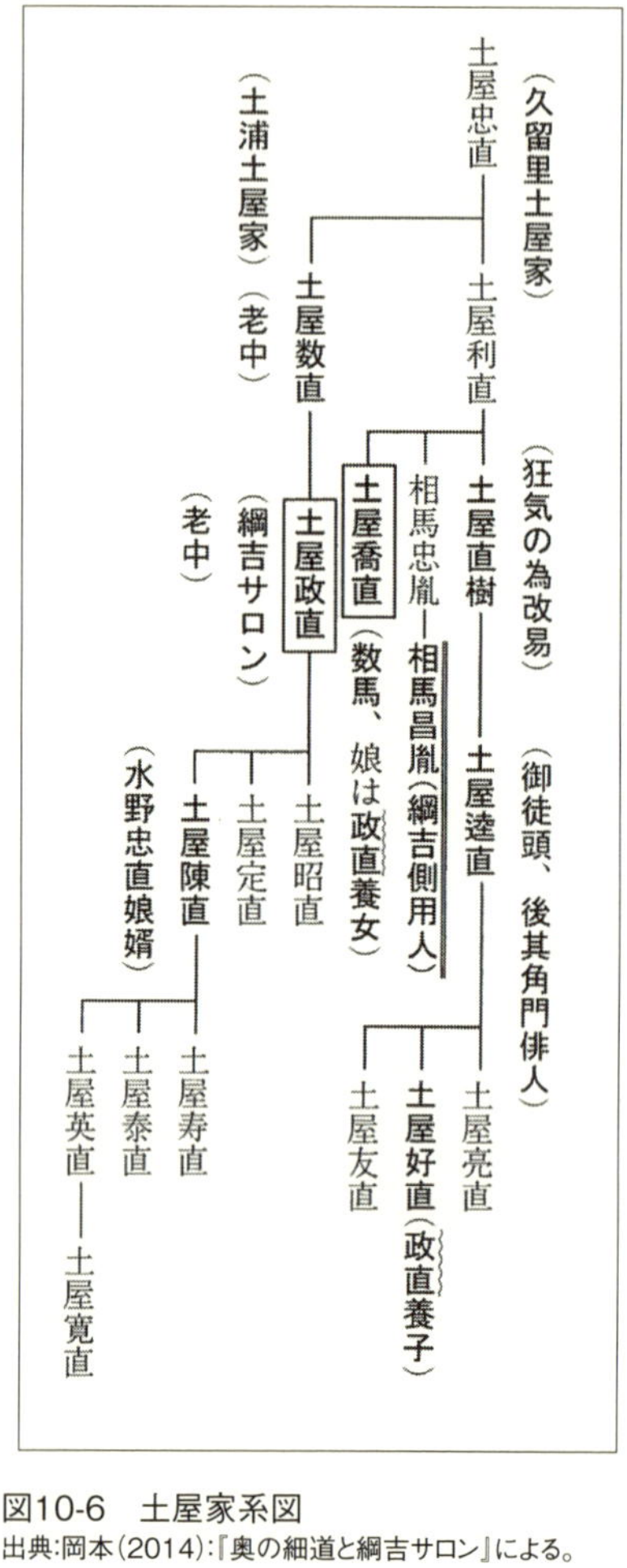

図10-6　土屋家系図
出典:岡本(2014):『奥の細道と綱吉サロン』による。

　さて、この老中土屋政直や、曽良の上司土屋数馬の周辺が、打它家の末裔とも関わっている事が指摘できる。（図10‐7）

まずは、打它公軌の跡目を継承した景軌の息光軌は、先述したように相馬中村藩の相馬昌胤に雇われているが、相馬昌胤は、先の土屋氏の系図において狂気の為改易となった久留里土屋家土屋直樹の弟が相馬中村藩に養子に入り、その息である事が見て取れる。そして、後に曽良が幕府巡検使随員の折の上司となるのは、更にその下の弟土屋数馬なのである。老中土屋政直は土浦土屋家の方であるが、土屋数馬の息女を養女にしている。土屋政直は改易された土屋逵直《みちなお》の息土屋好直も養子にしているから、改易となった久留里土屋家には相当配慮している様子が見て取れる。御徒頭《おかちがしら》となり、後には俳諧をやって其角の門人となっている事から、曽良と土屋喬直のつながりだけではなく、ここにも芭蕉とのつながりが指摘できる。また、先述したように土屋四友という俳号を持つ土屋政直の一門である謎の人物との関係を加えると、芭蕉、曽良はこの土屋家と深く関わりがあったものと捉えられる。それに加え、堀田正俊暗殺事件が1684（貞享1）年8月におこってから、綱吉政権は大老中心の政治形態から、将軍、老中、側用人を中心とした政治形態に変化するのだが、その中心的存在として捉えられるのが秋元喬知や土屋政直である（図10-8）。これは、1690（元禄3）年の『江戸大絵図』にある、土屋政直、秋元喬知の上屋敷の図である。着目すべきは、上屋敷において四代将軍家綱の時代、「下馬将軍」として将軍よりもその権力をふるった酒井忠清の家が、酒井忠清失脚後は、次の大老として五代将軍綱吉時代前期に権力を振るった堀田正俊が住み、更にその家には当時若年寄であった秋

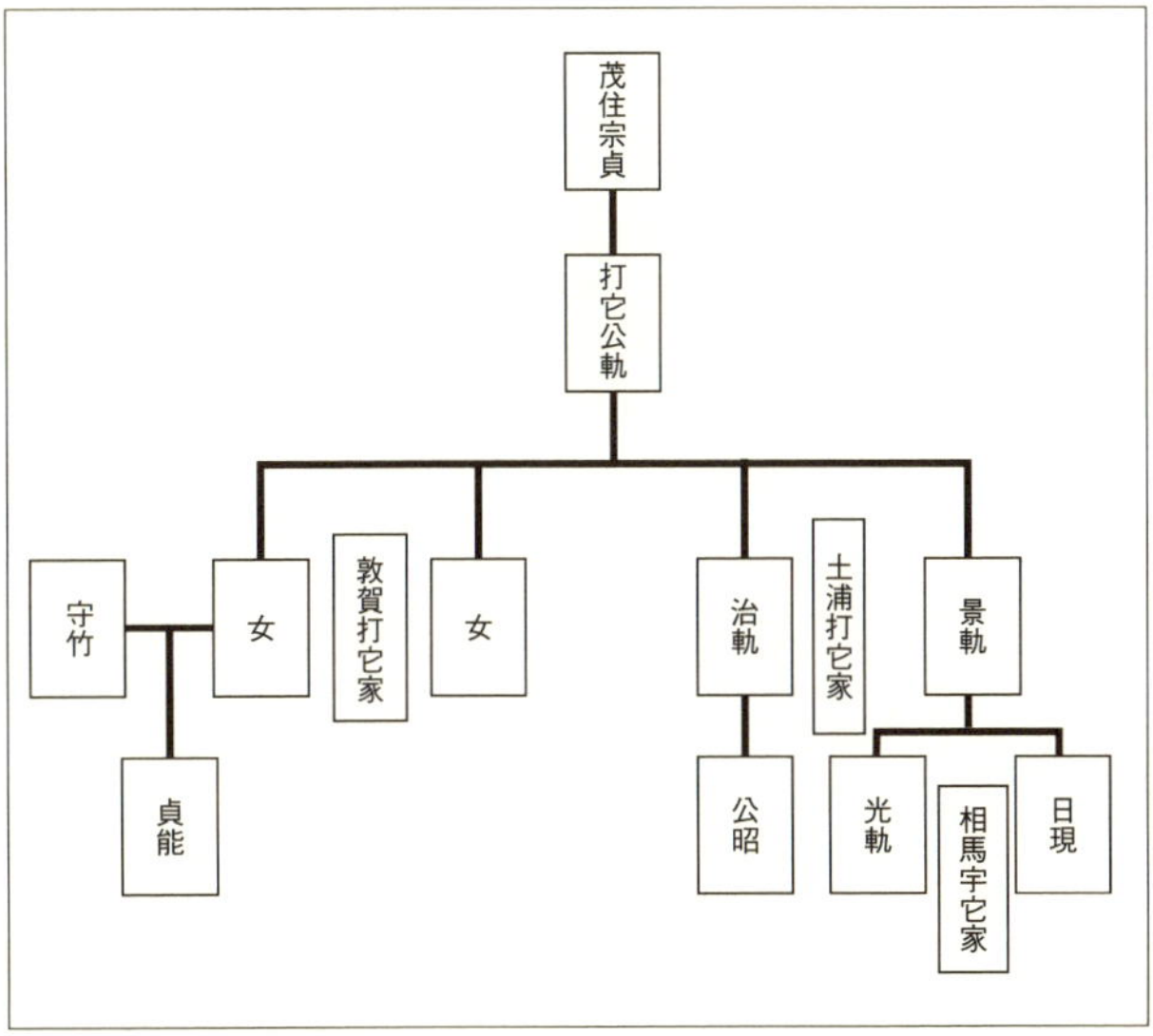

図10-7　打它家系図

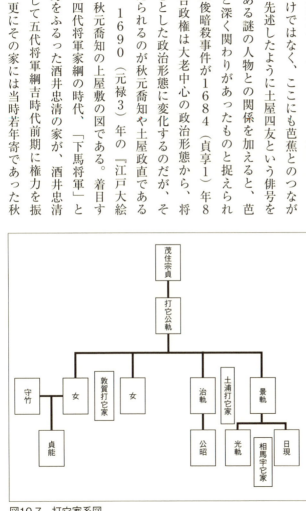

元喬知が住み、その隣に土屋政直が住んでいたという事実である。ここはある種権力の象徴のような場所なのである。

下屋敷においても秋元喬知の家と土屋政直の家は隣接している事が見て取れる（図10‐9）。さて、下屋敷の図において、秋元、土屋の隣家「水戸殿」と書かれた対岸に「伊奈半十」と見える。ここが、深川芭蕉庵のあった場所である。そこに芭蕉も曽良も、敦賀で芭蕉を迎えた路通もいた訳であるが、１６９２（元禄５）年から、伊奈半十郎忠篤は関東郡代と初代飛騨代官を兼務する事になる。

【上屋敷】

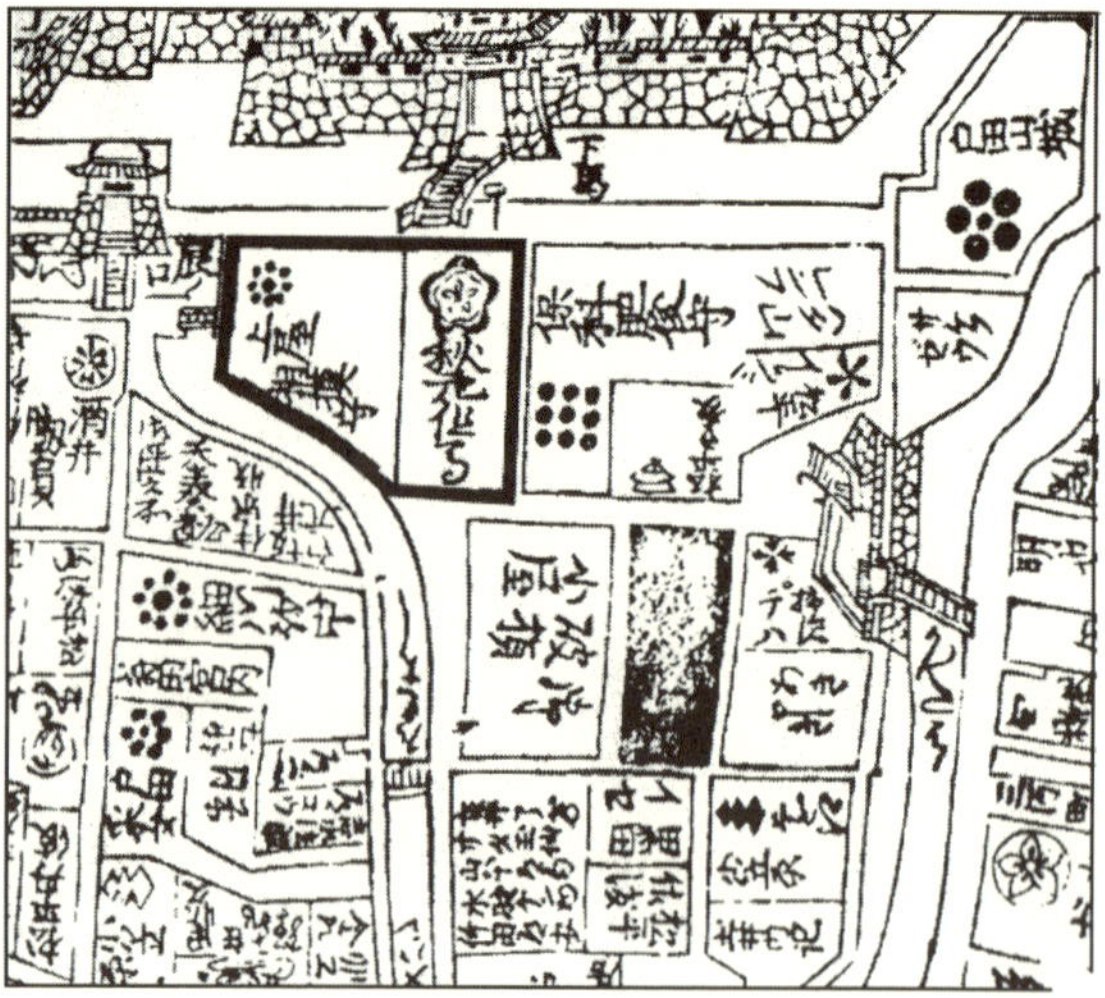

図10-8　江戸大絵図（元禄3年）
出典:古板江戸図集成刊行会編（1959）:『古板江戸図集成』による。

【下屋敷】

図10-9　江戸大絵図（元禄3年）
出典:古板江戸図集成刊行会編（1959）:『古板江戸図集成』による。

土屋家と打它家との関係に話を戻すと、打它光軌を相馬昌胤に仕えさせる事により、茂住宗貞が持ち出した資産の大元を押さえる事になる。没落して、その資産の大半を失っていたとはいえ、飛騨高山にあったはずの金銀が、茂住宗貞が飛騨を去った後には見当たらず、それに対して本格的な調査に取り組んだのは、１６８４（貞享１）年、掘田正俊暗殺事件以後の綱吉政権であったものと考えられる。延宝検地の延長で、１６９５（元禄８）年から勘定奉行になる荻原重秀に、各地の金山銀山の状況を調査させるという動きの中で、飛騨の金山銀山の事も視野に入ってきたものと考えられる。そして、その結果各地に存在している金銀はもうないという事から、金の含有量を36％削って、慶長金と同等に扱うという１６９５（元禄８）年の貨幣改鋳に至ったという事であろう。それは、打它光軌を老中土屋政直の姻戚である相馬昌胤に仕えさせるという事にとどまらない。公軌の次男土浦打它家を継いだ打它治軌も、老中土屋政直は自らが雇う事で、その管理下においているのである。『衆臣家譜』には、打它治軌の事を次のように記す。「打它伊兵衛、以有和歌名于武江仕土屋相州、元禄八年乙亥八月三日、死号知光院心応了月」。つまり、土浦打它家の系統も公軌の次男治軌の時から、老中土屋政直に仕えている様子が確認出来るのである。その子公昭も引き続きこの土屋家に仕えるが、公昭が早世した為かこの家は断絶してしまう。相馬打它家にしても、その末裔が相馬中村藩に歌学をもって仕えるが、何人も逃げ出すものが出てくる様子が、小高氏『近世初期文壇の研究』に描かれている。これを小高氏は、文学的な素質のある人々が、お役所勤めには向かなかったのだと書いているが、むしろ打它治軌、公昭が土浦の老中土屋政直の管理下に置かれたのと同様、光軌以下相馬中村藩に雇われた打它一族もやはり管理下に置かれていた事にある段階で気づいていったという事ではあるまいか。幕府は、大きな流れの中で、茂住宗貞から打它公軌、景軌に流れた莫大な資金の流れを追っていたものと考えられる。これは、江戸初期に関東直轄領支配の代官をして、代官頭としての伊奈忠次（忠篤の先祖）を補佐し、佐渡の金山や石見銀山の支配をしていた大久保長安の死後、その資金の流れが追われて、その親族にまで幕府の捜査の手がのび、親族が処刑されてしまう事を思うと、打它家の場合はまだその処分が穏やかなものであったといえるであろう。

公軌の弟や、景軌の息子を老中土屋家の管理下に置くという事は、持ち出されてしまった金銀を、幕府が正しく把握して取り戻すという行為の一端であったものと考えられるのである。宗貞が養子に嗣がせた敦賀打它家に関しても、先述したように、敦賀において芭蕉が関わった天屋五郎右衛門と接触する事により、ある程度内実がつかめるものと考えられる。天屋五郎右衛門に接触する事により、最上山形の米を共同で取引をしているところの、敦賀打它家の宗貞の跡取り、打它伊兵衛の動向を知ることが出来るのである。どうやら、綱吉政権は、金森家の管轄にあった諸鉱山がどのようになっていたかという事に強く関心があったものと考えられる。高山藩六代目である金森頼旹《よりとき》を綱吉が１６８９（元禄2）年5月11日から１６９０（元禄3）年4月14日までという短い期間に側用人にしたのも、鉱山の情報収集をする為だったものと考えられる。それはほぼ同時期である１６８９（元禄2）年6月4日から１６８９（元禄２）年8月21日まで、この土屋家の関係者であり、打它光軌を後に歌学方として雇った相馬昌胤をお目付役のように側用人にしている事からも窺える。この二人の側用人就任は、芭蕉、曽良が『おくのほそ道』の旅をしていた時期と重なっている。前掲拙著において曽良が、山中温泉から、敦賀には向かわず、白山越えをして高山視察をしたのではないかと書いたのは、その城主不在の高山を視察したのではないかと考えた為である。後に土屋数馬を幕府巡見使の上司としている曽良であれば、土屋家との関係からも、あるいは初代飛騨代官になる深川隣人の伊奈忠篤との関係からも、幕府御料になる2年前の飛騨高山の鉱山を視察する意義は充分にあるのである。曽良が仮に白山越えをした後、先述したように金森可《あり》重《しげ》が本来飛騨攻めの時に通るはずだった楢峠《ならとうげ》を越えるルートを辿れば、六廐《むまい》の金山跡、神岡銀山、和佐保銀山など主要な金山銀山の状況を視察する事が出来、その後高山を視察した後、その年に藩主の不審死があった郡上藩を視察してから、大垣で芭蕉と合流する事が出来るのである。この郡上藩には１６９７（元禄10）年に金森頼旹が転封されてくることになる。神岡銀山には、その隆盛期には、何千人もの鉱山師達が雇われていた。曽良自らが流れて来た鉱山師に身をやつして、ある程度の情報を得る事が出来たのではなかろうか。越中新川郡に伝わる手鞠歌には「おらの父さまかな山へ、金が涌いたか涌かぬやら、一年たっても状が来ぬ、二年たっても状が来ぬ、三年三月に状がきた。だれに来いとの状だった（下略）」というものもある。1602（慶長7）年12月7日、加賀藩主前田利長によって金山出稼ぎの離村者には厳罰をもって臨むとする高札を出したものの、その効果はいっこうにあらわれなかったと見え、その後幾たびかの金山行禁止の高札が出されている。つまり、そのように金山、銀山を掘り当てようとする他国からの流れ者は後を絶たなかった訳で、その姿に身をやつせば、ある程度の情報を得る事は出来たものと考えられる。

おわりに

本章では、茂住宗貞と、その息打它公軌に焦点をあて、茂住宗貞の鉱山業が、いかに豪商打它公軌の米問屋の仕事につながっていき、またその後には、それがどのように展開していったかという事に注目して稿を進めた。

打它家は、茂住宗貞の鉱山を元手に、河村瑞賢の西廻航路が完備する前に、東北→敦賀・小浜→大津→京都→大坂のルートで米問屋として大成功をおさめた近世初期の典型的な豪商の一人である。豊臣秀吉が亡くなるのは、1598（慶長3）年8月18日であり、関ヶ原の戦は1600（慶長五）年9月15日である。茂住宗貞の飛騨における最後の足跡は1599（慶長4）年12月9日の「牛役之件」の書類である。つまり、宗貞は、政治経済の大混乱期に、次の時代が商人の時代である事を読み、実子には鉱山師や、敦賀代官を嗣がせず、大津代官小野宗左衛門の息子を養子にして、打它公軌には大津、京都とで米の商売をさせたのである。小浜藩主だった京極家や酒井家、あるいはその前の豊臣政権において若狭後瀬山城8万1，500石を与えられていた木下長嘯子に近づき、敦賀・小浜という交通の拠点を自らが押さえ、大津の小野宗左衛門の息を養子にもらい、敦賀代官の跡目を嗣がせ、自分の名前はいっさい出すことなく、実子打它公軌に米問屋をやらせるという手際のみごとさは、鉱山師としての才覚ばかりではなく、商人としての才覚もまた際だったものであった事を窺わせる。本章では、飛騨の鉱山師として名が残る茂住宗貞を、次世代の京、大津の豪商打它公軌の米問屋の商売との関連から考察し、その打它公軌の米問屋の商売を軌道に乗せる為には、茂住宗貞の並々ならぬ才覚なくしては不可能であった事を述べてきた。更にだいぶん後になってから飛騨高山の鉱山から多くの金銀が流出してしまっている事に気づいた五代将軍綱吉の政権が、その後を追跡させている様子についても触れた。幕府は、だいぶん後になって打它公軌の資産の行方を追うために、実子の系統に目を付け、相馬打它家も土浦打它家も、老中土屋政直本人あるいはその親戚である久留里土屋家から相馬中村藩に養子に行った相馬昌胤に雇わせる事で、その管理下に置いていった様子について言及した。芭蕉が敦賀において打它伊兵衛とともに最上山形の米を取り扱っている天屋五郎右衛門（俳号玄竜）と接触したのも、その調査の一環と考えると辻褄があう。同業者である天屋五郎右衛門から、当時の敦賀打它家の米の取引量などを聞き出す事はさして難しい事ではなかったものと考えられる。

打它公軌、景軌が再興し、その傍らに「鶯月庵」という庵を為した妙光寺についても、その後京都の呉服商三井秋風の別荘の一部になっていた事を、かつて拙稿「秋風別墅考」（『連歌俳諧研究』第１２０号、２０１１年3月）で論じた事がある。岸和田市生涯学習部郷土文化室所蔵佐々木勇蔵コレクションの短冊の中に三井秋風の短冊がある。この短冊の裏書に「印金堂主人　京鳴滝　三井秋風（印）」とある。「印金堂」とは、妙光寺の開山堂であり、公軌の息景軌が内側に中国渡来の印金裂を総貼りしたものとされる。後に与謝蕪村も「春月や印金堂の木の間より」という句を残している。芭蕉が「夜参」した気比神社もその宮代官は打它伊兵衛であった。

この秋風の別荘にも芭蕉は、１６８５（貞享2）年2月の『野ざらし紀行』の旅の折、半月間滞在している。この三井秋風も、後には江戸に出て幕府御用の蝋燭商になっている事から考えても、打它公軌の資産の行方を貞享から元禄にかけて、幕府が追っていた流れの一環であったものとも捉えられる。おそらく、六代目の頼旹が上之山藩に転封になるのは、この茂住宗貞やその後宮島平左衛門が見つけた鉱山の情報を頼旹自身が的確に把握しておらず、頼旹を側用人にしただけでは結果的に何の情報も得られなかったからではなかろうか。そうでなければ、その後飛騨代官として高山に至った伊奈半十郎忠篤が、早速勘定奉行の命令の下、金森の家臣に金銀の情報を聞いたりはしないであろう。本来、金銀は幕府のものであり、金森家は幕府に代わってこれを預かっているだけであるという大前提に立って考えれば、飛騨において慶長期にはあれほど隆盛を極めたとされる金銀が、1692（元禄5）年の段階では見る影も無くなってしまっていたという事実は、金森家の管理不行き届きであり、十分にお咎めの対象になったという事なのであろう。そして金森頼旹の事を百姓達が高山に残る事が出来るように嘆願した文書が残っているぐらいであるから、頼旹自身は民衆に慕われていたものと解する事が出来る。金森長近以来百年余り続いて来た金森家の高山支配は、この頼旹が上之山藩に移封になり、しばらくして、郡上藩に転封となった後、その子頼錦《よりかね》の時代におきた、石徹白《いとしろ》騒動の責任を取らされる形で、改易となってしまうのである。

◆引用文献

1. 臼田甚五郎（1976）：『催馬楽』日本古典文学全集　小学館。
2. 岡村利兵衛編（1914）『飛騨叢書』第3巻（稲田元浩著『高原旧事』）住伊書店。
3. 岡村利平編（1909）：『飛州志』岐阜県郷土資料刊行会。
4. 岡本聡（2014）：『『おくのほそ道』と綱吉サロン』おうふう。
5. 岡本聡（2011）：「秋風別墅考」『連歌俳諧研究』第120号。
6. 小高敏郎（1964）：『近世初期文壇の研究』明治書院。
7. 加賀市教育委員会編（1991）：『日本海の商船　北前船とそのふる里』。
8. 金森公顕彰会編（1986）：『飛騨　金森史』。
9. 神岡町編（1975）：『神岡町史　史料編』。
10. 岐阜県郷土資料刊行会（1970）：『飛騨国中案内』。
11. 京都故実研究会のウェブ掲載資料「江戸時代の貨幣価値と物価表」（http://www.teiocollection.com/kakaku.htm）。

12. 近世和歌研究会編（１９９７）：『渓雲問答』（『近世歌学集成』上巻　明治書院）。
13. 木下勝俊詠（１９７３）：『長嘯子全集』第4巻　古典文庫。
14. 渋谷栄一編（２０００）：『源氏釈』（『源氏物語古注釈集成』第16巻　おうふう　）
15. 白河市歴史民俗資料館（http://www.city.shirakawa.fukushima.jp/sp/page/page000506.html）のウェブ掲載資料。
16. 新編国歌大観編集委員会編（１９８３）：『新編国歌大観』第6巻　角川書店。
17. 『図説福井県史』（http://www.archives.pref.fukui.jp/fukui/07/zusetsu/）のウェブ掲載資料。
18. 石水博物館蔵本：『玩貨名物記』（作者未詳）。
19. 相馬市（２０１１）：『衆臣家譜』資料集特別編15　相馬市編。
20. 多賀秋五郎著（１９６８）：『飛騨春秋』第１２９号（後に『濃飛史研究序説』（１９８９）教育出版文化協会に再録）
21. 谷脇理史他編（１９７２）：『日本永代蔵』（『井原西鶴集』小学館）
22. 敦賀郡編（１９８５）：『敦賀郡誌』臨川書店。
23. 永井一彰編（２０１５）：『俳諧短冊手鑑』八木書店古書出版部。
24. 中野幸一編（２０００）：『岷江入楚』（『源氏物語古注釈叢刊』第9巻　武蔵野書院）。
25. 中村幸彦（１９７５）：『町人考見録』『日本思想大系59 近世町人思想』岩波書店。
26. 日本古典籍総合目録データベースのウェブ掲載資料（林羅山・木下長嘯子：『惺窩文集』）（http://dbrec.nijl.ac.jp/KTG_B_20000819）。
27. 日本古典籍総合目録データベースのウェブ掲載資料（松平定信：『集古十種』）（http://dbrec.nijl.ac.jp/KTG_B_20000819）
28. 福井県郷土誌懇談会編（１９５９）：『敦賀誌』福井県郷土叢書　第6集。
29. 福井県郷土誌懇談会編（１９５９）：『遠目鏡』福井県郷土叢書　第6集。
30. 福井県郷土誌懇談会編（１９５９）：『稚狭考』福井県郷土叢書　第1集　拾椎雑話・稚狭考。
31. 前田耕一著（１９７０）：「中竜選鉱工場」日本鉱業会誌　第86巻　第９９1号ｐｐ．７２７‐７３０。
32. 茂住修史（２０１６）：「茂住宗貞が活躍した初期の茂住・和佐保銀山の姿（1）」（『飛騨の中世』第7号）。

33．三井金属鉱業株式会社編（1970）：『神岡鉱山史』。
34．光田和伸（2008）：『芭蕉めざめる』青草書房。

コラム10 column

盆地にそなわる地形的作用と効果

内外から多くの観光客が訪れている飛騨高山では、宿泊客を迎え入れるホテルが今後も増えていくことが予想される。しかしながら、市街地化が進んでいる高山盆地の平坦部ではホテル用地を確保するのは容易ではない。すでに市街地を取り巻く丘陵地では中高層のホテルが建設され、多くの宿泊客を泊めている。丘陵地のさらに奥にまで入っていけば土地はあろうが、市中心部との連絡を考えると適地とはいえない。山がちな高山では、平野部の都市地域にはない地形的障害が多い。交通手段が発達した現代日本ではあるが、地形的な段差や傾斜は移動を妨げるため、生産や生活にとって好ましいとはいえない。日本の大都市圏の多くは、臨海平野部の比較的平坦な地形の上に形成されている。それと比較すると、日本の屋根ともいわれる北アルプスに近い飛騨高山では、もともと広い平坦地を望むことはできない。小さな盆地状の平地や谷間の細長い傾斜面を居住空間とし、歴史的営みが続けられてきた。広くはないそのような空間の中で育まれ積み重ねられてきた歴史的遺産が観光の対象となり、予想もしなかったような多くの観光客が訪れるようになった。それがいまでは丘陵地上のホテルとなって現れ、平野部に多い都市型ホテルとは違う雰囲気を醸し出している。

平地に恵まれない地方の都市へ行けば、丘陵地に公共施設が建てられている風景はことさら珍しくはない。学校、図書館、病院などの公共施設以外に、工業団地や商業団地など企業が集団で立地しているケースもある。高速道路の建設が地方でも進み、インターチェンジの近くが企業団地の立地に都合がよいと考えられるようになった。大都市圏では高度経済成長の末期以降に進んだ工業の郊外化が、やや時間的に遅れて地方でも見られるようになった。しかし平地の少ない地方では、丘陵地を造成して工業団地が設けられたり、さきに述べたように学校や病院などが丘の上に建設されたりした。飛騨高山では観光客向けのホテルがこれに加わり、一般的な地方都市には見られない光景が生まれてきた。丘陵地といっても雑木林とは限らず、田畑が丁寧に耕されているところもある。棚田風の耕作地の近くに現代的なホテルが建っているため、取り合わせとして独特の雰囲気が感じられる。

国内には平地の少ない海岸近くの温泉地のように、山側にホテルや分譲マンションがたくさん建ち並んでいる都市もある。海外に目を転じれば、地中海に面する観光地や保養地でも似たような景観が見られる。それらと比べると、飛騨高山の場合は、観光地としての歴史が浅く、ついこのあいだまで農作業が行われていた場所の近くに中高層のホテルが現れたといった感じがしないでもない。将来のことはわからないが、こうしたホテルが増えていけば、農作業を思い起こさせるような雰囲気は薄れ、観光地然とした空間へと変貌していくかもしれず、現在はその過渡期にあるのかもしれない。ただし過去には、スキーブームに乗って建てられた観光施設や滞在型マンションが、ブームが去って廃墟同然になったという事例もある。ペンションブームで雨後の筍のように現れたペンション村も、いまでは無残な姿をさらけ出している。こうした事例は、観光が不確定要素の多い水物《みずもの》で賞味期限があることを示唆している。

ところで、盆地という地形はその内側にいる者どうしの絆を強める一方、外の者を中へ入れさせないように作用する。回りの丘や山が交通障害となるため、人やモノの出入りが制限されるのは当然である。その結果、内側では濃密な人間関係が築かれ、共同体意識も強くなる。歴史的蓄積はより進み、伝統的しがらみは深さを増す。他地域からの影響が少ないため個性は温存されやすい。しかし盆地固有のこうした性格は、盆地の規模に応じて程度に差があるように思われる。高山は行政域としては日本一の広さであるが、市街地が集中する盆地の大きさという点でいえば、それほど広いとはいえない。むしろ高山の東に位置する松本盆地やその北東にある長野盆地に比べると小規模である。同じ盆地でも長野県の両盆地や山梨県の甲府盆地は、静岡県の浜松平野や静岡平野と同じくらいの面積をもつ。人口や産業の集積量も多く、歴史の歩み方も高山のそれとは違っている。

盆地を囲む山並みが息苦しさの原因であるとしたら、そのような息苦しさから抜け出そうと思う者が現れても不思議ではない。そこまでいかなくても、山の向こうに何があるか確かめたい、見てみたいと思う者はいよう。とくに若者は山並みを越えて盆地の外へ出ていこうとする気持ちが強い。しがらみを意に介さない若者は、生活のために働く場所を外の世界に求めようとする。ここでも盆地の規模には意味があり、県庁所在地でもある長野や甲府のように大きな盆地なら地元に事業所や職種が多く、働くチャンスは多い。規模の小さな高山ではこうしたチャンスは少ない。盆地の地形条件が人口や経済のあり方を左右し、性格を規定する。

盆地にそなわるいまひとつの特徴は、日常生活の多くの場面において、絶えず周囲の山並みが視界の中にあるという点である。これは盆地に限らず、近くに丘陵地や山並みのあるところなら同じであろうが、とくに盆地の場合は360度、どの方角を向いても目の前に丘や山が見えている。これは平坦な平野部にはない自然環境的条件である。丘や山の緑に囲まれた生活空間が人の精神状態にどれほどの影響をもたらすか、計量的に把握することは困難かもしれない。しかし、日常生活で緑とまったく縁のない場合と比べたら、精神的には恵まれているといえるだろう。平野部の大都市圏では、貴重な空間を割いて人為的、計画的に公園を設けている。盆地の場合は、少なくとも視覚的には絶えず緑を身近に感じていることができる。

高山市内の丘陵地の斜面に建つホテルは、盆地の内側の縁に当たるところに立地している。周囲には雑木林や農地が広がっており、文字通り緑に囲まれたところにある。前面を遮るものは何もなく、市街地の景色が窓の外に見えている。斜面に建つため低層階でもよく見渡せるが、高層階の部屋であれば市街地全体が手に取るように見える。こうした絶好の眺望を意識してホテルの位置を決めたのかどうかはわからないが、結果的に立体的な市街地空間を楽しむことができる。規模の小さな盆地であるがゆえに、市街地に比較的近い位置から歴史的街並み全体を眺めることができる。中世や戦国期、この地方には多くの山城が丘陵地上に築かれた。当時の城の主も、こうしたホテルと同じような位置から盆地の底を見ていたかもしれない。

あとがき

本書執筆の直接的なきっかけは、編著者が現在、勤務している中部大学と岐阜県高山市の間で連携協定が締結されたことである。この締結を機に、中部大学は高山市が抱えている地域的な諸課題に対して専門的な立場からアドバイスを与え、また高山市は中部大学に対して教育・研究の場を提供するなどの取り組みが始められることになった。高山市は２０１７（平成29年）年4月に大学連携センターを市内に設置し、大学と行政との間の連携活動が円滑に進むように教育・研究環境を整えた。

少子高齢化や地方の衰退など、現代日本の問題状況を表す言葉は数え切れないほど多い。大学と行政との間の連携関係は、次世代を担う人材を育成する大学側と、そうした人材の活躍によって都市や地域の発展を願う行政側の互いの思いを結びつける架け橋の役割を果たす。こうした関係からは多くの成果が期待されるが、都市や地域の歴史や現状を学問的に解き明かすことはそうした成果の一部といえる。シンクタンクが地域的課題やニーズを探ってその解決方法を行政側に提案するというスタイルは、かつては一般的であった。しかし、提案内容が実状からあまりに遊離しており、実現には至らなかったという事例も少なくなかった。

本書は、地域問題解決型の研究成果とは一線を画している。知名度の高い国際的観光都市については、これまでに数多くの書物や報告書が著されている。文化水準の高い飛騨高山では、地元在住の歴史研究者や地理愛好家などによる著作物も多い。東京など中央のマスメディアの手による飛騨高山の観光ガイドブックの類は数え切れないほどである。これらは、内外ともにそれだけ多くの人々を惹きつける魅力を飛騨高山がもっていることを物語る。そのような状況下で、いわば部外者が飛騨高山の魅力の源泉に迫ろうとして取り組んだ成果が本書である。きっかけは大学と行政との間で結ばれた連携協定であったが、本書執筆の意図に賛同してくれた大学の同僚ならびに編著者の知人で高山市内の高校で教鞭をとる文化経済学研究者の協力を得て、本書を完成することができた。

本書執筆の契機となった中部大学・高山市の連携協定の締結に尽力されたのは、中部大学の山下興亜前学長である。山下学長からは数度にわたって協定締結までの経緯をお聞きする機会があった。これを受け、中部大学と高山市との連携を実のあるものにする一助として、本書のような成果物を世に出す意義を考えた。この間、大学と行政の間で幾度か意見交換をする機会があり、高山市側の担当者の方々からは多くの助言を頂戴した。とくに大学連携センターが設立されて以降は、同センターで担当業務に当たられることになった方々には大変お世話になった。深甚の感謝を表したい。本書執筆の前提となる調査・研究にさいしては、中部大学の特別研究費や国際人間学研究所の研究費などを活用した。高山市側の援助と中部大学の研究費補助がなければ、本書が世に出ることはなかったであろう。最後に記すべきは本書出版の申し出に対して快くお引き受けいただいた風媒社のお計らいであり、劉永昇編集長をはじめとするスタッフの皆様には、執筆者一同を代表して御礼を申し述べたい。

２０１８年3月

執筆者を代表して　林　上（中部大学教授）

索　引

事項索引

し

す

せ

人名索引

地名索引

す

せ

そ

た

ち

執筆者紹介（執筆順）

林 上（はやし のぼる）

［第1～4章、第8章、コラム1～10］

編著者紹介を参照。

末田智樹（すえた ともき）

［第5、6章］

中部大学人文学部准教授。1967年生まれ。専門は歴史地理学。

大塚俊幸（おおつか としゆき）

［第7章］

中部大学人文学部教授。1961年生まれ。専門は都市地理学。

紅谷正勝（べにや まさかつ）

［第9章］

岐阜県立飛騨高山高等学校講師。1962年生まれ。専門は経済史・文化経済学。

岡本 聡（おかもと さとし）

［第10章］

中部大学人文学部教授。1966年生まれ。専門は国文学。近世和歌，俳諧。史・文化経済学。

編著者紹介

林 上（はやし のぼる）

［第1～4章、第8章、コラム1～10］

中部大学人文学部教授。1947年生まれ。専門は人文地理学。

飛騨高山 地域の産業・社会・文化の歴史を読み解く

2018 年 4 月 17 日　第 1 刷発行

（定価はカバーに表示してあります）

編著者　　林　　上

発行者　　山口　　章

発行所　名古屋市中区大須 1 丁目16-29　振替 00880-5-5616 電話 052-218-7808　http://www.fubaisha.com/　風媒社

乱丁本・落丁本はお取り替えいたします。　＊印刷・製本／モリモト印刷

ISBN978-4-8331-4134-5